现代管理专题

（第2版）

李桂艳　主　编

林　让　副主编

国家开放大学出版社·北京

图书在版编目（CIP）数据

现代管理专题 / 李桂艳主编. —2 版. —北京：
国家开放大学出版社，2023.1（2023.2重印）
ISBN 978 - 7 - 304 - 11744 - 3

Ⅰ. ①现… Ⅱ. ①李… Ⅲ. ①经济管理 – 开放教育 –
教材 Ⅳ. ① F2

中国国家版本馆 CIP 数据核字（2023）第 004847 号

现代管理专题（第 2 版）
XIANDAI GUANLI ZHUANTI
李桂艳 主 编
林 让 副主编

出版·发行：国家开放大学出版社
电话：营销中心 010 - 68180820   总编室 010 - 68182524
网址：http://www.crtvup.com.cn
地址：北京市海淀区西四环中路 45 号   邮编：100039
经销：新华书店北京发行所

策划编辑：李晨光   版式设计：何智杰
责任编辑：周一心   责任校对：吕昀谿
责任印制：武 鹏 马 严

印刷：河北鑫兆源印刷有限公司
版本：2023 年 1 月第 2 版   2023 年 2 月第 2 次印刷
开本：787mm×1092mm 1/16   印张：20.75 字数：403 千字

书号：ISBN 978 - 7 - 304 - 11744 - 3
定价：44.00 元

　　现代管理理论是继科学管理理论、行为科学理论之后，西方管理思想和理论发展的第三阶段，特指第二次世界大战以后出现的一系列学派。1961 年 12 月，美国著名管理学家哈罗德·孔茨（Harold Koontz）在美国《管理学杂志》上发表了《管理理论的丛林》一文，把当时的各种管理理论划分为 6 个主要学派。1980 年，孔茨又发表了《再论管理理论的丛林》一文，把当时流行的管理理论划分为 11 个学派。

　　进入 20 世纪 90 年代以后，由于世界经济环境的发展变化，科学技术尤其是现代信息技术的发展和应用，市场竞争日趋激烈，这使得管理学在管理思想、方法、手段等诸多方面都有重大发展。当前全球已迈入数字经济时代，党的十八大以来，党中央高瞻远瞩，高度重视促进数字经济发展，"十四五"规划纲要更是对发展数字经济、建设数字中国作出重要部署。习近平总书记在党的二十大报告中指出："加快发展数字经济，促进数字经济和实体经济深度融合，打造具有国际竞争力的数字产业集群。"近年来，云计算、大数据、人工智能等技术引领的新一代数字化浪潮浩浩荡荡。伴随着数字经济时代的来临，企业的经营环境发生了很大的变化，企业管理者必须在观念上、行动上跟上时代的步伐，了解和掌握现代管理的基本理论与运作方式，熟悉和适应市场经济体制。

　　本教材结合国内外管理理论的发展及企业经营管理的实际情况，重点介绍数字经济时代来临、企业从信息化到数字化、现代生产管理的技术发展与模式创新、电子商务、企业再造理论、学习型组织、知识管理、战略联盟、人本管理理论、组织文化、博弈论与企业竞争策略等内容，旨在培养工商管理专业学生的现代管理意识、理念，掌握现代管理的技巧与方法。

　　本教材从现代管理专题课程的特点、国家开放大学远程开放教学和学习者的特征出发，认真细致地把握教学内容的科学性和先进性，设计多种学习模式，在每个专题前均设有学习要求、学习重点和难点、学习建议；正文中列举了大量的案例，使抽象的理论更容易掌握，方便学生自主学习；每个专题后均设有自测题，通过练习有助于学生理解和掌握所学知识。

在编写过程中，本教材为适应远程开放教育的需要，除了注意上述学习模式和课程结构的更新外，还力求做到反映当前世界各国在本学科的最新研究成果，力争做到视野开阔、资料丰富、论述精辟、语言简洁、通俗易懂。本教材既可作为国家开放大学工商管理专业本科的教材，又可供各级管理人员培训使用。

本教材是《现代管理专题》的第 2 版。在保留第 1 版绝大部分内容的基础上，编者结合管理环境的变化对内容进行了修订和补充，主要目的是把近年来管理领域新发展的一些理论观点补充进来，从而使内容更加充实。修订的主要内容包括：

第一，对第 1 版部分专题内容进行了补充。由于数字经济时代的来临，编者补充了数字经济时代的相关内容，如第 2 版专题一数字经济时代来临、专题二企业从信息化到数字化等内容，力图将管理学科的前沿研究内容吸纳到现代管理专题教材体系中，做到与时俱进。

对第 1 版其他专题内容也进行了一些调整。调整较大的有：电子商务专题补充了新型电子商务、电子商务法等内容。企业再造理论专题补充了对企业再造理论的简评。学习型组织专题补充了如何进行五项修炼。博弈论与企业竞争策略专题补充了博弈的分类、智猪博弈、博弈均衡求解方法等内容。

第二，各专题的实例和列举的案例多数采用近年来发生的企业事例，力图反映企业和社会的现实及热点问题。

第三，参考文献也做了较大幅度调整，主要增加近五年出版的、较为权威的相关文献资料。

第四，专题后的自测题也随专题内容的调整进行了相应的变动。另外，将选择题区分为单项选择题和多项选择题。

本教材编者有：东北财经大学李桂艳、辽宁师范大学林让。具体分工如下：专题一至专题三、专题五、专题七至专题十一由李桂艳负责编写，专题六由李桂艳和林让共同编写，专题四由林让负责编写。最后由李桂艳统稿、修改、定稿。

本教材在教学大纲和书稿审定过程中，除编写组全体成员付出了辛勤的劳动外，还得到了国家开放大学出版社赵文静、李晨光、周一心、吕腾等同志的关心和支持，在此一并表示感谢。

本教材编写参考或引用了许多专家、学者的资料，编者已经在参考文献中列出，在此对他们表示衷心的感谢！由于编者水平有限，书中难免存在缺点和不足，恳请读者批评指正。

编者

2022 年 11 月

目录

CONTENTS

专题一 数字经济时代来临

学习要求

1. 了解有关数字经济的含义、框架、特征。
2. 了解数字经济对行业变革的影响。
3. 重点掌握数字经济时代的企业管理发展的新特点。
4. 熟记下列概念：数字经济、数字产业化、产业数字化、数字化治理、数据价值化。

学习重点和难点

1. 数字经济的概念、框架及特征。
2. 数字经济时代的企业管理发展的新特点。

学习建议

1. 重点学习数字经济及其特征。
2. 结合案例学习数字经济时代的企业管理发展的新特点。

第一节　数字经济的概念、框架、特征及意义

20世纪90年代，美国学者首次提出"数字经济"的概念。一个新概念的出现，往往标志着时代的变迁。数字经济所反映的时代变迁，是一种历史的必然，是人类文明进步的必然结果。数字经济已成为我们国家的重要战略发展方向，也被视为经济增长

的新引擎。那么，什么是数字经济？数字经济对各个行业会产生哪些影响？数字经济时代的企业管理发展有哪些新特点？这些问题已成为政府、企业、理论界关注的问题。

一、数字经济的概念

（一）数字经济的含义

1. 数字经济概念的起源与发展

1996 年，美国学者唐·泰普斯科特（D.Tapscott）在其所著《数字经济：网络智能时代的前景与风险》一书中，提出"数字经济"一词，并前瞻性地提出了各行业企业数字化转型的路线图，包括数字化创意开发、数字化流程实施、数字化产品设计、数字化制造和营销、数字支持型产品销售等相关内容。

同年，美国学者尼古拉斯·尼葛洛庞帝（Nicholas Negroponte）出版了《数字化生存》一书，在书中提出"数字化生存是以信息技术为基础的新的生存方式"，是指在数字化环境中，生产力要素的数字化渗透、生产关系的数字化重构、经济活动的全面数字化等呈现出一种全新的社会生活方式。今天我们仍然能够感受到两位学者的相关研究对数字经济的前瞻性和洞察力。之后数字经济开始受到关注。当时的信息技术对经济的影响尚未具备颠覆性，只是提质增效的助力工具，数字经济一词还属于未来学家关注探讨的对象。

1998 年，美国商务部发布了名为《新兴的数字经济》的报告，数字经济的提法由此成型，其本质在于发展"信息化"的经济。

2002 年，美国学者金范秀将数字经济定义为一种特殊的经济形态，其本质为"商品和服务以信息化形式进行交易"。可以看出，这个词早期主要用于描述互联网对商业行为所带来的影响。

数字经济发展真正进入黄金时代，是智能手机和移动互联网的出现与快速渗透，伴随着移动接入端的快速膨胀，全球范围内的网络连接产生了巨大的数据量，催生了云计算、大数据等海量数据分析技术及处理平台，其对经济社会发展中产生的海量数据进行分析和提炼，形成有价值的知识再在经济社会发展中使用，产生了大量的新业态、新模式，可以统称为"数字经济"。

关于数字经济的定义众说纷纭，当前广泛认可的数字经济定义源自 2016 年 9 月二十国集团领导人杭州峰会通过的《二十国集团数字经济发展与合作倡议》，在该倡议中，数字经济被定义为：以使用数字化的知识和信息作为关键生产要素，以现代信息网络作为重要载体，以信息通信技术的有效使用作为效率提升和经济结构优化的重要推动力的一系列经济活动。

　　作为一个整体，"数字经济"包含了新的数字技术、新的经济活动处理过程和新的经济活动组织方式，也将带来新的经济效果。数字与数字技术将在整个经济活动中发挥巨大的作用，如优化整体经济结构，促进生产要素的重新配置，提高生产的效率，推动经济增长。

　　2."数字经济"中"数字"的含义

　　"数字经济"中的"数字"至少有两个方面的含义。

　　（1）数字即数据，特别是大数据。它既是新的生产要素，也是新的消费品。作为新的生产要素，大数据不仅能够提高其他生产要素，如资本、劳动的使用效率和质量，更重要的是，将改变整个生产函数，即经济活动的组织方式，通过平台化的方式加速资源重组，提升全要素生产率，推动经济增长。而作为消费品，数字所包含的信息、知识、数字内容、数字产品已经形成了非常大的市场，同时也成为新的财富载体，直播、短视频、数字音乐、新闻推送等产业极富创造力，且增长速度飞快。

　　（2）数字技术。数字技术包括仍在不断发展的信息网络、信息技术，如大数据、云计算、人工智能、区块链、物联网、增强现实（augmented reality，AR）/虚拟现实（virtual reality，VR）等。这将极大地提高生产力，扩大经济发展空间，产生新的经济形态，创造新的增量财富，同时也将推动传统产业转型升级，优化产业结构，从传统实体经济向新实体经济转型。

　　3.几种关键的数字技术

　　（1）大数据。它是指无法在一定时间范围内用常规软件工具进行捕捉、管理和处理的数据集合，是需要新处理模式才能具有更强的决策力、洞察发现力和流程优化能力的海量、高增长率和多样化的信息资产。

　　互联网技术正在推动数字信息的爆炸性增长。据IDC（Internet data center，互联网数据中心）预测，到2025年，全球数据量将达到惊人的180 ZB。

　　大数据技术的发展已成为企业的首要任务，并且公司继续增加对数据收集、存储、分类和分析的投资。先进的分析技术可以从大数据中提取更深层次的商业智能和消费者见解，并生成描述性和预测性信息。

　　像Facebook[①]的社交图谱、亚马逊（Amazon）的购物推荐系统、今日头条的推荐系统，这些都已经依靠深度学习和其他人工智能方法，实现了大数据的商业价值。

　　（2）云计算。它是分布式计算的一种，指的是通过网络"云"将巨大的数据计算处理程序分解成无数个小程序，然后通过多部服务器组成的系统对这些小程序进行处

---

　　① 2021年10月28日，Facebook首席执行官马克·扎克伯格在Facebook Connect大会上宣布，Facebook将更名为"Meta"，来源于"元宇宙"（Metaverse）。

理和分析，最后得到结果并返回给用户。云计算早期，简单地说，就是简单的分布式计算，解决任务分发，并进行计算结果的合并。因而，云计算又称为网格计算。这项技术可以在很短的时间内（几秒钟）完成对数以万计的数据的处理，从而达到强大的网络服务。

云计算被广泛认为是商业模型的颠覆性技术。它有助于跨平台的数据分析和资源共享，从而最大限度地提高企业的运营效率和创新能力。云计算已经是数字化转型的核心战略。随着 SaaS（Software-as-a-Service，软件即服务）和 PaaS（Platform-as-a-Service，平台即服务）的服务越来越强，新兴的基于云的行业模式将进一步普及。

（3）区块链。它是一个信息技术领域的术语。从本质上讲，它是一个共享数据库，存储于其中的数据或信息，具有"不可伪造""全程留痕""可以追溯""公开透明""集体维护"等特征。基于这些特征，区块链技术奠定了坚实的"信任"基础，创造了可靠的"合作"机制，具有广阔的应用前景。

（4）物联网。它是指通过各种信息传感器、射频识别技术、全球定位系统、红外感应器、激光扫描器等各种装置与技术，实时采集任何需要监控、连接、互动的物体或过程，采集其声、光、热、电、力学、化学、生物、位置等各种需要的信息，通过各类可能的网络接入，实现物与物、物与人的泛在连接，实现对物品和过程的智能化感知、识别和管理。物联网是一个基于互联网、传统电信网等的信息承载体，它让所有能够被独立寻址的普通物理对象形成互联互通的网络。

（5）人工智能。它是研究、开发用于模拟、延伸和扩展人的智能的理论、方法、技术及应用系统的一门新的技术科学。人工智能是计算机科学的一个分支，它试图了解智能的实质，并生产出一种新的能以人类智能相似的方式做出反应的智能机器，该领域的研究包括机器人、语言识别、图像识别、自然语言处理和专家系统等。人工智能从诞生以来，理论和技术日益成熟，应用领域也不断扩大，可以设想，未来人工智能带来的科技产品，将会是人类智慧的"容器"。人工智能是对人的意识、思维的信息过程的模拟。人工智能不是人的智能，但能像人那样思考、也可能超过人的智能。

（6）5G通信。即第五代移动通信技术，简称5G或5G技术，是最新一代蜂窝移动通信技术，也是继2G、3G和4G系统之后的延伸。5G的性能目标是高数据速率、减少延迟、节省能源、降低成本、提高系统容量和大规模设备连接。

（二）数字经济正在崛起

1. 世界各国高度重视发展数字经济，纷纷出台相关政策

美国是最早布局数字经济的国家，1998年，美国商务部就发布了《浮现中的数字经济》系列报告，近年来又先后发布了《美国数字经济议程》《美国全球数字经济大战

略》等，将发展大数据和数字经济作为实现繁荣和保持竞争力的关键。欧盟 2014 年提出数据价值链战略计划，推动围绕大数据的创新，培育数据生态系统；其后又推出欧洲工业数字化战略、欧盟人工智能战略等规划，2021 年 3 月欧盟发布了《2030数字化指南：实现数字十年的欧洲路径》纲要文件，涵盖了欧盟到 2030 年实现数字化转型的愿景、目标和途径。日本自 2013 年开始，每年制定科学技术创新综合战略，从"智能化、系统化、全球化"视角推动科技创新。俄罗斯 2017 年将数字经济列入《俄联邦 2018—2025 年主要战略发展方向目录》，并编制完成俄联邦数字经济规划。

我国于 2015 年党的十八届五中全会上将大数据上升为国家战略，之后出台了 10余项促进数字经济行业发展的政策，2017 年起连续 5 年将数字经济相关内容写入政府工作报告。党的十九大提出要建设网络强国、交通强国、数字中国、智慧社会。2020年年底召开的中央经济工作会议指出，要大力发展数字经济。国家出台了推动数字经济发展的重大战略部署，明确了我国发展数字经济的愿景目标和发展路径，对完善数字基础设施、推动产业数字化转型、拓展数字化公共服务、加强数字化治理、提升数字化发展引领能力、推动全球数字经济交流合作等重点领域做了系统性部署，为统筹推进数字经济持续健康发展营造了良好环境。

2. 全球数字经济增长势头强劲

新型冠状病毒感染疫情（简称新冠病毒感染疫情）不仅检验了数字经济的韧性，更加速了全球数字经济发展。

从总量来看，全球数字经济持续扩张。2020 年，全球 47 个主要国家的数字经济增加值规模达到 32.6 万亿美元，以互联网、大数据、云计算、人工智能等为代表的新一代信息技术创新加速迭代，并驱动传统产业加速数字化、网络化、智能化的转型升级。

从增速来看，数字经济成为支撑全球经济的重要力量。2020 年全球经济深度衰退，全球 GDP 同比下滑 3.6 个百分点，主要国家经济均出现负增长，47 个主要国家 GDP平均同比名义增速为 –2.8%。而同期全球数字经济平均同比名义增长 3.0%，显著高于同期 GDP 增速 5.8 个百分点。

从占比来看，数字经济对全球经济的贡献持续增强。2020 年传统生产方式创造的经济价值占比逐年递减，而以数字化为代表的新生产方式创造的经济价值占 GDP 比重已达到 43.7%，较上一年同比提升 2.5 个百分点。数字经济在国民经济中的核心地位不断巩固，成为经济社会发展的必然趋势。

从结构来看，全球数字经济融合化趋势更加明显。以 5G、半导体、集成电路，人工智能等为代表的数字产业化创新加速，工业互联网、智能制造、先进制造等成为全球产业升级、产业优势重塑的关键。

2020年全球数字产业化占数字经济比重为15.6%，占GDP比重为6.8%，产业数字化占数字经济比重为84.4%，占GDP比重为36.8%，数字产业化占比下降，产业数字化占比持续提升。从细分产业来看，全球第三二一产业数字化发展逐次渗透，第一二三产业数字经济占比分别为8.0%、24.1%和43.9%。

我国数字经济发展成效显著。数字经济已经由经济的组成部分，转变为经济发展的引领力量，数字经济规模跃上新台阶，从2015年的18.6万亿增长到2021年的45.5万亿，占GDP的比重从27%上升到39.8%，数字经济年均增速高达15.9%，显著高于同期GDP的年均增速，数字经济已经成为支撑经济高质量发展的关键力量。我国数字经济在政策、数字产业化、产业数字化、数字化治理、数据价值化、数字贸易、国际合作和助力抗击疫情等方面取得显著成效，发展质量显著提升。

疫情倒逼网络零售、在线视频、在线教育等服务业的数字化新模式蓬勃发展，同时也催生出无人工厂、工业机器人等制造业的数字化生产新方式，全球产业的数字化转型如火如荼推进。我国数字经济正处在快速发展的进程中。2020年，我国数字经济规模位列世界第二，同比增速位居全球第一。抢抓数字技术、数字经济这一世界科技革命和产业变革的先机，对于我国抢占未来发展制高点、构筑国家竞争新优势具有至关重要的意义。

二、数字经济的框架

中国信息通信研究院在《中国数字经济发展白皮书（2020年)》中指出数字经济的"四化"框架，即数字经济分为数字产业化、产业数字化、数字化治理和数据价值化。

（一）数字产业化

数字产业化指信息技术产业的发展，具体包括电子信息制造业、软件和信息技术服务业、信息通信业、互联网行业等。例如，5G、大数据、云计算、物联网、区块链、人工智能等新兴技术和产业。

近年来，我国信息通信产业持续稳定发展，数字产业化支撑能力更加坚实。基础软件生态加快构建，一批大数据、云计算、人工智能企业创新发展，奠定数字经济坚实基础。数字技术部分领域实现了跨越式发展，5G标准必要专利占比全球第一，语音、图像和人脸识别等人工智能重要领域专利数量全球领先，国产CPU与国外先进水平差距缩小。2021年，我国数字产业化规模为8.35万亿元，同比名义增长11.9%，占数字经济比重为18.3%，占GDP比重为7.3%，数字产业化发展正经历由量的扩张到质的提升的转变。

（二）产业数字化

产业数字化指以新一代信息技术为支撑，传统产业及其产业链上下游全要素的数字化改造，通过与信息技术的深度融合，实现赋值、赋能。产业数字化包括但不限于工业互联网、两化融合、智能制造、车联网、平台经济。例如，利用 5G、大数据等技术对传统产业进行数字化、智能化的升级。新零售、网红直播经济、工业 4.0、C2M（customer-to-manufacturer，用户直连制造）都是数字经济的典型代表。

产业数字化是数字经济发展的主引擎。2021 年，我国产业数字化规模达到 37.18 万亿元，同比名义增长 17.2%，占数字经济比重为 81.7%，占 GDP 比重为 32.5%，产业数字化转型持续向纵深加速发展。

工业数字化快速推进。近年来，我国工业互联网平台体系基本形成，具有一定行业和区域影响力的工业互联网平台超过 100 家，连接设备数超过了 7 000 万台（套），工业 App 超过 59 万个，"5G+ 工业互联网"在建项目已超过 1 500 个，覆盖 20 余个国民经济重要行业。

（三）数字化治理

数字化治理是运用数字化技术，使行政体制实现更加优化的新型服务治理模式。数字化治理是数字时代的治理新范式，其核心特征是全社会的数据互通，形成"用数据说话、用数据决策、用数据管理、用数据创新"的治理机制。

作为数字时代的全新治理范式，数字化治理包含以下三方面的内涵：

1. 对数据的治理

对数据的治理，即治理对象扩大到涵盖数据要素。作为新兴的生产要素和关键的治理资源，数据要素成为大国竞争的主要领域，对数据的治理成为制定数字经济规则的重要内容。数据要素的所有权、使用权、监管权，以及信息保护和数据安全等都需要全新治理体系。

2. 运用数字技术进行治理

运用数字技术进行治理，即运用数字与智能技术优化治理技术体系，进而提升治理能力。大数据、人工智能等新一代数字技术可以为国家治理进行全方位的"数字赋能"，进而改进治理技术、治理手段和治理模式。

3. 对数字融合空间进行治理

随着越来越多的经济社会活动搬到线上，治理场域也拓展到数字空间。未来会有越来越多的经济社会活动发生在线上，数字融合空间会以全新的方式创造经济价值、塑造社会关系，这需要适应数字融合空间的治理体系，对数字融合空间的新生事物进行有效治理。

数字化治理是数字经济发展的保障。近年来，我国数字化治理能力、治理水平不断提升，有力地促进了数字经济健康、有序发展。同时服务升级，数字政府建设取得成效。

（四）数据价值化

数据价值化，即让数据产生真正的价值。价值化的数据是数字经济发展的关键生产要素，加快推进数据价值化进程是发展数字经济的本质要求。数据价值化包括但不限于数据采集、数据标准、数据确权、数据标注、数据定价、数据交易、数据流转、数据保护等。

党中央高度重视数据要素发展。党的十九届四中全会明确数据可作为生产要素参与分配，党的十九届五中全会进一步明确数据作为生产要素的基础和战略性地位，为加快数据要素发展、发挥数据要素资源价值指明方向。"十三五"规划以来，全国及各地积极推进数据价值化发展，取得初步成效。我国已初步构建出较为完整的数据资源体系，包括数据采集、数据整理、数据聚合、数据分析等环节。

数字经济的四化紧密联系、相辅相成、相互促进、相互影响，数字产业化、产业数字化是数字经济核心；数字化治理是数字经济发展保障；数据价值化是数字经济发展基础。处理好四者之间的关系，是推动数字经济发展的本质要求。

三、数字经济的特征

数字经济在发展变化中呈现出以下三大特征。

（一）数据是数字经济的新生产要素、新能源

生产要素是在社会经济活动中参与财富创造的社会资源。在农业经济时代，土地和简单的劳动力是主要的生产要素。在工业经济时代，主要生产要素是土地、劳动力和资本，资本主要包括机器和工厂、能源（包括煤炭、石油）。而到了数字经济时代，数据成为重要的生产要素。数字经济的特征在于数据将会越来越多地参与财富创造的过程，数据的流动与共享，推动着商业流程跨越企业边界，编织全新的生态网络与价值网络。

数据成为数字经济核心的生产要素。生产要素可以从数量和质量两个维度进行考察：数据的量，即通常所说的大数据是一个重要方面，此外数据的质也很重要，甚至更为关键。在推动数字经济发展的过程中，我们不仅应该关注数据的量，更应该关注数据的质。唯有如此，才能够充分利用数据这一新型的生产要素。

工业经济时代的能源概念主要是指以石油和煤等自然物质资源为代表的能源，而数字经济中所提到的新能源则是指人类自己创造的能源——数据。伴随着互联网和物联网的发展，人、事、物都在实时被数据化，人与人、物与物、人与物之间瞬间就会产生大量的数据，伴随着"云、网、端"等新技术的发展尤其是物联网设备的无所不在，数据量、数据种类更是呈现出快速增长的态势，新能源与新技术相辅相成，共同发展，也支撑着新零售、新制造和新金融等多个新产业的到来。

（二）产生大量平台型企业，加速了资源的优化配置

数字经济的发展，也带来了经济组织的变革。在数字经济背景下，产生了大量的平台型企业，它们成为数字经济中关键的参与者。

平台型企业的产生通常有两条路径：一种是互联网原生公司，另一种来自科技行业跨国公司或传统行业跨国公司的转型。互联网原生公司，如Facebook、腾讯、阿里巴巴等，它们不以产品作为战略导向，而是着力建设平台、培育生态，在很短的时间内获得爆发性增长。特别是在"云、网、端"的基础设施逐步完善之后，各种类型的平台经济体如雨后春笋般成长起来。过去10年，科技行业的跨国公司也正在快速转向平台型企业，并获得了巨大的成功。例如，苹果公司自2008年推出应用商店以来，吸引了近40万名App开发者加入其生态系统，开发了上百万款App，完成了千亿次的用户下载，这也是苹果公司在手机行业中处于领先地位的因素之一。传统行业跨国公司也在逐步培育自己的平台经济体。在工业设备领域，以GE（General Electric Company，通用电气公司）为代表的跨国公司在加速部署机器互联战略，通过终端的信息收集设备和统一的数据平台，沉淀海量的机器运行数据，将形成一个全新的机器设备运行维护的生态系统，GE的Predix已初见雏形。

在市场交易中，供需双方存在着严重的信息不对称，可能导致以下情况发生：有需求，无供给；有供给，无需求；供给和需求都有，但相互找不到对方。平台将无数的供给者和需求者连接在一起，使得双方能够实现低成本的沟通，实现信息的高效流动。另外，平台还将使市场的资源配置机制更好地发挥作用。经济平台化之后，供给方之间的竞争会变得更加激烈，能够更好满足需求的一方将获得更大的市场份额，而效率低、缺乏比较优势的供给方要么提升自己的效率，要么将资源转移到其他领域。可见，平台的核心价值在于汇集信息、精确匹配供给和需求，提高市场配置资源的效率。

（三）普惠共享

无处不在的信息基础设施及各种平台降低了参与经济活动的门槛，使得数字经济出现"人人参与、共建共享"的普惠格局。

在科技领域，以云计算为代表的按需服务业务形态，使得个人及各类企业可以用很低成本就能轻松获得所需要的计算、存储和网络资源，而不再需要购买昂贵的软硬件产品和网络设备，大大降低了技术门槛。根据阿里研究院测算，云计算的使用可以使企业使用 IT 的成本降低 70%，创新效率提升 3 倍。

在金融领域，以互联网信用为基础的新型大数据信用评分模型，让更多的个体享受到适合其各自风险特质的金融信贷服务。2004 年，支付宝成立，解决了淘宝网上交易的信任问题。2010 年，支付宝推出的"快捷支付"让网络支付的成功率大大提升，支付宝的服务范围大大扩展。同年，"阿里小贷"（阿里金融）面世，开始解决阿里体系内商家的贷款需求，并首创了网络贷款的"310 模式"（3 分钟申请，1 秒钟放贷，全过程 0 人工干预），提升了贷款效率，也降低了成本。

在贸易领域，伴随着数字经济的发展，各类贸易主体都有机会参与全球贸易并从中获利，数字经济成为对冲全球化退潮的一股新动力。自然人经营权、消费权、资源获得权，将成为数字经济时代中人类的重要权利。人人都有利用互联网开设网店、开网约车、售卖自家农产品、交换个人闲置物品等的权利；人人都拥有在全球范围内获得商品和服务的权利。

四、发展数字经济的意义

（一）发展数字经济有利于推动构建新发展格局

数字技术、数字经济推动各类资源要素快速流动、市场主体重构组织模式、各类市场主体加速融合，实现跨界发展，打破时空限制，延伸产业链条，畅通国内外经济循环。因此，数字经济的健康发展有利于增强区域发展平衡性、协调性，从而推动并构建以国内大循环为主体，国内国际双循环相互促进的新发展格局。

（二）发展数字经济有利于推动建设现代化经济体系

现代化经济体系是由社会经济活动各个环节、各个层面、各个领域的相互关系和内在联系构成的一个有机整体。数字经济通过高创新性、强渗透性、广覆盖性贯穿了经济发展的各领域，不仅提供了新的经济增长点，而且是改造提升传统产业的有力支点，日益成为加速建设现代化经济体系，推动经济高质量发展的重要引擎。

（三）发展数字经济有利于推动构筑国际竞争新优势

数字经济是重组全球要素资源、重塑全球经济结构、改变全球竞争格局的关键力量，是新一轮国际竞争重点领域。发展数字经济已成为不可阻挡的时代趋势。

当今时代，数字技术、数字经济是世界科技革命和产业变革的先机，是抓住先机、抢占未来发展制高点的必然选择。

第二节　数字经济对行业变革的影响

一、数字化技术对不同行业的影响不同

全球全数字化业务转型中心针对全球 14 个行业展开调研，发布报告《DIGITAL VORTEX2021 Digital Disruption in a COVID World》，报告中指出：不同的行业受数字化转型的影响有明显差异。

媒体和娱乐、零售、电信、技术产品和服务、金融服务 5 个行业，受全数字化颠覆影响最大，教育、专业服务、健康护理和生物制药、消费、酒店和旅游次之，交通和物流、房地产和建筑、制造、能源和公共事业，受全数字化颠覆影响最小。

数字化给媒体和娱乐、零售、电信、技术产品和服务、金融服务 5 个行业带来的颠覆显而易见：媒体和娱乐，其中的印刷、社交媒体、音乐、电视和电影领域都遭受到了巨大的数字化颠覆，由此改变了一代人的阅读和娱乐方式；零售主要体现在电子商务的快速发展，阿里巴巴、亚马逊等企业改变了广大消费者的购物方式；电信作为各行各业数字化转型的技术设施提供方，通过自身转型走在行业前列；技术产品和服务有其独特性，为各类颠覆提供技术基础，其中受数字化颠覆影响较深；金融服务在金融供给侧结构性改革、金融科技大背景下，不断加快数字化进程。

埃森哲（Accenture）针对全球 18 个行业、106 个细分市场的 1 万家上市企业展开调研，发现不同的行业受数字化转型的影响也会有明显差异。

埃森哲把所有行业分成四类：

（1）数字化颠覆已经基本能完成的行业，如高科技、软件平台类企业，那些没有实现数字化转型的企业已经消失不见。

（2）数字化颠覆即将发生的行业，如公共事业、自然资源、资本市场等行业，他们需要为即将到来的数字化转型做好准备。

（3）数字化颠覆会持续发生的行业，如零售、银行、保险、交通运输等行业，除了一些个性化服务还需要有人支持，大量流程性或重复性的工作都会被数字化技术所

取代。

（4）受数字化颠覆影响较小的行业，如生命科学、医疗保健和化工等行业，这些行业的数字化更多是在前端提升客户体验，后端提升运营效率。

在所有行业中，短期和长期会受到数字化颠覆的行业加起来的比例高达89%，受到数字化颠覆影响不大的行业只有11%。数字化颠覆不再是只发生在互联网时代的某些行业中，不再是只由电商和通信媒体等来引导，而是会渗透到绝大多数的行业。对于89%的行业和企业来说，数字化转型都迫在眉睫，必须考虑如何结合行业特征和企业的核心能力进行数字化转型。

二、数字化技术催生了一些新行业

数字化技术创造了与数字化相关的行业，如我们经常说的ICT（information and communication technology，信息与通信技术）行业就是随着数字化技术的创新而诞生的。

2018年12月，中央经济工作会议首次提出了"新基建"的概念。所谓"新基建"，就是"新型基础设施建设"的简称，包括5G基站建设、特高压、城际高速铁路和城际轨道交通、新能源汽车充电桩、大数据中心、人工智能、工业互联网七大"新基建"板块。在这七大"新基建"板块中，与数字化直接相关的有四项，分别是5G基站建设、大数据中心、人工智能、工业互联网。

"新基建"作为新兴产业，一端连接着巨大的投资与需求，另一端连接着不断升级的消费市场，必将成为未来中国经济社会繁荣发展的重要支撑。数字基建将为提升中小企业竞争力、消费驱动经济增长、创造更多就业机会等方面提供坚实支撑。同时，数字基建还将成为各地政府提升现代化治理能力的有力抓手。

新的行业也诞生了大量新企业，如谷歌、Facebook、亚马逊、高通、腾讯、阿里巴巴、百度、京东、美团、字节跳动、拼多多等公司。还有一些科技公司，如IBM（International Business Machines Corporation，国际商业机器公司）、苹果、微软等，也在进行数字化转型，升级为数字化基础设施公司。这些数字化的基础设施公司具有明显的规模效应，最后往往会形成强者恒强的寡头垄断局面。这种情况在前几次工业革命中也曾发生过。伴随新技术而产生的新行业，都会有大量公司涌入，之后竞争加剧，大量中小企业倒闭，大型企业的规模优势越来越明显，最后导致这些行业的集中度会变得越来越高，形成这个行业的寡头或者双寡头垄断。

例如，第二次工业革命早期，很多工厂都自建发电站，后来随着大型发电站和大规模电网的出现，很多企业都不再需要自建发电站，只需要直接接入电网即可。经过一百多年的发展，现在的发电站和电网作为基础设施已经越来越集中化，后来者进入这个行业的门槛越来越高，甚至变得不再必要，因为这个行业的格局已经基本确定了。

在数字经济时代，这样的规律再次重演。早些年，初具规模的企业都自建计算机中心，但随着云计算的发展，绝大多数企业不再需要自建计算机中心，只需对外购买云计算服务即可，企业只专注于自己的核心技术、产品和服务。同样，能提供大数据、云计算、人工智能这样基础设施的公司也变得越来越少，呈现强者恒强的"马太效应"，最后形成寡头垄断。

三、数字化技术创新了一些传统行业

（一）数字化技术推动新制造的出现

数字经济时代推动制造业变革，"新制造"方式兴起。

"新制造"是指应用互联网、IoT（Internet of things，物联网）、云计算和大数据等新一代信息技术，以用户需求为出发点提供个性化、定制化的产品和服务的生产制造模式。例如，服装企业酷特智能充分运用信息技术，以大数据为支撑，以满足全球消费者个性化需求为导向，依托互联网搭建"酷特智能"C2M平台。以数据驱动、实时互动、智能化、全球协同、全员在线的要求打造数字化工厂，将全部资源信息，如人、机、物、料等有机地整合，经过量体下单、绘图制版、自动裁剪、缝制整烫、配套包装、物流发货的各个生产过程，全部通过信息化系统实现数据驱动生产。

"酷特智能C2M商业模式"的价值不局限于一个服装企业，也不局限于传统服装产业，对传统制造业转型升级都具有重要的价值和借鉴意义。它的核心价值是探索出互联网与工业深度融合的新范式。这种新范式包含工业生产的互联网思维、全程数据化驱动的生产流程、顾客和制造商直接连接的运营模式等。

（二）数字化技术催生新金融

新金融是指那些区别于传统金融形式，呈现新形态、使用新工具、运用新技术的金融服务。新形态主要以互联网金融为主，包括第三方支付、电商网贷和众筹等；新工具表现为金融企业对于新型金融方式的运用，包括量化投资基金、智能投顾等；新技术表现为新型科技与金融环境的结合，以金融科技为核心，包括金融大数据、云计算、区块链金融和人工智能等。

数字经济时代下数字技术大发展，科技与金融的融合有效解决金融服务的触达、认证、风控、运营、审计等环节的难题。一方面拓展了金融服务边界，让金融能服务更多人、更多商业场景；另一方面提升了金融服务体验，让所有人能平等地享受便捷、安全、可信的金融服务。

过去，小微企业很难从银行获得服务，其主要源自单体服务成本高与风险甄别难度高两方面。现在，一方面，通过运用大数据、云计算、移动互联、人工智能等技术，不断降低获客和运营所带来的可变成本，单个小微企业的服务边际成本已趋于极低，彻底改变了用户触达的传统方式，为包括小微企业在内的所有企业提供平等的金融服务已成为可能，可以在很短时间内触达数以亿计的用户；另一方面，技术和数据驱动不断完善的社会信用体系已成为新金融的基石，企业信用数据覆盖面的提升也降低了甄别风险的难度，让更多的小微企业被纳入金融服务范畴。

芝麻信用为信用记录缺失而被传统银行金融服务拒之门外的上亿用户提供大数据征信服务，并提供丰富多样的征信应用场景，如申办信用卡、办理出国签证、租车和租房免押金等；"余额宝"将理财门槛降低至一元起，普通大众通过互联网理财，在享受一定收益的同时还可方便地用于日常消费；场景保险中的典型代表"退货运费险"，可以解决消费者和小商户间的互信问题，减少因交易摩擦而产生的成本。支付宝为消费者提供快捷、安全的支付体验，即使在偏远农村地区，也可以通过互联网或移动互联网方便地购买和城市居民使用的同样品质的货物。

金融服务可以使用人工智能为客户提供更多个性化的财务建议，如改善交易程序，帮助客户选择更高价值的投资等。同时，人工智能还能为客户提供全渠道的高水平服务体验。例如，许多银行引入人脸识别技术，帮助客户在办理银行业务中进行远程在线身份核查。当客户无法访问柜台或忘带其身份证时，他可以通过移动终端或智能手机执行身份验证。先进的人脸识别技术可以在几秒钟内完成客户的身份验证，比手动识别更加准确、高效。这大大减轻了柜台业务的压力，并大大改善了客户体验。

（三）数字化技术催生新零售

数字化技术发展催生的"数字消费者"正在不断颠覆传统的零售商业模式，进一步催生新零售。所谓新零售，就是企业以互联网为依托，通过运用大数据、人工智能等先进技术手段，对商品的生产、流通与销售过程进行升级改造，进而重塑业态结构与生态圈，并对线上服务、线下体验以及现代物流进行深度融合的零售新模式。新零售的本质在于，无时无刻地始终为消费者提供超出期望的"内容"。传统零售当然也希望以消费者体验为中心，但实现这一目标的手段过于昂贵，除了少数价值极高的产品和服务，如私人飞机、定制跑车等，该类产品的生产和销售者才会花大量的时间和精力去了解客户的需求，对于大众产品，零售商和生产者是有心无力。随着数字经济时代的到来，实现这一目标正在成为现实。在新零售时代，线上和线下的全渠道的集成增加了传统厂商对顾客需求的理解程度，了解消费者需求的成本急速下降。许多零售商已开始尝试使用预测分析技术来探索如何更好地覆盖当今的需求并应对迅速变化的市场。越来越多的零售商使用人工智能技术来揭示需求趋势并促进更加个性化的购物体验。

（四）数字化技术催生智能医疗

全球医疗行业正面临变革，各种来源的医疗数据为信息管理和集成带来巨大挑战。

行业法规不断变化、药物治疗成本持续上升。患者的期望也在提升，他们想得到个性化、透明、优质和方便的医护服务。因此，药物治疗保健企业急需获得更深入的消费者洞察，并探索新的服务模式。

因此大健康企业必须在数据处理方面更为灵活，通过数据的结构化调整，缩小数据量和数据洞察力之间的差距，这其中包括电子病历、化验结果、医学影像、视频等的综合分析和理解。

现在互联网医疗基本是远程会诊，低级别医院的医生把疑难病人检查的情况，如X光片、化验结果等通过视频展示给高水平的医生，医生根据病人的情况给出诊断和治疗建议。

未来随着5G技术的普及，有了新的智能化设备之后，才可以开始真正的远端医疗，高水平的医生可以在远端给病人做检查，甚至是在远端通过物联网、网联设备、智能化的设备为病人做手术。

（五）数字化技术催生智慧交通

智慧交通是将通信传感技术、大数据运算等集成运用于城市综合交通运输体系，通过不断完善原有的交通基础设施，广泛采用数字化技术来改进原有的交通基础设施、运输组织和运载工具、监管方式等，通过科学决策为城市居民提供一体化综合运输解决方案，在有限资源配置下以合理成本将人员和物资送到指定位置的智慧型综合交通运输与管理系统。

随着科技的不断发展，通过新的科学技术来管理城市交通是大势所趋。

例如，智能交通信号灯管理系统。等待红灯通常被认为是造成塞车的主要因素：全球各大城市几乎都已将智能交通信号灯（红绿灯）管理系统列入智能交通中的一环，以提高十字路口承载与运作效率。

这种智能红绿灯系统利用城市交通摄像头内置的计算机视觉芯片进行边缘计算，获得即时交通流数据：如车辆数量、行车速度、道路拥堵情况等。通过对这些数据的分析可以优化路口的红绿灯配时，提高道路通行效率，从而大幅减少塞车问题。智能红绿灯系统基于沉淀下来的各时段、各种天气下的车流大数据，通过人工智能预测某个时段和天气下的车流，提前实现城市所有路口的红绿灯配时规划。

智能系统还能实现公交信号优先，即在车路协同技术的加持下，"路端"可以实时获取智能网联公交车辆的速度、位置、驾驶状态等实时数据，并与红绿灯控制系统进行实时联动。

当车辆接近智能路口时与红绿灯控制系统进行数据交互，在科学的多维调控机制下实时调整信号灯各相位时长配置：通过红灯缩短、绿灯延长等方式实现公交优先通行。

（六）数字化技术催生数字农业

数字农业是将数字化信息作为农业新的生产要素，用数字信息技术对农业对象、环境和全过程进行可视化表达、数字化设计、信息化管理的新兴农业发展形态，是数字经济范畴下用数字化重组方式对传统产业进行变革和升级的典型应用之一。

数字农业可以实现从"人"到"数据"的关键决策因素转换。传统农业中主要包括种植产业链和养殖产业链等，其中的环节有育种、灌溉、施肥、饲养、疾病防治、运输和销售等，均是以"人"为核心，主要是依靠过去积累的经验或手艺来进行判断决策和执行，这也导致了整体生产环节效率低、波动性大、农作物或农产品质量无法控制等问题。而在数字农业模式中，通过数字化设备，如田间摄像头、温度湿度监控、土壤监控、无人机航拍等，以实时"数据"为核心来帮助生产决策的管控和精准实施，并通过海量数据和人工智能对设备的预防性维护、智能物流、多样化风险管理手段进行数据和技术支持，进而大幅提升农业产业链运营效率并优化资源配置效率等。

举例来说，数字农业可以利用遥感、地理信息系统、全球定位系统、计算机技术、通信和网络技术、自动化技术等高新技术与地理学、农学、生态学、植物生理学、土壤学等基础学科进行有机结合，实现在农业生产过程中对农作物生长、发育状况、病虫害状况、水肥状况以及土壤环境等从宏观到微观的实时监测和信息获取，生成动态多维信息系统，利用海量数据和模拟结果来指导生产决策，进而达到降低生产成本，优化农业资源利用效率，改善生态环境，提高农作物产量和质量的目的。

综上所述，人类已经开始全面进入信息化时代，人工智能将渗透到商业运营、环境保护、公共服务等场景，从而加快了决策速度，降低了成本，提高了效率，并推动了产品与服务的创新。

第三节　数字经济时代企业管理的变革与创新

从世界范围来看，许多领先企业已经或正在尝试一些新的管理观念以适应数字经济发展的要求，不断涌现的新的有效的管理经验反映了数字经济时代企业管理的发展趋势，主要有以下几个方面。

一、组织结构趋于网络化、扁平化

随着数字经济的高速发展，消费者对实时性体验的追求不断增强，企业唯有加强对市场需求的及时响应，才有机会在竞争激烈的环境中赢得发展先机。企业组织有必要消除冗余层级，趋于网络化、扁平化，以减少对数据、信息传递的阻碍，提高整合碎片化价值的能力，快速响应市场变化。对于制造企业而言，构建数字化决策体系与管控系统，实现战略运营一体化协同，将有助于组织结构的网络化、扁平化发展，提高市场响应能力。

二、营销模式趋于精准化、精细化

在数字经济时代，顾客的需求日趋个性化和多样化，为此，企业必须自觉地以市场为导向，时刻将顾客的需求放在第一位。在数字化空间中，企业通过丰富、海量的数据去深入分析用户的消费行为，制定相应的策略，展开精准化、精细化营销，切实提供顾客真正需要的产品、服务。企业需要结合本行业特点，实行线上和线下渠道有机结合，强化以市场为导向的市场感知力、以大数据为核心的精准市场洞察力，增强营销行为的精准化、精细化，实现供给侧创新的提档升级。

三、生产模式趋于模块化、柔性化

精准化、精细化的营销模式倒逼上游的生产体系发生变化，从而模块化、柔性化生产模式应运而生。模块化生产是指将复杂的生产进行多块的简单化分解，再由分解后的各个模块集成生产的动态模式。模块化生产按照产品之间的性能形成一对一关系设计原则，把生产加工出来的零部件组装成一个性能完整模块的过程，应用了当今供应链管理的先进方法，包括 JIT（Just in time）供应、并行工程、延迟策略等。柔性生产是指为适应市场需求多变和市场竞争激烈而产生的市场导向型的按需生产的先进生产方式，其优点是增强制造企业的灵活性和应变能力，缩短产品生产周期，提高设备利用率和员工劳动生产率，改善产品质量。因此，柔性生产将是一种具有旺盛需求和强大生命力的生产模式。

为满足顾客多样性需求，企业的生产装配线必须具有快速调整能力，实现适应定制化产品的模块化制造，通过部件组装提高生产效率。

四、研发模式趋于开放化、开源化

数字经济时代下，任何企业都不具备在所有领域保持领先的全部技术、资源与能力。因此，创新不应仅仅是组织内部的闭门造车，而是需要整个生态的协力共进，即企业的研发模式应趋于开放化、开源化。开放化创新是指企业借助互联网将研发职能众包给非特定的主体，在任何时间、任何地点对各种形式的意见都保持开放、接收的姿态，并将其中好的创意体现在产品和服务中。众包有助于企业调动网络上的资源与能力，将研发活动交由最合适的人员在最有效率的地方来开展。通过汇聚来自不同领域的数据，发掘跨界创新的潜力，构建创新生态圈。以维基百科为例，通过向全球用户开放编辑功能，加快词条的解释与更新，在 2002—2008 年已拥有多种语言版本，共计 20 多万组词条，信息储量远超《不列颠百科全书》。海尔集团的开放化创新平台 HOPE，旨在打造全球智慧家庭领域最大的技术创新入口和交互平台，通过内部 1 000 多名接口人，紧密对接 10 万多家一流资源、120 多万名科学家和工程师，组成一流资源的创新生态圈，形成了一个遍布全球的创新网络，进而实现了"世界就是我的研发部"的开放化创新局面。

五、产品设计趋于版本化、迭代化

数字经济时代，用户需求个性化、定制化，产品的更新换代速度也加快，市场需求不确定性增加。然而，工业化时代的企业的产品设计是从大众化的基本需求出发，追求性能完美的"大产品"，常常忽略了用户群体之间的差异，对于用户需求的响应速度明显不足，从而导致企业贻误最佳时机，降低市场竞争力。版本化迭代创新是企业动态适应外部环境变化的重要能力。企业在发现市场空缺后，以有限的资源支出，快速提供一个较为可行的产品，这个产品不必满足用户所需的全部内容，但是需要具备最关键的功能并且能够维持最低程度的运行。在之后运行中，从用户反馈的数据和信息中不断地对原始创意进行调整与修正,实现产品的迭代与升级。谷歌公司在2007年发布安卓系统1.0版本,通过建立开放的系统平台,吸引众多的开发者与用户,按照改版、新增、改善的思路对系统性能进行持续的升级,历经20多个版本的迭代过程,2022年5月已迭代至13.0版本。

在产品性能不断迭代与升级的同时,企业还需要兼顾对多样化、个性化需求的满足。针对不同的用户群体提供差异化的版本,尽可能地增加总的价值供给。例如,允许普通用户低价或者免费使用产品的基本功能,以此建立基本的利基市场;针对付费的高级用户,则提供一些更为高级的性能与服务,进一步改善使用体验。微软公司在推出 Windows7 系统时,为了更好地适应不同用户群体的消费特点,将产品进一步细分为初级版、家庭普通版、家庭高级版、专业版、企业版以及旗舰版6个版本,不同版本的功能、桌面体验、常规操作、网络性能存在细微的差别。在数字经济下,沿着时间和空间两个维度进行产品版本划分,近乎创意无限,这样企业就能以低边际成本甚至零边际成本实现产品差异化,进而实现成本领先优势和产品差别化优势的兼顾和结合。

六、用工模式趋于多元化、弹性化

工业经济时代,企业的用工模式为直接雇佣模式,即企业与员工签订长期、稳定的用工契约。这种用工模式会产生大量的用工成本,给企业造成很大的负担,加重企业发展的困境。数字经济时代,企业的用工模式趋于多元化、弹性化。企业既有直接雇佣模式的员工,也有不拘泥于传统组织束缚的劳动者。在多元化、弹性化的用工模式下,企业的用工理念从"为我所有"转变为"为我所用"。

多元化、弹性化的用工模式不仅有助于企业优化用工成本,而且有利于缓解高新技术劳动力供不应求的失衡局面。例如,海尔在大幅削减中层管理人员后,在册员工不足6万人,但是通过双创平台向社会提供了超过100万人次的零工就业机会。海尔通过双创平台向零工就业人员提供必要的资源支持,汇聚全社会的智力资本,不断推进人力的社会化。

多元化、弹性化的用工模式,也使得企业能够对市场竞争和变革做出快速、有效的应对。以字节跳动为例,企业自成立之日起就建立了信任文化,员工可以在重大项目之间调配或者自行组建项目团队,按照团队目标、关键成果进行周期性考核。凭借项目团队的自主创新能力,字节跳动在8年多的时间里,陆续推出了今日头条、抖音、懂车帝等产品,业务遍布全球150个国家和地区。

📝 **案例 1-1**

数字经济发展变化的八个趋势

1. 数字化：重新定义一切

数字改变了全世界，改变了每个人生活和工作的方方面面。数字改变世界的事例随处可见。

出行的变化。过去叫出租车，是站在路边招手，现在更多的人会选择使用网约车。如果把网约车定义为网络预约出租车，就有点小看它了。网约车实际上是共享汽车、共享出行。二者的不同之处在于，网约车签一笔订单只需要 0.12 秒，但后台要运算 16 亿次，是基于大数据完成的，跟打出租车的原理完全不是一码事。数字经济中真正起作用的是大数据等一系列新技术的应用，而且其发展是一日千里。

饮食服务方式也在改变。打败方便面企业的不是同行企业，而是外卖，经济学角度称为"跨界"。

跨界的例子不胜枚举。共享单车，把整个自行车行业搅得天翻地覆；微信语音通话功能迫使移动、联通取消漫游通话。

汽车行业的变化也不例外。汽车原来最关键的技术在发动机，现在特斯拉出来了，动力不依靠传统发动机。原本最牛的技术到这儿来一文不值，原来的竞争优势到这儿来瞬间清零。这叫"降维打击"。

电子商务对百货大楼和批发市场的冲击同样强烈。学会使用互联网先进技术的公司、业态，与传统业态相比就会对后者形成降维打击。

手机的变化也是一日千里，从 1G 到 5G，随着移动通信技术的发展，现在已经开始研究 6G，将来技术还会发展到 7G。这个变化，就是迭代创新。

支付手段的变化。随着移动支付的发展，中国率先进入了无现金的社会。现在买个白菜、大葱都可以扫码支付。

生产也在发生变化。流水线是大工业时代的代表性创新，数字经济时代的生产将是柔性化的、智能化的、协同化的生产。

这些变化都是在讲数字经济带来了什么。经济发展到今天，我们展望未来的时候，发现数字的确是在改变着整个世界，我们所熟知的事物跟以前都不一样了，需要重新定义。所以数字化已经成了一个时代的标识。

2. 网络化：网络配置一切

关于网络化，现在有一个词最流行，就是"万物互联"。所有的东西都通过互联网联结在一起。最早的联网联的是什么？是计算机，我们称为 PC（personal computer）互联网。后来手机联起来了，"联接"的是人和人。现在又有了物联网，简称 IoT，它可以把所有物品都联起来。

物联网之后是什么？"生命互联网"。生命互联网是把所有的生命联系在一起。人可以与其他动物直接顺利地进行交流，其结果是我们可以利用这些动物甚至植物的智慧来为人类服务。例如，蚂蚁很可能提前一年就能预报地震，人却做不到。生命互联网之后还会有什么？有人说了，很有可能是星际互联网。技术的发展已经势如破竹了，我们现在需要学习的是想象力。这些所有的联网，带来的最重要的影响是网络成为资源配置的重要力量。

根据传统的经济学理论，资源配置有两大力量，一个是"看得见的手"，另一个是"看不见的手"。现在有了互联网，可以产生一些过去政府和市场达不到的效果。

美团和快手。美团联结起来的餐饮商家据说有300多万家。300多万个餐饮商家都在它的平台上，有近400万名骑手在为大家服务。快手平台上有很多的直播从业者。现在需要对直播业重新认识，它们现在发挥的作用很重要。据说现在全球70%的直播业都是中国人在做的，应该为他们鼓掌。他们所动员起来的这些力量和发挥的作用，是过去传统企业做不了的。

数字化让我们重新定义一切，就业也需要重新定义。在美团工作的几百万名骑手，虽然不能说一一对应到就业岗位，但是确实有了这样的就业机会。过去成立一个多大的国有企业、做什么样的项目能一下子解决这么大的就业问题？可以说在过去，这基本是束手无策，解决不了的问题。

"网络配置一切"带来的另外一个效果是创新的无限增加。通过互联网把所有的信息技术整合在一起，把这些技术的每一个功能、每一个作用配置到原来熟知的行业、所有要素及每个流程里，无限多的排列组合就出来了。大家都知道熊彼特的创新理论：创新就是生产函数的改变。什么叫"生产函数的改变"？任何一个要素改变一点点，就产生一个新的东西。有了互联网这样的新一代信息技术，一旦把它与传统业态结合起来，就会发现创新的内容实在是数不胜数。

3. 数据化：数据成为战略资源

现在，所有的东西都可以用数据来表达，数据已成为重要的战略资源。党的十九届四中全会上第一次把数字作为重要的生产要素提出来。大家知道，0和1是最简单的数据，计算机能够识别这两个数据，靠0和1可以表达万事万物，包括把你的一举一动全部捕捉下来，转化成每个人能看得懂的数据就叫信息。有了信息我们可以干很多的事情。例如，手机能告诉你每天走了多少步、睡了几个小时、睡眠状况。

当数据技术能够把所有的这些数据都捕捉到的时候，你就发现人认识和改造世界的能力跟以前不能同日而语了。你的决策是依靠数据进行的，行动也是靠数据驱动的。举个最简单的例子，现在老司机如果不用导航系统可能不能精准快捷地到达目的地。

数据不是绝对可靠可信，但是不可否认，随着大数据技术持续发展，绝大多数事物发展的内在规律就会被它捕捉到。

4. 智能化：从弱智能到强智能

智能化的作用就是延展人类的脑力。目前我们所知的智能化，都处于弱智能阶段，人工的成分居多，真正机器智能部分还很少。但将来可能发展到强智能阶段。在强智能阶段，机器可以自动、主动地学习，机器自己将知道干什么，人不用给它太多的指令。有人提出将来可能会有超强智能阶段，希望智能能够为人类服务，而不是成为人类的对手。

5. 平台化：无平台不经济

现在比较成功的数字经济基本都是基于平台的。平台的优势：首先是强大的动员能力，其次是智能化匹配。智能化匹配可以做到一秒钟完成一项匹配，剔除了所有中间环节。蚂蚁金服有个"310"服务模式。中小企业想使用银行贷款，填写需求大概需要3分钟，但是给不给你贷、你的信用够不够、能给你贷多少，以及确定完各项资料之后直接把钱打到你的账上，总共要用多长时间呢？一秒钟，中间零人工操作。传统的银行给中小企业贷款至少现在还做不到这样便捷。

平台还有一个优势：赋能效应。平台的参与者，可以广泛使用平台里海量的数据资源、技术资源和服务器，以及平台的经验、模式。美团在办美团大学，很快就培训了3 000万人次。平台培训的数量确实是线下无法与之相比的。

平台经济未来的发展趋势是，无平台不经济。你学不会建立平台或者使用平台，将来很有可能惨遭淘汰，因为你无法用全社会的资源为全社会服务，只能在一个有限狭小的空间里挣扎求生存。

6. 生态化：从价值链到生态圈

生态化是指在整个平台上生存的参与者，他们之间是一种共生共赢的关系，而不像过去产业链或价值链一样，此消彼长，你多一点，我就得少一点。生态化是平台化无边界发展的必然结果。

7. 个性化：每个人都是唯一的

每个人都是唯一的。大家在百度上输入同样的关键词进行搜索，每个人的搜索结果应该是不相同的。如果两个人的结果相同，说明它需要提升个性化服务水平。打开快手，它对每个人呈现的页面是不一样的。将来个性化的服务一定是千差万别、各不相同。

8. 共享化：所有能共享的都将被共享

尽管共享经济起源于美国，但中国共享经济已经开始引领全球。所有能共享的事物终将被共享。未来如果不会用共享的办法让资源利用价值最大化，让需求得到最大的满足，将会很吃亏。

资料来源：张新红. 所有能共享的都将被共享，数字经济将带来 6 大就业影响［EB/OL］.（2020-01-05）［2022-11-04］. https://www.sohu.com/a/364819201_343325. 引用时有改动。

📖 小结

1. 数字经济的含义、框架、特征及意义

数字经济是指以使用数字化的知识和信息作为关键生产要素、以现代信息网络作为重要载体、以信息通信技术的有效使用作为效率提升和经济结构优化的重要推动力的一系列经济活动。

数字经济的"四化"框架，即数字经济分为：①数字产业化；②产业数字化；③数字化治理；④数据价值化。

数字经济在发展变化中呈现出三大特征：①数据是数字经济的新生产要素、新能源；②产生大量平台型企业，加速了资源的优化配置；③普惠共享。

发展数字经济的重要意义：①发展数字经济有利于推动构建新发展格局；②发展数字经济有利于推动建设现代化经济体系；③发展数字经济有利于推动构筑国际竞争新优势。

2. 数字经济对行业变革的影响

数字化技术对不同行业的影响不同；数字化技术催生了一些新行业；数字化技术创新了一些传统行业：①数字化技术推动新制造的出现；②数字化技术催生新金融；③数字化技术催生新零售；④数字化技术催生智能医疗；⑤数字化技术催生智慧交通；⑥数字化技术催生数字农业。

3. 数字经济时代企业管理的变革与创新

数字经济时代企业管理的变革与创新主要包括：①组织结构趋于网络化、扁平化；②营销模式趋于精准化、精细化；③生产模式趋于模块化、柔性化；④研发模式趋于开放化、开源化；⑤产品设计趋于版本化、迭代化；⑥用工模式趋于多元化、弹性化。

📖 自测题

一、名词解释

数字经济　数字产业化　产业数字化　数字化治理　数据价值化

二、简答题

1. 数字经济的特征有哪些?
2. 简述数字经济的四化框架。
3. 发展数字经济的意义有哪些?
4. 简述数字经济对行业的影响。
5. 简述数字经济时代企业管理的变革与创新趋势。

三、单项选择题

1. 大力发展5G、大数据、云计算、物联网、区块链、人工智能等新兴技术产业，属于数字经济四化框架中的（   ）。

    A. 数字产业化   B. 产业数字化

    C. 数字化治理   D. 数据价值化

2. 释放数据价值的有效路径是（   ）。

    A. 数据治理   B. 数字转型   C. 数据共享   D. 区块链

3. 数字经济时代的关键生产要素是（   ）。

    A. 网络   B. 数据   C. 技术   D. 人才

4. 下列选项中，（   ）是数字经济发展保障。

    A. 数字产业化   B. 产业数字化

    C. 数字化治理   D. 数据价值化

5. 数字经济时代生产模式趋于（   ）。

    A. 网络化、扁平化   B. 精准化、精细化

    C. 模块化、柔性化   D. 版本化、迭代化

6. 数字经济时代营销模式趋于（   ）。

    A. 网络化、扁平化   B. 精准化、精细化

    C. 模块化、柔性化   D. 版本化、迭代化

7. 数字经济时代组织结构趋于（   ）。

    A. 网络化、扁平化   B. 精准化、精细化

    C. 模块化、柔性化   D. 版本化、迭代化

8. 数字经济时代研发模式趋于（   ）。

    A. 网络化、扁平化   B. 精准化、精细化

    C. 开放化、开源化   D. 版本化、迭代化

9. 数字经济时代用工模式趋于（   ）。

    A. 网络化、扁平化   B. 精准化、精细化

    C. 开放化、开源化   D. 多元化、弹性化

10. 数字经济时代产品设计趋于（ 　　）。

    A. 网络化、扁平化　　　　　　　　B. 版本化、迭代化

    C. 开放化、开源化　　　　　　　　D. 多元化、弹性化

四、多项选择题

1. G20关于数字经济的概念包含（ 　　）。

    A. 以数据资源为关键生产要素

    B. 以现代信息网络作为重要载体

    C. 以信息通信技术的有效使用作为效率提升和经济结构优化的重要推动力

    D. 是一系列经济活动

2. 数字经济的框架包括（ 　　）。

    A. 数字产业化　　　　　　　　　　B. 产业数字化

    C. 数字化治理　　　　　　　　　　D. 数据价值化

3. 数字经济在发展变化中呈现出的特征有（ 　　）。

    A. 平台替代公司，加速资源优化配置

    B. 数字经济年均增速低于同期GDP

    C. 数据是数字经济的新能源、新生产要素

    D. 普惠共享

4. 数字经济时代企业管理的变革与创新趋势主要有（ 　　）。

    A. 组织结构趋于网络化、扁平化　　B. 营销模式趋于精准化、精细化

    C. 生产模式趋于模块化、柔性化　　D. 研发模式趋于开放化、开源化

五、判断题（判断正误并说明理由）

1. 数据是数字经济的新能源、新生产要素。　　　　　　　　　　（ 　　）

2. 数字产业化、产业数字化是数字经济核心。　　　　　　　　　（ 　　）

3. 数据价值化是数字经济发展保障。　　　　　　　　　　　　　（ 　　）

4. 数字化治理是数字经济发展基础。　　　　　　　　　　　　　（ 　　）

5. 数字经济时代生产模式趋于模块化、柔性化。　　　　　　　　（ 　　）

6. 数字经济成为推动国民经济持续稳定增长的关键动力，我国数字经济年均增长已经高于同期GDP的年均增长。　　　　　　　　　　　　　　　　　　　（ 　　）

专题一自测题参考答案

专题二 企业从信息化到数字化

学习要求

1. 掌握信息化与数字化的区别。
2. 掌握数字化转型的核心要素。
3. 了解数字化转型的驱动因素和意义。
4. 掌握数字化转型面对的挑战。
5. 重点掌握数字化转型的策略。
6. 熟记下列概念：信息、信息化、数字化、数字化转型。

学习重点和难点

1. 企业信息化的含义。
2. 信息化与数字化的区别。
3. 数字化转型面对的挑战。
4. 数字化转型的策略。

学习建议

1. 重点学习企业数字化转型面临的挑战及应对策略。
2. 选择一个数字化转型案例进行学习。

近几年来，全球迅速涌现数字化（digitization 和 digitalization）大潮，数字化转型（digital transformation）日益受到企业的关注。那么，什么是数字化及数字化转型？数字化与信息化究竟有何异同？企业为什么要进行数字化转型？如何进行数字化转型？本专题将探讨这些问题。

第一节　企业信息化

一、信息与信息技术的发展

（一）信息的含义及特征

1. 信息的含义

信息一词，不同学者给出的定义不同，迄今还没有一个统一的定义。信息论奠基人克劳德·香农（Claude Shannon）认为：信息是用来消除随机不确定的东西。控制论创始人之一的诺伯特·维纳（Norbert Wiener）认为：信息是人和外界互相作用过程中互相交换的内容和名称。美国信息管理专家福雷斯特·霍顿（Forest Horton）认为：信息是为了满足用户决策的需要而经过加工处理的数据。

对企业来讲，信息是指对企业有价值的数据。

信息是世界一切事物的状态和特征的反映。事物的状态和特征是在不断变化的，因而也不断地产生新的信息。信息存在于自然界、人类社会、人的思维和认识过程中。形式是多种多样的，如计划指令、书报、资料、图纸、数据、报表等。信息源于物质与物质的运动，但又不同于一般的物质，信息可以脱离物质而被传递和交换。信息的传递要通过信息载体，如符号、图形、数字、文字、声、光、色等。

2. 信息的特征

信息的特征主要有以下几点：

（1）依附性。物质是具体的、实在的资源，而信息是一种抽象的、无形的资源。信息必须依附于物质载体，信息不能脱离物质而独立存在。同一个信息可以借助不同的信息媒体表现出来，如文字、图形、图像、声音、影视和动画等。

（2）普遍性。在自然界和人类社会中，事物都是在不断发展和变化的。事物所表达出来的信息也是无时无刻、无所不在的存在。因此，信息也是普遍存在的。

（3）客观性。信息是客观事物的反映，它是不依赖于人的主观意志而存在的。为此，获取信息必须注意客观真实性。信息是一种确定性概率的增加，它用来消除"不确定性"。在一定条件下，人们掌握的信息越多，就越能减少不确定性，即减少决策的风险和减少判断错误的概率。

（4）传递性。信息需要经过传递才能发生作用，现代信息传递工具越来越发达，越便于快速传递。所有信息过程都是不可逆的，信息在两人之间传播的状态不可以恢复到未传播的状态，甲知道 A 事件，当甲把 A 事件告诉了乙后，乙就不可能再恢复到先前不知道 A 事件的状态。

（5）时效性。反映事物现实状态的信息，在当时一个阶段是有效的，但当事物发生变化，原先的信息便逐渐成为历史而失去作用。

（6）共享性。一般资源若为一方所占有，则另一方就不能享用，但信息可以共享。对输入者来说获得了信息，而输出者并不减少信息的占有量，所以要注意信息资源的传播和充分利用。

（7）价值性。信息只有被使用后才可体现其价值。信息价值大小取决于接收者对该信息的需求程度，不同的人看待同一信息可能有不同的价值。还有一些信息的价值可能还未被发现。

（8）可处理性。杂乱的信息可以经过人的分析处理变成有序的信息，使得信息的价值增加。

（二）信息技术的含义及发展

1. 信息技术的含义

凡是能扩展人的信息功能的技术，都是信息技术。它主要是指利用电子计算机和现代通信手段实现获取信息、传递信息、存储信息、处理信息、显示信息、分配信息等的相关技术。具体而言，信息技术包括传感技术、通信技术、计算机技术和网络技术。传感技术主要指信息识别、信息获取、信息变换技术；通信技术则指信息的检测、处理、传递、存储及控制和调节技术；计算机技术主要包括信息加工、信息存储、信息检索、信息分析和描述；网络技术是将成千上万个计算机联系在一起，使人们共享网络信息系统上的资源。四者相辅相成，互相结合构成一个有机的整体。有时把传感技术、通信技术和网络技术都包含在计算机技术中，统称为计算机技术或计算机通信技术。

2. 信息技术的发展

信息技术的发展历程分为以下五个阶段：

第一次信息技术革命是语言的使用。发生在距今约 35 000 年至 50 000 年前。

第二次信息技术革命是文字的创造。大约在公元前 3500 年出现了文字。

第三次信息技术的革命是印刷术的发明。大约在公元 1040 年，我国开始使用活字印刷技术（欧洲人 1451 年开始使用印刷技术）。

第四次信息技术革命是电报、电话、广播和电视的发明和普及应用。1837 年美国人塞缪尔·莫尔斯（Samuel Morse）研制了世界上第一台有线电报机。电报机利用电磁感应原理（有电流通过，电磁体有磁性；无电流通过，电磁体无磁性），使电磁体上连着的笔发生转动，从而在纸带上画出点、线符号。这些符号的适当组合称为莫尔斯电码，可以表示全部字母，于是文字就可以经电线传送出去了。1844 年 5 月 24 日，人类历史上的第一份电报从美国国会大厦传送到了 40 英里外的巴尔的摩城。1864 年，英国著名物理学家詹姆斯·麦克斯韦（James Maxwell）发表了一篇论文（《电与磁》），预言了电磁波的存在。1876 年 3 月 10 日，美国人亚历山大·贝尔（Alexander Bell）用自制的电话同他的助手通了话。1895 年，俄国人亚历山大·波波夫（Alexander Попов）和意大利人伽利尔摩·马可尼（Guglielmo Marconi）分别成功地进行了无线电通信实验。1894 年，电影问世。1925 年，英国首次播映电视。

第五次信息技术革命始于 20 世纪 60 年代，其标志是电子计算机的普及应用及计算机与现代通信技术的有机结合。

现代信息技术的产生可以追溯到 1946 年在美国的宾夕法尼亚州立大学诞生的世界上的第一台计算机。这台计算机共使用了 1.8 万多个电子管，占地 170 平方米，总重量达 30 吨，耗电量为 140 千瓦，但每秒只能作 5 000 次加减运算。

第一台计算机诞生以后，计算机技术就开始得到飞速发展。

首先，计算机的性能大幅度提高，但其价格却大幅度降低。正如 20 世纪 50 年代初期，英特尔公司的总裁戈登·摩尔（Gordon Moore）先生曾提出著名的"摩尔定律"，该定律预言，在以后的几十年里，计算机及其相关硬件的性能将会以"每 18 个月翻一番"的速度提高，而其价格却会以成反比的速度大幅度降低，这就是所谓"计算机技术革命"。

其次，20 世纪 80 年代以来，计算机软件的功能不断得以完善，性能越来越高，软件也变得越来越好用。最明显的是操作系统的变化，由最早的 DOS 操作系统发展到全图形界面、操作方式为可视化的 Windows 系统，软件的可靠性和应用的简便性是计算机广泛应用的前提。支撑软件功能日趋完善得益于数据库技术的发展。20 世纪 80 年代以来，另外一项飞速发展的技术是数据管理技术，从早期的文件管理，发展到层次数据库、网状数据库，直到今天得到广泛应用的关系数据库。20 世纪 90 年代以来，更出现了面向对象数据库、多媒体数据库、工程数据库和数据仓库等新技术。数据库技术的发展形成了所谓的"数据库技术革命"。

最后，信息网络技术得到空前发展。20 世纪 80 年代末，位于瑞士日内瓦的"欧洲核子中心"，提出一种先进的 www 信息检索技术，它极大地促进了互联网在各行各业的应用，进而又出现了企业内部互联网（Intranet）技术（又称内联网）和跨企业互联网（Extranet）技术（又称外联网），后来又出现了信息高速公路的概念。到 1994 年，基于 www（world wide web）技术的国际互联网（Internet）又得到了"火箭速度"式的发展。网络技术的快速发展是计算机广泛应用的可靠保证，它形成了信息革命的又一个高潮——全球范围的"信息网络技术革命"。信息网络技术革命的重要性已大大超过"计算机革命"和"数据库革命"，它对人类社会的影响是空前的和深远的。

随着网络互联的移动化和泛在化，未来信息网络发展的一个趋势是实现物与物、物与人、物与计算机的交互联系，将互联网拓展到物端，通过泛在网络形成人、机、物三元融合的世界，进入万物互联时代。以大数据、物联网、人工智能、云计算为代表的新一代信息技术对人类社会影响的范围越来越广，并正在以前所未有的速度和强度改变着我们的生活，新一代信息技术必将是 21 世纪推动技术革命发展的主要动力。

二、信息化的含义及发展

信息化一词是由日本学者在 20 世纪 70 年代提出的，迄今还没有一个广为接受和认可的权威定义。

中共中央办公厅、国务院办公厅印发的《2006—2020 年国家信息化发展战略》，其叙述如下：信息化是充分利用信息技术，开发利用信息资源，促进信息交流和知识共享，提高经济增长质量，推动经济社会发展转型的历史进程。

信息化时代，业务在物理世界里开展，背后信息系统提供支撑。例如，对于传统的出租车，乘客招手，司机就停了，出租车在物理世界运营，背后有信息管理系统支撑。

20 世纪 90 年代，我国开始广泛使用"信息化"术语，先后提出了"信息化带动工业化，工业化促进信息化""信息化与工业化融合""信息化与工业化深度融合"等战略，并于 2008 年组建了中华人民共和国工业和信息化部。信息化由此成为一个极其流行的术语，并衍生出企业信息化、制造业信息化、政务信息化、农业信息化等诸多术语，企业也逐渐将计算机中心更名为信息中心、信息技术部（IT 部）、信息化部或者信息管理部，而越来越多的企业也开始设立首席信息官（chief information officer，CIO）岗位。

三、企业信息化的含义及发展

（一）企业信息化的含义

企业信息化是伴随着信息技术尤其是计算机技术的发展从无到有、从简单到复杂而发展起来的。

企业信息化是一个很宽泛的概念，不同领域有着不同的理解。一般来讲，企业信息化是指企业利用信息技术，开发和利用其信息资源，促进信息交互、共享，不断提高生产、经营、管理、决策的效率和水平，从而提高企业的竞争力水平的过程。

信息化大多是将传统业务交由信息系统来管理，即将业务从线下搬到线上，信息技术对业务起着提升效率的作用。

随着信息技术快速发展，企业信息化建设也极速向前，先后建设了如 OA（office automation，办公自动化）、ERP（enterprise resource planning，企业资源计划）、CRM（customer relationship management，客户关系管理）、MES（manufacturing execution system，制造执行系统）等信息化系统，由于实施的供应商都不同，形成了竖井式"烟囱"，各个系统异构或数据标准不一致，对数据进行整体的汇总时，总存在数据质量问题。宏观数据统计准确度欠佳，数据个性化分析满足不了需要，微观上数据与设备之间联系又无法进行沟通。在信息技术与产品融合方面，信息技术只是产品设计的辅助工具，即计算机辅助设计（computer aided design，CAD）和计算机辅助工程（computer aided engineering，CAE）。

（二）企业信息化发展的阶段

对于信息化阶段的划分存在不同的方式，本文采用其中的一种划分方式。我们将其分为以下 5 个阶段：

1. 单点散状信息化阶段

该阶段往往是从企业购买第一台计算机开始。企业开始也许只将计算机用于打字，但是对于传统产业的企业而言，第一台计算机的购买和使用具有里程碑的意义，因为它使企业第一次认识到有了数字化的存在形式，并标志着企业对数字化生存的认可，使得企业的信息化进程从此开始。随后，企业购买的计算机逐渐增多，并开始在个别部门内应用文字处理软件、CAD 软件和财务软件处理数据和文件，个别部门的管理人员开始使用拨号上网等单机形式从互联网上获得信息。

2. 企业部门内信息整合阶段

在该阶段的企业，内部各部门的基本数据和文件已经数字化，同时企业已拥有信息中心、网管中心等专门的信息技术服务部门。企业各部门普遍使用办公自动化、工程自动化、管理自动化软件处理文件和数据，还有一些企业开发了管理信息系统（management information system，MIS）。企业通过一个或几个局域网实现局部或全局的数字信息沟通，使用 C/S（Client/Server）模式实现数据和资源的共享。处于该阶段的企业，其内部的信息仍是隔离的，并没有形成完整的信息流。

3. 企业内部跨部门信息整合阶段

进入该阶段，企业有了全局的电子化业务流程。企业的组织结构和业务运行不再基于传统的部门制，组织结构实现扁平化，以团队或项目组形式进行业务运行。企业使用了自动化过程（工作流程）管理工具，如 CSCW（computer supported cooperative work，计算机支持协同工作）软件、PDM（product data management，产品数据管理）软件，具有了全局的基于 LAN 或 Intranet 的集成框架。同时，在该阶段，企业已经实现了自动化的决策支持专家系统、决策支持系统（decision support system，DSS）、知识管理工具等。处于该阶段的企业，还可以使用企业资源计划等资源优化系统，使其内部形成完整的信息流，实现了资金流、物流和信息流的互动，使企业的内部资源得到了充分利用，降低了内部成本，对外可以进行一定程度的柔性制造。但是，其资源整合的局限在企业内部，缺乏和外部资源的及时互动。

4. 企业与外部的信息整合和信息互动阶段

在该阶段的企业已经形成一个智能主体，能基于广域网和 Web 技术与上下游企业之间集成，在不同的项目中，企业能迅速找到合适的合作伙伴，将自己不擅长或盈利少的业务分包出去。同时，企业能通过网络信息和对自身采购、营销、售后服务数据的分析，及时了解市场信息和客户需求。处于该阶段的企业是最成熟的，此阶段整个企业改变成了一个开放的社会信息系统，能够很好地进行内、外部资源的整合，充分调动各方面的积极性，扩大企业的外延，进行充分的柔性制造和个性化服务。SCM（supply chain management，供应链管理）和 CRM 可以看作是这一阶段的系统。

5. 全面信息系统的集成阶段

在该阶段，企业不再将信息系统的应用局限在某些业务或某些部门，而且多种信息系统，也不再是企业的多个"信息孤岛"。企业需要对各种信息系统进行集成，或者是企业在运行一项新系统时，务必要考虑与其他原有系统是否能够实现完美的集成。此时企业需要运用的技术有企业应用集成（enterprise application integration，EAI）、企业信息门户（enterprise information portal，EIP）等。

第二节　企业数字化

一、数字化的定义与场景

（一）数字化的定义

数字化的定义也是众说纷纭。

美国著名咨询公司 GARTNER（高德纳）关于数字化的定义：数字化（digitalization）由数字转换（digitization）演变而来。

数字转换是指将模拟信号转换为由 0 和 1 所代替的数字信号，进而使计算机可以存储、传输、分析处理这些信息的过程。

数字化是指数字技术应用到业务流程中并帮助企业（组织）实现管理优化的过程，主要聚焦于数字技术对业务流程的集成优化和提升。

在此基础上，不同的人给出以下不同的定义。

数字化是运用大数据、云计算、物联网、区块链、AI（artificial intelligence，人工智能）、5G、VR/AR 等数字技术，实现企业的业务和管理创新，增强企业竞争力。其重点关注的是"数据驱动"业务。

"数字化"就是"数据业务化"，即在信息化过程中，长期累积下来的交易数据、电商数据、行业数据、媒体数据、用户数据、潜客数据、产品数据、售后数据等，不断融入企业的管理和经营活动中，通过数据发现问题、发现规律、发现商机，用数据优化业务组合、优化业务流程、优化经营模式，实现企业的持续运营、持续创新、持续发展。

数字化是通过二进制代码表示的物理项目或活动，也就是把物理世界映射或迁移到数字世界。

数字化就是业务在数字世界里开展，引起物理元素响应。例如，一些网约车平台在数字空间里开展出租车业务，物理世界的出租车司机、乘客响应。

（二）常见的数字化场景

1. 把人与人的交互场景从物理世界迁移到数字世界

例如，麻将游戏就是把物理世界的麻将桌搬到了数字世界。而各种会议 App（腾讯会议、钉钉、zoom），将会议室搬到了数字世界。这样的场景还有很多，游戏和会议只是其中比较典型的例子。受疫情影响，云课堂也被催生出来。

2. 将物体信息映射到数字世界

网约车可以理解为将物理世界的出租车映射到了数字世界，并实时保持与物理世界同步，物理世界里车开到哪儿，数字世界里对应的那个小车就开到哪儿。

类似的场景还有很多，如快递追踪、微信好友共享实时位置之类的。其实位置信息只是物体的一类信息，通过物联网、传感器，把物体更多的状态信息采集并映射到数字世界，甚至再通过数字世界反向控制物理世界的场景更是数不胜数。例如，智能家居、智能汽车、数字交通等。

3. 直接把业务场景迁移或映射到数字世界

在物理世界开店需要占用空间，而在数字世界开店，不用交房租，不用装修，甚至都不用雇用服务员……取而代之的是服务器或是计算支出、App开发和运维费用等。例如，天猫商城就是把一个商场的购物场景全盘迁移到了数字世界。手机银行也是另一个典型的场景，把一个银行办理业务的营业厅场景映射到了数字世界。我们经常听到的"线上线下深度融合""全渠道新零售"，甚至是近两年大火的"直播带货"，都能将此类归结为业务和服务数字化的场景。

当然，数字化的场景远不止上面这三类。数字化阶段业务只是实现了线上化，但是业务本身并没有什么根本上的变化，如线上人工客服。

企业数字化是企业信息化的演进和升级，其目标也是要实现降本提质增效，进而提升企业竞争力，与信息化建设IT系统不同，数字化是要最大限度地构建物理空间与虚拟空间的真实映射，就是通过虚拟数字世界真实地反映企业生产运营的各种活动和状态，其本质就是数字孪生技术的应用。

二、信息化与数字化的联系与区别

（一）信息化与数字化的联系

信息化是数字化的基础，数字化是信息化的高阶阶段。数字化是信息化的广泛深入运用，是从收集数据、分析数据到预测数据、经营数据的延伸。数字化并不能脱离信息化单独存在。数字化就是解决信息化建设中信息系统之间的信息孤岛的问题，实现系统间数据的互联互通的。

（二）信息化与数字化的区别

信息化与数字化是新一轮科技革命中出现的高频词汇。大家普遍认为信息化是上一个阶段的事，而数字化则代表了一种进步或是未来的发展趋势，数字化正悄无声息地取代信息化。信息化只是对企业原有业务运行模式的"计算机化"而已，而数字化则代表了提升或者拥有更多改变的可能性。那么信息化与数字化究竟有何不同？可以从以下几点说明。

1. 现实物理世界和数字世界谁占主导权的问题

信息化是物理世界主导的，人们的活动是在物理世界进行的，信息化是为物理世界活动服务的。例如，传统出租车业务，尽管出租车公司也有软件系统，提供了车辆管理、司机管理、运营管理、维修管理、发票管理等系统功能，但这些系统功能对业务来说起到的是支撑作用，也就是说，没有这些系统功能，出租车的业务也照样能开展。在物理世界中，业务是由人主导的，而非系统。

数字化是数字世界主导的，物理世界的物是为数字世界服务的。例如，网约车司机都是依照数字世界的活动来提供服务的。如果你想打车去机场，刚好来了一辆网约车，你对司机说你要去机场，司机会说不行，他已经被人预约了。即使没有人预约，司机也说不行，因为规则上你要到 App 上叫车，App 会派单或你在上面抢单，司机只能响应那个 App。在数字世界中，人的一切行为都只能响应数字世界的指令。

2. 技术架构不同，实现从信息技术（IT）到数字技术（DT）的转变

信息化基于信息技术，如互联网、商业软件、数据库等。

数字化基于数字化技术，如大数据、移动互联网、云计算、物联网、人工智能等为代表的数字技术群落。

3. 思维模式不同

信息化是支撑，是工具，是一种手段。它并没有改变业务本身，从思考模式上，大家还是用物理世界的思维模式进行的。例如，办公自动化。信息化时代的 OA 就是把线下的纸质的法规、文件、流程都线上化的过程，但是到了最后一步，还是要打印出表单请领导手动签字，再以这个审批表为准。信息化应用信息系统、数据库、网络等对企业的业务过程（如研发、生产制造、经营管理活动）进行数据采集、存储、分析，以支撑业务的开展，让企业内部人员清楚地了解业务开展状态、流程进展等业务信息，从而为业务的开展提供支撑。信息化是一种管理手段，是业务过程数据化。

数字化的重点在"数字"上，即数据价值挖掘和业务赋能及创新上。数字化以数据为核心，应用新一代信息技术，如移动互联网、大数据、云计算、人工智能等，对全时段的各种信息的采集，实现以数据说话、以数据管理、以数据决策、以数据创新，直接改变了传统的思维模式，达到重塑商业模式的效果。例如，在数字化 OA 系统中，所有的流程都是在"数字空间"完成的，不再需要"物理空间"的介入，在线办公的形成则是全部员工全时段和全场景下的数字化记录。

4. 业务侧重点不同

信息化侧重业务信息的搭建与管理。信息化是对企业已形成的相关信息的记录和各个环节业务的结果与管控，是为了解决企业内部的管理问题，以提升效率，即以内部管理为主。

数字化侧重产品领域的对象资源形成与调用。数字化是让业务和技术真正产生交互，改变传统的商业运作模式，为了企业的业务创新、管理创新、组织创新。

5. 企业组织结构变化程度不同

在信息化的建设过程中，企业的组织结构最多是增加了 IT 部门以及一些工作岗

位，是不需要大变化的，企业的整个架构和决策执行流程不变。中高层管理人员只是从看纸质数据变为用手机端看数据，但是决策在下达前还是要经过头脑判断的，这整个流程实际上是没有变化的。因此，信息化是维持型发展。

数字化阶段，企业的组织结构被打破了。因为大量的数据采集、运算、反馈过程是自动、扁平发生的，直接指令到事，指挥到人，绕开了传统的授权模式。最典型的例子就是数据中台和技术中台的出现。因此，数字化是变革型发展。

6. "人用电脑干事"和"电脑自个儿干事"的区别

"人用电脑干事"属信息化，如办公软件、ERP、CRM，做事都还得靠人，电脑只是个辅助工具，很多时候就是代替纸和笔。"电脑自个儿干事"属数字化，如网站、App、小程序，这些都是电脑自己就可以提供服务的。例如，政府实行"最多跑一次"是指在服务中心里有服务人员操作电脑帮你把要办的事一次性搞定，这就是信息化；实行"一次都不用跑"是指做一个App，你提交材料后App自动帮你做，这就是数字化。但"一次都不用跑"不一定是数字化，如果你提交材料后，后台还是要有个人操作电脑来帮你办，那还是信息化。

7. 应用范围不同

信息化是针对单个系统或业务的局部优化，极少有跨部门的融合与集成，它的价值表现为工作效率的提高。而数字化则是面向全域系统或全流程，进行数字化的连通，破除部门墙、数据信息墙，完成跨部门的系统互通、信息互联，精准洞悉，为业务赋能。

8. 连接程度不同

信息化时代缺少连接和打通，效率低、响应慢。企业并没有建立各个单元之间的连接，没有完成企业各数据信息系统的连接，尤其是没有建立与用户的连接。而数字化时代以全连接和全打通为目标，效率高、响应快。不仅企业的设备、产品、资源需要数字化，而且企业的生产过程、工作流程、决策体系也需要数字化。

第三节　企业数字化转型

一、数字化转型的含义

数字化转型是近年来最热门的词汇，从学术界到实业界都在讨论数字化转型。

2020 年开始肆虐的新冠病毒感染疫情，更推动数字化转型的热度"更上一层楼"，让视频会议、远程教育、网络展览、云签约等互联网商业模式大行其道。但关于什么是数字化转型却众说纷纭，没有一个统一的定义。

百度百科的定义：数字化转型（digital transformation）是建立在数字化转换（digitization）、数字化升级（digitalization）基础上，深度触及企业核心业务，以创建一种商业模式为目标的高层次转型。数字化转型是以数字化技术及支持能力开发一个富有活力的数字化商业模式。

国务院发展研究中心课题组（2018）指出：数字化是利用新一代信息技术，构建数据的采集、传输、存储、处理和反馈的闭环，打通不同层级与不同行业间的数据壁垒，提高行业整体的运行效率，构建全新的数字经济体系。

IDC 给出的数字化转型定义：数字化转型是利用数字化技术（例如云计算、大数据、人工智能、物联网、区块链等）和能力来驱动组织商业模式创新和商业生态系统重构的途径和方法。

在这个概念里面实际核心强调了两点，其一是数字化技术的应用，其二是业务或商业模式重塑。其中业务重塑是根本目标，而数字化技术只是工具和手段，在这点上不能本末倒置。

Gartner（高德纳）给数字化转型的定义是，开发数字化技术及支持能力以新建一个富有活力的数字化商业模式。数字化转型完全超越了信息的数字化或工作流程的数字化，着力于实现"业务的数字化"，使公司在一个新型的数字化商业环境中发展出新的业务（商业模式）和新的核心竞争力。

阿里巴巴认为："数字化是一个从业务到数据，再让数据回到业务的过程"，关键在于架构统一、业务中台互联网化以及数据在线智能化。

谷歌认为：数字化转型是利用现代化数字技术（包括所有类型的公有云、私有云和混合云平台）来创建或调整业务流程、文化和用户体验，以适应不断变化的业务和市场需求。

华为认为：数字化转型就是基于业务对象、业务过程和业务规则的数字化，构建一个实现感知、连接和智能的数据平台。

腾讯认为：数字化转型带来的趋势就是数据打通、再造流程、简化流程、提高效率。

数字化转型的目的是要建立一种全新的、以数字技术为核心的、富有活力和创新性的新商业模式，帮助客户改善运营业绩，捕获增长，提升价值。例如，海尔通过对传统生产模式的颠覆与升级，打造按需设计、按需制造、按需配送的互联工厂体系，使整个制造过程实现高度的柔性，满足个性化定制的需求。例如，红领服饰，打造智能工厂，进行数字化运营使其能够快速完成从设计、成衣制造、人工熨烫、折装、吊挂，甚至是自动化分类及装箱的整个流程，让一周新货上架两次成为可能，极大地降低了产品的库存量。

大数据可以赋能业务，这是数字化。汽车企业通过分析车辆运行数据，就可以对车主提供维保建议，实现基于远程监控的主动维修；通过分析驾驶员长期驾驶行为，就能形成用户画像，提供个性化服务。大数据在汽车研发、制造、营销、服务各方面都可以为业务赋能。

二、数字化转型的核心要素

连接、数据、智能构成数字化转型三大核心要素。

（一）连接是数字化最基本的内容

互联网、移动互联网、物联网的突破性发展颠覆了人与人、人与物、物与物之间的连接方式。今天，人们已经习惯于在线连接去获取一切。企业可以基于云端平台，与供应商、用户、税务局、工商局等进行对接，实现交易在线化、透明化，统一对账和结算。通过将企业内部的 IT 系统与智能制造设备相连接，企业能够开展供应链计划和精益成本管理。基于互联网，企业内部各个部门、企业与企业之间、企业与管理机构之间的人员都可以建立连接，快速进行社交分享、沟通，发起会议，开展协作。

（二）数据是数字化的基础

在数字化时代，数据既是数字化的基础，也决定了数字化的价值。过去，企业所拥有的数据构成主要是财务数据和部分业务数据。数字化转型的推进，使得企业的数据生态发生了极大的变化；工业 4.0 的推进，极大丰富了企业生产运作过程中的在线数据；而互联网、新零售等 C 端丰富多彩的应用，产生了大量充分展现消费者行为的数据信息。内部数据与外部数据的边界正在逐步消融。数据信息日益丰富，甚至日益广泛且深入地渗透进我们的生活中。这些丰富的数据海洋给我们提供了无限的可能，企业可以通过这些数据来理解和分析业务，做出决策而后再应用到现实中。

（三）智能是数字化未来的最高形式

数据赋能离不开智能的应用，未来的数字化是建立在大数据和 AI 基础上的运营全面智能化，是企业实现"连接"，坐拥"数据"之后的延伸。例如，系统基于机器学习模型、语音识别模型、管理测算模型等 AI 模型，融合具体业务场景、运营场景，将模型与场景相关联，实现一体化应用、辅助或直接做出快速决策，促进"生产智能化、服务生态化、管理协同化、决策数据化"，实现人工智能高阶场景。

三、数字化转型的驱动因素

（一）疫情加剧环境不确定性

2020年开始肆虐的新冠病毒感染疫情，加剧了外部环境的不确定性，很多行业与企业不得不暂停线下办公，为了让员工可以实现远程办公，企业加快部署了一系列数字化工具和服务，加速推进企业数字化转型的进程，让视频会议、远程教育、网络展览、云签约等互联网商业模式大行其道。但是在生产、经营、渠道、组织管理等核心环节，无法实现数字化能力的全面、深入部署，因此很多工厂面临停工停产，很多店铺面临闭门歇业。可见，数字化能力的不成熟为企业带来了巨大损失，因此，在后疫情的时代背景下，企业应深刻认识数字化转型的必要性，紧抓时代机遇，加速推进数字化转型。

（二）国家战略提供制度支持

近年来，党和国家对发展数字经济提出了新的更高要求，包括要求加快应用融合创新促进产业数字化转型，数字化转型已明确上升为国家战略。中华人民共和国工业和信息化部（简称工信部）、国务院国有资产监督管理委员会（简称国资委）等相继出台了一系列政策文件以推动数字化转型。当前的相关政策体系主要涉及两条主线，一是"中国制造2025"及相关制造业政策，其旨在通过数字化思维和手段提高制造业水平，实现制造业数字化转型；二是针对数字化、网络化、智能化的"数字中国"政策，强调利用数字化技术推动传统产业转型升级。2022年年初，国务院印发的《"十四五"数字经济发展规划》明确指出要协同推进数字产业化和产业数字化，实现数字经济高质量发展。可见，当前我国围绕数字化转型领域制定了一系列顶层战略与体系，旨在为企业的相关行动部署提供充分的政策支持与指引。

（三）技术

技术是推动数字化转型的核心力量。以大数据、人工智能（AI）、云计算、移动互联、物联网等为代表的新一代信息技术形成与行业融通，赋能千行百业，推动企业实现信息化向数字化的变革。

（四）竞争压力

在数字化转型大潮中，企业如逆水行舟，不进则退。如果不进行数字化转型，那么企业将会被用户抛弃、被竞争对手超越、被市场边缘化，以致最终出局。

（五）数据共享与跨界融合驱动

随着我们迈入数字化时代，数据资产化已成为必然趋势，而如何激活数据资产的真正价值是我们面临的重要挑战之一。当前各行业之间的数据相互独立，其价值只能体现于单一业务的价值，如果打通各部门之间的数据壁垒，实现数据共享，那么可以更好地挖掘数据价值，真正体现大数据的优势所在。

就产业内部而言，任何一个环节的中断都会造成上下游企业的巨大损失，然而疫情的发生，使得原有的运输系统和供应链被打乱，给经济的发展带来了巨大的冲击。产业的数字化转型可以打通产业链、供应链上下游，让企业对产业整体趋势进行分析和预测，打破信息孤岛局面，推动产业跨界融合、驱动产业效率提升、重构产业组织的竞争模式以及赋能产业升级。

（六）迎合市场需求升级

数字经济时代，用户需求个性化，这种转变很大程度上颠覆了传统行业的运行逻辑。为顺应当前消费市场的新变化和新趋势，众多传统企业大力推进数字化转型业务，利用新技术在优化企业自身产品和服务的同时，也提升了用户体验，实现双赢。

（七）人力成本上升

在过去的十多年间，我国制造业的人力成本增速平均在14%左右。人力成本的上涨、人口出生率的下降，已经成为我国发展中一个重要的痛点。

四、企业数字化转型的意义

（一）打造企业新竞争力

数字化浪潮的到来，用户信息不对称的地位得到极大改观，客户感知价值最大化成为导向。从根本上改变了传统以生产为主导的商业经济模式，给企业的经营带来了巨大的挑战，也带来了新的机遇。

有别于传统工业化发展时期的竞争模式，数字经济时代企业核心竞争能力从过去传统的"制造能力"变成了"服务能力＋数字化能力＋制造能力"。企业要具备开展技术研发创新的能力，加快研发设计向协同化、动态化转型；也要具备生产方式变革的能力，加快工业生产向智能化、柔性化和服务化转变；还要具备组织管理再造的能力，加快组织管理向扁平化、创客化、自组织拓展，推动创新体系由链条式价值链向能够实时互动、多方参与的灵活价值网络演进。

（二）进一步降本增效

应用数字技术可以降低企业的成本。世界经济论坛发布的《第四次工业革命对供应链的影响》白皮书指出，在不考虑金融影响的前提下，数字化转型将对企业产生积极影响：使制造业企业成本降低 17.6%、营收增加 22.6%；使物流服务业成本降低 34.2%、营收增加 33.6%；使零售业成本降低 7.8%、营收增加 33.3%。

应用数字技术可以提升企业的效率。互联网集中了大量数字技术资源和服务，通过大幅提高应用效率而产生经济价值。根据研究显示，以"数据驱动型决策"模式运营的企业，通过形成自动化数据链，推动生产制造各环节高效协同，大大降低了智能制造系统的复杂性和不确定性，其生产力普遍可以提高 5% ～ 10%。

（三）重塑业务流程

在数字化环境下，企业之间处于纵横交错的网络关系，面对分散的网络节点，整合多方资源的平台型产业组织应运而生，企业价值创造模式由传统线性向链条式、网络化转变，使得传统企业之间竞合模式趋于生态化、平台化。

信息技术的发展使得数据的流动不必再遵循自上而下或自下而上的等级阶层，这种无差别、无层次的数据流动方式极大地颠覆了企业传统的金字塔形管理模式，驱动企业组织结构的变革、业务流程的优化和工作内容的创新，企业组织管理逐渐由以流程为主的线性范式向数据驱动的扁平化协同化范式转型，形成信息高效流转、需求快速响应、创新能力充分激发的组织新架构。

五、企业数字化转型面临的挑战与策略

（一）企业数字化转型面临的挑战

1. 战略缺位，转型缺乏方向

部分企业没找到未来竞争的着眼点与商业模式。在这种情况下，企业往往孤岛式盲目部署数字化，难以从数字化投入中看到价值。战略缺位不仅体现在缺少业务方向上，也体现在缺少业务"握力"上。部分企业的数字化战略与业务发展是"两条线，两层皮"，企业发展战略对数字化部署方向的指导性差，数字化部署的重点与业务发展侧重关联弱。缺少与业务的强相关，这种"零敲碎打"式的数字化建设往往难以触动到企业的转型核心，难以发挥对业务的赋能作用。此外，一些企业数字化转型难以跨业务领域拓展，难以集业务合力在全集团中共同落实。

2. 价值难现，投入无法持续

数字化转型对于不同行业、不同领域、不同主体来说，路径千差万别，个性化程度极高。数字化转型是涉及企业全业务、跨职能的系统性改革工程，企业只有全面部署、系统深入才能最大化解锁和释放数字价值。目前数字化转型存在投入大、周期长、产出效益不明显等问题，而一些企业又往往急于见到成效，用传统的绩效指标衡量转型效果，没有根据企业实际情况与部署计划去配套有针对性的评估体系，短期内企业会觉得数字化部署"失灵"，数字化价值常常受到管理层的质疑，数字化投资持续性弱，形成恶性循环。

3. 数据管理和使用能力有限

数字化转型往往始于数据收集和数据分析，但如何从海量数据中获取商业价值，成为考验一家企业是否具有数字化能力的标志。虽然很多企业采集的客户信息越来越多，但他们却不善于利用这些信息。

更重要的是，这些数据还分散在多个数据库中。这就使企业难以获得一个完整的客户视图。所以，当目标消费者开始接触那些真正关注客户、了解并满足客户需求的企业时，这些缺乏完整视图的企业将毫无竞争力可言。另外，由于开发时间与部门的差异，从而导致异构以及多个软硬件平台的信息系统同时运行，但这些系统数据相互独立、隔离，无法实现数据共享，就产生了"数据孤岛"。随着数字化进入全新的发展阶段，企业对外部信息需求呈现不断上升的发展趋势，包括产业链上下游企业信息等，企业需要将这些资源进行整合，实现行业信息共享。

4. 复合人才极为缺乏

人才是数字化转型与创新的基石。数字化转型需要"全才"支持，要兼具业务能力、全局观数字化理念和技能。这样的人才极为欠缺，培养周期与难度很大，外部招聘又难以准确定义；在缺少这类人才支持的状况下，企业很难充分释放数字技术的价值。

数字化人才短缺正成为制约行业数字化转型的主要瓶颈，数字技能的缺乏是企业实现数字化转型的最大障碍。目前虽然各大企业认为数字化转型至关重要，但许多企业还没有制定相应的战略，帮助员工掌握必备的数字化的素养技能。

5. 文化观念的冲突

未来的数字化企业将以完全不同的形态和方式运行。数字化转型过程将极大地突破传统企业的舒适区，企业在缺乏经验的未知领域探索，新旧两种文化观念将存在长期的冲突。

（二）企业应对数字化转型挑战的策略

1.把数字化转型定位为企业级战略，全局谋划

企业领导层应把数字化转型定位为企业级战略，全局谋划。企业需要对未来技术发展、行业发展、消费者趋势等诸多因素进行综合分析，确定企业数字化转型目标。数字化目标通常包含两大侧重点：一是提升运营效率，二是驱动收入增长。前者关注的是如何以数字技术优化流程、提升企业敏捷性等；后者则关注如何借助数字技术打造新的收入来源，如用新技术提升消费体验，以及制定新的定价模式等。例如，零售商沃尔玛的一项数字化行动目标就是提升营销精准度，为此该公司在创新和优化算法的基础上建立了一个新的搜索引擎，通过分析消费者历史搜索习惯和社交模式为其推送最感兴趣的商品，这一搜索引擎的使用为沃尔玛带来了10%～15%的交易量提升。

2.坚持数字化转型是一把手工程

"数字化转型"过程往往会涉及对人的影响，甚至与企业现有的既得利益团队形成冲突。加之项目的投入成本高、周期长、涉及面广，一旦不能协调好企业内部关系，项目就极易夭折。建议企业在启动"数字化转型"项目前，一定要在企业高层内部形成共识，并且组成由"一把手"任组长的项目管理小组，对于项目过程中出现的问题进行协调解决。

3.采取数字化转型行动，提高数据管理和运用能力

在明确目标后，企业必须展开更为深刻的内部变革，从观念到能力都需要新的变革。

首先，企业需要在全公司范围内提升各方对数字化转型的认同感，并建立起数字化思维方式：在塑造竞争优势方面从自给自足到开放合作；在产品设计开发方面从线性开发到快速试验；在工作职能方面从机器替代人类到人机互补合作；在信息安全方面从被动合规到积极应对。

新的数字技术层出不穷，企业需要明智决策投资于哪些数字技术和能力。而打造数字化企业和赢得数字消费者应是企业关注的两大重点领域。

为打造数字化企业，企业应当借助产业物联网、人工智能和敏捷创新等数字技术对其运营进行改造升级，提高内部运营效率。

为赢得数字消费者，企业需要摆脱原有的产品驱动型发展方式，真正了解客户显性和隐性诉求，提供与客户个性化需求密切相关的解决方案和用户体验。例如，一家日本连锁便利店采集并分析了来自全球4 000万忠实用户的数据，用以优化营销投资

方案和改善货架空间分配及利用率，该项目为其带来了125万美元的利润，以及超过1.25亿美元的年收入增长。

4. 善从外部借力，用好咨询顾问

"数字化转型"不同于企业日常的生产经营，对于企业人员而言是陌生的工作。因此要进行"数字化转型"的企业需要从外部引入有经验和专业能力的人员，帮助企业完成转型项目。

5. 重视对企业现有人员进行的"数字化转型"培训

数字化转型的关键资源是人。"数字化转型"是一个对企业进行重塑的项目，自然会对企业的员工提出更高的要求。面对数字化人才稀缺的现状，单靠招聘无法满足其缺口。这个时候，更高效地进行员工相关技能的培训，以便让员工更好地基于数据协同工作，就成为许多企业的选择。在岗实践与培训相结合，大规模个性化学习，构建学习社区与学习网络等，这些都是被验证过的行之有效的方式。

各行各业在转型中的学习需求不同，并没有固定的成熟模式，企业需要持续洞察业界先进实践，与专业机构一起，不断探索适合自己企业能力的提升路径。

总而言之，由于"数字化转型"早期非常需要人与数据进行紧密的协同工作，企业需要提早对企业员工和管理者进行相关的培训，才能更好地让"数字化转型"在企业内落地。

6. 打造数字化企业文化，助力企业数字化转型

企业文化是一个组织的核心价值观，体现在企业日常运行中的各个方面，是一个企业的基因。数字化企业应形成一个适应变化更快、协同合作水平更高、风险接受意愿更强的数字化企业文化。这主要体现在以下两个方面：其一，团队内部形成一个合作氛围，鼓励各方通过合作的方式（内部和外部）来更好、更快地解决企业遇到的问题；其二，鼓励创新的工作方式。一个数字化的企业应打造上下皆以"数据"作为衡量决策及结果的唯一标准的文化。这样可以起到事半功倍的效果。建立"数字化"的企业文化是企业"数字化转型"的有力支撑。

7. 企业数字化转型落地路径

各行各业的数字化水平不同，业务特点及相应的生产经营环境也有很大差异，因此，数字化转型不可能有整齐划一的步调，企业要规避转型的风险，实现转型价值最大化，就要遵循试点先行、步步为营、循序渐进的转型落地策略。

（1）规划先行。数字化转型是经济发展的大潮流，要放眼长远、顺势而为，就要有一套适合本行业特点、本企业现状的长远发展规划，久久为功，保证企业的可持续发展。

（2）选择试点。选择条件比较成熟，人才、技术等各种关键要素比较齐备，见效快的领域作为先行先试的起点，快速见效、收获经验、树立信心。

（3）试点效果评价。随时评价试点工作成效，不要高估短期效益，更不要低估长期价值。

（4）复制放大，扩大范围。选择相近或相似的业务场景，复制并推广试点的成功经验。

（5）运行优化，持续调整。在业务运行过程中，紧跟新技术快速发展的步伐，不断优化、快速迭代。适时评估转型的进展和成败得失，据此优化和调整企业转型发展规划。

案例 2-1

酷特智能：从"制造"到"智造"的数字化转型之路

酷特智能的前身是红领集团，由张代理创办于 1995 年。在 2003 年之前，红领集团不过是中国数万家出口导向的服装代工企业之一。和其他出口代工企业一样，红领集团也存在订单数量不可控、交期冲突、原材料垫付费用高、客户拒收货拒付款、利润很低甚至赔钱等问题。

2003 年，红领集团的董事长张代理痛定思痛，认为必须走转型升级的道路，企业才有出路，才能更好地生存下去。简单来说，就是引进大规模流水生产线，实现大规模个性化定制。同时，红领集团也从一家手工定制西装的企业转型成为一家技术驱动的平台型企业。

2007 年，酷特智能正式成立，并在 2011 年确定了 C2M 战略。所谓 C2M，就是先有客户预约，然后由量体师上门量尺寸，选面料和款式（客户完成付款），并把这些数据传输给工厂，工厂生产出来后直接交付给客户。C2M 改变了服装企业原来先做后卖的商业模式，变成了卖了再做，解决了之前垫付材料成本的问题，以及库存的压力，实现了利润的倍增。

到目前为止，酷特智能拥有以西装厂、衬衣厂和西裤厂为主的三个专业智能制造工厂，产品品类覆盖个性化定制男装和女装。在服装制造个性化定制领域，酷特智能取得明显优势，形成了以"大规模个性化定制""企业治理体系"为代表的独特核心价值。

2018 年，基于多年数字化转型的经验，酷特智能摸索出了一套传统产业转型升级的彻底解决方案。这套解决方案适用于中国各种制造企业的转型升级，已经为全国多个行业的 100 多家企业提供帮助。

回顾酷特智能这些年的转型过程，其背后的逻辑都是以客户的需求、企业的利润为源点，不断提升企业满足需求的能力和盈利能力。

如今，张代理的女儿张蕴蓝已经接班，担任公司总裁，负责整个酷特智能的运营管理。张蕴蓝也为二代接班指明了一个新的方向，那就是只有在父辈的基础上不断创新，推动企业转型升级，提高企业的竞争力，才能确保企业基业长青。

酷特智能专注于个性化转型近 20 年，建立全数字驱动的智能制造生产模式，并形成解决方案对外输出，助力传统企业转型升级，为中国制造业呈现一个传统企业与互联网融合、新旧动能转换、供给侧结构性改革的企业样板。酷特智能是如何一步一步走到今天的？

1. 消灭库存，打破传统经营瓶颈

为解决库存问题，酷特智能于 2007 年开始专注研究"个性化定制"转型之路，并于 2011 年将工商一体化的 C2M 商业模式定为公司战略。

C，Customer（消费者）；M，Manufacturer（工厂）。C 端需求直达 M 端工厂，工厂通过个性化定制生产直接满足客户需求，去除渠道商、代理商等中间环节，为客户提供高性价比的定制产品和服务，重塑制造端的源头价值。这种"客户先付款、工厂后生产"的模式，使酷特智能的每一件服装在生产前都已销售出去，实现生产的零库存，大大降低运营风险。

C2M 商业模式不仅有效地解决服装行业高库存的难题，而且没有资金和货品积压，运营简单，可以最大限度地让利消费者，消费者无须再分摊企业成本。成本的下降，又意味着"高级定制"从以前是有钱人的特权，变成了普通老百姓都可以消费的商品。

酷特智能认为：未来所有的产业都要与网络融合，制造业也不例外，制造与服务要融为一体。智能制造和柔性化、个性化制造是制造业转型升级的重要方向。

2. 批量定制个性化产品，改变传统生产模式

酷特智能建立版型、款式、面料、BOM（bill of material，物料清单）四大数据库，达到百万万亿量级的数据，可以满足 99.99% 的人体个性化定制需求。自主研发专利量体工具和量体方法，采集人体 19 个部位的 22 个尺寸，并采用 3D 激光量体仪，实现人体数据在 7 秒内自动采集完成，解决与生产系统自动智能化对接、转化的难题。用户体型数据的输入，驱动系统内近 10 000 个数据的同步变化，能够满足驼背、凸肚、坠臀等 113 种特殊体型特征的定制，覆盖用户个性化设计需求。

得益于大数据的驱动，酷特智能实现了以工业化的手段、效率、成本制造个性化

产品的能力，相比传统定制工厂一个月甚至更长的生产周期，酷特智能只需七个工作日就可交货，酷特智能已不再是传统的制造企业，看似"相同产品"的背后，驱动的却是无法用眼睛洞察的数据力量。

3. 找到消费者，开拓定制新市场

2014 年之前，酷特智能全部做海外市场。最初，总裁张蕴蓝及其助手走在纽约街头，一家一家亲自拜访高级定制店，不断告诉他们，酷特智能来自中国，不仅可以提供高品质个性化的定制产品，而且价格非常优惠。这部分海外客户一直延续至今，并仍然保持一个相当大的比例。

2015 年之后，随着国内定制市场的兴起，酷特智能建立了一个创业平台，大量创业的个性化定制品牌在这个平台上出现，并成为酷特智能的主要客户。他们虽然不懂服装，但懂运营，他们想创业，于是便找到酷特智能。

4. 留住 90 后员工，实现企业治理升级

酷特智能一直在寻找新时代背景下的组织治理模式。董事长张代理在 2017 年提出"酷特云蓝治理之道"，带领企业开启第二次转型。

酷特云蓝治理之道的核心是遵循、顺应、践行自然的根本规律，还原人性，引导、激发人的主观能动性和自主创造力。通过网络科技手段和建立规范化的制度、流程，全员对应目标、目标对应全员、高效协同，是治理取代管理，自治取代人治的组织模式变革。

现在走进酷特智能，会惊奇地发现员工大多数为 90 后年轻人，他们思维活跃，却能安心置于生产线一角，靠的就是"酷特云蓝治理之道"，工厂里不再设置岗位，传统车间主任、组长、厂长全部消失，由员工自我管理，员工既是参与者，又是管理者，既能增加"参与感"，又能带来"成就感"。

而"功能工资制"的推行，又将员工能力无限延伸。酷特智能在不同的功能节点上设置不同的价值，员工实现一个节点价值，就会拿到这个节点的工资，真正实现多劳多得，大大提高工作积极性。

从成衣到定制，从工业化到个性化，从简单重复到智能制造，酷特智能正验证着"互联网＋实体经济"在数字化转型变革中的影响力，而未来以酷特智能为代表的中国智造先锋所引领的变革必将造福全球，也将重新诠释新时代背景下"中国智造"的真正含义！

资料来源：姜旺. 酷特智能：从"制造"到"智造"的数字化转型之路［EB/OL］.（2020-04-15）［2022-11-04］. https://m.thepaper.cn/baijiahao_6981583. 引用时有改动。

小结

1. 企业信息化

信息的含义。信息论奠基人克劳德·香农认为：信息是用来消除随机不确定的东西。控制论创始人之一的诺伯特·维纳认为：信息是人和外界互相作用过程中互相交换的内容和名称。美国信息管理专家福雷斯特·霍顿认为：信息是为了满足用户决策的需要而经过加工处理的数据。

信息的特征主要有以下几点：①依附性；②普遍性；③客观性；④传递性；⑤时效性；⑥共享性；⑦价值性；⑧可处理性。

信息化的含义：信息化是充分利用信息技术，开发利用信息资源，促进信息交流和知识共享，提高经济增长质量，推动经济社会发展转型的历史进程。

企业信息化是指企业利用信息技术，开发和利用其信息资源，促进信息交互、共享，不断提高生产、经营、管理、决策的效率和水平，从而提高企业的竞争力水平的过程。

2. 企业数字化

数字化的定义。数字化的定义众说纷纭。

常见的数字化场景：①把人与人的交互场景从物理世界迁移到数字世界；②将物体信息映射到数字世界；③直接把业务场景迁移或映射到数字世界。

信息化与数字化的联系与区别。

信息化与数字化的联系：信息化是数字化的基础，数字化是信息化的高阶阶段。数字化是信息化的广泛深入运用，是从收集数据、分析数据到预测数据、经营数据的延伸。数字化并不能脱离信息化单独存在。数字化就是解决信息化建设中信息系统之间的信息孤岛的问题，实现系统间数据的互联互通的。

信息化和数字化的区别：①现实物理世界和数字世界谁占主导权的问题；②技术架构不同，实现从信息技术（IT）到数字技术（DT）转变；③思维模式不同；④业务侧重点不同；⑤企业组织结构变化程度不同；⑥"人用电脑干事"和"电脑自个儿干事"的区别；⑦应用范围不同；⑧连接程度不同。

3. 企业数字化转型

数字化转型的含义。数字化转型的含义众说纷纭。

数字化转型的核心要素：连接、数据、智能构成数字化转型三大核心要素。①连接是数字化最基本的内容；②数据是数字化的基础；③智能是数字化未来的最高形式。

数字化转型的驱动因素：①疫情加剧环境不确定性；②国家战略提供制度支持；

③技术；④竞争压力；⑤数据共享与跨界融合驱动；⑥迎合市场需求升级；⑦人力成本上升。

企业数字化转型的意义：①打造企业新竞争力；②进一步降本增效；③重塑业务流程。

企业数字化转型面临的挑战：①战略缺位，转型缺乏方向；②价值难现，投入无法持续；③数据管理和使用能力有限；④复合人才极为缺乏；⑤文化观念的冲突。

企业数字化转型挑战的策略：①把数字化转型定位为企业级战略，全局谋划；②坚持数字化转型是一把手工程；③采取数字化转型行动，提高数据管理和运用能力；④善从外部借力，用好咨询顾问；⑤重视对企业现有人员进行的"数字化转型"培训；⑥打造数字化企业文化，助力企业数字化转型；⑦企业数字化转型落地路径。

自测题

一、名词解释

信息　信息化　企业信息化　数字化　数字化转型　大数据

二、简答题

1. 什么是信息化？什么是数字化？
2. 简述信息化与数字化的联系和区别。
3. 简述企业数字化转型的背景。
4. 简述企业数字化转型的意义。
5. 企业数字化面临的挑战有哪些？如何应对？

三、单项选择题

1. 下列不是数字化技术的是（　　　）。

　　A. 人工智能　　　　　　　　B. 区块链

　　C. 物联网　　　　　　　　　D. 人工技术

2. 人工智能将引领人类第四次工业革命进入（　　）时代。

　　A. 网联化　　　　　　　　　B. 经济化

　　C. 智能化　　　　　　　　　D. 便捷化

四、多项选择题

1. "十四五"规划和2035年远景目标建议中指出，统筹推进基础设施建设，系统布局新型基础设施，加快（　　）等建设。

A. 第五代移动通信   B. 工业互联网

C. 大数据中心   D. 生物技术

2. 数字化转型的核心要素包括（   ）。

A. 物联网   B. 连接

C. 数据   D. 智能

五、判断题（判断正误并说明理由）

1. 企业的 ERP 系统属于数字化。   （   ）

2. 企业只要购买一些硬件设备、联上网、开发一个应用系统并给以一定的维护就是实现了企业信息化。   （   ）

3. 数字技术主要包括：人工智能、云计算、物联网、大数据以及5G技术。

（   ）

4. 随着信息技术和人类生产生活交汇融合，互联网快速普及，全球数据呈现爆发增长、海量集聚的特点。   （   ）

专题二自测题参考答案

专题三　现代生产管理的技术发展与模式创新

学习要求

1.了解 20 世纪生产管理发生的两次革命。

2.了解制造资源计划产生的背景。

3.掌握制造资源计划的原理及特点。

4.掌握企业资源计划的管理思想。

5.掌握企业资源计划与制造资源计划的区别。

6.掌握供应链管理的生产管理技术。

7.掌握准时制生产方式的原理。

8.熟记下列概念：制造资源计划、企业资源计划、供应链管理、敏捷制造、准时制生产方式。

学习重点和难点

1.制造资源计划。

2.企业资源计划。

3.供应链管理。

4.敏捷制造。

5.准时制生产方式。

学习建议

1.重点学习制造资源计划、企业资源计划、敏捷制造等现代生产管理技术。

2.选择一个具体的制造资源计划或企业资源计划的案例进行学习。

近年来，伴随着技术进步，全球制造一体化进程的加快以及信息技术的飞速发展，企业的经营环境发生了根本的变化：顾客需求多样化、技术创新层出不穷、产品生命周期不断缩短、市场竞争日趋激烈。过去的一些生产管理手段和方法已不适应新生产经营环境的要求，于是涵盖企业内外所有资源的供应链管理和企业资源计划、敏捷制造（agile manufacturing，AM）等管理模式应运而生。

第一节　现代生产管理技术发展与模式创新的背景分析

一、20 世纪发生的两次生产管理"革命"

20 世纪生产管理技术发展和模式创新可以归结为两次生产管理"革命"：一是 20 年代美国工程专家亨利·福特（Henry Ford）开创的流水生产技术和大量生产模式；二是 60 年代前后开始的适应后工业化和信息化时代消费者多品种、高层次需要，旨在突破大量生产模式局限性的现代生产管理技术和模式，包括制造资源计划（manufacture resource plan，MRP Ⅱ）、企业资源计划、供应链管理、敏捷制造和准时制生产方式（just in time，JIT）。

（一）20世纪初期的大量生产方式的兴起

17 世纪，在工具机和蒸汽动力机的支撑下，近代制造业产生于英国。随着科学技术的进步，制造业不断发展，到 19 世纪后半叶，单一品种或少品种小批量生产成为制造企业的生产模式，替代了手工作坊的制造生产模式。

到 19 世纪末 20 世纪初，世界科学技术的中心已经从欧洲转移到美国，在电力技术革命推动下，以零部件生产的标准化、系列化为基础的大量生产模式产生了。这种模式的产生适应了企业提高劳动生产率，降低生产成本，进而增强竞争力的需要。这种模式的创始人是福特，其发源地是福特的汽车公司。

20 世纪 60 年代以前，大量生产管理模式一直占据着主导地位，其作用在美国和第二次世界大战后日本经济发展中得到了淋漓尽致的发挥。

（二）20世纪60年代以后生产管理技术创新和模式发展

随着 20 世纪 60 年代前后西方发达国家工业化进程的完成，工业化的实现给资本主义国家带来了物质上的极大丰富，消费者的需求结构普遍向高层次发展，于是人们认识到生产管理还应追求多品种、适应性、对消费者需求迅速反应的目标。显然，刚性的大量生产模式与此目标是相背离的。因此，以多品种、灵活、适用性为目标的生产管理技术和模式的发展与创新也就成为企业增强竞争力、寻求生存和发展的必然之举。

从 20 世纪 50 年代中期，苏联最早提出成组技术（group technology，GT）以后的 40 多年中，世界各国针对大量生产模式的不足对生产管理技术和模式进行了众多创新，具体包括制造资源计划、企业资源计划、供应链管理、敏捷制造和准时制生产方式（准时生产制）等。这些生产管理技术或模式，大致可以归为三类：美国模式、日本模式和其他模式。

1. 美国模式

美国模式最初可以追溯到订货点法。订货点法是一种库存量不低于安全库存的库存补充方法。伴随着计算机技术的发展，订货点法进一步发展成为物料需求计划（material requirements planning，MRP），在此基础上，考虑到企业外部市场需求和企业内部生产能力、各种资源的变化，在物料需求计划的基础上增加了能力计划和执行计划的功能，发展为闭环物料需求计划（closed-loop MRP）。闭环物料需求计划是一个完整的生产计划与控制系统。

进入 20 世纪 80 年代，闭环物料需求计划又发展为制造资源计划，它不仅涉及物料，而且将生产、财务、销售、技术、采购等各个子系统结合成一个一体化的系统，成为一个广泛的物料协调系统。

到了 20 世纪 90 年代，市场竞争日益激烈，消费者需求特征发生了巨大的变化，仅仅依靠一个企业的资源已经无法实现快速响应市场需求的目的，随着网络技术的发展，涵盖企业内外所有资源的供应链管理和企业资源计划、敏捷制造等管理模式相继产生。其中敏捷制造是一种以先进生产制造技术和动态组织结构为特点，以高素质与协同良好的工作人员为核心，采用企业间网络技术从而形成的快速适应市场的社会化制造体系，被称为将是 21 世纪的生产管理模式和战略。

2. 日本模式

日本模式是以准时生产制为代表的。准时生产制是日本丰田汽车公司在 20 世纪 60 年代创造的，主要采用看板系统和倒流水拉动方式的追求零库存的生产管理模式，保证成品在销售时能准时生产出来并发送，组件能准时送入总部，部件能准时进入组装，零件准时进入部装，原材料准时转为零件。这种模式旨在消除超过生产所绝对的必要的最少量的设备、材料、零件和工作时间部分。这种生产模式还被表述为一个流的生产方式（single-unit production system，SPS）。一个流的生产方式可以认为是实现 JIT 的一种形式，指在生产过程中，零件不停顿、不堆积、不超越、按顺序、按节拍一个一个地产出；整个生产线似同一台设备，实现劳动集成同步化均衡作业。

针对准时生产制的特点，美国麻省理工学院研究者约翰·克拉夫奇克（John Krafcik）更为广泛地给日本汽车工业生产管理模式命名为精益生产（lean production，LP）。精益生产可以表述为通过系统结构、人员组织、运作方式和市场营销等各方面的改革，使生产系统对市场变化作出快速适应，并消除冗余无用的损耗浪费，以求企业获得更好的效益。

3. 其他模式

其他模式是指除上述日本、美国模式以外的其他在制造资源计划和准时生产制基础上发展起来的生产管理模式和技术，主要是以最优的生产技术（optimized production technology，OPT）、约束理论（theory of constraints，TOC）和世界级制造（world class manufacturing，WCM）等为代表。最优生产技术是以色列科学家埃利亚胡·戈德拉特（Eliyahu Goldratt）博士在 20 世纪 70 年代创造的一种生产组织方式。它吸收物料需求计划和准时生产制的长处，是以相应的管理原理和软件系统为支柱，以增加产销率、减少库存和运行为目标的优化生产管理技术。约束理论是在最优生产技术基础上进一步发展的理论。它是一种在能力管理和现场作业管理方面的哲理，把重点放在瓶颈工序上，保证瓶颈工序不发生停工待料，提高瓶颈工作中心的利用率，从而得到企业最大产出。世界级制造是对现有优秀跨国企业的生产管理经验的总结，这些经验被概括为一系列交互作用的原则，这些原则被认为将是 21 世纪制造业的活动安排程序。

如果我们把生产方式理解为生产制造技术与生产管理技术、模式的总和，上述针对大量生产方式（mass production）的缺陷而进行的生产管理模式创新可以归结为一种新的生产方式。约瑟夫·派恩（Joseph Pine）和大卫·安德森（David Anderson）等人将其界定为大规模定制生产（mass customization）。所谓大规模定制生产是指对定制的产品和服务进行个别的大规模生产，这种生产模式试图把大规模生产和定制生产这两种生产模式的优势有机地结合起来，在不牺牲企业经济效益的前提下，了解并满足单个客户的需求。

美国麻省理工学院国际汽车项目组（international motor vehicle program，IMVP）研究者约翰·克拉夫奇克则认为与大量生产方式对应的是精益生产方式，这种生产方式旨在突破"批量小、效率低、成本高"的生产管理逻辑，废弃了大量生产的"提高质量则成本升高"的惯例，使成本更低，质量更高，品种更多，适应性更强。

二、第三次生产管理变革：个性化定制生产

在数字经济时代，顾客的需求日趋个性化和多样化。随着单件定制时代的到来，世界生产方式将进行颠覆性的改变，如果企业还在搞批量生产或小批量生产，就一定会被市场淘汰。未来将可能不会出现两个一模一样的产品和服务，每一件产品和每一个服务都将是这个世界上独一无二的。企业想生存下去，就必须顺应潮流、快速改变，否则将无生存的可能。

企业必定是信息智能化管理和单件定制生产方式相结合的管理模式，其特点是：智能制造、信息智能管理、产品和服务的单件定制。

第二节　制造资源计划

制造资源计划的发展大体经历了订货点法、物料需求计划、闭环物料需求计划、制造资源计划这几次飞跃。

一、20 世纪 30 年代的订货点法

（一）订货点法的含义

订货点法是指当某一物料或者产品由于生产或者销售逐渐变少，达到一个预先设定的数量后，就要下订单购买或者生产，当库存消耗到安全库存的时候，物料刚好到达，补充了前面的消耗量，而这个订货的数值点，就是订货点。订货点法是一种库存补充方法。

早在 20 世纪 30 年代初期，企业控制物料需求通常采用控制库存物品数量的方法，为需求的每种物料设置一个最大库存量和安全库存量。最大库存量是为库存容量、库存占用资金的限制而设置的，而安全库存量即最低库存量。物料的供应需要一定的时间，即供应周期，如物料的采购周期、加工周期，因此不能等到物料的库存量消耗到安全库存量时才补充库存，而必须有一定的时间提前量，即必须在安全库存量的基础上增加一定数量的库存。这个库存量作为物料订货期间的供应量，即应该满足这样的条件：当物料的供应到货时，物料的消耗刚好到了安全库存量。这种控制模型必须确

定两个参数，即订货点与订货批量。订货点法的模型如图 3-1 所示。

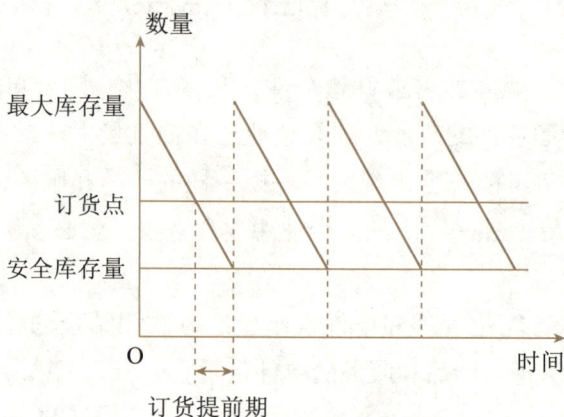

图 3-1　订货点法的模型

（二）订货点法的假设

订货点法是基于以下三种假设存在的：

（1）物料需求相互独立。订货点法不考虑物料项目之间的关系，每项的订货点分别独立加以确定。因此，订货点法是面向零件的，而不是面向产品的。

（2）物料需求是连续发生和均匀的。库存持续被消耗，且消耗速度较为固定。按照这种假定，必须认为需求相对均衡，库存消耗率稳定。

（3）库存消耗之后，应被重新填满。按照这种假定，当物料库存量低于订货点时，则必须发出订货，以重新填满库存。

（三）订货点法的局限性

（1）订货点法假定物料需求是独立的，但事实上很多物料是取决于最终产品的；在制造业中有一个很重要的要求，那就是各项物料的数量必须配套，以便能装配成产品。例如，自行车零部件之间的匹配关系。

（2）订货点法假定物料需求是连续的、均衡的，而在制造业中，对产品零部件的需求恰恰是不均匀、不稳定的，库存消耗是间断的。

（3）订货点法假定库存消耗之后，库存应被重新填满。但如果需求是间断的，那么这样做不但没有必要，而且不合理。因为这很可能造成库存积压。例如，某种产品一年中仅得到客户的两次订货，那么，制造此种产品所需的钢材则不必因库存量低于订货点而立即填满。

因此，用订货点法来处理相关需求问题，是一种不合理、不经济、效率比较低的方法，极易造成不配套和库存积压。订货点法已不是库存管理的主流方法。但它提出了许多在新的条件下应当解决的问题，从而引发了物料需求计划的出现。

二、20 世纪 60 年代的时段式物料需求计划

时段式物料需求计划是在解决订货点法缺陷的基础上发展起来的。

（一）时段式物料需求计划与订货点法的区别

时段式物料需求计划针对订货点法的假设作了以下几点改进：

（1）通过产品结构把所有物料的需求联系起来。

时段式物料需求计划通过产品结构把所有物料的需求联系起来，考虑不同物料的需求之间相互匹配关系，从而使各种物料的库存在数量和时间上趋于合理。例如，张三要做一张桌子，现在考虑到张三做桌子，既需要螺丝钉，又需要木板。

（2）区分了独立需求和非独立需求。

时段式物料需求计划还把所有物料按需求性质区分为独立需求和非独立需求两种类型。独立需求是指物品的需求与其他物品的需求没有关联，也不是从其他物品的需求中派生出的需求。企业的最终产品和为售后服务准备的零件是独立需求物品。相关需求是指物料的需求与其他物品的需求有关联，或是从其他物品的需求中派生出的需求。例如，半成品、零部件、原材料等的需求。还是张三做桌子的例子，做一张桌子，张三要螺丝钉和木板，螺丝钉和木板就是非独立需求。做出来的桌子，就是独立需求，修桌子的工具，也是独立需求。

（3）对物料的库存状态数据引入了时间分段的概念。

所谓时间分段，就是给物料的库存状态数据加上时间坐标，亦即按具体的日期或计划时区记录和存储库存状态数据。

在传统的库存管理中，库存状态记录的内容通常只包含库存量和已订货量。直到1950 年前后，这种落后的方法才有了改进，在库存状态记录中引入了两个数据项：需求量和可供量。这样，物料的库存状态记录由 4 个数据项组成，它们之间的关系可用以下等式表达：

库存量 + 已订货量 – 需求量 = 可供量

（二）时段式物料需求计划的基本任务

（1）从最终产品的生产计划（独立需求）导出相关物料（原材料、零部件等）的需求量和需求时间（相关需求）。

（2）根据物料的需求时间和生产（订货）周期来确定其开始生产（订货）的时间。

（三）时段式物料需求计划的基本内容

时段式物料需求计划的基本内容是编制零件的生产计划和采购计划。然而，要正确编制零件计划，必须做好以下三方面的工作：

（1）主生产计划（master production schedule，MPS）。主生产计划是指在每个时间段根据各种终端物品（一般是最终物品）的需求数量和需求时间，在平衡企业资源和生产能力的基础上制定出的生产进度表。这是物料需求计划展开的依据。

（2）物料清单（bill of material，BOM）。物料清单也称为产品结构表，它表示产品组成结构和组成单位产品的原材料和零部件的数量。

（3）库存状态记录（inventory status record，ISR）。库存状态记录是指有关材料库存水平的详细记录资料。这些资料包括现有的库存水平、在途库存、交纳周期、订货批量、安全库存、材料特性和用途、供应商资料等。时段式物料需求计划的逻辑流程关系图如图3-2所示。

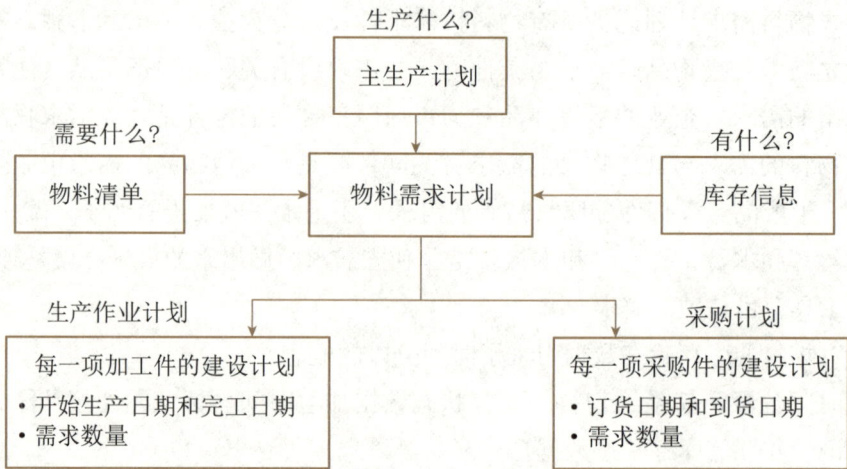

图3-2　时段式物料需求计划的逻辑流程关系图

三、20世纪70年代的闭环物料需求计划

20世纪60年代，时段式物料需求计划能根据有关数据计算出相关物料需求的准确时间与数量，但它还不够完善，其主要缺陷是没有考虑到生产企业现有的生产能力和采购的有关条件的约束。因此，计算出来的物料需求的日期有可能因设备和工时的不足而没有能力生产，或者因原料的不足而无法生产。同时，它也缺乏根据计划实施情况的反馈信息对计划进行调整的功能。

正是为了解决以上问题，时段式物料需求计划系统在20世纪70年代发展为闭环物料需求计划系统。闭环物料需求计划系统除了物料需求计划外，还将生产能力需求计划、车间作业计划和采购作业计划也全部纳入物料需求计划，形成一个封闭的系统。

（一）闭环物料需求计划的原理与结构

物料需求计划系统的正常运行，需要有一个现实可行的主生产计划。它除了要反映市场需求和合同订单以外，还必须满足企业的生产能力约束条件。因此，除了要编制资源需求计划外，我们还要制订能力需求计划（capacity requirement planning，CRP），同各个工作中心的能力进行平衡。只有在采取了措施做到能力与资源均满足负荷需求时，才能开始执行计划。

而要保证实现计划就要控制计划，执行物料需求计划时要用派工单来控制加工的优先级，用采购单来控制采购的优先级。这样，基本物料需求计划系统进一步发展，把能力需求计划、执行及控制计划的功能也包括进来，形成一个环形回路，称为闭环物料需求计划，闭环物料需求计划逻辑流程图如图 3-3 所示。

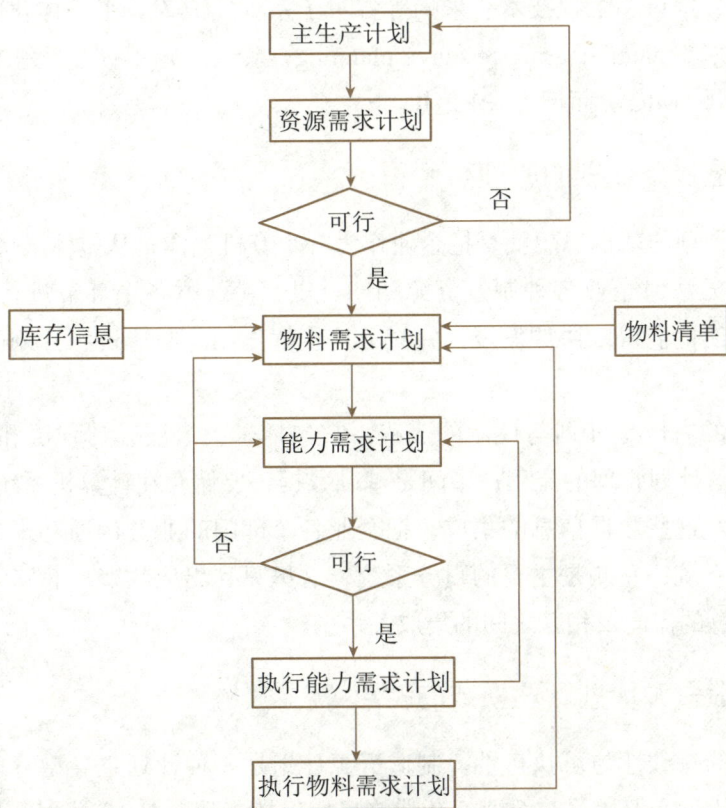

图 3-3　闭环物料需求计划逻辑流程图

因此，闭环物料需求计划则成为一个完整的生产计划与控制系统。

（二）能力需求计划

在闭环物料需求计划系统中，把关键工作中心的负荷平衡称为资源需求计划，或称为粗能力计划，它的计划对象为独立需求件，主要面向的是主生产计划；把全部工作中心的负荷平衡称为能力需求计划，或称为详细能力计划，而它的计划对象为相关需求件，主要面向的是车间。物料需求计划和主生产计划之间存在内在的联系，因此资源需求计划与能力需求计划之间也是一脉相承的，而后者正是在前者的基础上进行计算的。

四、20 世纪 80 年代的制造资源计划（MRP Ⅱ）

闭环物料需求计划系统的出现，使生产活动方面的各种子系统得到了统一。但这还不够，因为在企业的管理中，生产管理只是一个方面，它所涉及的仅仅是物流，而与物流密切相关的还有资金流。这在许多企业中是由财会人员另行管理的，这就造成了数据的重复录入与存储，甚至造成数据的不一致。于是，在 20 世纪 80 年代，人们把生产、财务、销售、工程技术、采购等各个子系统集成为一个一体化的系统，并称为制造资源计划（manufacturing resource planning）系统，英文缩写还是 MRP，为了区别物料需求计划（MRP）而记为 MRP Ⅱ。

（一）制造资源计划的原理与逻辑

制造资源计划的基本思想就是把企业作为一个有机整体，从整体最优的角度出发，通过运用科学方法对企业各种制造资源和产、供、销、财各个环节进行有效的计划、组织和控制，使他们得以协调发展，并充分地发挥作用。制造资源计划的逻辑流程图如图 3-4 所示。

在流程图的右侧是计划与控制的流程，它包括了决策层、计划层和执行控制层，可以理解为经营计划管理的流程；中间是基础数据，要储存在计算机系统的数据库中，并且反复调用。这些数据信息的集成，把企业各个部门的业务沟通起来，可以理解为计算机数据库系统；左侧是主要的财务系统，这里只列出应收账、总账和应付账。各个连线表明信息的流向及相互之间的集成关系。

（二）制造资源计划管理模式的特点

（1）计划的一致性与可执行性。制造资源计划是一种计划主导型管理模式。计划由粗到细逐层优化，但始终与企业经营战略目标保持一致。"一个计划"是制造资源计划的原则精神，它把通常的三级计划管理统一起来，将生产计划、采购、外协计划编制工作集中在厂级职能部门，车间班组只能执行计划、调度和反馈信息。计划下达前反复进行能力平衡，并根据反馈信息及时调整计划，处理好供需矛盾，保证计划的一贯性、有效性和可执行性。

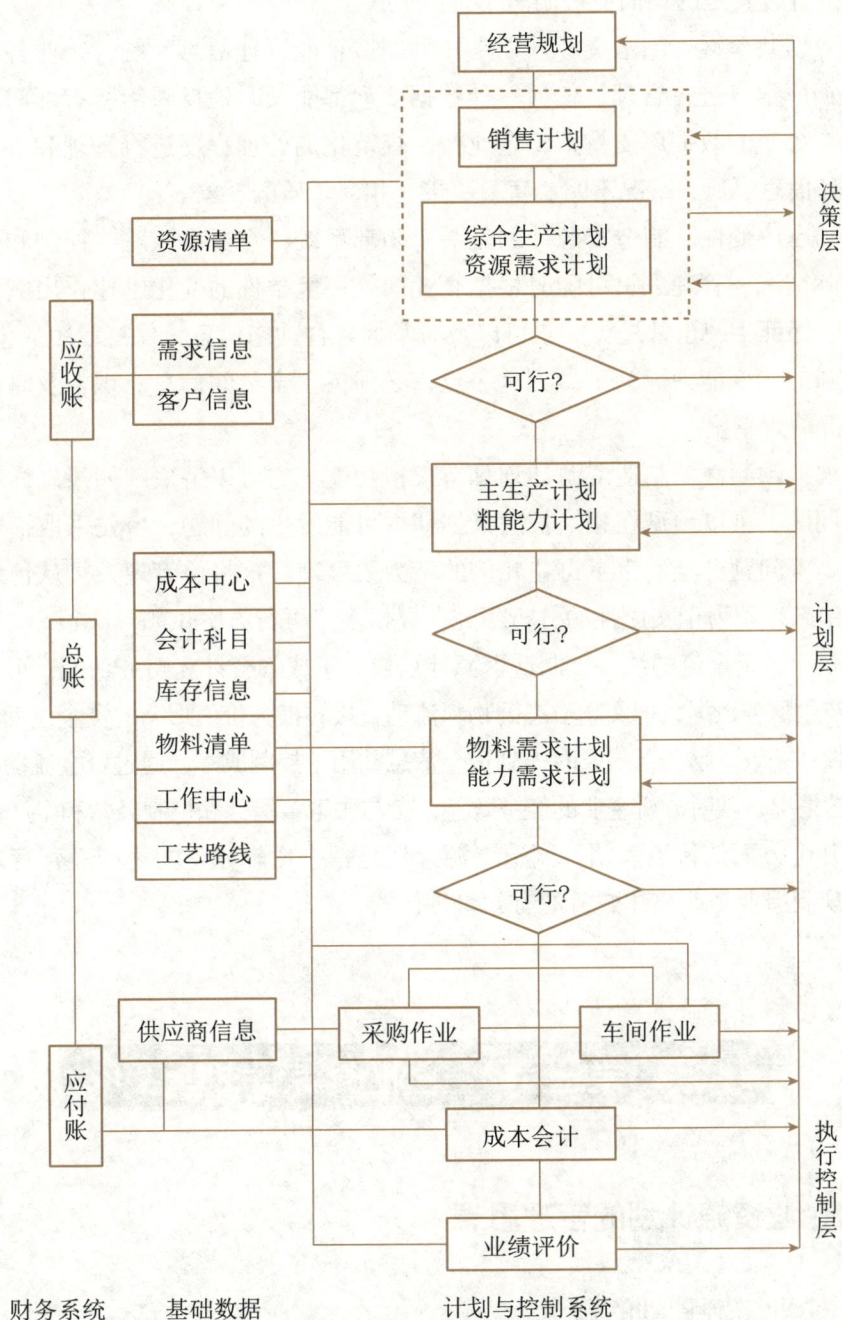

图 3-4 制造资源计划的逻辑流程图

（2）管理的系统性。制造资源计划是一项系统工程，它把企业所有与生产经营直接相关部门的工作联结成一个整体，各部门都从系统整体出发做好本职工作，每个员工都知道自己的工作质量同其他职能的关系。这只有在"一个计划"下才能成为系统，条块分割、各行其是的局面应被团队精神所取代。

（3）数据共享性。制造资源计划是一种制造企业管理信息系统，企业各部门都依据同一数据库信息进行管理，任何一种数据变动都能及时地反映给所有部门，做到数据共享。在统一的数据库支持下，企业按照规范化的处理程序进行管理和决策。改变了过去那种信息不通、情况不明、盲目决策、相互矛盾的现象。

（4）动态应变性。制造资源计划是一个闭环系统，它要求跟踪、控制和反馈瞬息万变的实际情况，管理人员可随时根据企业内外环境条件的变化迅速作出响应，及时调整决策，保证生产正常进行。它可以及时掌握各种动态信息，保持较短的生产周期，因而有较强的应变能力。为了做到这一点，必须树立全员的信息意识，及时准确地把变动的情况输入系统。

（5）模拟预测性。制造资源计划具有模拟功能。它可以解决"如果怎样……将会怎样"的问题，可以预见在相当长的计划期内可能发生的问题，事先采取措施消除隐患，而不是等问题已经发生了再花几倍的精力去处理。这将使管理人员从忙碌的事务堆里解脱出来，致力于实质性的分析研究，提供多个可行方案供领导决策。

（6）物流、资金流的统一。制造资源计划包含了成本会计和财务功能，可以由生产活动直接产生财务数据，把实物形态的物料流动直接转换为价值形态的资金流动，保证生产和财务数据一致。财务部门及时得到资金信息并用于控制成本，通过资金流动状况反映物料和经营情况，随时分析企业的经济效益，参与决策，指导和控制经营和生产活动。

以上几个方面的特点表明，制造资源计划是一个比较完整的生产经营管理计划体系，是实现制造业企业整体效益的有效管理模式。

第三节　企业资源计划

一、企业资源计划的管理思想

（一）企业资源计划的概念

企业资源计划的概念是由美国著名的 IT 分析公司，加特纳集团公司（Gartner Group Inc.）根据 IT 技术的发展和企业对供应链管理的需要提出来的。进入 20 世纪 90

年代，随着市场竞争的进一步加剧，企业竞争空间与范围的进一步扩大，80年代的制造资源计划主要面向企业内部资源全面计划管理的思想逐步发展为90年代的怎样有效利用和管理整体资源的管理思想，企业资源计划也就随之产生。所谓企业资源计划，是一个使财务、分销、制造和其他经营业务达到均衡协调的应用软件系统。

企业资源计划管理是一种全新的管理方法，它通过加强企业间的合作，强调对市场需求快速反应、高度柔软性的战略管理以及降低风险成本、实现高收益目标等优势，从集成化的角度管理供应链问题。企业资源计划作为一种管理工具，它同时又是一套先进的计算机管理系统。为此，在不到10年的短暂时间内，它很快就被人们认同和接受，并为许许多多的企业带来了丰厚的收益。

（二）企业资源计划的管理思想

企业资源计划的核心管理思想就是实现对整个供应链的有效管理，主要体现在以下三个方面：

1. 体现对整个供应链资源进行管理的思想

在知识经济时代仅靠自己企业的资源不可能有效地参与市场竞争，还必须把经营过程中的有关各方如供应商、制造工厂、分销网络、客户等纳入一个紧密的供应链中，才能有效地安排企业的产、供、销活动，满足企业利用全社会一切市场资源快速高效地进行生产经营的需求，以期进一步提高效率和在市场上获得竞争优势。换句话说，现代企业竞争不是单一企业与单一企业之间的竞争，而是一个企业供应链与另一个企业供应链之间的竞争。企业资源计划实现了对整个企业供应链的管理，适应了企业在知识经济时代市场竞争的需要。

2. 体现精益生产、同步工程和敏捷制造的思想

企业资源计划支持对混合型生产方式的管理，其管理思想表现在两个方面：其一是"精益生产"的思想，它是由美国麻省理工学院（Massachusetts Institute of Technology，MIT）在1985—1989年进行的国际汽车计划的研究成果，即企业按大批量生产方式组织生产时，把客户、销售代理商、供应商、协作单位纳入生产体系。企业同其销售代理、客户和供应商的关系，已不再是简单的业务往来关系，而是利益共享的合作伙伴关系，这种合作伙伴关系组成了一个企业的供应链，即精益生产的核心思想。其二是"敏捷制造"的思想。当市场发生变化，企业遇有特定的市场和产品需求时，企业的基本合作伙伴不一定能满足新产品开发生产的要求，这时，企业会组织一个由特定的供应商和销售渠道组成的短期或一次性供应链，形成"虚拟工厂"，把供应和协作单位看成企业的一个组成部分，运用"同步工程（same engineering，SE）"，组织生产，用最短的时间将新产品打入市场，时刻保持产品的高质量、多样化和灵活

性，即"敏捷制造"的核心思想。

3.体现事先计划与事中控制的思想

企业资源计划系统中的计划体系主要包括：主生产计划、物料需求计划、能力计划、采购计划、销售执行计划、利润计划、财务预算和人力资源计划等，而且这些计划功能与价值控制功能已完全集成到整个供应链系统中。

另外，企业资源计划通过定义事务处理（transaction）相关的会计核算科目与核算方式，以便在事务处理发生的同时自动生成会计核算分录，保证了资金流与物流的同步记录和数据的一致性。企业资源计划进而实现了根据财务资金现状，可以追溯资金的来龙去脉，并进一步追溯所发生的相关业务活动，改变了资金信息滞后于物料信息的状况，便于实现事中控制和实时做出决策。

此外，计划、事务处理、控制与决策功能都在整个供应链的业务处理流程中实现，要求在每个流程业务处理过程中最大限度地发挥每个人的工作潜能与责任心，流程与流程之间则强调人与人之间的合作精神，以便在有机组织中充分发挥每个人的主观能动性与潜能。实现企业管理从"高耸式"组织结构向"扁平式"组织结构的转变，提高企业对市场动态变化的响应速度。

总之，借助IT技术的飞速发展与应用，企业资源计划系统得以将很多先进的管理思想变成现实中可实施应用的计算机软件系统。

二、企业资源计划与制造资源计划的区别

企业资源计划是在制造资源计划基础上进一步发展起来的企业管理信息系统，为了进一步理解ERP系统的概念及其主要功能，需要弄清企业资源计划与制造资源计划之间的区别。

（一）在资源管理范围方面的差别

制造资源计划主要侧重对企业内部人、财、物等资源的管理，企业资源计划提出了供应链（supply chain）的概念，即把客户需求和企业内部的制造活动以及供应商的制造资源整合在一起，并对供应链上的所有环节进行有效管理。这些环节包括订单、采购、库存、计划、生产制造、质量控制、运输、分销、服务与维护、财务管理、人事管理、实验室管理、项目管理、配送管理等。

（二）在生产方式管理方面的差别

制造资源计划把企业归类为几种典型的生产方式来进行管理，如重复制造、批量

生产、按订单生产、按订单装配、按库存生产等，针对每一种类型都有一套管理标准。而在 20 世纪 80 年代末、90 年代初，企业为了紧跟市场的变化，多品种、小批量生产以及看板式生产成为企业主要采用的生产方式，而企业资源计划能很好地支持和管理这种混合型制造环境，满足了企业的多元化经营需求。

（三）在管理功能方面的差别

企业资源计划除了制造资源计划的制造、分销、财务管理功能外，还增加了支持整个供应链上物料流通体系中供、产、需各个环节之间的运输管理和仓库管理；支持生产保障体系的质量管理、实验室管理等。

（四）在事务处理控制方面的差别

制造资源计划是通过计划的及时滚动来控制整个生产过程，它的实时性较差，一般只能实现事中控制。而企业资源计划支持在线分析处理（on-line-analytical processing，OLAP）、售后服务及质量反馈，强调企业的事前控制能力，它可以将设计、制造、销售、运输等通过集成来并行地进行各种相关的作业，为企业提供了对质量、适应变化、客户满意度、绩效等关键问题的实时分析能力。

此外，在制造资源计划中，财务系统只是一个信息的归结者，它的功能是将供、产、销中的数量信息转变为价值信息，是物流的价值反映。而企业资源计划则将财务计划功能和价值控制功能集成到整个供应链上。例如，在生产计划系统中，除了保留原有的主生产计划、物料需求计划和能力计划外，还扩展了销售执行计划和利润计划。

（五）在跨国（或地区）经营事务处理方面的差别

现代企业的发展，使得企业内部各个组织单元之间、企业与外部的业务单元之间的协调变得越来越多和越来越重要，企业资源计划运用完善的组织架构，从而可以支持跨国经营的多国家或地区、多工厂、多语种、多币制应用需求。

（六）在计算机信息处理技术方面的差别

随着 IT 技术的飞速发展，网络通信技术的应用，使得企业资源计划得以实现对整个供应链信息进行集成管理。

企业资源计划应用客户/服务器（C/S）体系结构和分布式数据处理技术，支持 Internet/Intranet/Extranet、电子商务（E-business，E-commerce）、电子数据交换（electronic data interchange，EDI)，此外，还能实现在不同平台上的交互操作。

三、企业资源计划的实施

（一）企业资源计划软件的选择

目前世界上企业资源计划软件很多，它们各有侧重，各有所长，企业在选择企业资源计划软件的时候要考虑多方面的问题。

1. 明确需求

企业应明确管理要达到的目标，实际管理中存在的问题，这些问题的紧迫程度如何，需要什么手段来解决，应达到什么目的；另外，要考虑对此需求企业内部是否已经达成共识，领导是否给予足够的重视。

2. 软件的功能

商品化企业资源计划软件功能模块很多，适用范围较广，这就需要针对不同的企业，选择不同的功能模块。软件功能应满足当前和今后发展的需要，多余的功能只会造成使用和维护的复杂性。软件可用部分的比率取决于软件对用户的适用程度。另外，要考虑系统的开放性，预留各种接口。

3. 开发工具

任何商品化软件都不能完全适用于企业的需求，都或多或少有用户化和二次开发工作。所以，商品化软件应提供必要的开发工具，并同时保证该开发工具简单易学，使用方便。

4. 软件文档

商品化软件必须配备齐全的文档，其全面详尽程度应达到用户能够自学使用的程度，如用户手册、不同层次的培训教材以及实施指南等。

5. 售后服务与支持

售后服务与支持非常重要，它关系到项目的成败。售后服务工作包括各种培训、项目审理、实施指导、二次开发及用户化，可由专业的咨询公司或软件公司承担，由熟悉企业管理、有实施经验的专家组成顾问组做售后支持与服务工作。

6. 软件商的信誉和稳定性

选择软件时要考虑供应商的实力和信誉。软件供应商应当有长期的经营战略，能够跟踪技术的发展和了解客户的需求，不断对软件进行版本的更新和维护工作。

7. 价格问题

价格方面要考虑软件的性能、功能、技术平台、质量等，另外，也要做投资效益分析，包括资金利润率、投资回收期。要考虑实施周期及难度，避免造成因实施时间、二次开发或用户化时间过长而影响效益的兑现。所以，软件的投资一般包括：软件费用＋服务支持费用＋二次开发费用＋因实施延误损失的收益，然后在此基础上加以全面平衡。

8. 企业原有资源的保护

这里所说的资源，不仅指硬件资源，还包括已有的数据资源。这样在选择软件时，就要考虑软件产品对硬件平台的要求是否过高，原有的数据资源能否平滑地移植到新的系统中。

（二）实施前的准备工作

将买来的软件安装上，并不代表企业资源计划就能实施成功，还需要企业做以下的准备工作。

1. 知识更新

企业资源计划是信息技术和管理技术的完美结合，这就需要企业决策者和管理者，甚至普通员工都要不断学习、研究，掌握现代化的管理思想、方法以及计算机技术和通信技术的最新发展情况，用现代管理理论和信息技术武装头脑，开阔眼界。

2. 数据规范

企业资源计划作为一种管理信息系统，处理的对象是数据。因此，企业资源计划要求数据必须规范化，也就是必须有统一的标准。数据规范化是实现信息集成的首要条件，在此基础上才能保证数据的及时、准确、完整。

3. 机构重组

企业资源计划中的信息实现了最小冗余和最大共享，一般机构需要几步或几个部门完成的工作，可能在企业资源计划中一次就可以完成。企业资源计划软件模块虽然按功能划分，但是每个模块中的应用程序并不限定在某个部门使用，也就是说，企业资源计划是面向工作流的，而工作流可以因企业、因时间而异。这样，企业就有可能和有必要在业务流程和组织机构方面加以调整和变革，实行机构重组，而这一点正是企业资源计划实施难度最大的环节。

4. 全面动员

企业资源计划是对企业级的信息集成，它关系到企业的方方面面，涉及每个员工，其中包含的全面质量管理思想，更要求全体员工的积极参与，各负其责。另外，企业最高领导者的亲自参与，也是保证企业资源计划成功实施的必不可少的因素。

5. 风险控制

企业资源计划体量庞大，模块繁多，模块间的关联也较复杂，其实施周期长，难度大，相应的系统实施风险也更大。很多企业在企业资源计划产品的选型、项目的管理、费用的控制以及未来企业业务的重组等方面考虑不足，造成企业资源计划的实施往往半途而废，这不但浪费大量金钱、时间，还对企业资源计划本身产生怀疑，对现代企业管理产生畏惧情绪。

（三）实施的方法和步骤

1. 总体规划，分步实施

企业资源计划项目包括的内容很广，如财务、分销、生产、人力资源、决策支持、质量管理等。每一部分中又包含很多模块，如财务系统又包括了总账、应收、应付、存货核算、工资等13个模块。所以在实施上一个企业资源计划的时候，一般要有总体规划，按管理上的急需程度、实施中的难易程度等确定优先次序，在效益驱动、重点突破的原则指导下，分阶段、分步骤实施。

2. 设立专项机构

为了顺利实施企业资源计划系统，在企业内部应成立完善的三级组织机构，即领导小组、项目小组和职能小组。企业资源计划系统不仅是一个软件系统，它更多的是先进管理思想的体现，关系到企业内部管理模式的调整、业务流程的变化及相关人员的变动，所以企业的最高决策者要亲自参加到领导小组中，负责制订计划的优先级，资源的合理配置，重大问题的改变及政策的制定等。项目小组负责协调公司领导层和部门，其负责人员一般应由公司高层领导担任，该负责人员要有足够的权威和协调能力，同时要有丰富的项目管理和实施经验。职能小组是实施企业资源计划的核心，负责保证企业资源计划在本部门的顺利实施，由各部门的关键人物组成。

3. 教育与培训

企业资源计划作为管理技术和信息技术的有机结合，在管理上所反映出的思想和理论比实际运作中的要先进，这就首先要求企业各级管理层要不断学习先进的管理理论，如精益生产、准时制生产、全面质量管理等，对企业资源计划项目涉及的人员分不同层次、不同程度地做软件具体功能的培训。

4. 原型测试

通过培训后，了解了企业资源计划系统能干些什么，再结合自己的要求，即想要解决哪些问题，进行适应性实验，来验证系统对目标问题解决的程度，决定有哪些用户化的工作，有多少二次开发的工作量。此外，原型测试的数据可以是模拟的，不必采用企业实际的业务数据。

5. 数据准备

企业资源计划系统实现了企业数据的全面共享,它只有运行在准确、完整的数据之上才能发挥实际作用。所以,在实施企业资源计划项目时,企业要花费大量时间准备基础数据,如基本产品数据信息、客户信息、供应商信息等。

6. 模拟运行

在完成了用户化和二次开发后,就可以用企业实际的业务数据进行模拟运行。这时可以选择一部分比较成熟的业务进行试运行,以实现以点带面、由粗到细,保证新系统进行平稳过渡。

7. 系统切换

经过一段时间的试运行后,如果没有发生什么异常现象,就可以把原来的业务系统抛弃掉。只有这样,整个企业资源计划才能尽快走出磨合期,完整并独立地运作下去。

8. 业绩评价

项目实施进入正常状态后,要进行业绩评价,在此基础上制定下一步的工作方向。

四、企业资源计划应用成功的标志

企业资源计划应用是否成功,从原则上来说,应该从以下几个方面加以衡量:

(一)系统运行集成化

这是企业资源计划应用成功在技术解决方案方面上最基本的表现。企业资源计划是对企业物流、资金流、信息流进行一体化管理的软件系统,其核心管理思想就是实现对"供应链"的管理。软件的应用将跨越多个部门甚至多个企业。企业资源计划为了达到预期设定的应用目标,最基本的要求是系统能够运行起来,实现集成化应用,建立企业决策完善的数据体系和信息共享机制。

一般来说,如果企业资源计划系统仅在财务部门应用,只能实现财务管理规范化,改善应收账款和资金管理;仅在销售部门应用,只能加强和改善营销管理;仅在库存管理部门应用,只能帮助掌握存货信息;仅在生产部门应用,只能辅助制订生产计划和物资需求计划。只有集成一体化运行起来,才有可能达到:降低库存,提高资金利用率和控制经营风险;控制产品生产成本,缩短产品生产周期;提高产品质量和合格率;减少财务坏账、呆账金额等。这些目标能否真正达到,还要取决于企业业务流程重组的实施效果。

（二）业务流程合理化

这是企业资源计划应用成功在改善管理效率方面上的体现。企业资源计划应用成功的前提是必须对企业实施业务流程重组。因此，企业资源计划应用成功也意味着企业业务处理流程趋于合理化，并实现了企业资源计划应用的以下几个最终目标：企业竞争力得到大幅度提升；企业面对市场的响应速度大大加快；客户满意度显著改善。

（三）绩效监控动态化

企业资源计划的应用，将为企业提供丰富的管理信息。如何用好这些信息并在企业管理和决策过程中真正起到作用，是衡量企业资源计划应用成功的另一个标志。在企业资源计划完全投入实际运行后，企业应根据管理需要，利用企业资源计划提供的信息资源设计出一套动态监控管理绩效变化的报表体系，以期即时反馈和纠正管理中存在的问题。这项工作一般是在企业资源计划实施完成后由企业设计完成。企业如未能利用企业资源计划提供的信息资源建立起自己的绩效监控系统，将意味着企业资源计划应用没有完全成功。

（四）管理改善持续化

随着企业资源计划系统的应用和企业业务流程的合理化，企业管理水平将会明显提高。为了衡量企业管理水平的改善程度，可以依据管理咨询公司提供的企业管理评价指标体系对企业管理水平进行综合评价。评价过程本身并不是目的，为企业建立一个可以不断进行自我评价和不断改善管理的机制，才是真正的目的。这也是企业资源计划应用的一个经常不被人们重视的成功标志。

第四节　供应链管理

一、供应链管理的概念

要弄清供应链管理的含义，需要从弄清供应链的含义和特征入手。

（一）供应链的含义

供应链是围绕核心企业，通过对信息流、物流、资金流的控制，从采购原材料开始，制成中间产品以及最终产品，最后由销售网络把产品送到消费者手中的将供应商、制造商、分销商、零售商，直到最终用户连成一个整体的功能网链结构模式。它是一个范围更广的企业结构模式，它包含所有加盟的节点企业，从原材料的供应开始，经过链中不同企业的制造加工、组装、分销等过程直到最终用户。它不仅是一条连接供应商到用户的物料链、信息链、资金链，而且是一条增值链，物料在供应链上因加工、包装、运输等过程而增加其价值，给相关企业都带来收益。

（二）供应链的特征

供应链主要有以下几方面特征：

1. 复杂性

供应链往往由多个、多类型甚至多国企业构成，所以供应链结构模式比一般单个企业的结构模式更为复杂。

2. 动态性

供应链管理因企业战略和适应市场需求变化的需要，其中节点企业需要动态地更新，这就使得供应链具有明显的动态性。

3. 面向用户需求

供应链的形成、存在、重构，都是基于一定的市场需求，并且在供应链的运作过程中，用户的需求变动是供应链中信息流、产品/服务流、资金流运作的驱动源。

4. 交叉性

节点企业可以是这个供应链的成员，同时又是另一个供应链的成员，众多的供应链形成交叉结构，增加了协调管理的难度。

（三）供应链管理的含义

所谓供应链管理，就是为了满足顾客的需求，在从原材料到最终产品的过程中，为了获取有效的物资运输和储存，以及高质量的服务和有效的相关信息所做的计划、操作和控制。

供应链分为内部供应链和外部供应链，供应链管理通常指的是对外部供应链的管理。内部供应链是指企业内部产品生产和流通过程中所涉及的采购部门、生产部门、仓储部门、销售部门等组成的供需网络。而外部供应链则是指企业外部的，与企业相关的产品生产和流通过程中涉及的原材料供应商、生产厂商、储运商、零售商以及最终消费者组成的供需网络。内部供应链和外部供应链共同组成了企业产品从原材料（部件）到成品再到消费者的供应链。可以说，内部供应链是外部供应链的缩小化。例如，对于制造厂商，其采购部门就可看作内部供应链中的供应商。它们的区别只在于外部供应链范围大，涉及企业众多，企业间的协调更困难。

供应链管理是在现代科技条件下，产品极其丰富的条件下发展起来的管理理念，它涉及各种企业和企业管理的方方面面，是一种跨行业的管理，并且企业之间作为贸易伙伴，为追求共同经济利益的最大化而共同努力奋斗。在供应链管理方式下，企业将主要精力放在企业的关键业务上，培育自己的核心竞争力，充分发挥企业的优势，而企业中非核心业务由合作企业完成，即所谓的业务外包。

二、供应链管理的内容

供应链管理主要涉及四个主要领域：供应、生产计划、物流、需求。供应链管理是以同步化、集成化生产计划为指导，以各种技术为支持，尤其以 Internet/Intranet 为依托，围绕供应、生产作业、物流（主要指制造过程）、满足需求来实施的。供应链管理主要包括计划、合作、控制从供应商到用户的物料（零部件和成品等）的信息。供应链管理的目标是提高用户服务水平和降低总的交易成本，并且寻求两个目标之间的平衡（这两个目标之间往往有冲突）。

在以上四个领域的基础上，我们可以将供应链管理分为职能领域和辅助领域。职能领域主要包括产品工程、产品技术保证、采购、生产控制、库存控制、仓储管理、分销管理。而辅助领域主要包括客户服务、制造、设计工程、会计核算、人力资源、市场营销。

由此可见，供应链管理关心的并不仅仅是物流实体在供应链中的流动，除了企业内部与企业之间的运输问题和实物分销外，供应链管理还包括以下主要内容：

（1）战略性供应商和用户合作伙伴关系管理。
（2）供应链产品需求预测和计划。
（3）供应链的设计（全球节点企业、资源、设备等的评价、选择和定位）。
（4）企业内部和企业之间物流供应与需求管理。
（5）基于供应链管理的产品设计与制造管理、生产集成化计划、跟踪和控制。
（6）基于供应链的用户服务和物流（运输、库存、包装等）管理。
（7）企业间资金流管理（汇率、成本等问题）。
（8）基于 Internet/Intranet 的供应链交互信息管理。

三、供应链管理的意义

实施供应链管理，可为国家和企业带来极大的效益，对我国企业实现"两个转变"，走向国际市场，增加市场竞争力和应变力具有重要的理论意义和现实意义。

（一）供应链管理的内部效益

1. 供应链管理，可以有效地实现供求的良好结合

在流通领域中，由于存在众多的供应商、生产商、分销商、零售商，而他们之间的联系千丝万缕，错综复杂。如此冗长复杂的流通渠道使消费者信息的反馈缓慢而凌乱，甚至产生信息失真，使供应无法协调。供应链把供应商、生产商、分销商、零售商紧密联结在一起，并对之进行协调、优化管理，使企业之间形成良好的相互关系，使产品、信息的流通渠道达到最短，从而可以使消费者需求信息沿供应链逆向准确地、迅速地反馈到生产厂商。生产厂商据此对产品增加、减少、改进、质量提高、原料的选择等做出正确的决策，保证供求良好的结合。

2. 供应链管理，可促使企业采用现代化手段，达到现代化管理

供应链是一个整体，相关的各企业为共同的整体利益而奋斗。要达到这个目标，整个供应链中的物流、资金流、信息流必须畅通无阻。为此，各企业——供应链中的每个节点，必须采用现有的先进技术与设备、科学的管理方法，共同为销售提供良好的服务。生产、流通、销售规模越大，则物流技术设备、管理越需现代化。现代化手段包括计算机技术、通信技术、机电一体化技术、语音识别技术等。

3. 供应链管理，可降低社会库存，降低成本

供应链的形成，要求对组成供应链的各个环节做出优化，建立良好的相互关系，采用先进的设备，从而促进了产品、需求信息的快速流通，减少了社会库存量，避免了库存浪费，减少了资金占用，降低了库存成本。

4. 供应链管理，可有效地减少流通费用

供应链通过各企业的优化组合，成为最快捷、最简便的流通渠道，是供应网络中的最优化网络。它的实现，省略了中间不必要的流通环节，大大地缩短了流通路线，从而有效地减少了流通费用。

（二）供应链管理的外部效益

1. 供应链管理可实现信息资源共享

在信息化的时代，谁拥有信息，谁就能在激烈的竞争中多一分竞争力，在赢取成功的奖杯时捷足先登。供应链管理充分意识到这一点，它不仅利用现代科技手段，采用最优流通渠道，使信息快速、准确反馈，而且在供应链联结的各企业之间实现了资源共享。

2. 供应链管理，可提高服务质量，刺激消费需求

现代企业都把消费者奉为上帝，而消费者要求提供消费品的前置时间越短越好。为此，供应链通过生产企业内部、外部物流企业的整体协作，大大缩短了产品的流通周期，加快了物流配送的速度，并将产品按消费者的需求生产出来，快速送到消费者手中。

供应链还使物流服务功能系列化。它在传统的储存、运输、流通加工等服务的基础上，增加了市场调查与预测、采购及订单处理、配送、物流咨询、物流解决方案的选择与规划、库存控制的策略建议、货款的回收与结算、教育培训等增值服务。

这种快速、高质量的服务，必然会塑造企业的良好形象，提高企业的信誉，提高消费者的满意度，使产品的市场占有率提高、消费者群体剧增。

3. 供应链管理，可产生规模效应，有效地提高供应链上各企业的竞争力

企业遇到竞争时它必须走出竞争者的范围来看待自己的对手，树立起合作双赢的新理念，独木不成林，只有多个企业联合起来，为共同的利益而奋斗，共同抵挡外来竞争，才能在激烈的竞争中获胜。众多企业产生的竞争力，绝不仅仅是各个企业的力量的简单加总，而是远远大于此，它的意义在于整体化、一致化。

供应链就是这样一个整体，它把供应商、生产厂商、分销商、零售商等联系在一条链上，并对其优化，使企业与相关企业形成了一个融会贯通的网络整体。该整体中的各个企业虽各为一个实体，但为了整体利益的最大化共同合作，协调相互关系，加快商品从生产到消费的过程，缩短了产销周期，减少库存等，使整个供应链对市场做出快速反应，大大提高了企业在市场中的竞争力。

（三）供应链管理的总效益

供应链管理的实施可为企业带来巨大的效益。在企业内部，供应链的优化提高了企业对市场作出反应的速度，使企业内部的物流渠道、物流功能、物流环节与制造环节集成化，使物流服务扩大化、系列化，并通过规范作业、确定目标关系，采用现代化手段，建立完善的物流网络体系，使各企业更加适应市场经济体制。此外，由于信息技术的应用，供应链过程的可见度明显增加，物流过程中库存积压、延期交货、送货不及时、库存与运输不可控等风险大大降低，从而为企业增加了效益。

在企业外部，通过供应链协调管理，利用现代科技手段，准确及时地获取信息，并依靠供应链的整体优势，迅速沟通生产厂商、客户、分公司、市场的信息，共享信息资源、降低应收账款、获得第三利润。

第五节 敏捷制造

一、敏捷制造的含义

20世纪90年代，信息技术突飞猛进，信息化的浪潮汹涌而来，许多国家制定了旨在提高自己国家在未来世界中的竞争地位、增强竞争优势的先进的制造计划。在这一浪潮中，美国走在了世界的前列，给美国制造业改变生产方式提供了强有力的支持，美国想凭借这一优势重树在制造领域的领先地位。在这种背景下，一种面向21世纪的新型生产方式——敏捷制造的设想诞生了。

敏捷制造是美国国防部为了支持21世纪制造业发展而制订的一项研究计划。该计划始于1991年，有100多家公司参加，由通用汽车公司、波音公司、IBM、德州仪器公司、AT&T（American Telephone & Telegraph，美国电话电报公司）、摩托罗拉等15家著名大公司和国防部代表共20人组成了核心研究队伍。此项研究历时三年，于1994年年底提出了《21世纪制造企业战略》。在这份报告中，提出了既能体现国防部与工业界各自的特殊利益，又能让他们获得共同利益的一种新的生产方式，即敏捷制造。

敏捷制造是在具有创新精神的组织和管理结构、先进制造技术（以信息技术和柔性智能技术为主导）、有技术有知识的管理人员三大类资源支撑下得以实施的，也就是将柔性生产技术、有技术有知识的劳动力与能够促进企业内部和企业之间合作的灵活管理集中在一起，通过所建立的共同基础结构，对迅速改变的市场需求和市场进度做出快速响应。敏捷制造比起其他制造方式具有更灵敏、更快捷的反应能力。

二、敏捷制造的要素

敏捷制造主要包括三个要素：生产技术、组织方式、管理手段。

（一）敏捷制造的生产技术

具有高度柔性的生产设备是创建敏捷制造企业的必要条件，以具有集成化、智能化、柔性化特征的先进的制造技术的支撑，建立完全以市场为导向，按市场需求任意批量快速且灵活地制造产品，支持顾客参与生产的生产系统。该系统能实现多品种、小批量生产和绿色无污染制造。

在产品设计和开发过程中，利用计算机的过程模拟技术，可靠地模拟产品的特性和状态，精确地模拟产品生产过程，既可实现产品、服务和信息的任意组合，又能丰富品种，缩短产品设计、生产准备、加工制造和进入市场的时间，从而保证对消费者需求的快速灵敏的反应。

（二）敏捷制造的组织方式

敏捷制造理论认为，新产品投放市场的速度是当今最重要的竞争优势。推出新产品最快的办法是利用不同公司的资源和公司内部的各种资源。这就需要企业内部组织的柔性化和企业间组织的动态联盟。虚拟公司是最为理想的一种形式。虚拟公司就像专门完成特定计划的公司一样，只要市场机会存在，虚拟公司就存在；市场机会消失了，虚拟公司也随之解体。企业能够经常形成虚拟公司的能力将成为一种强有力的竞争武器。

只要能把分布在不同地方的企业资源集中起来，敏捷制造企业就能随时构成虚拟公司。在美国，虚拟公司将运用国家的工业网络——全美工业网络，把综合性工业数据库与服务结合起来，以便能够使公司集团创建并运作虚拟公司。

敏捷制造企业必须具有高度柔性的动态组织结构。敏捷制造企业根据产品不同，采取内部团队、外部团队（供应商、用户均可参与）与其他企业合作或虚拟公司等不同形式，来保证企业内部信息达到瞬时沟通，又能保证迅速抓住企业外部的市场，而进一步做出灵敏反应。

（三）敏捷制造的管理手段

以灵活的管理方式达到组织、人员与技术的有效集成，尤其是强调人的作用。敏捷制造在人力资源上的基本思想是，在动态竞争环境中，最关键的因素是人员，柔性生产技术和柔性管理要使敏捷制造企业的人员能够实现他们自己提出的发明和合理化建议，这就需要提供必要的物质资源和组织资源，支持人们的行动，充分发挥各级人员的积极性和创造性。有知识的人员是敏捷制造企业最宝贵的财富。不断对人员进行素质提高培训，是企业管理层的一项长期任务。

在管理理念上要求具有创新和突出的合作意识，不断追求创新。除了内部资源的充分利用，还要利用外部资源和管理理念。

在管理方法上要求重视全过程的管理，运用先进的科学的管理方法和计算机管理技术以及 BPR（business process reengineering，业务流程重组）等进行管理。

三、敏捷制造企业的特征

（一）产品系列具有相当长的寿命

敏捷制造企业容易消化吸收外单位的经验和技术成果，随着用户需求和市场的变化，敏捷制造企业会随之改变生产方式。企业生产出来的产品是根据顾客需求重新组合的产品或更新替代的产品，而不是用全新产品来替代旧产品，因此，产品系列的寿命会大大延长。

（二）信息交换迅速准确

敏捷制造企业随时根据市场变化来改进生产，这要求企业不但要从用户、供应商、竞争对手那里获得足够信息，还要保证信息的传递快捷，以便企业能够快速抓住瞬息万变的市场。

（三）以订单定生产

敏捷制造企业可以通过将一些重新编程、可重新组合、可连续更换的生产系统结合成为一个新的、信息密集的制造系统，可以做到使生产成本与批量无关，生产一万件同一型号的产品和生产一万件不同型号的产品所花费成本相同。因此，敏捷制造企业可以按照订单进行生产。

1991年，美国在进行敏捷制造研究时，投入了500万美元，得到了100多家公司的支持。1994年，敏捷制造理论出台时，美国政府又投入了500万美元，而支持这一计划的公司也扩展到了200多家。敏捷制造作为一种21世纪生产管理的创新模式，能系统全面地满足高效、低成本、高质量、多品种、迅速及时、动态适应、极高柔性等要求。目前这些要求尚难以由一个统一的生产系统来实现，但无疑是未来企业生产管理技术发展和模式创新的方向。

第六节　准时制生产方式

库存为万恶之源。库存不仅会掩盖许多生产中的问题，还会占用大量的资金，使企业承受市场风云变化而导致的库存跌价的风险。如果企业能够实现"零库存"，只生产有市场订单的产品，而且当市场有需求时，能够及时地供给，那么对于企业的经营效益和规避风险方面有着不言而喻的意义。

为了追求一种使库存达到最小的生产系统，日本丰田汽车公司率先提出并完善了准时制生产方式。

一、准时制生产方式的含义

在20世纪后半期，整个汽车市场进入了一个市场需求多样化的新阶段，而且对质量的要求也越来越高。如何有效地组织多品种、小批量生产，直接影响到企业的竞争能力及生存。在这种历史背景下，1953年，日本丰田公司的副总裁大野耐一综合了单件生产和批量生产的特点和优点，创造了一种在多品种、小批量混合生产条件下高质量、低消耗的生产方式即准时制生产方式。

准时制生产方式，其实是保持物质流和信息流在生产中的同步，实现以恰当数量的物料，在恰当的时候进入恰当的地方，生产出恰当质量的产品。这种方法可以减少库存、缩短工时、降低成本、提高生产效率。准时制生产方式是第二次世界大战以后最重要的生产方式之一。它起源于日本的丰田汽车公司，因此曾被称为"丰田生产方式"，后来随着这种生产方式的独特性和有效性，被越来越广泛地认识、研究和应用，人们才称为准时制生产方式。

准时制生产方式在20世纪70年代末期从日本引入我国，长春第一汽车制造厂最先开始应用看板系统控制生产现场作业。到了1982年，第一汽车制造厂采用看板取货的零件数，已达其生产零件总数的43%。20世纪80年代初，中国企业管理协会组织推广现代管理方法，看板管理被视为现代管理方法之一，在全国范围内宣传推广，并为许多企业采用。

近年来，在我国的汽车工业、电子工业、制造业等实行流水线生产的企业中应用准时制生产方式，获得了明显效果。例如，第一汽车制造厂（中国第一汽车集团有限公司）、第二汽车制造厂（东风汽车集团有限公司）、上海大众汽车有限公司等企业，结合厂情创造性地应用准时制生产方式，取得了丰富的经验，创造了良好的经济效益。

二、准时制生产方式的特征

作为一种现代管理技术，准时制生产方式能够为企业降低成本，改进企业的经营水平，体现了如下的两个主要特征：

（一）追求零库存

企业争取利润最大化的主要手段之一便是降低成本。库存是一种隐性的成本，削减甚至消除库存，是降低成本的有效途径。随着后工业化时代的来临，主流的生产模式开始出现多品种、小批量的情况，根据市场和顾客的要求进行生产，是消除库存的最佳方法。

因此，准时制生产方式力图通过"零库存"来增加企业利润，换句话说，准时制生产方式认为只有在必要的时候，按必要的数量生产必要的产品，才能避免库存造成的资源浪费，使企业的利润最大化。

（二）强调持续地强化与深化

准时制生产方式强调在现有基础上持续地强化与深化，不断地进行质量改进工作，逐步实现不良品为零、库存为零、浪费为零的目标。尽管绝对的零库存、零废品是不可能达到的，但是准时制生产方式就是要在这种持续改进中逐步趋近这一目标。这个思想蕴含两层含义：第一，目标无止境，企业不能满足于目前的成绩，而要不断地进取；第二，准时制生产方式的实现不是一朝一夕能够完成的，要一步一步来，不能期望一口吃成个胖子。

三、准时制生产方式的目标

准时制生产方式的目标是彻底消除无效劳动和浪费，具体要求达到以下目标：

（1）废品量最低（零废品）。准时制生产方式要求消除各种引起不合理的原因，在加工过程中每一工序都要求达到最高水平。

（2）库存量最低（零库存）。准时制生产方式认为，库存是生产系统设计不合理、生产过程不协调、生产操作不良的证明。

（3）准备时间最短（零准备时间）。准备时间长短与批量选择相联系，如果准备时间趋于零，准备成本也趋于零，就有可能采用极小批量。

（4）生产提前期最短。短的生产提前期与小批量相结合的系统，应变能力强，柔性好。

（5）减少零件搬运，搬运量低。零件送进搬运是非增值操作，如果能使零件和装配件运送量减少，搬运次数减少，可以节约装配时间，减少装配中可能出现的问题。

（6）机器损坏率低。

（7）批量小。

四、准时制生产方式成功的条件

（一）快速应变的产品设计

产品设计应满足市场的需要。为适应市场多变的需求，产品范围应不断拓宽。在准时制生产方式中，试图通过产品的合理设计，使产品易生产、易装配，当产品范围扩大时，即使不能减少工艺过程，也要力求不增加工艺过程，具体方法有：第一，模块化设计；第二，设计的产品尽量使用通用件、标准件；第三，设计时应考虑易实现生产自动化。

（二）重视人力资源的开发和利用

准时制生产方式要求重视人力资源的开发和利用，这包括对员工的培训使其掌握多种技能成为多能工。同时要求给予作业现场员工处理责任，做到不将不良品移送给下一道作业，确保产品的质量，做到零缺陷。准时制生产方式还要求企业的所有员工具有团体精神，共同协作解决问题。

（三）与供应商建立长期可靠的伙伴关系

准时制生产方式要求企业与供应商建立长期可靠的合作伙伴关系。具体来说，就是要求供应商在需要的时间提供需要数量的零部件，严格遵守交货时间。同时要求稳定地提供高质量的零部件以便节约检验时间，保证最终产品的质量。另外，还要求供应商能对订货的变化做出及时、快速的反应。因此，企业必须与供应商建立长期可靠的合作伙伴关系。

（四）均衡化生产

均衡化生产即平均制造产品，使物流在各作业之间、生产线之间、工序之间、工厂之间平衡、均衡地流动。为达到均衡化，在准时制生产方式中采用月计划、日计划，并根据需求变化及时对计划进行调整。

（五）强调全面质量管理

目标是消除不合格品，消除可能引起不合格品的根源，并设法解决问题，准时制生产方式中还包含许多有利于提高质量的因素，如批量小、零件很快移到下一工序、质量问题可以及早发现等。

📑 案例 3-1

生活中的故事，让 ERP 变得通俗易懂

一天中午，丈夫在外给家里打电话："亲爱的老婆，晚上我想带几个同事回家吃饭可以吗？"（订货意向）

妻子："当然可以，来几个人，几点来，想吃什么菜？"

丈夫："6个人，我们7点左右回来，准备些酒、烤鸭、番茄炒蛋、凉菜、蛋花汤⋯⋯你看行吗？"（商务沟通）

妻子："没问题，我会准备好的。"（订单确认）

妻子记录下需要做的菜（主生产计划），具体要准备的东西：鸭、酒、番茄、鸡蛋、调料⋯⋯（物料清单），发现需要：1只鸭蛋，6瓶酒，4个鸡蛋⋯⋯（物料清单展开），炒蛋需要6个鸡蛋，蛋花汤需要4个鸡蛋（共用物料）。

打开冰箱一看（库房），只剩下2个鸡蛋（缺料）。

来到自由市场，妻子："请问鸡蛋怎么卖？"（采购询价）

小贩："1个1元，半打5元，1打9.5元。"

妻子："我只需要8个，但这次买1打。"（经济批量采购）

妻子："这有一个坏的，换一个鸡蛋。"（验收、退料、换料）

回到家中，准备洗菜、切菜、炒菜⋯⋯（工艺线路），厨房中有燃气灶、微波炉、电饭煲⋯⋯（工作中心）。

妻子发现拨鸭毛最费时间（瓶颈工序，关键工艺路线），用微波炉自己做烤鸭可能来不及（产能不足），于是打算在楼下的餐厅里买现成的（产品委外）。

下午4点，接到儿子的电话："妈妈，晚上几个同学想来家里吃饭，你帮忙准备一下。"（紧急订单）

"好的，你们想吃什么，爸爸晚上也有客人，你愿意和他们一起吃吗？"

"菜你看着办吧，但一定要有番茄炒鸡蛋，我们不和大人一起吃，6：30左右回来。"（不能并单处理）

"好的，肯定让你们满意。"（订单确定）

"鸡蛋又不够了，打电话叫小贩送来。"（紧急采购）

6:30，一切准备就绪，可烤鸭还没送来，急忙打电话询问："我是李太太，怎么订的烤鸭还不送来？"（采购委外单跟催）

"不好意思，送货的人已经走了，可能是堵车吧，马上就会到的。"

门铃响了。"李太太，这是您要的烤鸭。请在单上签一个字。"（验收、入库、转应付账款）

6:45，接到女儿的电话："妈妈，我想现在带几个朋友回家吃饭可以吗？"（呵呵，又是紧急订购意向，要求现货）

"不行呀，女儿，今天妈已经需要准备两桌饭了，时间实在是来不及，真的非常抱歉，下次早点说，一定给你们准备好。"（哈哈，这就是ERP的使用局限，要有稳定的外部环境，要有一个起码的提前期）。

送走了所有客人，疲惫的妻子坐在沙发上对丈夫说："亲爱的，现在咱们家请客的频率非常高，应该要买些厨房用品了（设备采购），最好能再雇个小保姆（连人力资源系统也有缺口了）。

丈夫："家里你做主，需要什么你就去办吧。"（通过审核）

妻子："还有，最近家里花销太大，用你的私房钱来补贴一下，好吗？"（最后就是应收货款的催要）

资料来源：佚名. 生活中的故事，让 ERP 变得通俗易懂［EB/OL］. （2020-04-13）［2022-11-04］. https://mp.weixin.qq.com/s/wpi9hzvle2udwBN40lMt9A. 引用时有改动。

📖 小结

1. 现代生产管理技术发展与模式创新

20 世纪生产管理技术发展和模式创新可以归结为两次生产管理"革命"：一是 20 年代美国工程专家亨利·福特开创的流水生产技术和大量生产模式；二是 60 年代前后开始的适应后工业化和信息化时代消费者多品种、高层次需要，旨在突破大量生产模式局限性的现代生产管理技术和模式，包括制造资源计划、企业资源计划、供应链管理、敏捷制造和准时制生产方式。

第三次生产管理变革：个性化定制生产。

2. 制造资源计划

制造资源计划的发展大体经历了订货点法、时段式物料需求计划、闭环物料需求计划、制造资源计划这几次飞跃。

制造资源计划的基本思想就是把企业作为一个有机整体，从整体最优的角度出发，通过运用科学方法对企业各种制造资源和产、供、销、财各个环节进行有效地计划、组织和控制，使他们得以协调发展，并充分地发挥作用。

制造资源计划管理模式的特点包括：①计划的一致性与可执行性；②管理的系统性；③数据共享性；④动态应变性；⑤模拟预测性；⑥物流、资金流的统一。

3. 企业资源计划

所谓企业资源计划，是一个使财务、分销、制造和其他经营业务达到均衡协调的应用软件系统。

企业资源计划的核心管理思想就是实现对整个供应链的有效管理，主要体现在以下三个方面：①体现对整个供应链资源进行管理的思想；②体现精益生产、同步工程和敏捷制造的思想；③体现事先计划与事中控制的思想。

企业资源计划与制造资源计划的区别主要表现在：①在资源管理范围方面的差别；

②在生产方式管理方面的差别；③在管理功能方面的差别；④在事务处理控制方面的差别；⑤在跨国（或地区）经营事务处理方面的差别；⑥在计算机信息处理技术方面的差别。

企业资源计划应用是否成功，从原则上来说，应该从以下几个方面加以衡量：①系统运行集成化；②业务流程合理化；③绩效监控动态化；④管理改善持续化。

4. 供应链管理

供应链是围绕核心企业，通过对信息流、物流、资金流的控制，从采购原材料开始，制成中间产品以及最终产品，最后由销售网络把产品送到消费者手中的将供应商、制造商、分销商、零售商，直到最终用户连成一个整体的功能网链结构模式。

供应链主要有以下几方面特征：①复杂性；②动态性；③面向用户需求；④交叉性。

所谓供应链管理，就是为了满足顾客的需求，在从原材料到最终产品的过程中，为了获取有效的物资运输和储存，以及高质量的服务和有效的相关信息所做的计划、操作和控制。供应链管理主要涉及四个主要领域：①供应；②生产计划；③物流；④需求。

5. 敏捷制造

敏捷制造主要包括三个要素：①生产技术；②组织方式；③管理手段。

6. 准时制生产方式

准时制生产方式，其实是保持物质流和信息流在生产中的同步，实现以恰当数量的物料，在恰当的时候进入恰当的地方，生产出恰当质量的产品。这种方法可以减少库存，缩短工时，降低成本，提高生产效率。

准时制生产方式的目标是彻底消除无效劳动和浪费，具体要求达到以下目标：①废品量最低（零废品）；②库存量最低（零库存）；③准备时间最短（零准备时间）；④生产提前期最短；⑤减少零件搬运，搬运量低；⑥机器损坏率低；⑦批量小。

自测题

一、名词解释

制造资源计划（MRPⅡ）　企业资源计划（ERP）　供应链管理（SCM）　敏捷制造（AM）　准时制生产方式（JIT）

二、简答题

1. 制造资源计划产生的背景。
2. 制造资源计划有哪些特点？

3. 企业资源计划系统的管理思想是什么？

4. 企业资源计划与制造资源计划的区别是什么？

5. 企业资源计划的实施应做好哪几方面的工作？

6. 企业资源计划应用成功的标志是什么？

7. 供应链的特征有哪些？

8. 实施供应链管理的意义是什么？

9. 敏捷制造的要素有哪些？

10. 敏捷制造的特点是什么？

11. 说明准时制生产方式的原理。

三、单项选择题

1. （　　）的核心思想是实现对供应链的有效管理。

   A. 物料需求计划　　　　　B. 闭环物料需求计划

   C. 制造资源计划　　　　　D. 企业资源计划

2. 企业资源计划发展的四个阶段，按其发展顺序，可排列为（　　）。

   A. MPR—MRP Ⅱ—closed-loop MPR—ERP

   B. MRP—closed-loop MRP—MRP Ⅱ—ERP

   C. closed-loop MRP—MRP—MRP Ⅱ—ERP

   D. ERP—MRP Ⅱ—closed-loop MRP—MPR

3. 物料需求计划系统的三种输入信息中不包括（　　）。

   A. 主生产计划　　　　　　B. 库存状态记录

   C. 反馈信息　　　　　　　D. 物料清单

4. 准时制生产的概念是最先由（　　）公司提出并推广的。

   A. 美国福特　　　　　　　B. 日本丰田

   C. 日本本田　　　　　　　D. 美国通用

四、多项选择题

1. 企业资源计划应用是否成功，从原则上来说，可以从以下几个方面加以衡量：（　　）。

   A. 系统运行集成化　　　　B. 业务流程合理化

   C. 绩效监控动态化　　　　D. 管理改善持续化

2. 供应链主要有以下几个方面特征：（　　）。

   A. 复杂性　　　　　　　　B. 动态性

   C. 面向用户需求　　　　　D. 交叉性

3. 制造资源计划管理的特点包括（　　）。

A.计划的一致性与可执行性　　B.管理的系统性和数据共享性

C.动态应变性和模拟预见性　　D.物流、资金流的统一

五、判断题（判断正误并说明理由）

1.企业最终产品和为售后服务准备的零件属于从属需求。　　　　（　　）

2.制造资源计划的核心思想是实现对供应链的有效管理。　　　　（　　）

3.物料需求计划的输入系统主要由三部分组成：主生产计划、库存状态记录和物料清单。　　　　　　　　　　　　　　　　　　　　　　　　　　　　（　　）

4.敏捷制造最早是由美国著名的IT分析公司加特纳提出的。　　（　　）

5.准时制生产的概念最早是由日本丰田汽车公司提出的。　　　（　　）

专题三自测题参考答案

专题四　电子商务

学习要求

1. 理解电子商务的含义，掌握电子商务的特点。
2. 明确电子商务的分类。
3. 掌握网络营销的特点和方法。
4. 了解网络广告的特点。
5. 了解电子商务应用系统的构成及网络系统、支付系统、安全系统的内容。
6. 重点掌握以下概念：电子商务、网络营销、网上商店、网上贸易。

学习重点和难点

1. 电子商务的含义、特点及分类。
2. 网络营销和网络广告的特点。
3. 电子商务中的计算机与网络技术及专业术语。

学习建议

1. 根据学员自身的特点，补充一些必要的计算机知识和网络知识。
2. 利用多媒体教学手段，了解电子商务的交易过程。
3. 上网浏览著名的电子商务网站，了解网上交易的概况。

随着科学技术的进步，电子商务正在全球范围内飞速发展。电子商务是传统商业与现代信息技术结合的产物，是运用计算机技术、网络技术、通信技术等现代科学手段，从事商品交易等各种商务活动。电子商务的产生，对传统商业产生重大影响，企业可以在网络虚拟的市场上销售产品、采购材料用品、开展各种商务活动，对于企业扩大销售收入，增强市场竞争能力，降低成本有重要作用。网络营销是电子商务的一种新型销售方式，是通过互联网渠道销售商品的市场营销活动，与传统的市场营销相比，网络营销具有不同的形式与策略。正像传统商业划分为批发商业和零售商业一样，网络营销也可通过设立网上商店和网上贸易，向消费者销售商品。电子商务的实施，需要完善的计算机系统、网络系统和企业信息管理系统以及支付系统、安全系统作保障，只有建立了完善的电子商务应用系统，才能开展各种电子商务活动。

第一节　电子商务概述

一、电子商务的含义

随着经济的发展和科学技术的进步，商品交易方式正在不断地发生变化。早在20世纪六七十年代，人们就开始利用电子手段开展商务活动，如用电子数据交换技术进行商务文件的传送和业务数据的交换，但这只是电子商务的雏形。进入20世纪90年代，现代电子技术、信息技术、计算机技术和网络技术迅猛发展，国际互联网在全球范围内得到普及，产生了以网上交易为基础的现代电子商务，其利用计算机网络来销售商品，在网上完成产品宣传推广、商务谈判、签订电子合同文本，以及进行网上电子支付，利用现代化的物流手段发送商品。电子商务作为一种新型的交易方式，代表未来贸易方式的发展方向，对企业的经营模式、经营观念产生重大影响。

电子商务一词全球都在使用，但至今尚无一个较为全面的、具有权威性的、能够为大多数人接受的定义，各种组织、政府、公司、学术团体都是依据自己的理解和需要为电子商务下定义。这是因为电子商务本身是一个正在发展中的概念，其确切含义要在发展中不断充实。目前电子商务的定义主要有两种，一种是学术理论界的观点，另一种是有关信息技术产业公司及相关组织的观点，众说纷纭。联合国经济合作和发展组织认为，电子商务是发生在开放网络上的包含企业之间、企业和消费者之间的商业交易。美国发布的《全球电子商务纲要》中指出，电子商务是通过国际互联网进行的各种商务活动。我国也十分重视电子商务的发展，电子商务在许多经济领域已经开始应用并迅猛发展。

电子商务是"电子"和"商务"的结合，是利用电子手段进行的商务活动，因而对电子商务解释的分歧点主要在于对"电子"手段和"商务"内容的不同理解，以及如何将二者有机地结合在一起。电子商务作为一种新的交易方式，与传统的商务方式有本质区别，其电子手段不能按一般意义去理解，不能认为发个电子邮件甚至打个电话或发个传真就是现代电子商务了。电子手段是建立在现代电子技术发展的基础上，是当前最新的电子技术、计算机技术和网络技术，并能在商务活动中进行具体运用。从这个意义上讲，电子商务应以计算机网络为基础，其核心内容应包括两部分：一是 Internet（计算机因特网），即通过遍布全球的网络开展商务活动；二是 EDI（电子数据交换），即通过地区或企业专用网络传递商务数据。企业的电子商务活动与普通的商务活动无本质区别，但商务活动与电子手段结合后，应有特定的范围和内容，电子商务的主体是企业、政府和个人消费者。

电子商务是随着科学技术的发展而不断发展，主要是电子技术、通信技术及信息技术的不断进步而产生的一种新型交易方式。我们认为，电子商务是运用现代电子技术、通信技术及信息技术，利用计算机网络从事的各种商务活动（electronic commerce，EC 或 electronic business，EB）。

电子商务有狭义和广义之分。狭义的电子商务是利用互联网进行的商品交易活动，可以称作电子交易或网上交易。较低层次的电子商务只能完成电子交易的部分环节，如电子商情发布、网上订货等。较高层次的电子商务是利用网络完成全部的交易过程，包括信息流、商流、资金流和物流，从寻找客户、商务洽谈、签订合同到付款结算都在网上进行。而广义的电子商务不但包括电子交易，还包括企业内部利用电子手段进行的管理活动，如建立企业管理信息系统、市场调查分析、计划安排、资源调配等。人们一般理解的电子商务是狭义上的电子商务。

二、电子商务的特点

电子商务作为一种新型的交易方式，与传统的交易方式有很大不同，由于交易手段的变化，产生了一些新的特点。

（一）交易过程电子化

交易双方在交易过程中，从商务洽谈、签订合同到货款的支付、交货通知等整个交易过程均是在网上以电子文件的形式进行，所签订的合同是电子合同文本，交易双方的交易确认则通过电子数字签名的形式来进行，货款结算使用的是电子货币，从而改变了传统交易的书面文件和转账结算方式。电子商务交易尽管快捷方便，但交易以电子文件的方式储存，不易人工识别，必须加强安全管理。

（二）交易市场虚拟化、数字化

电子商务交易是在虚拟市场上进行的，与传统市场有很大区别。对于销售方来说，只是在互联网上建立一个网页，上面列出自己的产品名称、性能指标、商品价格或者给出商品的图像资料，供客户选择，这个市场就已经形成了。在这个虚拟市场里，没有房屋、柜台等经营场所，也无任何设备，不摆放商品实物，没有时间限制，一年里包括节假日的所有日期都可交易，一天 24 小时没有停顿，交易双方不直接见面，通过网络形式进行交流。这样可以节省大量的交易费用，降低企业销售成本。

当商务及与商务活动相关信息都以数字形式被采集、存储、处理和传输的时候，商务模式就发生了质的变化，数字生活、数字商务、虚拟企业等数字化形式就应运而生了。数字化具有的易于存储、查询、处理、修改信息等优势，使人类将前进的方向与数字化牢牢地捆绑在一起。正是由于电子商务的数字化特点，它使得商务活动中的商流、资金流和信息流都能够在计算机网络中迅速传输，形成"三流合 e"的商务模式。这使得现代商务活动朝着"无纸"商务、信息商务、快速商务的方向发展。

（三）交易高效化

传统的商品交易由人工完成，从寻求客户、商务洽谈、付款结算到商品发运，需要很长一段时间，每一环节出了问题，都会延长交易的时间，降低交易效率，并且容易出现错误。电子商务交易是在网上由计算机处理完成，整个交易一气呵成，极大地缩短了交易时间，使交易快捷方便。无论一个企业的注册资本有多大，经营规模有多大，经营网点有多少，在网上都是平等的，小型企业也可以通过网络在国际市场上展示、销售自己的产品。

（四）交易的便利性

时间、空间限制是人们从事社会经济活动的主要障碍。Internet 遍及全球各个角落，电子商务贸易活动也随之遍布全球，电子商务把商业和其他业务活动所受的时空限制大大弱化了，从而降低了企业经营成本和国民经济运行成本。企业与企业间可以在网上方便地进行贸易合作、商业洽谈及商业信息传递等，用户能足不出户地查询商业信息、享受购物便利，同时也节约了耗费在搜寻产品服务上与浪费在交通上的时间成本，这体现了电子商务给人们带来的便利性。

（五）交易的集成性

电子商务对事务处理有整体性和统一性，它能规范事务处理的工作流程，将人工操作和电子信息处理集成为一个不可分割的整体。集成性提高了人力和物力的利用效率。网络使企业可以自动处理商务过程，不再像以往那样强调公司内部分工。企业在 Internet 上可进行客户服务，使消费者更加便利。电子商务经济活动的领域打破了传统的各个产业、各个行业之间的经营界限，扩展到了涉及制造业、服务业、信息产业等领域的相互融通与合作，因而具有综合性特点。

（六）交易的协调性

电子商务的迅速简便和用户友好界面可以反馈用户信息，决策者可以通过它获得高价值的商业情报和制定一体化方案。电子商务可以有效地促进现代物流活动和金融支付实现一体化管理。这种一体化管理使得供应链中的各个公司联系更加紧密，减少物流的重复环节，缩短物流流动的时间，从而提高现代物流的效率和效果。同时电子商务的标准化使包括编码、工具、设施等均符合国际标准，这是经济全球化、国际商务活动协调互通的需要。

（七）交易的安全性

安全性是电子商务必须考虑的核心问题，它要求网络能够提供一种端到端的安全解决方案，包括加密机制、签名机制、分布式安全管理、存取控制、防火墙、安全Web服务器、防病毒保护等。国际上许多公司都联合开展了安全电子交易的技术标准和方案研究，出台了SET（secure electronic transaction，安全电子交易）和SSL（secure socket layer，安全套接层）等协议标准，使企业能够建立一种安全的电子商务环境。

三、电子商务的功能

（一）商务信息的发布和获取

企业的形象及其产品信息只有广而告之，才能取得效益。企业一般是在电视、报纸等传统媒体上发布信息，其成本高、速度慢。而国际互联网有着其他媒体无法比拟的覆盖范围，企业可以设立一个主页，在上面宣传自己的企业，设计企业形象，介绍产品；也可以在一些热点网站上发布广告，客户在网上即可查询到需要的信息，如有进一步的要求，还可以通过电子邮件联系，传递详细资料，也可以通过网络会议进行动态交流，十分方便快捷；同样，企业需要的信息，如市场动态、最新技术等也可以在网上查询，通过检索工具，可以找到需要的信息；企业还可以在网上进行市场调查，通过互联网发布调查问卷，及时得到市场反馈信息，以便改进产品，提高服务质量。

（二）网络营销

网络营销是企业借助互联网来实现销售目标和完成采购任务。传统的销售活动是企业与客户进行洽谈，形成购买意向后，完成销售活动。实现电子商务后，提供了一个在网上销售的新方式。无论是有形的商品，还是无形的旅游服务、保险服务等，都可以在网上发布，供客户选择。一旦成交，可在网上完成从签订电子合同到支付货款等一系列交易活动。网上营销能满足消费者需求，以消费者为中心，具有极强的互动性，十分便利。对于企业来说，网络销售成本低，速度快，有利于扩大商品销售，加速资金周转。

网上采购分为个人消费者的采购和企业及团体采购。对于个人消费者来说，传统的采购方式是到线下店铺去购买，有一定时间限制，并受店铺环境影响。网上购物可以让顾客坐在家里悠闲地挑选商品，并能在家里验收所需商品。对于企业和团体消费者来说，通过在网上采购材料和用品，可以降低采购成本，减少库存，保证生产经营活动的需要。

（三）网上金融服务

传统的金融服务是柜台式服务，人们办理金融业务必须去银行。电子商务的发展为金融业提供了新的服务领域和服务方式。网上银行是一种虚拟银行，只是在计算机网络上建一站点，就可以全天候提供金融服务。客户只需联上互联网，注册登记后取得客户名和密码，即可在网上开展金融业务，如开立账户、查询资金余额、网上交易支付及投资理财和证券交易等。金融服务的电子商务化水平是电子商务发展的重要环节，只有金融业实现网络化，完整的电子商务交易才能实现。

网上支付是电子商务交易过程中的重要环节，客户和商家之间可采用信用卡、电子钱包、电子支票、电子现金、网上银行、第三方代理支付等多种电子支付方式进行网上支付，采用电子支付的方式节省了交易的开销。

（四）商务活动管理

电子商务的交易管理系统可以完成对网上交易活动全过程中的人、财、物、客户及本企业内部各个方面的协调和管理。提高内部管理水平。通过建立企业内部网络系统，电子商务的交易管理系统将企业营销管理、采购管理、人力资源管理、财务管理及物流管理等联系起来，实现企业内部的信息管理的网络化。根据市场变化，组织产品开发，制订生产计划和销售计划，确定资金投向，组织资金来源。

（五）售后服务

在商品交易完成后，销售方还要经常与客户保持联系。客户在购买商品后如存在质量问题，或者在使用中需要帮助，可通过网络与销售方联系。销售方也可以采用即时聊天工具、网页上的评价等设置及时收集客户对商品和销售服务的意见，根据客户的反馈意见，解答用户咨询的问题，提高网上交易售后服务的水平。高质量的售后服务行为，可以提高产品服务质量，提升企业品牌形象，提高用户的满意及忠诚度。

四、电子商务的分类

电子商务的应用范围极其广泛，按不同的分类标准，可分为若干种类。

（一）按照交易主体进行分类

按照交易主体的不同，电子商务可以分为 B2C、B2B、C2C、C2B、B2G、B2B2C、O2O 等模式。

1. B2C 模式

企业与消费者之间的电子商务，简称 B to C 即 B2C（business to customer），是企业以互联网为主要的服务提供手段，向消费者销售商品，为社会公众提供消费服务的电子商务模式。企业是商品的供应者，在网上建立商店，以零售的形式销售自己的商品。消费者在网上选购自己需要的商品，进行消费。这种形式的电子商务，是现在比较常见的一种，如京东商城、当当网、天猫商城、唯品会、凡客、亚马逊等。

2. B2B 模式

企业与企业之间的电子商务，简称 B to B 即 B2B（business to business），是企业与企业之间通过互联网、开展商务活动的电子商务模式。B2B 是目前应用最广泛的一种电子商务形式，企业通过互联网来寻找自己满意的合作伙伴，通过交谈最终达成交易，如阿里巴巴网、慧聪网、环球资源网、敦煌网等。

3. C2C 模式

消费者与消费者之间的电子商务，简称 C to C 即 C2C（customer to customer），是纯消费者间的交易，消费者一方可以通过平台进行商品的销售，就像现在的"闲鱼"、淘宝网等。

4. C2B 模式

消费者与企业之间的电子商务，简称 C to B 即 C2B（customer to business），是一种以消费者需求为主导，生产企业或商贸企业按需求组织生产或货源的电子商务模式。例如，消费者定制服装、家具等。

5. B2G 模式

企业与政府之间的电子商务，简称 B to G 即 B2G（business to government），是政

府通过互联网或专用网络，为企业提供服务，监督企业的经济行为，采购商品等商务活动。政府可以通过网络发布政策信息，引导投资方向，也可采用电子报税、电子报关等。政府还可以通过网络选购商品，实施政府采购。这种方式的发展，有赖于政府计算机信息系统的完善。

6. B2B2C 模式

B2B2C 是英文 Business to Business to Customer 的缩写，是一种电子商务类型的网络购物商业模式，第一个 B 指的是商品或服务的供应商，第二个 B 指的是从事电子商务的企业，C 则表示消费者。B2B2C 来源于目前的 B2B、B2C 模式的演变和完善，它把 B2B 和 B2C 完美地结合起来。电子商务企业通过 B2B2C 模式构建自己的物流供应链系统，提供统一的服务。

7. O2O 模式

O2O 是英文 Online to Offline 的缩写，是指将线下的商务机会与互联网结合，让互联网成为线下交易的前台。O2O 的概念非常广泛，只要产业链中既可涉及线上，又可涉及线下，就可通称为 O2O。其实 O2O 模式，早在团购网站兴起时就已经开始出现，只不过消费者更熟知团购的概念，团购商品都是临时性的促销，而在 O2O 网站上，只要网站与商家持续合作，那商家的商品就会一直"促销"下去。O2O 的商家都是具有线下实体店的，而团购模式中的商家则不一定。也有人认为，O2O 是 B2C 的一种特殊形式。O2O 商务模式的关键是：在网上寻找消费者，然后将他们带到现实的商店中，或者反过来，在线下寻找消费者到线上成为会员并且随时可以通过互联网和移动互联网进行交易，而客户不需要再回到店铺里。

（二）按照商务活动的运行方式进行分类

按照商务活动的运行方式进行分类，电子商务可以分为完全电子商务和不完全电子商务。

1. 完全电子商务

完全电子商务是指商品或服务的整个商务过程都可以在网络上实现的电子商务。完全电子商务所涉及的商品为无形商品或服务等，如计算机软件、音像制品、网上订票、网上参团旅游或娱乐、网上咨询服务、话费充值服务、网上银行以及网上证券交易等，都可通过互联网直接实现交易。

2. 不完全电子商务

不完全电子商务是指在网上进行的交易环节只能是订货、支付和部分的售后服务，而商品的配送还需交由现代物流配送公司或专业的服务机构去完成。不完全电子商务所涉及的商品为有形货物，如书籍、食品、百货、汽车等。这种交易涉及的商品需要通过传统渠道，如邮政业的服务和商业快递服务来完成送货。

（三）按照开展电子交易的范围进行分类

按照开展电子交易的范围进行分类，电子商务可以分为区域化电子商务、远程国内电子商务、全球电子商务（跨境电子商务）。

1. 区域化电子商务

区域化电子商务是指在某区域内（本城市或本地区内）开展的电子商务。区域化电子商务的地域范围较小，是开展国内电子商务和全球电子商务的基础。

2. 远程国内电子商务

远程国内电子商务是指在本国范围内开展的电子交易活动。其覆盖的地域范围较广，对软硬件和技术要求较高，要求在全国范围内实现商业电子化和自动化，以及金融电子化，同时交易各方需要具备一定的电子商务知识和技术能力等。

3. 全球电子商务（跨境电子商务）

全球电子商务即跨境电子商务是指在全世界范围内开展的电子商务活动。涉及有关交易各方的相关系统，如海关系统、金融系统、税务系统、运输系统、保险系统等。跨境电商业务内容繁杂，数据来往频繁，要求电子商务系统严格、准确、安全、可靠，并需制定全球统一的电子商务标准和商务贸易协议，如全球速卖通、易贝网、天猫国际、中国出口贸易网、环球资源、亚马逊、京东国际、中国化工网等。

五、电子商务法治建设

任何事物的发展，都离不开法律的保障。电子商务活动是过去商务活动的延续，所产生的各种经济关系依然存在，但交易手段发生了变化。在这种情况下，现行法律、政策和制度不能满足电子商务发展的需要，主要表现在两个方面：一是电子商务抵消或削弱了原有法律的制约影响，如网上交易的税收、电子支付的安全等，必须在原有法律的基础上针对电子商务的特点进行补充；二是电子商务产生了新的经济关系和新的法律问题，仅仅依靠原有法律不能制约，必须建立新的法律进行调节，如电子合同和电子签名的法律效用、电子交易的安全问题等。

法律是在社会发展中产生并逐步完善的，但往往滞后于事物的发展。电子商务是新兴事物，为保障其健康、稳步发展，必须建立完善的法律体系。电子商务的法律问题比较复杂，涉及电子合同、知识产权、电子交易的竞争规则、电子消费商业信用、消费者权益保护、个人隐私、电子货币支付、网上税收、电子交易安全保障、计算机犯罪、计算机证据等法律问题，不可能一步到位，应根据电子商务的发展阶段有所侧重。当前，我国已经出台了一系列有关电子商务的法规，但电子商务发展过程中还有一些法律问题急需解决。

（一）电子商务涉及的法律问题

电子商务是一个新兴的产业，需要有针对性的法规加以规范。例如，电子商务从业组织设立的条件和程序，业内主体有关行为规范的法律法规，行业间协调的法律法规等，以保证电子商务这一新兴的交易方式按照其自身的规律健康发展。

1.电子合同的法律效用

电子商务改变了传统的经济合同签订方式和程序，由供需双方面对面签订，变为网上虚拟的电子合同。当出现经济纠纷后，电子合同是否具有法律效用，交易主体如何识别，电子签名是否有效，都有待规范。

2.电子商务的税收问题

从促进电子商务发展的角度来说，实行一段时间的免税是有必要的。但电子商务作为一种商业活动，是必须纳税的，从实际运作情况来看，网络交易中的征税管理十分困难，因此有必要通过对网上税收的研究制定出一系列的法律规定。

3.电子安全问题

电子商务的交易过程是通过电子手段实现的，其安全性是一个重要问题。例如，电子计算机系统的安全性，电子通信的安全性，交易记录的保存和管理，交易过程中的商业秘密，交易双方的商业信用，以及电子货币的安全性等，都必须建立规范的安全制度和安全系统。这些必须由政府颁布相应的安全标准才能实现。

4.网上个人隐私保护问题

在电子商务中，消费者的交易信息很容易被跟踪，个人信息很容易被他人获得、公开和使用，因此有必要制定网上隐私保护的法律规范。

5.网上无形资产保护问题

网络中域名、网页、数据等无形资产需要保护，它们是维系在线商务运营的重要措施。

电子商务立法是推动电子商务发展的前提和条件，有关国际性、地区性组织和许多国家、政府已经制定了一些法律示范文本。我国的电子商务法律应针对我国的特点，高度重视与国际电子商务法律的协调，建立适应全球化电子商务发展的国际性准则。

（二）电子商务相关法律法规

目前我国已经出台的有关电子商务的法律和政策包括：

1.《中华人民共和国民法典》

自 2021 年 1 月 1 日起施行，《中华人民共和国民法典》（简称《民法典》）规范了电子交易行为，对网络环境下合同的订立和合同的履行作了相应的规定。《民法典》认定了电子合同的有效性，并规范了电子合同成立的时间、成立地点、交付地点等内容。

2.《中华人民共和国电子签名法》

《中华人民共和国电子签名法》（简称《电子签名法》）规范了电子签名行为，自 2005 年 4 月 1 日起施行，是我国电子商务与信息化领域中的第一部专门的法律。《电子签名法》为我国电子商务安全认证体系和网络信用体系的建立奠定了基础。自此，电子签名与手写签名或者盖章具有同等的法律效力，电子文件与书面文件也具有同等的法律效力。

3. 域名法律保护

2002 年，中国互联网络信息中心依据互联网名称与数字地址分配机构的《统一域名争议解决政策》的基本精神，结合我国实际情况制定了《中国互联网络信息中心域名争议解决办法》，自此确定了我国的域名保护机制。2014 年 9 月 1 日，修订后的《中国互联网络信息中心域名争议解决办法》正式开始施行。

4.《中华人民共和国电子商务法》

《中华人民共和国电子商务法》（简称《电子商务法》）自 2019 年 1 月 1 日起施行，这是我国第一部电子商务领域的综合性法律。《电子商务法》是一部调整消费者、平台、入驻经营者利益的法律关系的民事法律。《电子商务法》立法涉及电子商务经营主体、经营行为、合同、快递物流、电子支付等，以及电子商务发展中比较典型的问题，对此都做了比较明确的规定，具体来说，《电子商务法》主要解决的问题有：

（1）卖家侵权，平台承担连带责任。《电子商务法》规定，电子商务平台经营者知道或者应当知道平台内经营者销售的商品或者提供的服务不符合保障人身、财产安全的要求，或者有其他侵害消费者合法权益行为，未采取必要措施的，依法与该平台内经营者承担连带责任。

（2）未尽到安全保障义务，平台承担相应的责任。《电子商务法》规定，对关系消费者生命健康的商品或者服务，电子商务平台经营者对平台内经营者的资质资格未尽到审核义务，或者对消费者未尽到安全保障义务，造成消费者损害的，依法承担相应的责任。

（3）侵权售假未保障安全的，最高罚两百万元。《电子商务法》规定，电子商务平台经营者违反本法规定，对平台内经营者侵害消费者合法权益行为未采取必要措施，或者对平台内经营者未尽到资质资格审核义务，或者对消费者未尽到安全保障义务的，由市场监督管理部门责令限期改正，可以处五万元以上五十万元以下的罚款；情节严重的，责令停业整顿，并处五十万元以上二百万元以下的罚款。

（4）拒绝套路，搭售不得作为默认选项。《电子商务法》规定，电子商务经营者搭售商品或者服务，应当以显著方式提请消费者注意，不得将搭售商品或者服务作为默认同意的选项。

（5）消费者付款成功后，经营者不得随意毁约。经营者负有诚实守信、切实履行合同的义务，消费者付款成功后，经营者不得以各种理由或借口随意毁约。同时，该规定的设立也为消费者依法维权提供了有力保障。例如，消费者在"双11"期间下单后，如果经营者以弄错折扣为由拒绝发货，消费者就可以依据《电子商务法》追究经营者的违约责任。

（6）评价应真实，"刷好评"、擅自"删差评"会被严惩。为了提升网店的信用，有些经营者以前会采取"刷好评""删差评"等方式来提升店铺的好评率。《电子商务法》实施后，"刷好评"、擅自"删差评"会被严惩。这将确保消费者评价能发挥良好的作用，促使平台经营者及平台内经营者诚实经营。

（7）破解"押金"难退难题，退款方式被明确。消费者在网上预订酒店、骑共享单车等，往往需要先交押金。但随着电子商务的发展，押金难以退还的问题逐渐凸显，甚至屡屡出现押金退还程序复杂、条件苛刻、退款不及时等情形，严重损害了广大消费者的合法权益。《电子商务法》规定，消费者申请退还押金，符合押金退还条件的，电子商务经营者应当及时退还。

第二节　网络营销

一、网络营销的含义及特点

（一）网络营销的含义

网络营销是电子商务的一种新型销售方式，是通过互联网渠道销售商品的市场营销活动。

（二）网络营销的特点

与传统的市场营销相比，网络营销有许多变化。

1. 商品交易的形式发生了变化

传统的市场营销是在有形的市场上进行交易，交易双方面对面洽谈业务，而网络营销通过互联网传递信息，在网上完成交易活动。

2. 营销策略发生了变化

传统的市场营销有完善的促销方式，但网络营销由于销售方式发生了变化，传统的营销策略已经不适合市场或不能满足需要，应建立适应于网络营销的营销策略。

3. 商品交易的对象发生了变化

传统的市场营销有特定的交易对象，而网络营销针对的是网络客户，客户群体发生了变化，网络客户有独特的消费心理和消费需求。

4. 商品交易的范围发生了变化

从交易的地域来看，网络营销比传统营销有着更广泛的范围，可以在全球范围内销售商品。

5. 交易双方的交流方式发生了变化

网络营销利用电子化手段传递信息，交易双方交流顺畅，使客户在营销过程中的地位得到提高。网络营销是一种互动式的定制营销，企业可以根据客户的要求改进产品设计，引导客户消费。

二、常用的网络营销方法

（一）搜索引擎营销

搜索引擎营销（search engine marketing，SEM）是基于搜索引擎平台的网络营销，利用人们对搜索引擎的依赖和使用习惯，在人们检索信息的时候尽可能将营销信息传递给目标客户。搜索引擎营销追求最高的性价比，以最小的投入获得最大的来自搜索引擎的访问量，并产生商业价值。

（二）病毒式网络营销

病毒式网络营销是一种常用的网络营销方法，常用于进行网站推广、品牌推广等。病毒式网络营销并非传播病毒，而是利用用户之间的主动传播，让信息像病毒那样扩散，从而达到推广的目的。病毒式网络营销成为一种高效的信息传播方式，而且这种传播是用户之间自发进行的，因此几乎是不需要费用的网络营销手段。

（三）网络社群营销

网络社群营销是指通过互联网将有共同兴趣爱好的人聚集在一起，将一个兴趣圈打造成为消费家园，通过提供产品或服务来满足群体需求而产生的商业形态。网络社群营销是在网络社区营销及社会化媒体营销的基础上发展起来的用户连接及交流更为紧密的网络营销方法。例如，通过微信培养各种粉丝，先向粉丝传递价值，再谋求盈利，这是网络社群营销的普遍形式。网络社群营销聚集的人群会通过各种关系延伸到陌生群体，最后形成一个庞大的市场。未来的商业形态会以各个自媒体的社群营销为主体。

（四）软文营销

软文营销是指通过满足特定的概念诉求，以摆事实、讲道理的方式使消费者走进企业设定的"思维圈"，以强有力的、有针对性的心理攻势实现产品销售的网络营销方法。其表现形式包括新闻、第三方评论、访谈、采访和口碑等。

一篇好的软文应该文笔好，内容引人入胜，能使读者有持续阅读的冲动；广告植入"润物细无声"。

三、网络广告

（一）网络广告的特点

网络广告是以国际互联网为媒介的一种广告形式。网络广告是随着互联网的发展而产生的。传统的广告形式有许多，企业一般通过电视、报纸、广播等方式树立企业形象，宣传自己的产品。而互联网正在成为继电视、报纸和广播后的"第四大媒体"。网络广告已经成为一种重要的广告形式，并且随着电子商务的发展，网络广告必将发挥更为重要的作用。网络广告同传统的广告形式相比，有以下显著的特点。

1. 广告成本较低

传统的广告形式，一般成本相对较高，不但要支付高昂的播出费用，而且要付出较高的广告制作费用和广告代理费用。而网络广告具有成本低廉的优势，因为网络广告的制作费用低，企业一般可运用计算机多媒体技术自行制作；广告的发布费用也较低，企业在自己的网站上发布广告是无成本的，在其他网站上发布广告的费用也比传统形式的费用低很多。

2. 具有广泛的传播时空

传统的广告形式有着时间和空间的限制，只能在规定的时间范围和特定的传播区域发布，如果错过了时间，或超出了广告的覆盖范围，就不能发挥作用。网络广告无时间限制，只要是在广告的发布期间，客户在任何时间均可在网络上查询广告内容。网络广告也无地域限制，广告一旦发布，全球范围内的互联网用户均在覆盖范围内。但网络广告限定了用户的范围，只有网上用户才能看到广告，普及率不是很高。

3. 具有较强的互动性

传统的广告形式是单向传播，企业按自己的主观判断向特定的用户群体发布信息，用户被动地接受信息，广告的效果和用户的意见不能得到及时反馈。网络广告具有较强的互动性，用户可以根据需要查询自己感兴趣的信息，如有进一步的需求，还可以继续咨询。企业可以根据反馈的信息，了解用户的情况，与客户联系，跟踪调查。

4. 形式生动活泼

传统的广告形式，受传播媒体的限制，只能采用单一的形式，电视广告只能是动态音像，报刊广告只能是文字和图形。网络广告采用计算机多媒体技术制作，形式丰富多彩，可以字、图、声、像并用，以及采用虚拟实现技术，多方位展示企业和产品信息。

5. 便于广告管理

传统形式的广告一经发布，则不易改变，如广告需改动，往往也需付出较高的经济代价。而网络广告速度快，修改方便，可以根据企业的要求随时修改广告的内容。同时，还可以通过设置计数器，计算出广告的点击率，评估广告的效果。

（二）网络广告的种类

按网络广告发布的方式不同，有以下几种类型：

1. 自设广告网页

这种广告形式是企业在自己网站的服务器上，设置广告网页，宣传企业的形象，介绍产品。为吸引更多的访问者，企业广告网页上不仅有广告，还提供许多网上服务，如新闻、软件下载等。这种形式的网络广告，只需支付服务器的租用费用即可。

2. 在其他网页上发布广告

这种形式的广告不是在自己网页上发布的，而是在其他知名网站的网页上购买广告空间，利用这些网站的知名度，大范围、多渠道宣传自己。这种形式一般可与企业自设网页并行，为节省广告费用，只在其他网页上设置旗帜广告或企业图标，通过设置动态链接，吸引客户访问企业自己的网站。

3. 电子邮件广告

同传统的信函广告相似，网络广告可采用电子邮件形式，把企业产品信息发送到用户的电子信箱中。这种广告形式需要企业掌握用户的电子邮箱地址，一般适用于与企业有联系的用户。

4. 邮件列表广告

这种形式是企业定期编制有关企业产品和用户感兴趣的电子刊物，放在网上，供用户免费订阅，以邮件列表（mailing list）的形式发给需要的用户。

5. 关键词检索广告

为了用户在网上能够查询到自己企业的产品资料，在有关的搜索网站上注册，把自己企业名称和主要产品以关键词的形式输入检索目录，用户在查询相关类型的企业和产品时就能找到。

6. 其他方式

除上述方式外，还有另一些网上广告的发布形式，如与软件开发者联合，与应用软件捆绑在一起，用户使用软件时就能看到广告。随着计算机和网络技术的发展，还将产生更多的网上广告发布形式。

网络广告的形式也是多种多样的，可以是文字广告、图标广告，也可以是图像广告；可以以静态的形式出现，也可以采用动态的形式，还可以是旗帜广告和标题广告；还可以利用虚拟实现技术，形象地宣传产品，如在网上模拟场景，让客户试穿、试用、试玩等，增强吸引力。

（三）网络广告的发布程序

企业在网上发布广告，一般需要以下几个步骤：

（1）网络广告策划，即确定广告的对象群体，以及广告要达到的目的。

（2）网络广告的设计，即进行网上广告创意，制作各种形式的广告网页。

（3）网络广告的发布，即选择发布方式，在网上发布广告。

（4）网络广告的实时管理，即监测广告的效果，并进行实时调整。

（5）网络广告效果评估，即通过点击次数和点击率等指标，考核广告的发布效果。

四、新媒体营销

媒体是指人们用来传递信息和获取信息的工具、渠道、载体、中介等。新媒体与

"传统媒体"相对应，新媒体特指利用数字技术和网络技术，以互联网、无线通信网等为渠道，利用计算机、手机和数字电视机等网络终端，向用户提供信息和服务的传播形态。

（一）新媒体运营的模块

新媒体运营包括用户运营、产品运营、内容运营、活动运营四个模块。

1. 用户运营

用户运营是指以用户为中心搭建用户体系、开发需求产品、策划相关活动与内容，同时严格控制实施过程与结果，最终达到甚至超出用户预期，进而实现企业新媒体运营的目标。无论是研发产品、策划互动，还是推送内容，都需要围绕用户有针对性地展开。因此，新媒体运营者需要进行用户日常管理，吸引新用户关注，减少老用户流失，同时还要激活沉默用户。

2. 产品运营

产品运营指的是从内容建设、用户维护、活动策划三个层面连接用户和产品，并塑造产品价值和商业价值。新媒体产品运营可以把新媒体运营过程中涉及的账号、平台、活动等项目都看作产品，并对其进行策划、运营和调试。

3. 内容运营

内容运营指的是新媒体运营者利用新媒体渠道，用文字、图片或视频等内容形式将企业信息友好地呈现在用户面前，并激发用户参与、分享、传播的完整运营过程。内容运营中的"内容"包括内容形式和内容渠道。内容形式是指用户利用手机或计算机在网络上看到的文章、海报、视频或声频等数字内容；内容渠道是指用户浏览的内容信息来源，包括微信公众号、朋友圈、微博等网络平台。内容运营需要匹配内容形式与内容渠道，力争更多的传播机会。

4. 活动运营

活动运营是指围绕企业目标系统地开展一项或一系列活动。新媒体活动运营需要关注策划和执行。在开展活动前，企业须明确活动目的、形式、时间计划，在活动后进行任务跟进和复盘。

（二）新媒体平台的类型

新媒体平台主要有视频和音频平台、直播平台、社交平台和自媒体平台。

1. 视频和音频平台

短视频近年来发展极快，成为企业和品牌运营的必争之地。目前用户主要使用抖音、快手等，这些平台呈现的内容短而精，容易传播，用户年轻；长视频平台包括腾讯视频、爱奇艺等，这类平台一般有固定的用户群。

音频平台有喜马拉雅、猫耳 FM 等。与视频平台具有视觉"轰炸"的效果不同，音频平台具有伴随式的特点，这种平台在驾车等生活场景中发挥很大的效用。

2. 直播平台

目前受到用户认可的直播平台包括斗鱼、虎牙直播、花椒直播等。另外很多其他类型的平台也具有直播功能，如抖音、淘宝、微博、快手等。直播平台的特点是直观和实时交互，用户代入感强。

3. 社交平台

社交平台作为当今重要的日常交流工具之一，已经渗透到人们的生活中。微信是目前国内拥有众多用户的社交平台，通过微信公众号、微信群、微信小程序等，微信系统运营可帮助企业和品牌获得更高知名度。此外，微博也是受欢迎的网络平台之一，用户活跃度高、号召力强，是品牌营销推广的优秀载体。小红书是社交电商平台，有很多第三方内容的分享者。

4. 自媒体平台

自媒体平台也有规模庞大的用户群。例如，今日头条、百家号、大鱼号、企鹅号等自媒体平台，是许多用户获取新信息优先考虑的途径。企业可根据自己的特点，选择最适合自己的平台。

（三）网络直播营销

1. 网络直播营销的含义

网络直播又称为互联网直播，互联网直播是指基于互联网，以视频、音频、图文等形式向公众持续发布实时信息的活动。网络直播营销是指运用数字技术将产品营销现场实时地通过网络展现在用户的眼前，使用户能实时地接收企业信息并与企业进行即时对话。网络直播以视频直播为主，还包括文字直播、图文直播、语音直播等其他方式，随着移动设备的普及，移动直播迅速广泛使用。按照直播内容，网络直播可分为带货直播、电竞游戏直播、体育赛事直播、秀场娱乐直播、生活直播等。目前活跃用户较多的移动直播平台有抖音、快手、斗鱼、映客、YY 直播、虎牙直播、花椒直播等。

2. 网络直播营销的方式

（1）企业自主创造型直播。企业通过网络直播营销可以将产品销售转为线上进行，通过直播软件或直播网站与用户进行即时互动，促成即时成交。

（2）病毒营销型直播。首先，这种方式通过发布视频使用户对发布者产生兴趣并关注。其次，通过视频的点赞、评论与分享让视频具有病毒信息属性，通过大量用户的关注和传播，增加粉丝数量。最后，当粉丝数量累积到一定程度后，将视频营销与直播营销结合起来，通过与粉丝进行即时互动增加用户黏性，进行产品和服务的推广。

（3）结合其他传媒型直播。首先，企业在直播前制作一定数量的视频，在网络上吸引目标用户。其次，与主流门户网站、视频网站合作，增强视频影响力。最后，配合线下活动，将粉丝真正转化为忠实用户。

3. 网络直播脚本的主要内容

脚本是指大纲和要点规划，用来指导整个直播的内容和流程。

（1）直播目标。企业在直播前确定直播的目标，如回馈粉丝、推广新产品、大型促销等。根据直播目标设定当日直播的考核标准，明确直播目标，如带货数、金额、"涨粉"目标、流量目标等。

（2）直播分工。直播前还要对直播参与人员进行详细的分工，对主播、助播、助理、运营人员的动作、行为、话术应提出指导性意见。例如，助播负责引导观众、介绍产品、解释活动规则；助理负责现场互动、回答问题、发送优惠信息等；运营人员负责修改价格、与粉丝沟通、转化订单等。

（3）控制直播预算。在脚本中提前计划好能承受的优惠券面额或赠品支出等，以控制单场（或系列）直播的预算。

（4）直播流程。第一，进行开场预热和活动介绍。每一场直播都不能缺少开场白，主播在欢迎来到直播间用户的同时也要表达对用户的感谢。主播通过介绍产品信息和优惠等进入直播主题。

第二，进行产品讲解。不同的直播讲解形式、内容各不相同，但都要结合产品选择合适的切入点，看看用户到底关注什么内容。

第三，抽奖、互动。企业应提前准备好用于抽奖的产品，然后设计几种不同的抽奖形式，让抽奖互动分布在整场直播中，而且主播要不定期地提醒用户有抽奖活动。

第四，引导成交。解决用户不知道去哪里买、领优惠券、看回放等困惑，主播应关注用户的反馈，及时引导用户下单。

第五，下一场直播预告。在直播的结尾，主播要介绍下一场直播的活动内容、产品和福利等，让用户持续关注。

（四）社交平台营销

社交平台营销目前广泛使用的是微信公众平台推广和微信公众号盈利模式两种

方式。

1.微信公众平台推广

微信公众平台，是为个人、企业和其他组织提供业务服务与用户管理服务的服务平台。微信公众号有订阅号、服务号、小程序和企业微信四种类型，其中前三种为主要使用类型。订阅号主要用于向用户传达信息，个人、企业和其他组织均可申请，其发送的信息显示在"订阅号"文件夹中，具有不能申请自定义菜单、无移动支付功能等特征。服务号主要用于提供交互式服务，企业和其他组织可以申请，其发送的信息显示在用户聊天列表中，可以申请自定义菜单，进行第三方开发，用户可使用移动支付。小程序是一种通过微信使用的应用程序，用户通过"扫一扫"或搜索名称即可使用，个人、企业和其他组织均可申请。

企业利用微信平台进行营销有以下几种方式：

（1）利用微信公众平台互动。企业可利用订阅号、服务号等公众平台向粉丝推送新闻资讯、产品信息和最新活动信息，同时提供资讯和客服等服务。由此企业可形成自己的客户数据库，使用微信公众平台管理客户关系。

（2）小程序与微信公众号相关联。将企业已拥有的用户资源转移到小程序中，实现销售转化，通过微信公众平台—后台小程序管理—关联小程序的流程，服务用户。

（3）微信广告。微信广告是基于微信生态体系，整合朋友圈、公众号、小程序等多重资源，结合用户社交、阅读和生活场景，利用专业数据算法打造的社交推广平台。朋友圈广告是以类似于微信好友的原创内容的形式在朋友圈中展示的原生广告。用户通过点赞、评论等方式进行互动，并依托社交关系链进行转发，为品牌推广带来加成效应。公众号广告是基于微信公众平台生态，以公众号文章内容等形式，在文章底部、中部、互选广告和视频贴片四个广告资源位进行展示的内容广告。小程序广告是一个基于微信公众平台生态，利用专业数据处理算法实现成本可控、效益可观、精准触达等目的的广告投放系统。

2.微信公众号盈利模式

微信公众号是微信营销的主要推广方式，粉丝量较大的微信公众号不仅能够提升企业品牌知名度，也能使企业盈利。

（1）开通流量主来获得收益。公众号在粉丝数达到500人后，可以开通流量主。流量主是微信平台推出的广告位，公众号的运营者自愿将公众号内的指定位置分享给广告主作为广告位，按月获得收入。公众号在以后发布的文章中就可以出现广告，用户每点击一次文章，公众号就能获得收益。

（2）依靠广告盈利。当公众号的粉丝量和平均阅读数较高时，会有商家主动要求投放广告，公众号可选择头条、词条位置出租广告位，在广告位放上商家的文章或将广告放在自己的文章中。软文广告需要专门创作，阅读量更高，收费更高。

（3）内容付费模式。原创文章数量和质量都比较高的公众号可以开通付费功能。用户付费前可免费阅读前言和试读部分，付费后可阅读全文、写留言等。

（4）电商模式。电商模式是通过微信公众号销售商品的模式，通过优质的公众号内容将用户引流到电商平台，实现内容的引导和转换。用户因公众号的内容而聚集，自然对公众号售卖的商品感兴趣，进而产生购买行为。

第三节　电子商务系统的建立

一、电子商务系统的组成

电子商务系统的基本组成要素有电子商务网络系统、供应方和需求方、认证机构、网上银行、物流中心、电子商务服务商。

（1）电子商务网络系统。电子商务网络系统包括互联网（internet）、内联网（intranet）和外联网（extranet）。互联网是电子商务的基础，是商务、业务信息传送的载体；内联网是企业内部商务活动的场所；外联网是企业与企业，以及企业与个人进行商务活动的纽带。

（2）供应方和需求方。供应方和需求方统称为电子商务用户，可分为个人用户和企业用户。个人用户使用个人计算机、个人数字助理等接入互联网；企业用户建立企业内联网、外联网和企业管理信息系统，对人力、财力、物力、供应、销售、储存进行科学管理。企业利用互联网发布产品信息、接受订单等，如需要在网上进行销售等商务活动，还要借助电子报关、电子纳税、电子支付系统与海关、税务局、银行进行有关商务、业务的处理。

（3）认证机构。认证机构是受法律承认的权威机构，负责发放和管理电子证书，使网上交易的各方能互相确认身份。数字证书是一个包含证书持有人、个人信息、公开密钥、证书序列号、有效期、发证单位的电子签名等内容的数字凭证文件。

（4）网上银行。网上银行在互联网上实现传统银行的业务，为用户提供 24 小时实时服务；网上银行与信用卡公司合作，提供网上支付手段，为电子商务交易中的供应方和需求方服务。

（5）物流中心。物流中心接受商家的送货要求，组织运送无法从网上直接得到的商品，跟踪商品的流向，将商品送到消费者手中。

（6）电子商务服务商。电子商务服务商在这里专指提供网络接入服务、信息服务及应用服务的信息技术厂商，如互联网服务提供商（internet service provider，ISP）、互联网内容服务商（internet content provider，ICP）、网络应用服务供应商（application service provider，ASP）等。

二、电子商务应用系统的构成

电子商务的应用，需要应用系统支持，只有建立了完善的电子商务应用系统，才能开展各种电子商务活动。电子商务应用系统，是指电子商务的计算机系统、电子商务平台和企业管理信息系统。

（一）电子商务的计算机系统

电子商务是以计算机技术为基础建立的，必须有完备的计算机系统作保障。计算机系统由硬件系统和软件系统组成。硬件系统是指运行电子商务系统的计算机设备，主要包括计算机主机和附属设备，如客户端计算机、服务器计算机、集线器、路由器、打印机、扫描仪、调制解调器、网络设备等。企业在建立电子商务系统时，应根据系统的需要，选择相应层次的硬件系统。较高层次的硬件系统容量大，运行速度快，但成本也高，适用于大型电子商务系统的建设。软件系统是计算机的运行程序，如操作系统 Windows 11、网络管理软件、网页制作软件、网络传输软件等。

（二）电子商务平台

电子商务平台是实现电子商务的网络系统和交易软件系统，包括网络服务器及商品发布系统、支付系统、安全交易系统等。电子商务的网络服务器，有自建服务器、服务器托管和虚拟主机三种方式。自建服务器是由企业自行建立网络服务器系统，并由企业内部技术人员进行日常维护，专业化程度比较高，需要企业有较强的经济实力与技术实力。服务器托管是委托专门的网络服务商代为管理企业的网络服务系统，网络服务器可向网络服务商租用，放置在网络服务商处，由他们进行维护和管理，企业只需提供相关的商务信息内容，适用于企业电子商务业务量较多，但又不具备技术能力的企业。虚拟主机是企业租用网络服务商一部分储存空间，实际属于企业独立的服务器系统不存在，一般适用于小型企业开展电子商务业务。

（三）企业管理信息系统

电子商务的发展，必须以企业内部健全的管理信息系统为基础。电子商务要求信息电子化，在企业内部也应建立内部网络系统，将电子商务交易信息与企业内部的信息系统连接，这样两者才能互动反应，真正实现电子商务。企业内部管理需要也要求企业建立内部管理信息系统，这样企业才能及时了解经营情况，掌握市场动态，分析存在的问题，对经营活动进行有效的控制。企业管理信息系统的内容包括销售管理系统、采购管理系统、库存管理系统、财务管理系统、生产管理系统等。从运用的技术手段来看，主要有电子数据交换系统、电子订货系统（electronic ordering system，EOS）、销售时点系统（point of sale，POS）、电子资金转账系统（electronic funds transfer，EFT）和增值网络系统（value added network，VAN）等。

三、电子商务的网络系统

（一）电子商务网络

实现电子商务的首要环节是建立企业内部计算机网络系统，并与外部网络相互连接。计算机网络是将分布在不同地理位置的多台计算机，用通信设备和通信线路连接起来，在网络软件的支持下，实现计算机资源共享。在计算机网络上，可以将本地的信息传递到网络内的任何一台计算机上，也可以接收任何一台计算机传送过来的信息，不管两地相距多远，都可以在很短的时间内完成。电子商务正是建立在一定的网络平台上，利用计算机网络传递商务信息，开展商务活动。

计算机网络，由计算机硬件、网络软件和通信设备组成。按网络的地理区域划分，计算机网络分为局域网和广域网。局域网是指在一个较小的地理范围内组成的网络系统，其网络范围在几十米至几十千米，用线路连接，如一个办公楼内，或若干个建筑物之间等。其特点为投资少，维护相对简单，适用于企业内部建立的管理信息系统。广域网的地理区域可跨较大范围，小到一个城市、一个国家，大到遍及全球范围，一般用通信线路和卫星线路连接。其特点为处理数据能力很强，网上计算机众多，多用于为社会公众服务的网络。

要实现完全的电子商务，必须健全网络系统。电子商务所需要的网络平台主要有互联网、内联网、外联网及其他通信网络。

1. 互联网

互联网是以军事网络为基础建立起来的，现在已经成为遍布全球，将成千上万的计算机或移动终端通过通信系统连接起来，为社会公众服务的商业网络。电子商务可以利用互联网，在世界范围内开展商务活动。

2. 内联网

内联网是企业的内部网络，是企业内部的各部门或分支机构用网络联系起来，形成的企业内部网络系统。利用内联网，可以将企业的财务信息系统、销售系统、采购系统、库存系统等结合成一个统一的内部管理信息系统。内联网通过防火墙与企业以外的网络相对隔离，内部设立不同的访问权限，以提高安全保护能力。企业通过内联网处理电子商务交易的信息。

3. 外联网

外联网是内联网的扩展和延伸，是企业之间为了满足商务需要，相互建立的网络系统。企业可将有稳定商务往来的客户纳入企业信息系统，保证畅通的联系，允许其向企业内部传递商务数据，获取商务信息。

4. 其他通信网络

除上述三种网络以外的网络，如有线电视网、无线通信网等。

电子商务的主要业务是基于互联网的，因此，互联网是网络基础设施中最重要的部分。

（二）互联网

开展电子商务，离不开国际互联网。当前，互联网的主要功能有以下几个方面：

1. WWW 服务

WWW（world wide web）称为万维网，是采用超文本方式，将信息发布到网页上，并将许多网页信息连接成一个信息网，供客户查询和搜索。互联网上有大量的节点，客户遍及全世界，许多商业和非商业客户都在上面发布信息，可以在上面查询到很多有用信息。开展电子商务，企业可利用万维网发布产品信息，推销产品。

2. 电子邮件服务

电子邮件是通过计算机网络传递文件的一种现代化通信手段，方便快捷，效率高，成本低，是电子商务条件下商务信息传递的一种重要方式。和传统邮件一样，每个客户有一个固定的地址，电子邮件通过计算机网络，快速地传递到世界各地。文件的形式，既可以是文字，也可以是图像、声音等。

3. 文件传送服务

文件传送服务是客户将一台计算机上的文件，通过计算机网络传送到另一台计算机上。无论两台计算机相距多远，只要它们都联入了互联网，就可以登录到目录服务器上，找到所需文件，进行传送。电子商务可以利用文件传送服务向客户提供信息。

4. 远程登录服务

远程登录服务是在网络通信协议的支持下，使自己的计算机暂时成为远程计算机下的一个仿真终端，从而进行信息查询等操作。当然要进入远程计算机系统，必须具备一定的资格，得到允许后，可拥有相应的账号和密码。电子商务可运用远程登录服务向客户提供信息。

5. 新闻会议服务

新闻会议服务是指计算机网络客户可以在互联网上相互联系、交换信息以及发布观点。人们可以在网上聊天，进行商务洽谈，也可以召开网络会议。

要得到互联网提供的服务，必须将自己的计算机连接到互联网上，分拨号连接和专线连接两种方式。拨号连接是通过电话线路，用调制解调器或其他相关设备将计算机接入互联网。拨号连接方式方便简单，不需较多的设备，成本较低，适合于规模较小的单位和个人使用。专线连接利用通信线路，直接与国际互联网服务提供者相连接，速度快，但所需设备多，适合于大型企业使用。随着网络技术的发展，连接速度不断提高，出现了宽带网，如 ISDN（integrated services digital network，综合业务数字网）技术、ADSL（asymmetric digital subscriber line，非对称数字用户线路）技术、光缆连接技术等。

无论是哪种接入方式，都必须有一个互联网服务提供商（internet service provider，ISP）。互联网服务提供商是专门从事互联网业务的机构，它们负责向客户提供互联网相关服务内容，并收取一定费用。在选择互联网服务提供商时，应考虑技术能力、服务质量和出口带宽、服务费用等因素。

选择了互联网服务提供商后，即可办理入网手续，向其提出入网申请，交纳一定的费用，取得上网的客户名的密码，设置好计算机，即可进入互联网。互联网服务提供商还可以根据客户需要，提供许多网络增值服务，如建立企业虚拟主机，进行服务器托管等。

（三）商业域名

域名是计算机客户在国际互联网上的地址标识。在计算机网络里，每个联网的计算机是用数字形式标识的，称为 IP（Internet protocol）地址。但数字形式的 IP 很难记忆，于是又赋予每个 IP 地址一个以字母或字符表示的域名，这样方便记忆。域名由多个词组成，中间用圆点分开，最右边的是一级域名，表明国家、地区或域名的性质，最左边的是客户名称，由客户申请注册，中间的若干项表明服务器主机的名称。计算机网络商业客户的域名，不但是企业 IP 地址的标识，而且是企业形象的标记。一般企业均以自己企业名称的简称作为域名，这样不仅便于记忆，还便于在网上宣传自己。

域名是分层次的，国际性的域名无国家标识，结尾是网络的性质，如".com"表示商业机构，".net"表示网络机构，".gov"表示政府机构，".org"表示非营利机构等。为避免同类域名过多，缓解域名拥挤的状况，后又补充了一些域名后缀，如".info"为一般用途，".biz"用于企业，".name"用于个人，".pro"用于专业人员等。分配到各国家和地区的域名，结尾是国家标识，如我国的国家标识是".cn"。

域名既可以是英文字母，也可以是中文字符或其他语言文字。由于互联网起源于美国，所以英文成为互联网上资源的主要描述性文字。这一方面促使互联网技术和应用的国际化，另一方面成为一些非英语文化地区人们融入互联网世界的障碍。为使用中文的人可以在不改变自己的文字习惯的前提下，使用中文来访问互联网上的资源，我国经过深入分析、研究和广泛试验，中文域名系统在技术方面取得了突破性进展，中文也可以注册域名。例如，"中文 .cn""中文 . 中国""中文 . 公司""中文 . 网络"。中文既可以是简体，也可以是繁体。

域名需要申请注册方能取得。国际域名由国际互联网域名管理机构负责管理，申请国际域名，如".com"".net"".org"等为结尾的中英文域名，必须向其授权的分支机构申请注册。中国互联网络信息中心（China Internet Network Information Center, CNNIC）是经中华人民共和国信息产业部批准的中国域名注册管理机构，负责管理中文结尾的中英文域名和以".cn"结尾的中英文域名注册。企业在确定了自己的中文或英文域名后，首先应查询这个域名是否已经被注册，确认未被注册后，再在网上向相关机构申请，填写有关表格。几天内会收到注册申请通过通知，交纳一定费用后，即正式拥有该域名所有权。以后每年还要交纳一定的固定费用。同一个域名只能有一个，但企业可以以自己名称的简称，申请多个不同结尾的域名。域名和企业的商标、品牌一样，是十分宝贵的财富。由于域名在全球范围内是唯一的，同一域名只能有一个，并且以申请时间先后作为标准，所以企业应尽早申请，以防被其他企业抢先注册。一般企业为防止自己企业的名称或产品商标被抢注，至少要以中文和英文分别注册若干个域名。

要真正使用域名，还必须建立自己的网站，组建企业的网络服务系统，也可以申请虚拟主机服务。这样才能开展网络服务业务，客户才能通过域名查询访问企业。如

111

果企业不想立即建立网络系统，也可以先预定一个域名，进行保护性注册，确保需要使用时，不被其他企业抢注。

四、电子商务的支付系统

（一）电子商务支付的特点

结算与支付是商务活动的重要环节，也是电子商务中的一个重要的组成部分。一项交易的实现，包括商品的转移和货款的结算两个关键环节，只有完成结算过程，才标志着交易的完成，进而实现交易的根本目的。结算方式的选择，直接影响交易的效率和交易的安全性。在传统的商品交易中，主要有现金结算和转账结算两种方式。现金结算在交易中直接以现金形式支付货款，这种方式程序简单，安全性高，但受到一定的限制，一般只用于零售业中。转账结算利用银行进行转账支付，如支票、信用卡、银行汇票等，适用于大额商品交易。在电子商务中，也可以采用现金支付方式，客户在网上订货，在送货时以现金结算。但这种方式效率低，交易速度慢，已经不适应电子商务发展的需要。同样，传统的转账结算方式也必须结合电子商务的特点，适应电子商务发展的需要。

电子商务要以支付手段的电子化为前提，在网上进行交易时，通过计算机网络系统完成支付结算过程。因此电子商务的支付手段应具有以下特点：

（1）与商品交易同步，即在进行商品交易时，就可以确认客户的信用状况，完成资金结算，而不是在另外的时间和地点再结算。

（2）运用计算机系统完成结算过程，即在交易确认后，由系统以电子化形式自动完成货款的划拨。

（3）必须有金融机构的参与，由银行作为第三方把资金从购入方账户转入销售方账户。

（4）支付系统必须安全可靠，保证交易双方资金不受损失。

（二）电子商务支付形式

电子商务支付的方式可分为两大类，一种是脱机付款，在交易完成后，再利用现金、支票等形式付款。这种方式虽然安全性高，但极不方便，不适应电子商务的发展。另一种是在线付款，在完成交易的同时，完成支付过程。这种方式效率较高，是电子商务支付的发展方向，但需要较高的技术要求。随着计算机技术和电子商务的发展，电子支付方式越来越多，新的支付手段不断产生，除了信用卡等传统支付手段外，又出现了更加适合电子商务的数字化支付手段，如数字货币、电子钱包、电子支票、电子转账系统等。

1. 信用卡支付

信用卡是银行或其他财务机构签发给那些资信状况良好的人士，用于在指定的商家购物和消费，或在指定银行机构存取现金的特制卡片，是一种特殊的信用凭证。信用卡有很多种分类方法：如按发行机构划分可分为银行卡（金融卡）和非银行卡；按清偿方式划分，可分为贷记卡、准贷记卡和借记卡等。这种结算方式较为方便，避免了现金结算的诸多不便。在电子商务发展的初期，许多商家普遍与银行合作，利用原有的信用卡作为网上支付手段，进行网上交易。持卡客户与发卡银行签订网上转账协议后，即可在网上购物，在计算机终端输入订货单，确认单价与数量，输入自己信用卡的密码，完成支付过程。但这种方式无安全措施保障，买卖双方都要承担一定的风险。随着电子商务的发展，信用卡结算方式也在不断改变，为使安全性得到保证，银行或其他财务机构专门发行了电子商务信用卡。改善信用卡安全性的一个途径是通过第三方代理，在交易过程中，卖方不能得到客户信用资料，由双方都信任的第三方完成支付过程。还有一种途径是简单加密，即信用卡信息在网上传递时，按一定的加密协议进行加密处理。信用卡结算一般只适用于企业与个人消费者（B2C）的电子商务交易，不能用于企业间（B2B）的电子商务交易，因为企业的资金不可能存入信用卡中。同时，由于我国信用卡种类繁多，相互间又不通用，如在不同的商务网站进行交易，可能必须使用不同的信用卡，十分不便。

2. 数字货币和电子现金

随着计算机技术和电子商务的发展，电子商务的支付必将数字化，数字货币就是一种数字化的支付手段。数字货币，也称电子货币，其利用计算机技术和通信技术，将客户的资金以电子数据（二进制数据）形式储存在银行的计算机系统中，并通过计算机网络以电子信息形式实现货币的功能。数字货币是在传统货币基础上发展起来的，具有普通货币一样的功能，具有同样的价值，可用于支付、流通、储存等。但数字货币由于电子化的特性，具有易于保存，便于传输，支付效率高等特点，是货币发展的高级阶段，适用于电子商务的发展。数字货币是以电子形式存在的，虚拟不可见，因此也存在一定的缺陷，如易于仿造，可能会存在技术上的漏洞，应不断完善。数字货币的主要形式是电子现金，它是把现金数值转换成为一系列的加密数字，以数据形式流通，适合于在网上进行的小数额实时交易支付。客户首先要在开展这项业务的银行存入现金，取得电子现金证书。其次在网上购物时，进入网上银行，输入个人识别码和密码，取出一定数额的电子现金存放到客户计算机硬盘上，就可在网上完成交易的支付过程，网上销售方再与银行进行结算。

3. 电子钱包

电子钱包（E-wallet）是客户在网上购物中一种常用的安全支付工具，一般适用于个人客户的小额购买支付。电子钱包是进行交易支付的一种软件，客户在网上交易时，可将自己一定数额的现金载入系统中，在限额内完成支付。电子钱包实质是一个保证交易安全的中间系统，可以防止客户在交易中暴露自己的全部资金，对销售方来说有支付的保证。电子钱包同生活中的钱包类似，但它经过加密和有效性验证，并可记录交易过程，具有相当的安全性。使用电子钱包的客户，通常要在银行开立账户，电子钱包软件可以从电子商务服务器上免费下载，装入信用卡、数字货币等，设定密码。在网上交易时，选定电子钱包方式，将电子钱包装入系统，支付时只要点击相应按钮图标，输入金额，即可完成交易。

4. 电子支票

电子支票也称数字支票，是借鉴传统的支票结算方式，在电子商务交易中利用电子形式将款项从一个账户转移到另一个账户，完成结算过程。电子支票与传统支票不同，它不是以纸张形式存在，而是在计算机中以电子形式存在，但二者具有相同的功能。企业运用电子支票业务，需要在银行进行注册，具有开具电子支票的资格。在网上进行交易时，付款方可以在计算机上生成一个电子支票，同传统支票一样要注明支付人、账户、金融机构名称、金额等内容，但与其不同的是电子支票上的签名是经过认证的数字签名。电子支票支付，不用纸张，成本低，是一种高效的支付方式。

一项电子商务交易，主要包括商品转移和支付结算两个环节，而支付结算环节是前提，只有完成了货款结算，才能发出商品。从以上电子商务的支付手段可以看出，支付过程必须有银行参与，并在网上的支付系统上进行。客户在网上购物时，根据商品介绍和自己的需要，挑选好商品，发出购买请求，并选择适当的结算方式。销售方根据不同的网上结算方式，通过支付网关进行验证，取得授权后，即向客户发出确认信息，之后销售方可按规定的方式发送商品，并将货款转入自己的账户。

5. 第三方支付与移动支付

第三方支付是指非金融机构作为卖家与买家的支付中介，通过网络对接而促成交易双方进行交易的网络支付模式。第三方支付有延期付款功能，买家可以在收到货物后才确认付费，消费者规避了部分网购欺诈风险；卖家开通第三方支付账户后，可对接买家几乎所有的银行卡，免去了传统支付方式中买方需要办理多张银行卡进行支付和其他烦琐的业务流程。目前我国第三方支付可分为中国银联、互联网公司推出的支付产品、独立第三方支付机构的三大类别。目前典型的第三方支付平台包括由阿里巴巴集团创设的支付宝和由腾讯集团创设的微信支付。

移动支付是指用户使用其移动终端（手机等）对所消费的商品或服务进行支付的一种支付方式。企业或者个人通过移动设备、互联网或者近距离传感设备向银行金融机构发送支付指令，产生货币支付和资金转账行为。移动支付的方法主要有扫码支付、短信支付、指纹支付、面部识别等。移动支付业务的应用范围非常广，包括缴费、购物、娱乐、信息、教育、旅游等多个行业和场景。其中云闪付是在中国人民银行的指导下，由中国银联携手各商业银行、支付机构等产业各方共同开发、建设和维护的移动支付 App。用户可通过云闪付绑定和管理各类账户，实现收付款、享优惠、卡管理等功能，进而在不同场景享受更便利的服务。

（三）网上银行

网上银行，又称网络银行，是指银行利用网络技术，通过计算机网络提供金融服务，如客户设立账户、结算、贷款、转账、查询对账以及网上证券交易、投资等。网上银行改变了传统的银行工作方式，客户足不出户就可以办理银行业务。这样可以减少银行固定网点，降低银行经营成本，而客户却可以不受空间、时间限制，享受全面的银行服务。

网上银行是电子商务发展的客观要求，在电子商务中，作为支付中介的银行起着重要的作用，银行的电子化和网络化水平直接关系到电子商务发展的前景。电子商务的核心是通过网络传递商务信息，交易双方通过网络进行洽谈确认，最终完成一笔交易。无论是传统交易，还是电子商务，资金支付都是完成交易的重要环节，完成结算才标志着交易的终结，而货币的支付也是在网上进行的。因此，对于电子商务交易的双方来说，银行等金融机构的介入是必需的，银行在其中的作用是提供金融服务，办理资金的交割流程。如果没有网络银行，电子商务交易支付还建立在传统结算方式的基础上，电子商务则不能真正实现。只有建立了网络银行，交易的支付手段才能电子化、数字化，实时快捷地提供支付服务。只有建立了网络银行，才能保障交易的安全性，降低交易双方的结算风险。也只有网络银行，才能提供统一的网上支付手段，提高电子商务支付的标准化程度。因此，随着电子商务的发展，网上银行的产生和发展是必然趋势。

网上银行也是银行自身发展的必然要求，电子商务给银行带来了发展机遇，并在其中不断发展。银行业竞争激烈，只有增加服务项目，提高服务质量，降低运营成本，才能提高效益，在竞争中求得生存与发展。目前，计算机技术和网络技术发展迅速，为银行的电子化和网络化提供了条件。建立网上银行，开展网上业务，可以扩大银行的服务范围，吸引客户资源，增加业务收入，提高工作效率，取得较高的收益。因此，从银行自身的生存和发展来说，银行业也需要开展电子商务业务。

网上银行目前有两种形式，一种是传统的商业银行在原有业务的基础上，拓展网络业务，传统银行业务与网上银行业务并行。我国许多银行都设立了网站，提供网络服务。另一种是随着电子商务的发展，建立起来的专门从事网络银行业务的网络银行，在国际上有许多成功的典范，如著名的美国安全第一网络银行、百信银行、新网银行等。从网上银行的发展来看，开始只是把网上银行作为银行柜台的延伸，24 小时为客户服务，逐步发展扩展业务范围，实现银行的全部功能。

1. 网上银行的服务功能

网上银行的服务功能主要有以下几个方面：

（1）网上储蓄业务。银行在网上吸引个人客户和企业客户存款，十分方便，深受客户的欢迎。客户可以在任何时间，在网上开户，使用查询账户余额，查询交易明细，完成资金调拨等功能。

（2）网上信用业务。银行在网上向客户提供信用，办理各种贷款，效率高、成本低，便于对客户进行信用审查，并能更好地监督信贷资金的使用情况。

（3）网上结算业务。银行提供各种电子商务支付手段，如信用卡、电子货币、电子钱包、电子支票等，便于电子商务的结算。

（4）网上信息发布。银行可以在网上发布各种业务信息，如存贷款利率、外汇汇率、证券行情，介绍服务项目。

（5）网上投资服务业务。银行可以在网上为客户提供投资理财服务，进行投资咨询，理财分析，提出相应的投资方案。

2. 网上银行的特点

网上银行是在电子商务背景下的一种新兴银行，与传统银行相比有许多不同，主要特点如下：

（1）银行机构虚拟化。传统银行是通过营业网点开展业务的，而网上银行是在网上虚拟建立的，不需要很多人员，也不用设立分支营业机构，不必投入大量的资金，只需把服务内容设立在网站上就可以在世界范围内开展业务。网上银行虚拟化机构的出现，改变了传统银行机构的运行模式。

（2）服务内容丰富。网上银行可以在保持原有业务范围的同时，开展适合于电子商务的新业务，如电子货币、电子商务结算等，并将随着技术的发展和市场的需要，开发出更多的业务种类，吸引更多的客户，更好地为客户服务，扩大营业收入。

（3）经营成本较低。网上银行不需要大量的员工，也没有众多营业网点，全面实现无纸化交易，没有大量的单据和凭证，因此经营成本较传统银行低得多。

（4）服务效率高。网上银行的客户，可以享受方便、高效、快捷的服务。客户坐在家里或单位，就可以办理银行业务，不受时间限制，可24小时进行业务办理。采用计算机处理数据速度快，一项业务可在很短的时间内完成。

网上银行的各项业务是在计算机网络上开展的，安全性是关键问题，必须采取安全技术措施，保障其安全性。网上银行作为一种新兴事物，在我国乃至世界仍处于发展阶段，尚需不断完善。

五、电子商务的安全系统

（一）电子商务中的安全问题

电子商务是在网上进行的公开交易，有关交易信息通过计算机网络进行传递、处理和储存，与传统的交易过程截然不同，由此产生了新的安全问题。例如，电子计算机系统的安全性、电子通信的安全性、交易记录的保存和管理、交易过程中的商业秘密、交易双方的商业信用，以及电子货币的安全性等，都必须建立规范的安全制度和安全系统。开展电子商务，首先要解决交易的安全性问题，保证信息的真实性和完整性。电子商务是运用计算机网络开展交易活动，因此其安全性主要包括计算机系统的安全和电子商务运行的安全。目前电子商务存在的安全隐患主要有以下几个方面：

1. 信息储存安全

交易数据储存在计算机中，可能会由计算机病毒等因素造成信息丢失，也可能会有网上黑客侵入系统窃取和篡改信息，获取商业秘密。

2. 信息传递安全

交易信息在网上传递，要经过许多环节，很可能会被截取，泄露商业秘密。

3. 交易主体确认

网上交易不是面对面的，交易双方可能不知道对方的真实身份，如产生经济纠纷，无法通过法律途径解决。

4. 商业信用风险

交易的双方均可能不履行商业承诺，销售方可能在收取货款之后不发出商品，或发出的商品不符合质量要求；购买方可能不按规定支付货款，或恶意透支。

（二）电子商务的安全需求

安全问题是电子商务需要解决的关键问题，如果电子商务不能在一个安全环境下开展，将直接影响电子商务的发展。电子商务是利用计算机在网上的交易活动、交易手段发生了根本变化，必须结合这一特点，建立科学、合理的安全体系和控制机制，保证电子商务的安全性。一个安全的电子商务系统，必须在以下几个方面得到保障。

1. 信息的保密性

电子商务交易的信息，关系到企业的商业秘密，也关系到客户的个人隐私，尤其是当涉及信用账号和客户密码等敏感信息时，信息的保密性就显得更为重要了。如果交易信息泄露，则可能导致企业在竞争中处于不利地位，并可能使客户财产损失。为保证信息的保密性，要严防非经授权者进入交易系统内部，从而保证信息在传输和储存过程中不被他人窃取。

2. 信息的真实完整性

交易信息是企业的重要资料，只有保证交易信息的真实性和完整性，交易才能正常进行，如果交易不能得到准确的信息，将不能成功。为保证信息的真实完整性，要防止非法闯入者对计算机中储存的资料进行篡改和破坏。在信息的传送过程中，要保证信息准确无误，使接收到的信息与发送的信息完全一致。

3. 信息的不可否认性

交易信息关系到交易双方的商业承诺，一旦成交，双方均应履行应承担的义务，不能在情况发生变化时取消交易和否认交易的存在，或修改交易条款。这就要求系统在信息发送或接收后，通过一定的方式，保证交易双方都有足够的证据证明交易信息确实发送或收到了，并能提供价格、品种、数量等原始交易信息，防止一方抵赖。

4. 交易主体的确认

电子商务交易的双方，是在网上的虚拟交易市场上进行的，可能相隔较远，也不一定相互了解。要使交易成功，必须确认交易者的身份，双方相互信任。为此要求系统能够识别交易主体身份，取得交易者的相关资料，并能在交易时确定其真实身份是否与其所声称的一致。能够可靠地确认交易主体的身份，是安全电子交易的前提。

（三）电子商务的安全技术手段

电子商务的安全性，是一个复杂的系统问题，主要靠硬件设备保障、系统技术保障和法律制度保障。电子商务系统的硬件设备，由计算机设备和通信设备组成，主要保证其技术水平和质量标准。电子商务立法，要对影响电子商务安全的行为进行打击。鉴于计算机系统软件的复杂性，在系统设计时保证安全运行，是电子商务系统安全的关键问题。当前，系统安全技术手段主要有以下几个方面：

1. 加密技术

加密技术是实现信息保密性的一种重要手段，目的是防止非法者获取系统信息。

加密技术是运用数学方法，对原始信息数据进行重新组织，编码加密，使信息不能直接简单识别，合法的接收者掌握了解加密技术，经过解密后才能得到原始数据。而非法者若不掌握解密技术，即使得到了信息，也不能够识别，无法运用。加密技术的关键是密钥，发出信息时通过加密密钥进行加密，收到信息时用解密密钥解密，保证了信息传递的安全性。密钥分公钥和私钥，每个客户都有钥匙。公钥是公开的，用来加密，而私钥是保密的，只有本人知道，用来解密自己收到的信息。

2. 认证技术

在电子商务中，交易双方的身份确认，并不是由双方自己完成的，而是需要一个具有权威性和公正性的第三方来完成，我们称为认证中心（certificate authority，CA）。认证中心承担网上交易认证服务，它接受客户的申请，验证网上客户的身份，核准后颁发数字证书。数字证书是表明客户身份的电子文件，在交易中出示了数字证书，双方的真实身份就确认了。

3. 防火墙技术

在电子商务中，企业的内部网络系统与 Internet 等外部网络直接相连，如果没有安全保护措施，非法者很容易进入企业系统内部，在企业不知情时访问系统。为防止非法者闯入，最有效的方法是建立防火墙。防火墙是在内部网络和外部网络之间构造一个保护屏障，内外的信息交流必须经过这个保护层，接受检查。只有通过授权的合法信息，才能穿过防火墙，防止非法侵入。

4. 数字签名

在日常商务活动中，签名及识别签名是很重要的，通过签名可以确认交易的实现。在电子商务交易中，也同样需要签名，但不是用笔，而是使用数字签名。数字签名也称电子签名，是用加密的数字字符生成的，作为认可交易的法律依据。数字签名既可以使签名者无法否认，又可保证对方无法伪造。数字签名除了具有手工签名的功能外，还具有易传送、难仿造、变换灵活等特点。

5. 安全协议

各种安全技术方法，必须被社会认可，才能得到普及和广泛运用。近几年针对电子商务安全性的要求，推出了许多有效的安全交易标准，主要有安全套接层协议、安全电子交易协议等。

📝 **案例 4-1**

元气森林是如何变成网红的?

2020 年上半年，茶饮品牌元气森林的销售额突破 8 亿，接近 2019 年全年的水平。

近日，又有媒体称元气森林即将完成第五轮融资，融资后估值达到20亿美元，相当于前一轮融资的3.5倍。由此，网红饮料元气森林被推上了风口浪尖。元气森林爆红的同时也引发了无数热议，被贴上了诸如"伪日系""伪健康"、概念营销、产品代工等一系列标签。元气森林亮眼的数据背后到底藏着怎样的秘密？

1. 日系形象

品牌名字"元気森林"四个字其实是四个日语汉字。"元気"一词意为精力充沛，身体结实。在我们日常生活中常用来形容有活力的"元气"一词来源于日本，是ACGN①界用语。近年来，随着日本ACGN文化流行到中国，以及中国的泛二次元群体持续增长，"元气"的汉语慢慢衍生出和日语相近的词义。除此之外，我们还能在包装上看到"日本国株式会社元気森林监制"的字样。事实上，作为监制的"日本国株式会社元気森林"只是元气森林在日本的分公司，总公司在北京。元气森林的酸奶子品牌"北海牧场"，包装上有"日本广岛大学""北海道"与"即刻赏味"等字样，都散发着浓浓的"日本味"。本是国货的元气森林从品牌名字到包装都显示出日货气息，这是大家提出"伪日系"质疑的根源。

2. 无糖路线

Ipsos（益普索集团）2019年发布的《2019中国食品饮料行业包装趋势洞察报告》显示，我国年龄在24～40岁的消费者中，有76%的人在购买食品饮料时会留意包装上的无糖、无添加等相关信息。对于注重健康的人来说，元气森林外包装上标注的"0糖0脂0卡路里"无疑具有很大的吸引力。元气森林之所以"无糖"，是因为它使用"赤藓糖醇"代替了传统的甜味剂。传统的甜味剂诸如蔗糖，在进入人体后产生热量，因为它们会被人体吸收并代谢掉。而"赤藓糖醇"的甜度约为白糖的70%，绝大多数的"赤藓糖醇"在被肠道吸收后并不会被代谢掉，而是会直接排出体外。元气森林并不是无糖饮料市场的第一个故事。早在1997年，三得利无糖乌龙茶就进入国内市场，随后农夫山泉在2011年以东方树叶开启了国内"无糖"茶饮的先河。与此同时，以健怡可口可乐、零度可口可乐为代表的西方无糖饮料也开始在中国市场兴起，并成功吸引了一批年轻消费者的关注。但多数消费者在选购可乐的时候依然更注重可乐的口味，而不是"无糖"。在饮料市场中往往口味好的饮料含糖量过高、含糖量低的由于使用人工甜味剂而口味欠佳。而元气森林把握了这一需求缺口，利用"0糖0脂0卡路里"加上不逊色于传统饮料的口味吸引了一大波消费者，讲出了无糖饮料市场的一个新故事。

3. 高度重视数据

元气森林创始人唐彬森的本科和硕士阶段都就读于北京航空航天大学计算机系。

---

① ACGN是Animation（动画）、Comic（漫画）、Game（游戏）、Novel（小说）的合并缩写。

2008 年，唐彬森创立了名为智明星通的游戏公司，曾把《开心农场》推广到全球 20 多个国家，影响海外 5 亿人口，2014 年推出的游戏《列王的纷争》，其上线后很快在北美和欧洲市场畅销。从游戏行业跨界到消费品行业，唐彬森依然对数据高度重视。元气森林对于数据的把握体现在自建数字化团队，同时也积极引入外部的数据服务，联手了一家快消品行业数据服务商——码上赢。码上赢创始人兼 CEO 王杰祺曾表示"当时他（唐彬森）跟他的几个总监说，这个数据一定要买，只有这个是有用的。"在零售行业里，品牌方通常只是把产品给到经销商，而想要及时把握产品在渠道终端的真实销售情况是一件困难的事。及时的数据反馈对决策和纠错的影响极大，运用数据和技术把握市场是相对有效、准确的方法。元气森林的产品思路是以数据为导向，这让元气森林快速把握终端市场动向，及时发现问题产品和"爆品"，使得产品迭代效率更高。因此，数据导向是元气森林一个明显的竞争优势所在。

4. 刷屏式营销

元气森林利用刷屏式营销刷足了存在感：从线上的互联网广告到线下的电梯广告，从 2020 年夏天最火的"乘风破浪的姐姐"到年轻人扎堆的"小红书"，都可以看到元气森林的身影。这样的营销机制迅速为元气森林打开了知名度，但也使它面临着更多的考验和监督，一旦产品出现问题很容易面临舆论反扑，这也是元气森林目前质疑声不断的原因之一。面对激烈的市场竞争，仅靠营销并不能获得长久优势。一个新品牌要想在饮料市场走得更远，还应该回归产品，打磨出经得起时间考验的产品才能立稳品牌的脚跟。元气森林又一次激活了气泡水市场，打造出了一款现象级产品。但目前的元气森林成绩与质疑同在，它能否从一个网红转型成为实力派，还需要时间的检验。

资料来源：佚名. 元气森林是如何变成网红的？[EB/OL].（2020-08-07）[2022-11-04]. https://mp.weixin.qq.com/s/DivjwGRF2YgyBINM9Gu8yw. 引用时有改动。

小结

1. 电子商务概述

电子商务是运用现代电子技术、通信技术及信息技术，利用计算机网络从事的各种商务活动（electronic commerce，EC 或 electronic business，EB）。

电子商务的特点。电子商务作为一种新型的交易方式，与传统的交易方式有很大不同，由于交易手段的变化，产生了一些新的特点。其主要特点是：①交易过程电子化；②交易市场虚拟化、数字化；③交易高效化；④交易的便利性；⑤交易的集成性；⑥交易的协调性；⑦交易的安全性。

电子商务的功能：①商务信息的发布和获取；②网络营销；③网上金融服务；④商务活动管理；⑤售后服务。

电子商务的分类。电子商务的应用范围极其广泛，按不同的分类标准，可分为若干种类。按照交易主体进行分类，可分为以下几种：①B2C模式；②B2B模式；③C2C模式；④C2B模式；⑤B2G模式；⑥B2B2C模式；⑦O2O模式。按照商务活动的运行方式进行分类，可分为以下几种：①完全电子商务；②不完全电子商务。按照开展电子交易的范围进行分类，可分为以下几种：①区域化电子商务；②远程国内电子商务；③全球电子商务（跨境电子商务）。

电子商务法治建设。电子商务涉及的法律问题：①电子合同的法律效用；②电子商务的税收问题；③电子安全问题；④网上个人隐私保护问题；⑤网上无形资产保护问题。电子商务相关法律法规：①《中华人民共和国民法典》；②《中华人民共和国电子签名法》；③域名法律保护；④《中华人民共和国电子商务法》。

2. 网络营销

网络营销的含义及特点。网络营销是电子商务的一种新型销售方式，是通过互联网渠道销售商品的市场营销活动。与传统的市场营销相比，网络营销有许多变化：①商品交易的形式发生了变化；②营销策略发生了变化；③商品交易的对象发生了变化；④商品交易的范围发生了变化；⑤交易双方的交流方式发生了变化。

网络广告。网络广告的特点：①广告成本较低；②具有广泛的传播时空；③具有较强的互动性；④形式生动活泼；⑤便于广告管理。网络广告的种类：①自设广告网页；②在其他网页上发布广告；③电子邮件广告；④邮件列表广告；⑤关键词检索广告；⑥其他方式。

新媒体营销。新媒体与"传统媒体"相对应，新媒体特指利用数字技术和网络技术，以互联网、无线通信网等为渠道，利用计算机、手机和数字电视机等网络终端，向用户提供信息和服务的传播形态。

新媒体运营的模块。新媒体运营包括：①用户运营；②产品运营；③内容运营；④活动运营四个模块。

新媒体平台的类型。新媒体平台主要有：①视频和音频平台；②直播平台；③社交平台；④自媒体平台。

网络直播营销。网络直播营销是指运用数字技术将产品营销现场实时地通过网络展现在用户的眼前，使用户能实时地接收企业信息并与企业进行即时对话。网络直播以视频直播为主，其他方式也包括文字直播、图文直播、语音直播等形式，随着移动设备的普及，移动直播迅速广泛使用。

网络直播营销方式：①企业自主创造型直播；②病毒营销型直播；③结合其他传媒型直播。网络直播脚本的主要内容：①直播目标；②直播分工；③控制直播预算；④直播流程。

社交平台营销。社交平台营销目前广泛使用的是微信公众平台推广和微信公众号盈利模式两种方式。

3.电子商务系统的建立

电子商务系统的组成：①电子商务网络系统；②供应方和需求方；③认证机构；④网上银行；⑤物流中心；⑥电子商务服务商。

电子商务的网络系统：①电子商务网络；②互联网；③商业域名。

电子商务的支付系统。电子商务支付形式分为以下几类：①信用卡支付；②数字货币和电子现金；③电子钱包；④电子支票；⑤第三方支付与移动支付。

网上银行。网上银行，又称网络银行，是指银行利用网络技术，通过计算机网络提供金融服务，如客户设立账户、结算、贷款、转账、查询对账以及网上证券交易、投资等。

网上银行目前有两种形式，一种是传统的商业银行在原有业务的基础上，拓展网络业务，传统银行业务与网上银行业务并行。另一种是随着电子商务的发展，建立起来的专门从事网络银行业务的网络银行，在国际上有许多成功的典范，如著名的美国安全第一网络银行、百信银行、新网银行等。

电子商务的安全系统：①电子商务中的安全问题。②电子商务的安全需求：信息的保密性；信息的真实完整性；信息的不可否认性；交易主体的确认。③电子商务的安全技术手段。当前，系统安全技术手段主要有以下几个方面：加密技术；认证技术；防火墙技术；数字签名；安全协议。

自测题

一、名词解释

电子商务　网络营销　B2C　B2B　C2C　C2B　跨境电子商务　第三方支付　移动支付

二、简答题

1.电子商务作为一种新型的交易方式，与传统的交易方式相比有哪些特点？

2.按电子商务的交易主体分类，电子商务可分为哪些类型？

3.与传统的市场营销相比，网络营销有哪些特点？

4. 目前网络营销市场有哪几种类型？

5. 说明网络营销的实现过程。

三、单项选择题

1. 下列哪个属于 B2C 电子商务网站？（　　　）

    A. 阿里巴巴　　　　B. 慧聪网　　　　C. 环球贸易网　　　　　　D. 以上都不是

2. 完成跨境电子商务，下列哪些是不可缺少的部分？（　　　）

    A. 拥有跨境物流运输系统　　　　B. 跨境电商平台

    C. 跨境支付结算　　　　D. 以上都是

3. 下列网络营销的方式中，（　　　）利用的是用户口碑传播的原理。

    A. 病毒式营销　　　　　　　　B. 搜索引擎营销

    C. 软文营销　　　　　　　　　D. BBS 营销

4. 下列关于电子商务的说法正确的是（　　　）。

    A. 电子商务的本质是商务，而非技术

    B. 电子商务就是建网站

    C. 电子商务是泡沫

    D. 电子商务就是网上销售产品

5. 按照表现形式，直播可以分为文字直播、语言直播、图文直播、视频直播四种形式，其中，最主要的直播形式是（　　　）。

    A. 文字直播　　　B. 语言直播　　　C. 图文直播　　　　D. 视频直播

6. 生产类企业网上采购是一种典型的（　　　）电子商务活动。

    A. B2C　　　　　B. C2C　　　　　C. B2B　　　　　　D. B2G

7. 阿里巴巴网站类型是（　　　）。

    A. B2C　　　　　B. C2C　　　　　C. B2B　　　　　　D. B2G

8. 我国第一部关于电子商务的综合性法律是（　　　）。

    A.《中华人民共和国电子签名法》

    B.《中华人民共和国合同法》

    C.《中华人民共和国电子商务法》

    D.《中华人民共和国民法典》

9. 每位消费者在 B2C 电商网站上购物必须并且只需做一次的事情是（　　　）。

    A. 登录　　　　B. 结算　　　　C. 注册　　　D. 购物

四、多项选择题

1. 电子商务的主体包括（　　　）。

    A. 企业   B. 消费者   C. 政府   D. 网络服务商

2. 按照电子商务的运作方式分类，电子商务可以分为（   ）。

    A. 完全电子商务   B. B2C 电子商务

    C. 不完全电子商务   D. B2B 电子商务

3. 下面哪些是属于网络营销的手段？（   ）

    A. 病毒式网络营销   B. 网络社群营销

    C. 微博和微信营销   D. 搜索引擎营销

4. 网络营销能够达到的效果包括（   ）。

    A. 产品和品牌推广   B. 促进销售

    C. 企业宣传   D. 研发新产品

5. 跨境电子商务是一种新型的商务运作模式，以下属于跨境电子商务的是（   ）。

    A. 天猫国际、中国出口贸易网

    B. 环球资源、易贝

    C. 亚马逊、京东全球购

    D. 全球速卖通、中国化工网

五、判断题（判断正误并说明理由）

1. 电子商务是运用电话、传真等现代通信手段进行的商务活动。   （   ）

2. 电子商务就是在互联网上进行商品买卖的经营活动。   （   ）

3. 网络营销与传统的营销方式不同，应采用不同的销售策略。   （   ）

4. 网络营销可以代替传统营销。   （   ）

5. 网络营销比传统营销更能满足消费者对购物的需求。   （   ）

6. 网络营销实际就是网上销售。   （   ）

7. 病毒营销就是以传播病毒的方式开展营销。   （   ）

专题四自测题参考答案

专题五　企业再造理论

💡 学习要求

1. 了解企业再造理论产生的背景。
2. 掌握企业再造的定义。
3. 重点掌握流程的概念及分类。
4. 重点掌握企业再造的原则。
5. 重点掌握企业"再造工程"的主要程序。
6. 掌握企业再造成功的关键要素。
7. 了解企业再造理论的局限性。
8. 熟记下列概念：企业再造、魅力型领导、流程、同步工程、连续式流程、平行式流程。

📖 学习重点和难点

1. 企业再造、流程的概念。
2. 企业"再造工程"的原则。
3. 企业"再造工程"的主要程序。
4. 企业再造成功的关键要素。

📋 学习建议

结合案例学习企业再造中的程序，企业再造成功的关键要素。

随着世界经济和科学技术的迅猛发展，人类社会正处于由工业社会向信息社会过渡的大变革时代，作为国民经济细胞的企业，其所面临的时代背景和经营环境发生了巨大变化。为适应企业经营环境的变化和信息社会的到来，企业只有在更高水平上进行一场根本性的改革与创新，才能增强自身的竞争力。

第一节　企业再造理论产生的背景

企业再造理论的产生有深刻的时代背景。20 世纪 60 年代以来，信息技术革命使企业的经营环境和运作方式发生了很大的变化，企业面临着来自顾客（Customer）、竞争（Competition）和变化（Change）三个方面的巨大挑战。这三个词的英语单词都以字母 C 开头，因此又称为"3C"。

一、来自顾客的挑战

20 世纪 80 年代以来，由于生产技术的不断发展，劳动生产率不断提高，产品的大量生产已使市场逐渐饱和，大部分的产品市场都由卖方市场转变为买方市场。买卖双方关系中的主导权转移到了顾客一方。竞争使顾客对商品有了更大的选择余地，随着生活水平的不断提高，顾客对各种产品和服务也有了更高的要求。

二、来自竞争的挑战

除了面对顾客的挑剔，企业还必须应对日趋激烈和残酷的同行竞争。

（1）竞争范围扩大。随着现代工业的出现，大量生产与大量分配产品已成为现实。交通和通信的迅速发展，使市场全球化步伐进一步加快，特别是大型集装箱班轮运输航线的开辟，使运价急剧下降而运输速度大幅度提高，产地和消费地的地理距离已不可能成为竞争的障碍，加之全球反对贸易保护、提倡自由贸易的浪潮，使企业面临着全球化的竞争对手。

（2）竞争手段越来越多。传统的竞争手段主要集中在产品和服务的质量、价格两个方面，现在竞争的焦点往往出乎预料，产品款式、广告、售后服务、信贷支持甚至品牌的文化象征意义都成为吸引消费者的手段。

（3）竞争结果空前残酷。现代市场竞争的一个显著特点是竞争结果残酷，不管多大规模的企业，一旦在重大经营决策上出现失误，结果往往是灾难性的，很少有机会卷土重来。

三、来自变化的挑战

由于竞争的不断加剧以及新技术的不断涌现，新产品的开发周期不断缩短，产品的生命周期也不断缩短，同时市场的全球化，使各国的市场再也不是一个封闭的市场。市场变化的影响因素完全在想象和控制之外，市场变得越来越变幻莫测。

计算机技术和现代通信技术的发展，把我们的工作和生活推向了一个崭新的时代。信息社会的到来，不仅使我们周围的环境发生了质的变化，同时也要求我们的内部组织结构必须有质的改变。信息技术的发展，要求我们利用这种技术，最大限度地为本企业创造利润，这就向以往的组织结构形式提出了挑战。

传统的企业组织结构是基于过去的社会分工和市场不断扩大的现实与理论，产生了专业化的生产组织，如各种流水生产线，大批量生产，使劳动生产率大大提高。随着生产专业化程度的提高，生产规模的扩大，企业管理分工也不断发展，管理层次增多，形成了阶梯式组织管理。这种组织结构的优点是，各部门功能分明，管理人员分工明确，几个领导与专家就可控制整个企业。同时，该组织结构也为管理人员提供了学习和实践的机会，使他们在专业技能方面得以发展。从生产到管理都是在追求"量的扩张"，从而有效降低了生产成本，增强了产品竞争力。但这种组织过分强化了"老板"职能，使整个管理围绕着"老板意志"运转，从而产生了这样一些问题：企业的目标不是从满足顾客的需要出发，而是求数量而不求质量，尽管有时也讲质量，但只要能卖出去，产品质量也就达到标准；对市场变化反应迟钝，不能有效地根据市场需求做出决策，而总是根据企业利益做决策；部门利益突出，各自为政现象严重，降低了企业整体效能。这种组织在过去那种竞争环境下还能够存在，而在今天的社会环境中，就显得软弱无力。面对这些挑战，企业只有在更高水平上进行一场根本性的改革与创新，才能增强自身的竞争力。

在这种背景之下，企业只有在更高水平上进行一场根本性的改革与创新，才能增强自身的竞争力。1993 年迈克尔·哈默（Michael Hammer）和詹姆斯·钱皮（James Champy）出版了《再造企业——管理革命的宣言》（Reengineering the Corporation：A Manifesto for Business Revolution）一书，提出了企业再造理论。

哈默与钱皮在合著的《再造企业——管理革命的宣言》中，提出应在新的企业运行空间条件下，改造原来的工作流程，以使企业更适应未来的生存发展空间。这一全新的思想震动了管理学界，一时间"企业再造""流程再造"成为大家谈论的热门话题，哈默和钱皮的著作以极快的速度被大量翻译、传播。与此有关的各种刊物、演讲会也盛行一时，在短短的时间里，该理论便成为全世界企业以及学术界研究的热点。

第二节　企业再造工程概述

一、企业再造的定义

企业再造也叫作企业流程再造，或直接简称再造。企业再造理论的创始者迈克尔·哈默和詹姆斯·钱皮在《再造企业——管理革命的宣言》一书中，将企业再造定义为：为了在衡量绩效的关键指标上取得显著改善，从根本上重新思考、彻底改造业务流程。从以下四个方面来把握企业再造的含义。

1. 基本信念的重新思考

长期以来，企业在经营中所遵循的基本信念如分工思想、等级制度、规模经营、标准化生产和官僚体制等已不能完全适应新形势的需要，伴随着新的竞争环境的变化，企业必须对业已形成的一些基本信念进行重新思考，打破原有的思维定式，进行创造性思维。

2. 彻底的变革

企业再造不是对组织进行肤浅的调整修补，而是要进行脱胎换骨式的彻底改造，抛弃现有的业务流程、组织结构以及陈规陋习，另起炉灶。如果只在管理制度和组织形式方面进行局部改革，那么对根除企业的顽疾无济于事。

3. 显著的进步

企业再造是根治企业顽疾的一剂"猛药"，可以期望取得"大跨步"式的进步。哈默和钱皮为"显著改善"制定了一个目标，即"周转期缩短70%，成本降低40%，顾客满意度和企业收益提高40%，市场份额增长25%"。抽样统计表明，在最早进行再造的企业中，有70%的企业达到了这个目标，取得了企业再造的初步成功。

4. 重新设计业务流程

业务流程是企业以输入各种原料和顾客需求为起点到企业创造出对顾客有价值的产品或服务为终点的一系列活动。业务流程是决定组织运行效率的关键。而传统的企业中，业务流程的构造方式是以分工理论为基础，这种构造流程的方式已不能适应企业经营环境的变化和信息社会的到来，企业只有在更高水平上进行一场根本性的改革与创新，即重新设计业务流程，才能增强自身的竞争力。

从上面的分析中可以看出，企业再造与以前的渐进式变革理论有本质的区别。企业再造是组织的再生策略，它需要全面检查和彻底翻新原有的工作方式，把被分割得支离破碎的业务流程合理地"组装"回去。通过重新设计业务流程，建立一个扁平化的、富有弹性的新型组织。

二、流程的含义及分类

（一）流程的含义

简单地说，流程就是做事情的顺序，如一个人到医院看病，他需要先挂号，再就诊，再开处方，然后划价、交钱，最后才拿药，这就是一个流程，而看急诊就是另外一个流程了，可以直接到急诊室就诊、治疗，然后再一并交钱。

当然，企业的流程远比病人看病复杂，不仅生产有生产流程，财务有财务流程，更有新产品开发的流程，企业发展战略的研究制定流程等。

企业的流程就是企业以输入各种原料和顾客需求为起点到企业创造出对顾客有价值的产品或服务为终点的一系列活动。例如，订单处理流程。在传统的组织中，输入和输出之间的一系列活动是：接收订单，输入计算机，检查顾客的信用，查找仓库产品目标，在仓库配货、包装、送上卡车等。一个企业的维修服务流程可能是：受理服务、访问计划、执行维修、收取维修费、后续追踪。对这一系列活动顾客并不关心，顾客关心的只是这一流程的终点，即送到手的商品和设备或产品故障的修复。如果订单处理和故障修复所需的时间太长，将无法满足顾客的需要。

（二）流程的分类

按照研究和分析的目的和方法不同，流程的分类有很多种方法。例如，按流程的处理对象分，可以将其分为实物流程、信息流程等；按流程跨组织的范围来分，可将其分为个人间流程、部门间流程、组织间流程等。但最基本的分类方法还是将其分为三类：其一是与企业产供销及客户订单交付直接相关的业务流程，其二是企业为了控制经营风险及运营成本而设置的管理流程，其三是协助企业业务流程更顺畅的辅助流程。

1. 业务流程

业务流程（business process，BP），又称"订单实现流程"，主要是指直接参与企业经营运作的相关流程，涉及企业"产—供—销"三个基本环节。通过业务运作流程，企业可以直接为客户创造价值，使得企业的经营目标得以实现。

一般而言，不同类型的企业，其作业流程往往彼此相差很大，如生产型企业与服务型企业的作业流程就相差很大。对于不同行业的企业来说，以同一名称命名的业务流程可能有不同的活动。常见的业务流程主要有：客户开发流程、客户需求分析流程、新产品研发流程、销售订单管理流程、原材料采购流程、原材料储运管理流程、生产制造管理流程、产成品发货运输流程、客户服务流程等。

2. 管理流程

管理流程（management process，MP），主要是指企业实施开展各种管理活动的相关流程，它并不直接对企业经营目标负责，而是通过管理活动对企业业务开展进行监督、控制、协调、服务，间接为企业创造价值。管理流程的作用在于风险控制及业务流程运行监督。

常见的管理流程主要有：战略管理流程、年度经营计划管理流程、财务分析管理流程、财务核算流程、财务预算编制及调整流程、供应商评价流程、采购货款管理流程、合格供应商管理流程、原材料品质管理流程、成品品质管控流程、项目管理流程、客户满意度管理流程、客诉受理流程、销售信用管理流程、组织管理流程、人力资源规划流程等。

3. 辅助流程

辅助流程（service process，SP），主要是指为企业的管理活动和业务活动提供各种后勤保障服务的流程。这些流程与管理流程一样，并不直接为企业创造价值，而是通过为企业创造良好的服务平台和保障服务，间接实现价值增值。辅助流程的作用则在于为业务流程提供支持和帮助，进而确保业务流程更加畅顺和高效运营。

常见的辅助流程主要有：员工招聘流程、员工培训流程、车辆服务流程、办公用品管理流程、设备保修流程、土建工程施工管理流程、物业服务流程、档案管理流程、行政后勤服务流程等。

三、企业再造适用企业

（一）陷于困境的企业

成本过高，管理混乱，连年亏损，没有服务。例如，20 世纪 70 年代的美国电力公司，20 世纪 80 年代的福特汽车公司。

（二）目前业绩不差，但潜伏着危机的企业

外部市场竞争压力非常大，当今企业的产品以及产品的用户，可能在很短的时间内会被市场淘汰，甚至可能由于政府的一些改良措施，一些产品会失去市场。

（三）处于发展高峰期，但有更大发展目标的企业

企业发展很快，管理层雄心勃勃，有更大的发展目标，希望在一定的时期内超越竞争对手，这类企业把流程再造视为达到目标、超越竞争对手的重要途径，他们精益求精，追求卓越。

四、企业再造的原则

（一）以流程为中心

企业再造不同于以往的任何企业变革。再造不仅是机构调整，也不仅是减员增效，甚至也不是单纯的重新设计建造企业流程，所有这些发展都不足以涵盖企业再造的最终目标——将企业由过去的职能导向型转变为流程导向型。一个以流程为中心的企业和一个以职能为中心的企业的根本区别不是企业运营流程的不同，而在于维系企业的基本结构不同。在传统企业中，组成企业的基本结构是职能相对单一的部门，由这些部门分别完成不同的任务，这些任务构成每一个流程的片段，而在一个以流程为中心的企业中，企业的基本组成单位是不同的流程，不存在刚性的部门，甚至流程本身也不是刚性的，而是随着市场的变化可以随时增减改变的。在传统企业中，流程隐含在每个部门的功能体系中，没有人专职对具体的流程负责，流程成为片段式的任务流，任务和任务间的脱节和冲突司空见惯，而在以流程为中心的企业中，每个流程由专门的流程主持人负责控制，由各类专业人员组织的团队负责实施，流程成为一种可以真实地观察、控制的过程，仿佛每个顾客都得到了特殊对待，而流程本身变得紧凑，任务之间不再有过去那种冲突和拖延。

（二）坚持以人为本的团队式管理

坚持以人为本的团队式管理，是由组织所担负的任务所决定的。传统企业所面临的是相对静止的市场环境，其决定了细致分工的任务型管理是高效率的，传统企业中除了领导人外，其他人思考问题的出发点是如何完成本职工作，衡量一个职员称职与否的标准也是他工作是否努力，是否能完成本职工作。在这样的企业里，每个人都不关心自己工作所属流程的进展，一个工人只需要每天按照企业交给他的生产任务加工规定数量的零件，至于这种零件在仓库里是否已经堆积如山，那就不是他关心的事了。一个产品开发工程师只需要关注他的图纸，至于顾客将有什么反应，市场前景如何，那是别人的事情……而在激烈竞争中挣扎的现代企业，必须以流程为中心组建工作团队，在这样的企业里，每个人都关心整个流程的运转情况。

（三）顾客导向

一个企业要取得成功就必须赢得顾客。无论有多么优秀的产品，得不到顾客订单的企业只能眼看着别人赚钱。以顾客为导向，意味着企业在判断流程的绩效时，是站在顾客的角度考虑问题。以顾客为中心必须使公司的各级人员都明确，企业存在的理由是为顾客创造价值，而价值是由流程创造的。只有改进为顾客创造价值的流程，企业的改革才有意义。顾客要的是流程的结果，过程与顾客无关，所以，任何流程的设计和实施都必须以顾客标准为标准。以顾客为中心是企业再造的成功保证。

企业再造的三个核心原则是相辅相成的，顾客导向决定了企业再造的流程导向，而流程导向又要求企业进行团队式管理，这三个原则环环相扣，无法分开。

第三节　企业"再造工程"的程序

企业再造可以是企业所有工作流程的再造，也可以是企业局部工作流程的再造。这种再造，不是改良，不是小打小闹，而是完全抛弃原有流程，按新的构想再设计，建立一个全新的流程。它彻底根除原有流程中的重大缺陷，是一种全新的技术创新。在具体实施过程中，可以按以下程序进行。

一、业务流程诊断

流程再造是建立在对原有流程的认识基础上，对原有流程的认识不同，可能就会导出不同的方案，它不是分析或找出流程中每一个环节，而是检查流程的主要和关键环节，找出影响流程生产的产品质量和服务的关键所在。业务流程诊断可以从下面三个问题着手：

1. 对原有流程进行全面的功能和效率分析，发现其存在的问题

影响企业运行效率的主要因素往往是产品质量不合格、制造或管理成本太高、流程周期太长，以及基本的流程结构不适应企业经营战略的要求等，这些问题都存在于具体的流程之中。企业必须针对具体问题，分析病因。例如，尽管有些审计、监控工作是必要的，但审核与监控过于复杂化必将带来过高的管理费用，也会妨碍工作的快速开展，最终导致客户的满意度降低，其病因可能是流程被分割得支离破碎，也说明

组织机体功能衰退或管理者对员工不信任。改造的措施不是设法提高审核和监控的效率，而是要彻底根除那些不必要的审核和监控工作。

2. 问题出在某个流程内部还是出在流程之间的关系上

企业在查出流程中的问题之后，还要查清问题的原因，即问题是由流程本身内部的混乱造成的？还是由于流程之间的关系不协调造成的？由于资源共享和工作任务的关系，企业的各种流程实际上都存在相互制约、相互影响的关系，所以企业应该特别重视流程之间的相互作用和匹配。也就是说，企业不仅要对单项流程进行合理的整合，而且应加强流程网络的总体规划，使流程之间彼此协调，减少摩擦和阻力，降低系统内耗。例如，企业的各流程之间的信息资料频繁流转和重复录入，则说明各流程之间在信息开发与利用上没有协调一致。

3. 管理流程与经营流程是否协调一致

企业中的经营流程可视为企业经营的"硬件"，而管理流程则是"软件"。企业在流程诊断时，需要考虑两者的相互影响、相互制约关系，看看两者是否具有动态适应性。一般而言，管理流程常常渗透在作业流程当中，规范各种人流、物流、资金流和信息流的运转数量及速度，尤其是企业高层领导的决策方式、控制手段以及评价标准等，会对经营流程产生重大影响。因此，企业在重整经营流程时，必须相应地改造管理流程。

企业在查清流程中的问题之后，还要对流程的重要性、问题的严重性和改造的可行性进行分析论证，以便安排流程改造的先后次序。一般来说，限于企业的人力、财力和物力，企业不可能对所有的流程同时进行改造。作为优先改造对象的是对顾客利益影响最大的流程，如直接影响产品成本、交货时间和产品特色等的流程，以及与这些流程相关的其他流程。

二、业务流程改造策略

业务流程改造的基本原则是：执行流程时，参与的人越少越好；对流程服务对象（顾客），越简便越好。根据这一原则的要求，可以采取下面一些改造策略。

1. 将几道工序合并，归一人完成

企业可以凭借信息技术的支持，把被分割成许多工序或工作的流程按其自然形态组装回去。美国最大的国内电话服务公司就运用"一人包办"的思路，对其维修流程进行改造。

该公司原来的维修流程是：

用户报修承修员通知线路检查员检测、反馈公司总机技术员汇总调度员查索、分配服务技术员（最后完成修理任务）。

经过简化以后，新的维修流程是：

用户报修用户维护员（检查线路、查找问题、进行修理），如果无法马上解决，通知服务技术员（进行特殊修理）。

通过对比新旧流程可以看出，原来的程序需要多道转手，时间耗在交接上，占用人力多，对用户也不方便。而新流程不考虑部门设置，直接依靠具备综合知识的用户维护员，在计算机网络支持和专业知识指导下就可能完成原来前四道工序的大部分工作，只有在用户维护员无法解决问题的情况下，才求助于服务技术员，这样便大大减少了交接时间。

2. 完成几道工序的人员组合成小组或团队共同工作，构造新流程

通过这种策略，可以减少交接手续，共享信息，从而大幅度提高效率。以团队方式开展流程中的工作，将是多数企业改造流程的重要策略。

3. 将连续式和（或）平行式流程改为同步工程

所谓同步工程，是指多道工序在互动的情况下同时进行。所谓连续式流程是指流程中的某一工序只有在前道工序完成的情况下才能进行，即所有工序都按先后顺序进行。所谓平行式流程，就是将流程中的所有工序分开，同时独立地进行，最后将各工序的半成品或部件进行汇总和组装。连续式流程和平行式流程的共同特点是慢，即流程周期长。传统的产品开发流程都是连续式和（或）平行式流程。同步工程的最大特点是各工序之间随时都可以交流，可以互动。

三、流程再造

在完成以上两项工作之后，流程再造进入实质性阶段——流程设计。流程设计应充分考虑原有流程总结的经验，集思广益，充分考虑设定的目标，以及流程设计所必须达到的输出要求，将高目标和一些想法、建议通过工作流程加以实现，同时还应考虑本企业的实际情况，如人力资源方面、生产技术水平等相关因素，并设计出相应的保证体系，以免在实施过程中，又走回原流程的老路。

制定与流程改进方案相配套的组织结构、人力资源配置和业务规范等方面的改进规划，形成系统的企业再造方案。

企业业务流程的实施，是以相应组织结构、人力资源配置方式、业务规范、沟通渠道甚至企业文化作为保证的，所以，只有以流程改进为核心形成系统的企业再造方案，才能达到预期的目的。

四、组织实施与持续改善

流程设计完成之后，一方面是将流程加以实施，另一方面是通过实践进一步完善这个流程，流程图可以帮助人们尽快认识新的流程，同时也可以帮助人们找出新流程中的不足之处。

实施企业再造方案，必然会触及原有的利益格局。因此，企业再造方案必须精心组织，谨慎推进。企业既要态度坚定，克服阻力，又要积极宣传，形成共识，以保证企业再造的顺利进行。

企业再造方案的实施并不意味着企业再造的终结。在社会发展日益加快的时代，企业总是不断面临新的挑战，这就需要对企业再造方案不断地进行改进，以适应新形势的需要。

新流程对员工的要求较之以往有了较大的提高。如何建立一支复合型的、通用型的员工队伍，成为企业的迫切需要。

第四节 企业再造成功的关键要素

一、选定再造领导者，组建再造指导团

（一）选定再造领导者

企业流程再造是系统的改造工程，它需要从根本上转变企业的基本观念和运营机制、重建企业文化、重塑行为方式和重构组织形式。对大多数企业来说，这样的转型过程是一个艰难而又痛苦的过程。如果领导组织得不好，企业再造往往会半途而废。为了保证企业再造顺利进行，拥有一个强有力的领导人是必不可少的，他负责带领和推动全体员工实现组织的成功转型，而魅力型领导和变革型领导正是担当这个重任的最佳人选。

1. 企业再造需要魅力型领导者

魅力型领导者（charismatic leader），是指其人格魅力和行动能够影响人们以某些特定方式行事的领导者。魅力型领导者的权力主要来自下属对领导者超凡的能力和个性

魅力的崇拜，领导者的这种权力被社会学家约翰·弗伦奇（John French）和伯特伦·雷文（Bertram Raven）称为参照权（referent power）。魅力型领导者具有超凡的或者至少是无与伦比的影响力，这种影响力与领导者富有魅力的性格、高尚的品质、坚定的信念和非凡的勇气是紧密相关的，下属因崇拜这样的领导者而愿意接受他的影响。领导者与追随者之间依靠非理性和感情性的纽带来联系。由于这种领导者不拘泥于理性和传统，往往能成为变革的主要力量。

2. 魅力型领导者的特征

一些管理学家试图找出魅力型领导者的个性特征。罗伯特·豪斯（Robert House）找到了三点：

（1）绝对的自信。

（2）统御力。

（3）坚定的信念。

沃伦·本尼斯（Warren Bennis）通过对 90 位杰出的领导者的研究发现，魅力型领导者有四个方面杰出的品质：

（1）有极富吸引力的愿景规划和宏伟目标。

（2）能绘声绘色地给下属描绘出这个愿景。

（3）坚定不移地朝着愿景的方向努力。

（4）为实现愿景目标不遗余力。

在约翰·康格（John Conger）和拉宾德拉·卡伦果（Rabindra Kanungo）的最新研究中，他们指出了魅力型领导的七大特征：

（1）自信——他们在判断力和能力上有十足的信心。

（2）一个愿景——这是一个比现状更好的未来的理想目标。这个理想的目标与现状之间的差距越大，越可能使下属对领导者另眼相看。

（3）阐明愿景的能力——他们能用很容易理解的术语向下属阐明这个愿景。阐明愿景的过程能紧扣下属的需要，因此能有效地鼓舞下属。

（4）对愿景的坚定信念——他们被认为是意志坚定、敢冒风险的领导者，能为实现愿景作自我牺牲。

（5）反常规行为——他们的行为被认为是奇异的、有悖传统和违反常规的。一旦成功，这类行为将被视为奇迹，并获得下属的仰慕。

（6）被认为是变革的代表——相对于现状的守护者，他们被认为是剧烈变革的代表。

（7）对环境的敏感性——他们能对环境的约束和变革的机会做出客观的评价。正是以上这些特征，构成了魅力型领导的吸引力和影响力。

哈默在大量的企业再造咨询中发现，企业的经营主管（chief operating officer,

COO）比较适合于担任再造领袖。这是因为，企业的执行总裁花大量的时间与组织外的有关人员或组织打交道，而经营主管则更精通内务。另外，部门总管或地区总管也是再造领袖的重要人选。

3. 变革型领导的使命和任务

运用魅力型影响力来鼓舞下属，进而领导企业转型的领导，又被称为变革型领导（transformational leader）。需要进行转型的企业，应积极推举魅力型领导来领导转型工作。一般来说，变革型领导应是企业的资深主管（不一定是担任正职的领导），他具备魅力型领导的一些基本特征，如反常规行为、善于勾画愿景、坚定的信念、富有个性魅力等，且有足够的影响力，能在组织面临危难之时挺身而出。变革型领导是一个毛遂自荐、自告奋勇的角色，在决意要重建企业的热情驱动下，承担起企业转型的重大使命。

变革型领导的使命是推动和带领整个组织成功地实现转型，再创组织生机。为完成这样的使命，领导者要承担以下一些任务：

（1）制造变革的紧迫感。这是帮助下属认识到再创组织生机的必要性和重要性，以取得认识上的统一。

（2）描绘企业未来的蓝图。这个未来蓝图能够反映出组织成员发自内心的共同愿望，即共同愿景。这个共同愿景要有足够的感召力，能让每一个成员为之心动。描绘未来蓝图的过程要绘声绘色，使下属产生实现远大目标的使命感，能激励他们为实现宏伟蓝图而努力。

（3）客观地认清现实情况。分析现实情况需要打破组织成员已有的思维定式，鼓励下属向最基本的信念（如标准化生产、组织边界、传统经验、经营方式、分工思想等）挑战，重新认识一些最基本的经营资源（如信息、时间、空间等）。通过对比现实情况和未来蓝图，找出两者的差距，激发组织成员的创造力，并让下属对转型过程的艰难做好心理准备。

（4）科学地制定转型策略。企业转型是一个系统工程，从重整业务流程着手改造企业将牵一发而动全身。因此，转型领导还要注意与各个部门协调好，确保各部门、各环节步调一致。

（5）用制度来巩固转型成果。对组织转型所取得的每一步成果，都要用新的制度加以巩固，特别是要对符合期望的行为方式给予奖励。这是因为，一个成功的转型过程一般需要5年以上的时间，它要求组织成员具有足够的耐心和毅力。科学的激励制度是巩固转型的阶段性成果和维持下属改造热情的主要手段。

在变革型领导实施转型策略的过程中，如果他不是企业的最高领导人，则最高领导人应该支持他的工作。如果组织环境不利于产生毛遂自荐式的变革型领导，则现任最高领导人或其他德高望重的人必须充当伯乐的角色，积极推举变革型领导。

（二）任命流程负责人

流程负责人是负责某个特定流程再造的管理者，由再造领导人任命。一般而言，他是企业中一位资深的高级管理者，拥有威信和业务管理的专长，能从流程的层面开展工作。流程负责人是对特定流程进行变革的发动者和推动者，与再造的魅力型领导者相似，他也需要具备一些基本的观念和技能，才能胜任他的工作。首先，流程负责人必须同时具备流程观念和全局观念；其次，流程负责人必须具备高昂的热情和坚忍不拔的毅力；最后，流程负责人要有高超的沟通技巧。

（三）组建再造工程指导团

再造工程指导团是由企业高级管理人员组成的政策和战略制定小组。它负责企业再造工程的总体战略设计、监督再造工程的实施，同时分配再造工程中的资源，协调再造团队之间的矛盾，是再造组织中的核心。再造工程指导团不仅包括各流程负责人，还包括各领域的专家，必要时，还可以聘请专业咨询人员作为顾问。当然，再造领袖是再造工程的总指挥。

再造工程指导团的主要任务是制定企业再造的总体规划和决策，因此指导团必须是一个异质群体。所谓异质群体，是指群体的成员在能力、性格、年龄和知识等各方面迥然不同，使各成员之间在上述几方面互补。

二、重新塑造企业价值观

（一）再造工程的引入使传统企业发生了十大变化

（1）工作单位的变化——从职能式结构到流程式班组；

（2）工作内容的变化——从一人从事简单的单项工作到多项工作；

（3）职工角色的变化——从被监控下工作到在授权条件下工作；

（4）上岗准备的变化——从上岗前以劳动技能培训为主到接受教育为主；

（5）工作评价和奖励制度的变化——从注重行动到注重结构；

（6）先进标准的变化——从注重工作表现到注重工作能力；

（7）价值观的变化——从被动自我保护型到自觉积极创造；

（8）经理层的变化——从监督控制型向指导型；

（9）组织结构的变化——从层级式组织向扁平式组织；

（10）最高领导层的变化——从记分员到真正的领导者。

（二）建立新的企业价值观

企业的变化必定要求企业文化的变化，这主要是企业价值观的变化。其行为准则不再是老板是否满意，而是顾客是否满意，顾客的需求就是企业的目标。围绕流程改造建立新的价值观，除了顾客至上外，还应树立以人为本的管理思想和彻底抛弃官僚体制的价值观。对于以人为本的管理思想，一些企业采取了行之有效的办法。例如，彻底放权，让员工自决、自律和自我控制；推行健康计划，关心员工的身体健康和心理健康；建立平等的员工关系；等等。

官僚体制是分工思想的产物，在以流程为中心的组织建立起来以后，可能有一些人员还习惯于用传统的方式处理问题，或者是出于对自身利益的保护而故意抵制。所以几乎在所有的企业再造运动中，行动总是落后于改革思想的，这是企业再造中的结构滞后性。针对这种情况，企业在一贯主张新的价值观和行为方式的同时，也要采取实际行动，将新的价值观落实到行动上。

三、建立流程管理信息系统

流程管理需要处理大量的信息，必须以快速而灵敏的信息网络来支持。通过流程管理信息系统，决策者可以及时掌握必需的决策信息。信息系统的建设，一方面构建公司内部的信息网络；另一方面要与公司外部的信息网络联结，充分利用外部的信息资源。

四、培养流程所需要的人才

新流程对员工的要求较之以往有了较大的提高。如何建立一支复合型的、通用型的员工队伍，成为企业的迫切需要。

第五节　企业再造理论简评

一、迈克尔·哈默和詹姆斯·钱皮的主要贡献

（一）迈克尔·哈默

迈克尔·哈默（Michael Hammer），美国著名的管理学家，出生于 1948 年，先后在

麻省理工学院获得学士、硕士和博士学位，专攻土木工程。他曾担任 IBM 的软件工程师，是麻省理工学院计算机专业教授，Index Consulting 集团的 PRISM 研究负责人。在 20 世纪 80 年代末，他发明了"再造"一词并用以形容用信息技术实现对企业业务过程的彻底改造，以实现企业业绩的增长。1990 年，哈默在《哈佛商业评论》上发表一篇名为《再造：不是自动化改造，而是重新开始》的文章，率先提出了企业再造的思想，后来，该思想通过一系列的畅销书使哈默成为 20 世纪 90 年代最受关注的管理思想家之一。

1993 年，迈克尔·哈默和詹姆斯·钱皮合著的《再造企业——管理革命的宣言》成为国际畅销书。该书发展了再造理论，明确提出了再造理论概念，而且普及了这一思想。以后，他们又陆续出版了《再造革命》（1995 年）、《管理再造》（1995 年）、《超越再造》（1996 年）等著作，丰富和发展了企业再造理论，在全球刮起一股再造旋风。再造热让哈默这位曾经是麻省理工学院的计算机科学教授一举成为新经济的天王巨星，迅速跻身于美国最具影响力的人员名单。美国《商业周刊》把他列为 20 世纪 90 年代 4 位杰出的管理思想家之一，《时代》周刊把他评选为美国最具影响力的 25 人之一。

(二) 詹姆斯·钱皮

詹姆斯·钱皮（James Champy），先后在麻省理工学院获得学士和硕士学位，后又在波士顿大学获得法学学位，一个在管理理论和实践方面同时有杰出成就的管理者。他是研究企业再造的权威人士。他曾是 CSC 指数公司的创始人和董事长。CSC 指数公司的基地在马萨诸塞州坎布里奇，是一家率先提出改革发展和实践的管理咨询公司。

1993 年，詹姆斯·钱皮与迈克尔·哈默合著《再造企业——管理革命的宣言》。继《再造企业——管理革命的宣言》之后，1995 年，钱皮的著作《再造管理》又被《商业周刊》评为 1995 年最佳管理类书籍之一。1996 年，钱皮离开 CSC 指数公司，加入了佩罗特系统（Perot Systems）咨询公司；1998 年，与尼丁·诺利亚（Nitin Nohria）合作出版《管理的革命》；2001 年，与尼丁·诺利亚合著《抱负弧线》（中信出版社中文版译名为《管理你的企图心：诠释成就的发展曲线》）；2002 年，出版《企业 X 再造》。钱皮现为佩罗特系统咨询公司咨询部门主席，佩罗特系统顾问公司董事长，还在 PBS（public broadcasting service，美国公共电视网）商务频道主持节目，并为《福布斯》《销售与营销管理》等杂志撰写专栏文章。人们对詹姆斯·钱皮的评价是："他是一个能够抓住现实变革根本的管理大师，所以，才会有那么多人在聆听他的声音、关注他的言行。"

企业再造理论一经提出，引起了理论界和实践界的高度关注，并投入很大精力进行研究，也得到了迅速的推广，并涌现出一批成功的范例，如柯达公司在产品预订和送货之间节省了一半的时间，IBM 信用公司通过流程再造，用一位通才信贷员代替过去多位专才，并减少了九成作业时间的故事广为流传。据说，在 1994 年，美国 3/4 的顶尖大公司都展开了再造工程。到 1995 年，有关企业再造工程的咨询业务总额高达 500 亿美元。"再造"热也使得钱皮和哈默更为迅速地跻身于最具影响力的世界管理大师行列。

二、企业再造理论的局限性

但是很快，来自各方面的批评和质疑的声音就扑面而来。权威的统计表明，虽然有一些企业在流程再造后效果奇佳，但多于 70% 的企业实施再造后的结果很糟，并引发了企业内部的困惑、怨恨。这出其不意的结局，迫使哈默和钱皮在 1995 年相继为此进行了道歉：承认没有充分考虑相关方利益。

企业再造理论的局限性主要表现在以下几个方面：

（一）忽视了人的因素，未能充分考虑相关方利益

再造过程中对人的因素重视不够是再造理论需要改进的地方。早在 1993 年，汤姆·彼得斯（Tom Peters）就认识到这个问题，他认为：多数再造的努力付之东流，或是收效甚微，或是中途夭折，原因就是它对个人的美好愿望、智慧、朴素缺乏信任和尊重。再造所关注的焦点是机械的合作，把合作更多地看作是机械的行为，再造成了过剩和缩减的同义词，不近人情地大量裁员。

流程再造的目的，是要在成本、质量、服务和速度等方面取得显著的改善。但这个目的单纯迎合了客户需求和股东利益，而忽视了员工及其他相关方的利益。

企业本质上是人的利益共同体，任何变革理论和实践，都必须关照好各方利益。如果某一方的利益受到忽略、漠视甚至损害，这一方势必会漠然、抵制甚至激烈的反对。哈默和钱皮的流程再造理论过于强调客户利益和股东利益，而忽略了员工及其他相关方的利益。如果流程再造的结果之一是导致大量裁员，那么员工的抵制就是必然，最终导致流程再造失败。

（二）发现了流程管理的问题，却把问题原因错误地指向了分工原理

哈默和钱皮发现美国大多数公司的组织结构是典型的金字塔式结构，是基于劳动分工而建，整个流程被分割。这种结构的企业发展到一定规模之后，面对"客户主导、竞争加剧、变化是常事"的 3C（客户、竞争和变化）世界显得体态臃肿、反应迟缓。各职能部门，犹如铁路警察，各管一段，无人对整个流程负责。公司中甚至几乎没有人注意到流程问题。

哈默和钱皮准确地发现了当时美国企业在流程管理中的问题，但哈默和钱皮把造成流程管理问题的原因指向了亚当·斯密（Adam Smith）的分工原理。他们认为，自从亚当·斯密首先阐明分工原理以来，公司一直采用的劳动分工已成了一种过时的方式，不再适应形势发展的需要。事实上，亚当·斯密的分工原理并没有过时，也永远不会过时，只要人类社会有组织形式存在，就必然有分工。而且，如果没有劳动分工的话，那就根本不存在什么流程，因为任何流程都是由若干工序、环节、岗位或部门构成的，它本身就是分工的产物。

哈默和钱皮把造成流程管理问题的原因指向亚当·斯密的分工原理是错误的。其真正原因在于当时的企业管理者没有意识到流程管理的重要性，也缺乏流程管理方面的理论指导。解决办法应当是系统地梳理企业内部的所有流程，对其中的关键业务流程进行优化甚至再造。根据流程再造的结果，对企业职能式组织结构进行适应性调整或者根本再造。

（三）用流程执行小组取代职能部门的观点不具有普遍适用性

由于哈默和钱皮认为劳动分工原理已经过时，公司已不再需要根据亚当·斯密的劳动分工原理去组织自己的工作。在当前的"3C"（客户、竞争和变化）的环境中，公司应以流程为中心去安排工作。业务流程进行再造之后，工作单位发生了变化——从职能部门变为流程执行小组。

用流程执行小组替代职能部门的观点，在小型组织或许可能，如橄榄球队。但在大中型组织，则是不可想象的。没有稳定的职能部门的结构支撑，不可能形成大型组织。

流程运行与企业职能结构的关系，恰如人体经络与人体骨架的关系，是表里之间并且共存于人体的关系。假若人体经络运行出现了问题，医生的做法不是摧毁人体然后再造一个新的人体，而是采用针灸的治疗方法疏通经络。同样的道理，流程管理与职能管理也并不是水火不容的对立关系，而是表里之间并且共存于企业系统的关系。职能式组织结构中出现了流程管理的问题，问题的根源只在于缺乏对流程的管理。解决的办法不应当是摧毁职能式组织结构，而应当是对企业的流程进行系统梳理、优化，并明确流程管理要求。

（四）流程再造的革命性可能并不适合所有企业

哈默和钱皮提出再造理论时强调，流程再造是革命性的，要推倒重来，要在一张白纸上描绘出绚丽的篇章，但实际上，这可能并不适合所有的企业。在一张白纸上重构企业流程的方法忽略了企业几年甚至经常是几十年来左右组织行为方式的文化演进。人们难以抛弃这种先入之见及一些情有可原的习惯。英国学者科林·威廉（Colin William）和乔治·宾尼（George Binny）认为，成功的组织并不否认或尝试摧毁历史遗产，它们力图在历史遗产上进行建设。

正因为流程再造理论存在一些缺陷，20世纪90年代后期以来，笼罩在企业流程再造上的光环也在逐渐消退，人们对此不再狂热和非理性，而是投身于对企业再造理论的深入研究和实践中。哈默和钱皮也一直没有停止探讨，再造理论不断发展，表现为：业务流程再造从流程再造到流程型组织再造，再到跨组织的X再造，业务流程再造学说一直在发展。

📝 **案例 5-1**

福特汽车公司企业流程再造

福特（Ford）汽车公司是美国三大汽车巨头之一，但是到了20世纪80年代初，福特像许多美国大企业一样面临着日本竞争对手的挑战，因而想方设法削减管理费用和各种行政开支。

当时仅在福特汽车公司的北美分公司，财务人员就超过500人。为了减少开支，福特的管理层认为，可以借助办公自动化来减少两成的间接成本，并把财务人员缩减为400人。而福特公司拥有22%股份的日本马自达公司，做同样工作的人只有5个人。尽管两个公司在规模上存在一定的差距，但5∶500的差距让福特公司震惊了。为此，福特公司决定对其公司与应付账款部门相关的整个业务流程进行彻底再造。

福特汽车公司采购业务流程是采购部向供应商下订单，同时把副本送付账部和物料部，厂商将货品送到物料部，同时将发票送给付账部，物料部对货物进行清点、记录，然后将验收单送到付账部，付账部将所持的验收单、订单和发票三种文件相互查验，如都相符，就如数付款给厂商。

第一次再造只做了一点变动，即采购部不直接向供货商发送订单，而改向付账部发送预购单，付账部在收到预购单后，直接向供货商发送订货单。

初步的流程改革虽然简单，却给多个部门带来好处：采购部只需向付账部发送预购单，免去了向供货商发送订货单的任务；对供货商来说则免去了向付账部发送发票的手续；而付账部的得益更多，现在它只接收来自两个信息源（采购部及物料部）的信息，核对的工作量大大减少，工作准确度也大为提高，即使发现单据不符情况，调查也只涉及采购部和物料部，不需要找供货商。因此，这一步改革使付账部的人员就减少了75%。

第二次流程再造的核心是将核对工作由付账部转到物料部，采购部同时向付账部及物料部发送预购单。物料部在收到货物后，立即与采购部的预购单核对，符合时就向付账部发送收货单；若不符合，就将货物退给供应商。第二次后付账部的工作任务只有两个：根据采购部的预购单向供应商发送购货单；根据物料部送来的收货单向供货商付款。在这种情况下，付账部的人员可大大减少，后来只需要20人左右就足够了。

第三次流程再造的核心是把现代信息技术应用于流程再造，利用共用数据库代替文件的传输，以提高信息传递的速度和准确性以及付款流程的效率和性能。

福特公司开始进行采购流程再造，他们采用先进的信息技术，高效率地与供应商协作，以提高企业内部运作效率，最大限度地满足客户的需求。采购部将订单输入数据库，数据库向厂商下达订单，厂商交货给物料部，物料部从数据库取出订单资料，再验收所交的物品。如果验收相符，就将验收合格资料输入电脑，如果验收不相符，同时也将验收结果输入电脑，付账部从电脑资料中查询和了解采购状况，安排付款。

经过再造，福特汽车公司的财务人员减少了75%，财务人员需要核对的数据从14项减少到3项，借助信息技术来缩短处理时间，大幅度提高了效率。

资料来源：佚名. 福特汽车采购供应链流程再造［EB/OL］.（2022-02-07）［2022-11-10］. https://www.sohu.com/a/521021279_121124515.引用时有改动。

📖 小结

1. 企业再造理论产生的背景

20世纪60年代以来，信息技术革命使企业的经营环境和运作方式发生了很大的变化，企业面临着来自顾客（Customer）、竞争（Competition）和变化（Change）三个方面的巨大挑战。

在这种背景之下，企业只有在更高水平上进行一场根本性的改革与创新，才能增强自身的竞争力。1993年，迈克尔·哈默和詹姆斯·钱皮提出了企业再造理论。

2. 企业再造工程概述

企业再造的定义。企业再造也叫作企业流程再造，是指为了在衡量绩效的关键指标上取得显著改善，从根本上重新思考、彻底改造业务流程。从以下四个方面来把握企业再造的含义：①基本信念的重新思考；②彻底的变革；③显著的进步；④重新设计业务流程。

流程的含义。企业的流程就是企业以输入各种原料和顾客需求为起点到企业创造出对顾客有价值的产品或服务为终点的一系列活动。

流程的分类。按照研究和分析的目的和方法不同，流程的分类有很多种方法。例如，按流程的处理对象分，可以将其分为实物流程、信息流程等；按流程跨组织的范围来分，可将其分为个人间流程、部门间流程、组织间流程等。但最基本的分类方法还是将其分为三类：①业务流程；②管理流程；③辅助流程。

企业再造适用企业：①陷于困境的企业；②目前业绩不差，但潜伏着危机的企业；③处于发展高峰期，但有更大发展目标的企业。

企业再造的原则：①以流程为中心；②坚持以人为本的团队式管理；③顾客导向。

3. 企业"再造工程"的程序

在具体实施过程中，可以按以下程序进行：①业务流程诊断；②业务流程改造策略；③流程再造；④组织实施与持续改善。

4. 企业再造成功的关键要素

主要包括：①选定再造领导者，组建再造指导团；②重新塑造企业价值观；③建立流程管理信息系统；④培养流程所需要的人才。

5. 企业再造理论的局限性

企业再造理论的局限性主要表现在以下几个方面：①忽视了人的因素，未能充分考虑相关方利益；②发现了流程管理的问题，却把问题原因错误地指向了分工原理；③用流程执行小组取代职能部门的观点不具有普遍适用性；④流程再造的革命性可能并不适合所有企业。

自测题

一、名词解释

企业再造　魅力型领导　流程　业务流程　管理流程　同步工程　连续式流程平行式流程

二、简答题

1. 企业再造理论产生的背景是什么？
2. 企业再造的含义是什么？如何把握企业再造的含义？
3. 企业再造的原则有哪些？
4. 企业再造适用于哪些企业？
5. 企业流程有哪几种类型？
6. 企业再造的基本程序有哪些？
7. 企业再造成功的关键因素有哪些？

三、单项选择题

1. 企业再造理论是由（　　）最先提出的。

　A. 弗伦奇和雷文　　　　　　　　B. 哈克曼和奥德姆

C.康格和卡伦果　　　　　　D.迈克尔·哈默和詹姆斯·钱皮

2.流程中的某一道工序只有在前一道工序完成的情况下才能进行，即所有工序都按先后顺序进行。这种流程叫作（　　　）。

A.分步流程　　　　　　　　B.同步工程

C.连续式流程　　　　　　　D.平行式流程

四、多项选择题

1.20世纪60年代以来，信息技术革命使企业的经营环境和运作方式发生了很大的变化，企业面临的巨大挑战主要来自：（　　　）。

A.顾客　　　　　　　　　　B.竞争

C.变化　　　　　　　　　　D.技术进步

2.企业再造的原则包括（　　　）。

A.以流程为中心　　　　　　B.顾客导向

C.以职能为中心　　　　　　D.坚持以人为本的团队式管理

3.企业再造工程的程序包括（　　　）几个阶段。

A.业务流程诊断　　　　　　B.业务流程改造策略

C.流程再造　　　　　　　　D.组织实施与持续改善

4.《再造企业——管理革命的宣言》一书的作者是（　　　）。

A.彼得·圣吉　　　　　　　B.约翰·科特

C.迈克尔·哈默　　　　　　D.詹姆斯·钱皮

5.企业再造的含义可从以下（　　　）方面来把握。

A.基本信念的重新思考　　　B.彻底的变革

C.显著的进步　　　　　　　D.重新设计业务流程

五、判断题（判断正误并说明理由）

1.再造的最终目的是实现企业形态由传统的以职能为中心的职能导向型向新型的以流程为中心的流程导向型的根本转变。　　　　　　　　　　　（　　　）

2.连续式流程和平行式流程的最大特点是各工序之间随时都可以交流，可以互动。
　　　　　　　　　　　　　　　　　　　　　　　　　　　　　　（　　　）

3.企业再造只适用于陷于困境的企业。　　　　　　　　　　　　　（　　　）

专题五自测题参考答案

专题六　学习型组织

学习要求

1. 了解企业组织的持续发展问题。
2. 掌握学习型组织的定义及特征。
3. 了解组织学习的类型。
4. 重点掌握学习型组织的五项修炼。
5. 熟记下列概念：学习型组织、单环学习、双环学习、系统思考、自我超越、改善心智模式、共同远景、团队学习。

学习重点和难点

1. 学习型组织的定义及特征。
2. 阿吉瑞斯关于组织学习的分类。
3. 学习型组织的五项修炼。

学习建议

1. 重点学习学习型组织的定义、特征。
2. 选择一个具体的学习型组织的案例进行学习。
3. 对如何构造学习型组织进行课堂讨论。

　　企业组织的管理模式问题一直是管理理论研究的核心问题之一，而对未来企业组织模式的探索研究，又是当今世界管理理论发展的一个前沿问题。20 世纪 80 年代以来，随着信息革命、知识经济时代进程的加快，企业面临着前所未有的竞争环境的变化，企业组织如何适应新的知识经济环境，增强自身的竞争能力，延长组织寿命，成为世界企业界和理论界关注的焦点。在这样的大背景下，以美国麻省理工学院教授彼得·圣吉（Peter Senge）为代表的西方学者，吸收东西方管理文化的精髓，提出了以"五项修炼"为基础的学习型组织理念。

第一节 企业组织的持续发展问题

20世纪90年代以来，可持续发展话题是世界范围内的热门话题。所谓可持续发展，是指人类在经济和社会发展过程中，既要考虑当前发展的需要，又要考虑未来发展的需要，不以牺牲后代人的利益为代价。换句话说，就是指经济、社会、资源和环境保护协调发展，它们是一个密不可分的系统，既要达到发展经济的目的，又要保护好人类赖以生存的大气、淡水、海洋、土地和森林等自然资源和环境，使子孙后代能够永续发展和安居乐业。可持续发展与环境保护既有联系，又不等同。环境保护是可持续发展的重要方面。可持续发展的核心是发展，但要求在严格控制人口、提高人口素质和保护环境、资源永续利用的前提下进行经济和社会的发展。

企业组织的持续发展与一般意义上的可持续发展的内涵是完全不同的。我们所研究的企业组织的持续发展，是指企业组织在一个较长的时期内，通过持续学习和持续创新活动，形成良好的成长机制，企业组织在经济效益方面稳步增长，在运行效率上不断提高，企业组织的规模不断扩大，在同行业中的地位保持不变或有所提高。

1983年，壳牌（Shell）石油公司的一项调查表明，1970年名列《财富》（Fortune）杂志"500家大企业"排行榜的公司，有1/3已经销声匿迹了。依壳牌石油公司的估计，大型企业的平均寿命不及40年。企业组织作为一个系统，其面临的环境正经历着前所未有的变化：全球经济一体化，竞争日益激烈，技术进步一日千里，社会变化日新月异。当今在美国流行这样一句话：今天你大学毕业，明天你到公司上班时，你的知识已经过时了。这使每一个人感到来自知识社会的压力。不仅是员工自身，企业本身也是如此。在激烈的市场竞争环境中，也要在快速变化的环境中不断地自我调整。企业要想获得生存和发展，就必须增强其学习能力。正如圣吉所言："当世界更息息相关、复杂多变时，学习能力也要更增强，才能适应变局。未来真正出色的企业，将是能够设法使各阶层人员全心投入，并有能力不断学习的组织。"美国壳牌石油公司总裁卡洛说：应变的根本之道是学习。因此，21世纪最成功的企业将会是"学习型组织"，因为未来唯一持久的竞争优势是有能力比你的竞争对手学习得更快。

第二节　学习型组织的定义和特征

一、学习型组织理论之父——彼得·圣吉

彼得·圣吉（P. Senge）出生于美国芝加哥，1970年在斯坦福大学获航空及太空工程学士学位，之后进入麻省理工学院斯隆管理学院取得社会系统模型塑造硕士学位，进而攻读管理学博士学位，师从系统动力学奠基人杰伊·福瑞斯特（J. Forrester）教授，研究系统动力学整体动态搭配的管理理念，1978年获得博士学位。现在是美国麻省理工学院斯隆管理学院资深教授，国际组织学习协会（Society for Organizational Learning，SoL）创始人、主席。

1990年，彼得·圣吉教授出版了《第五项修炼：学习型组织的艺术与实务》（*The Fifth Discipline Field:The Art and Practice of the Learning Organization*），引起世界管理理论界的轰动。从此，建立学习型企业、进行五项修炼成为管理理论和实践的热点。《第五项修炼：学习型组织的艺术与实务》一书出版后，连续三年荣登全美最畅销书榜榜首，并于1992年荣获世界企业学会（World Business Academy）最高荣誉的开拓者奖（Pathfinder Award）。在短短几年中，被译成二三十种文字风行全世界，它不仅带动了美国经济近十年的高速发展，并在全世界范围内引发了一场创建学习型组织的管理浪潮。美国《商业周刊》也因此而推崇彼得·圣吉为当代最杰出的新管理大师之一。

之后，彼得·圣吉又相继出版了《第五项修炼：学习型组织的艺术与实务》《第五项修炼·实践篇》《变革之舞》《学习型学校》《三重专注力：如何提升互联网一代最稀缺的能力》等畅销书。

二、学习型组织的定义

人们对于"学习型组织"（Learning organization）的定义众说纷纭。

彼得·圣吉指出，学习型组织是这样一种组织，"在其中，大家得以不断突破自己的能力上限，创造真心向往的结果，培养全新、前瞻而开阔的思考方式，全力实现共同的抱负，以及不断一起学习如何共同学习"。

野中郁次郎用"知识创造型公司"来描述学习型组织，指出知识创造型公司的特征是"发明新知识不是一项专门的活动……它是行动的一种方式，是存在的一种方式，在其中，每个人都是知识工作者"。

迈克·派得乐（Mike Pedler）等认为："学习型公司是促使公司中的每一个成员都努力学习，并不断改革自身的组织。"

戴维·加尔文（David Garvin）在 1993 年指出："学习型组织是指善于获取、创造、转移知识，并以新知识、新见解为指导，勇于修正自己行为的一种组织。"

迈克尔·马恰德（Michael Marquadt）指出："系统地看，学习型组织是能够有力地进行集体学习，不断改善自身收集、管理与运用知识的能力，以获得成功的一种组织。"

科姆（Kim）则认为，几乎所有的组织都会学习，不管其是有意还是无意。学习型组织是指那些有意识地激励组织学习，使自己的学习能力不断增强的组织；而非学习型组织则对组织学习听之任之，从而一步步削弱了其学习能力。

总之，关于学习型组织的定义，有着多种不同的说法和意见。较为全面的一种解释是：所谓学习型组织，是指通过培养弥漫于整个组织的学习气氛、充分发挥员工的创造性思维能力而建立起来的一种有机的、高度柔性的、扁平的、符合人性的、能持续发展的组织。这种组织由一些学习团队形成社群，它有崇高而正确的核心价值、信心和使命，具有强韧的生命力与实现共同目标的动力，不断创新，持续蜕变。在这种学习型组织中，人们胸怀大志，心手相连，相互反省求真，脚踏实地，勇于挑战极限及过去的成功模式，不为眼前利益所诱惑，同时以令成员振奋的远大共同愿望，以及与整体动态搭配的政策与行动，充分发挥生命的潜能，创造超乎寻常的成果，从而从真正的学习中体悟工作的真谛，追求心灵的满足与自我实现，并与周围的世界产生一体感。组织学习是一个组织成为学习型组织的必要条件。

三、学习型组织的特征

学习型组织具有以下几个方面的特征。

（一）组织成员拥有一个共同的愿景

组织的共同愿景（shared vision），是组织中所有员工共同愿望的景象，是他们的共同理想。组织的共同愿景来源于员工个人的愿景而又高于个人的愿景，它能使不同个性的人凝聚在一起，朝着组织共同的目标前进。

（二）组织由多个创造性个体组成

在学习型组织中，团体是最基本的学习单位，团体是彼此需要他人配合的一群人。组织的所有目标都是直接或间接地通过团体的努力来达到的。

（三）善于不断学习

这是学习型组织的本质特征。所谓"善于不断学习"，主要有以下四点含义：

一是强调"终身学习"。即组织中的成员均应养成终身学习的习惯，这样才能形成良好的学习气氛，促使其成员在工作中不断学习。

二是强调"全员学习"。即企业组织的决策层、管理层、操作层都要全身心投入学习，尤其是经营管理决策层，他们是决定企业发展方向和命运的重要阶层，因而更需要学习。

三是强调"全过程学习"。即学习必须贯穿于组织系统运行的整个过程。约翰·瑞定（J. Redding）提出了一种被称为"第四种模型"的学习型组织理论。他认为，任何企业的运行都包括准备、计划、推行三个阶段，而学习型企业不应该是先学习然后进行准备、计划、推行，不要把学习与工作分割开，应强调边学习边准备、边学习边计划、边学习边推行。

四是强调"团体学习"。即不但重视个人学习和个人智力的开发，而且强调组织成员的合作学习和群体智力（组织智力）的开发。

学习型组织通过保持学习的能力，及时铲除发展道路上的障碍，不断突破组织成长的极限，从而保持持续发展的态势。

（四）扁平式的组织结构

传统的企业组织通常是金字塔式的，学习型组织的组织结构则是扁平的，即从最上面的决策层到最下面的操作层，中间相隔层次极少。它尽最大可能将决策权向组织结构的下层移动，让最下层单位拥有充分的自决权，并对产生的结果负责，从而形成以"地方为主"的扁平化组织结构。只有这样的体制，才能保证上下级的不断沟通，下层才能直接体会到上层的决策思想和智慧光辉，上层也能亲自了解到下层的动态，吸取第一线的营养。只有这样，企业内部才能形成互相理解、互相学习、整体互动思考、协调合作的群体，才能产生巨大的、持久的创造力。

（五）自主管理

学习型组织理论认为，"自主管理"是使组织成员能边工作边学习并使工作和学习紧密结合的方法。通过自主管理，可由组织成员自己发现工作中的问题，自己选择伙伴组成团队，自己选定改革、进取的目标，自己进行现状调查，自己分析原因，自己制定对策，自己组织实施，自己检查效果，自己评定总结。团队成员在"自主管理"的过程中，能形成共同愿景，能以开放求实的心态互相切磋，不断学习新知识，不断进行创新，从而增加组织快速应变、创造未来的能量。

（六）组织的边界将被重新界定

学习型组织边界的界定，建立在组织要素与外部环境要素互动关系的基础上，超越了传统的根据职能或部门划分的"法定"边界。例如，把销售商的反馈信息作为市场营销决策的固定组成部分，而不是像以前那样只是作为参考。

（七）员工家庭与事业的平衡

学习型组织努力使员工丰富的家庭生活与充实的工作生活相得益彰。学习型组织对员工承诺支持每位员工充分的自我发展，而员工也承诺对组织的发展尽心尽力作为回报。这样，个人与组织的界限将变得模糊，工作与家庭之间的界限也将逐渐消失，两者之间的冲突也必将大为减少，从而提高员工家庭生活的质量（满意的家庭关系、良好的子女教育和健全的天伦之乐），达到家庭与事业之间的平衡。

（八）领导者的新角色

在学习型组织中，领导者是设计师、仆人和教师。领导者的设计师角色是一个对组织要素进行整合的过程，他不只是设计组织的结构和组织政策、策略，更重要的是设计组织发展的基本理念；领导者的仆人角色表现在他对实现愿景的使命感，他自觉地接受愿景的召唤；领导者作为教师的首要任务是界定真实情况，协助人们对真实情况进行正确、深刻的把握，提高他们对组织系统的了解能力，促进每个人的学习。

学习型组织有不同凡响的作用和意义。它的真谛在于：一方面，学习是为了保证企业的生存，使企业组织具备不断改进的能力，提高企业组织的竞争力；另一方面，学习更是为了实现个人与工作的真正融合，使人们在工作中感受到生命的意义。

第三节 组织学习

一、组织学习的概念

（一）组织学习的含义

最早提出组织学习（organizational learning）概念的是美国哈佛大学的克里斯·阿吉瑞斯（Chris Argyris）。1977年，他在《哈佛商业评论》上发表《组织中的双环学习》一文，首次提出并初步定义了"组织学习"的概念。1978 年，他与唐纳德·舍恩（Donald Schon）合著的《组织学习：一种行动透视理论》一书，正式界定了"组织学习"的概念，并划分了"组织学习"的类型。

阿吉瑞斯和舍恩认为：组织学习是指组织不断努力改变或重新设计自身以适应不断变化的环境的创新过程。

组织学习强调在组织与外部环境互动中，利用知识、消化知识并生成自身知识的过程。

组织学习是关于有效地处理、解释、反映组织内部的各种信息，进而改进组织行为的过程。

（二）个体学习与组织学习的关系

对于学习，我们以往进行过很多讨论。这些讨论指的多是个体学习。个体学习是指认知学习、技能学习和情感学习。组织学习的概念是由个体学习的概念衍生而来的。

阿吉瑞斯和舍恩等学者深入地探讨了个体学习与组织学习的关系，个体学习与组织学习之间存在相互影响、相互制约的互动作用。

（1）个体学习是组织学习重要的前提和基础。组织是由个体构成的，也只有人才能学习，因此，个体学习是组织学习重要的前提和基础。

（2）组织学习不是个体学习的简单累加。组织不是个体的简单加总，组织学习也不是个体学习的简单累加。每个人都在学习的组织却不能等同于组织学习。

（3）学习的主体不一样。个体学习的主体是个人，组织学习是将组织这个整体作为学习主体来看待的。组织没有"大脑"，但它确实有记忆和认知系统，通过这些功能，组织可以形成并保持特定的行为模式、思维准则、文化以及价值观等。组织不只是被动地受个体学习过程影响，而且可以主动地影响其成员的学习。因此，必须把个体视为一个有机系统的一部分，组织学习过程比个体学习过程更为复杂。

（4）如何区分组织学习与组织中若干个体学习呢？要确认一个组织在学习，必须具备以下三个条件：能不断地获取知识，在组织内传递知识并不断地创造出新的知识；能不断增强组织自身能力；能带来行为或绩效的改善。因此，组织学习是一个持续的过程，是组织通过各种途径和方式，不断地获取知识、在组织内传递知识并创造出新知识，以增强组织自身实力，带来行为或绩效的改善的过程。

（三）组织学习与学习型组织的区别

（1）组织学习是组织的一种行动历程。组织学习是一个过程，其落脚点在于行动，是组织为了应对外部环境的变化，实现自己的愿景和目标而采取的各种学习策略与行动。

（2）学习型组织是一种新型的组织形态。学习型组织是组织学习力提升到一定高度的必然结果。随着组织学习从一种不自觉的活动走向自觉的活动，组织学习力将不断提升，组织学习力的持续性提升，最终必然会引导组织迈向学习型组织。

二、组织学习的类型

（一）阿吉瑞斯：组织学习的两种类型

阿吉瑞斯认为组织学习包括两种类型：单环学习和双环学习。

1. 单环学习（single-loop learning）

单环学习是指通过一般的学习，寻求行为和结果之间的匹配，以保证组织的正常运转。从本质上讲，单环学习可以维持组织的正常行为，但不能取得改进效果。按照阿吉瑞斯的界定，单环学习只有单一的反馈环，当发现错误时，组织按照过去的常规和当前的政策、规范对错误进行修改。修改行为不触动组织规范本身，有关产品质量、销售额或工作绩效的规范等保持不变。这种学习是在一系列被承认和被理解的限制下进行的，这些限制反映了组织对其环境和自身的假定。

2. 双环学习（double-loop learning）

双环学习是指进一步追问组织行为的前提是否恰当，通过克服"习惯性防卫"造成的认知障碍，谋求从行为的前提变量（行为的前提假设）上取得根本性改善。根据阿吉瑞斯等人的研究，当组织在学习时，由于只注意效果而与规范本身产生冲突时，为了解决这种冲突，首先，组织的管理者必须对冲突本身有所认识；其次，组织的管理者必须探索、寻求如何解决冲突；再次，他们的探索结果集中于重建组织规范，与这些规范相联系的策略和假定也需要重新制定；最后，组织需要将这些重建的规范和假定等都植根在组织的映象和图景之中。这就意味着，在这样的组织中，组织成员已经培养起一种对组织本身批评的态度，并且组织成员具有意愿和能力改变已往既定的一系列规范。

总之，在组织的单环学习方面，成功的标准是效果，个人在组织规范不变的情况下，通过改变策略和假定来对错误作出修改。在组织的双环学习方面，发现错误的反应表现为共同探索组织规范本身的形式，以解决不一致问题并使新的规范更有效地实现。无论是哪一种情况，离开了双环学习，就没有学习型组织。

（二）加尔文：组织学习的五种类型

哈佛大学教授大卫·加尔文（D.Garvin）认为，组织学习活动包括系统地解决问题、试验、从过去的经验中学习，向他人学习以及在组织内传递知识这五项内容，具体形象地描述了组织学习的内容。这也是得到人们广泛认可的一种分类方法。

1. 系统地解决问题

所谓系统地解决问题，主要是指利用科学的方法收集数据，系统地分析问题产生的原因，把握不同因素之间的联系，并从中找出解决问题的高杠杆解的过程。所谓高杠杆解，指的是能最有效解决问题的方案，一个小小的改变，就会引起持续而重大的改善。然而，在复杂的系统中，寻找高杠杆解并不是轻而易举的，没有简单的规则可循，必须采用科学的思维模式、实用的工具与方法，才能提高找到它的概率。

系统地解决问题最突出的特点在于，它不仅要求企业员工掌握必要的方法与技巧，而且需要养成良好的思维习惯，即在观察、分析问题的过程中，避免简单、随意的反应，要尽量收集大量数据资料，并利用科学的方法进行分析和深入思考，避免盲目和片面，力求透过事物的表象揭示其深层次的原因和各种可能的结果。系统地解决问题是一种重要的组织学习活动。它能把理论与实践结合起来，把学与用结合起来，在用中学，并学以致用。因此，推广系统地解决问题的技巧具有重要意义。

2. 试验

试验与解决问题是两种互为补充的学习方式。如果说解决问题主要是为了应对当前困难的话，那么试验主要是面向未来，为了把握机会、拓展空间而展开的创造和检验新知识的活动。

试验可分为两种类型，即持续性试验与示范性试验。

（1）持续性试验。由一系列持续的小试验所组成，逐渐积累企业所需的知识。这类试验的意义集中体现在"持续"二字上，必须使一系列试验有一个清晰的战略指导，能满足企业发展的需要，而不是东一锤子，西一榔头，没有明确的目标。这也是实施这类试验的精髓与难点所在。事实上，许多企业都曾组织过不止一次的试验，但真正做到"持续"的却并不多见。

（2）示范性试验。一般是在某个单位进行比较重大的、系统的变革，其目的通常是为日后即将大规模推行的重大变革做准备。因此，示范性试验不仅比持续性试验规模更大、更为复杂，而且对于组织的影响也更加深远和广泛。

试验也是一种重要的组织学习方式。它对于组织的生存与发展具有重要作用。

3. 从过去的经验中学习

重新审视公司过去的成败得失，系统、客观地对其做出评价，并将其向全体员工开放过去的经验，让他们铭记教训，是组织学习的一项重要内容。从过去的经验中学习的精髓在于使公司养成认清有价值的失败与无意义的成功的思想形式。有价值的失败指的是能使人产生顿悟，澄清人们的认识，从而增强组织智慧的失败。而无意义的成功指的是虽然万事大吉，但人人浑浑噩噩的尴尬局面。在知识形成过程中，这是非常重要的一关，而且具有更大的应用价值。

4. 向他人学习

组织不能只从其自身学习，组织外部存在更多、更丰富的知识。聪明的管理者知道，虚心向他人学习可以使自己获益匪浅，即使是毫不相关的领域都有可能激发创新的灵感。向他人学习包括很多内容，几乎囊括企业整个外部环境，从竞争对手到不沾边的企业，从顾客、供应商到科研机构、大专院校，从企业管理专家到街头摆摊儿的小贩，都可以成为组织学习的对象。可以毫不夸张地说，现实生活中，学习的机会几乎俯仰皆是。其中，向同行企业学习与向顾客学习是两种主要的学习形式。

（1）向同行企业学习——标杆战略。

由于是同行，它们在对行业、环境的判断以及企业的生产、经营管理方面都有很多"共同语言"；同时，行业内一家企业的举动或多或少都会对其他企业乃至整个行业产生影响。这使得向同行企业学习对于企业具有特殊重要的意义。

向同行学习的形式很多，比较常见的有参观观摩（"取经"）、参加经验介绍会或研讨会、进行人员交流等形式，更为全面、系统的方法是现在风行一时的标杆战略。所谓标杆战略，是不断揭示、分析、采纳与实施业界最佳管理实践的一项持续的调查研究和学习活动。

标杆战略不是走马观花、蜻蜓点水一般将"热门企业"或"获奖企业"巡访一番，而应有一套明确、严格的规则和程序。首先，对业内企业进行深入细致的调查，确定业界最佳管理实践并对其进行仔细研究；其次，认真对比自己的实际状况，找出差距，通过系统地勘察、访问，制定改进意见；最后，认真组织实施。标杆战略不是一个孤立的项目，而是一个循环往复的持续活动。

（2）向顾客学习。

向顾客学习也可以为企业提供大量丰富的信息。与顾客交谈总是能激发学习兴趣，因为顾客是使用产品的专家，顾客可以提供最新的产品信息、产品的使用情况、对产品服务的反馈意见、不同产品的优劣以及对产品的改进意见，这些信息可以激发产品的改进与创新；顾客对不同企业的评价与态度，可以作为企业领导者判断竞争形势的重要依据。

与此同时，顾客又是不可靠的，部分顾客缺乏远见，他们有时无法准确表达自己的要求，或者描述自己遇到的问题。遇到这种情况，企业就必须深入顾客现场去观察，努力捕捉顾客潜在的需求，引导顾客的需要，不能只是简单满足顾客的需要。

5. 在组织内传递知识

组织学习不是某些人或某些部门的事，它要求全体成员、所有部门都积极行动起来，促进知识在组织内部快捷流畅地传播。因为知识只有为更多的人所掌握，才能发挥更大的效用。把知识封锁在一个人或一个部门的手中，只会限制组织的成长，是建立学习型组织的大忌。学习型组织的一个基本特征就是具有开放、自由的组织文化氛围。

（三）适应型、预见型和行动型学习

从组织学习的方式来看，组织学习主要有适应型、预见型和行动型学习等。

适应型学习是指团队或组织从经验与反思中学习。当组织为实现某个特定目标而采取行动时，适应型学习的过程是从行动到结果，然后对结果进行评价，最后是反思与调整。

预见型学习是指组织从预测未来各种可能处于的情境中学习。这种方式侧重于识别未来发展的最佳机遇，并找到实现最佳结果的途径。预见型学习是从先见之明，到反省，然后落实到行动。

行动型学习是从现实存在的问题入手，侧重于获取知识，并实际执行解决方案。它是一个通过评估和解决现实工作中存在的实际问题，更好、更快地学习的过程，即学习的过程就是解决工作难题的过程。学习型组织中的学习，重视学习成果的持续转化，学习的效果要体现在行为的改变上，因此，行动型学习就成为学习型组织创建过程中非常重要的学习类型和学习方法。

三、组织学习的思维障碍

在实际工作与生活中，学习型组织往往很难建立起来，这主要是因为在我们的学习思维中，存在着很多建立学习型组织的思维障碍。这些思维障碍不仅妨碍了我们创建学习型组织，而且也是我们进行有效的组织学习的一大桎梏。

（一）局限思考

局限思考是指不以全局、整体和事物的普遍联系考虑问题，而是片面地、局部地、孤立地考虑问题，这就必然会走向失败，陷入困境，甚至在激烈的市场竞争中被淘汰出局。

（二）归罪于外

归罪于外其实是局限思考的副产品，是以片段的方式来看外在世界的结果。一个企业的衰落、一场比赛的失败、一项决策的失误，甚至是上班迟到等错误问题，不是从经营管理上找原因，不是加倍努力地去练习，不是严格地要求自己，而是怨天尤人，推向客观，不进行反思。

（三）缺乏整体思考的主动积极性

主动积极解决问题，是不应一再拖延，而必须有所行动，并在问题扩大为危机之前加以解决，它被看成消极被动的解毒剂。

缺乏整体思考的主动积极性，是说采取主动积极的行动常能解决问题，但是在处理复杂问题，尤其是"动态复杂问题"时，常常适得其反。真正具有前瞻性的积极行动，除了正面的想法外，还必须以整体思考的方式深思熟虑，细密量化，模拟我们立意极佳的构想，才有可能发现那些我们极其不易觉察的后果。例如，一家保险公司的副总裁发表演说，正式宣布该公司将扩大自有法务人员的阵容，使公司有能力承办更多的案子，而不再庭外和解或向外聘请律师，以减少运营成本。经大家系统思考和模拟结果显示，总成本反而出人意料地增加了。

（四）专注于个别事件

这种说法，实际就是"就事论事"，或泛指某些忙忙碌碌的事务主义者，这些人不是从战略的高度考虑组织的长远发展。如果人们的思考充斥着短期事件，那么创造性的学习在一个组织之中便难以持续；如果人们专注于个别事件，最多就只能在事件发生之前加以预测，做出最佳的反应，而仍然无法学习如何创新。

（五）温水煮青蛙

如果你把一只青蛙放进沸水中，它会立刻试着跳出。但是如果你把青蛙放进温水中，不去惊吓它，它会感觉很舒服，待着不动。现在，如果你慢慢加温，当温度从华氏70度升到80度，青蛙仍显得若无其事，甚至自得其乐。可悲的是，当温度慢慢上升时，青蛙将变得越来越虚弱，最后无法动弹，直至被煮熟。虽然没有什么限制青蛙脱离困境，但是青蛙仍留在那里直到被煮熟。为什么会这样呢？因为青蛙内部感应生存威胁的器官，只能感应出环境中激烈的变化，而对缓慢、渐进的变化，则没有感应。

（六）从经验中学习的错觉

直接的经验是我们最强有力的学习方法，自幼我们就透过经验来学会吃、爬、走和沟通。对于组织来说，能够从过去或别人的经验中学习，当然是最好的，但再好的经验，也必须因时制宜、因地制宜。任何组织，如果对经验不加区分，不结合本单位、本部门、本地区的实际状况，而是照搬照套，就必然会达到相反的效果，出现"从经验中学习的错觉"。

（七）管理团队的迷思

管理团队是指领导班子或管理层。迷思是指组织领导层中出现貌合神离、一言堂、反应迟钝等问题。一群有智慧、经验和专业能力的人所组成的团体，从理论上来说，应该能够将组织跨功能的复杂问题理出头绪，克服各种学习的思维障碍，但实际上并不是这样。

彼得·圣吉认为，企业中的管理团队通常把时间花在争权夺利，或避免任何使自己失去颜面的事上，同时每个人都在伪装为团队的共同目标而努力，而去维持一个组织团结和谐的外貌。为了符合这样的团体形象，他们会设法压制不同的意见；保守的人甚至避免公然谈及这些歧见，而共同的决定则更是七折八扣下的妥协，反映每一个人勉强能接受的或是某一个人强加于群体的决定，如果不一致，通常是以责备、两极化的意见呈现出来，而无法让每个人摊出隐藏的假设与经验背后的差异，使整个团体失去学习的能力。

第四节 学习型组织的五项修炼

彼得·圣吉在他的著作《第五项修炼——学习型组织的艺术与实务》中，主张企业的领导者和全体职工都要进行五项修炼。

一、自我超越

（一）自我超越的含义

所谓自我超越（personal mastery），是指突破极限的自我实现，或技巧的精熟；是学习不断厘清并加深个人的真正愿望，更清楚地了解目前的真实情况，把愿景作为召唤及驱使人们向前的使命，而不是一个美好的构想。另外，自我超越让我们把目前的真实情况看作有利合作而非敌对的状况。自我超越是个人成长的学习修炼。它虽以提高个人才能为基础，却有着超乎此目标的更高意义；它以精神的成长为发展方向，却又不局限于精神层面。自我超越的人永不停止学习，他们对生命的态度就如同艺术家对艺术作品一样，全心投入，不断创造和超越，这是一种真正的终身学习。

（二）自我超越的修炼

1. 建立个人愿景

个人愿景发自于内心，建立个人愿景的方法就是对人生重新"聚焦"，把焦点放在真心追求的终极目标上，这样的能力是自我超越的基石，由此将引导个人挖掘内心深处的热情，主动地选择而非被迫地接受人生方向。

2. 保持创造性张力

愿景与现实之差距叫作创造性张力。它是在我们认清一个愿景与现实之间有差异之时，产生的那股正面力量，它是自我超越的核心动力。它能培养毅力与耐性，使我们能够在人生路上勇往直前，并且常常反省目前的状况是如何造成的，以及应该如何改变这种状况。

3. 认清结构性冲突

它是一个各方力量互相冲突的结构，同时让我们离想要实现的目标时近时远。假想你向着自己的目标移动，有一根橡皮筋象征创造性张力，把你拉向想要去的方向，但是也还有第二根橡皮筋，被无力感或不够格的信念拉住。这种系统称为结构性冲突。我们只有认清结构性冲突才能解决结构性冲突，方能实现自我超越。

4. 诚实地面对真实情况

诚实地面对真实情况的意愿越强，所看到的情况也越接近它的真实情况，变成一股创造性的力量，就像"愿景"成为创造性的力量一样。但是在生活中，经常采取"有弹性的忠诚"，忠于制度、忠于自己地位，以及忠于和谐关系。不正视"现状"地忠诚，我们迟早会在组织环境中触礁。

5. 运用潜意识

在自我超越的实践中，我们应将潜意识的运用当作一种修炼来加以提升。潜意识对于我们的学习也是非常重要的。人出生后的每件事都需要学习。学习，都需要非常专注与努力。在学习的过程中，逐渐转变为把熟练的部分交给潜意识来管，而让意识专注于其他部分或新的事物。

二、改善心智模式

（一）心智模式与改善心智模式

心智模式，最早是在 1940 年由苏格兰心理学家肯尼思·克雷克（Kenneth Craik）提出来的。管理大师彼得·圣吉将其定义为：根深蒂固存在于人们心中，影响人们如何理解这个世界（包括我们自己、他人、组织和整个世界），以及如何采取行动的诸多假设、成见、逻辑、规则，甚至图像、印象等。

改善心智模式（improving mental models）就是发掘我们内心世界的图像，使这些图像浮上表面，并严加审视，及时修正，使其能反映事物的真相。

一个人的心智模式是经历了漫长的时间过程，伴随着从小到大，在各种各样经历的环境中积累了许许多多的所见所闻而形成的。不同的人，对相同的问题有不同的看法，因为他们的心智模式不同。相同的人，对相同的问题，在不同时期也许看法不同，因为他改变了心智模式。《列子·说符》中的成语典故《疑人偷斧》讲述了一个经典故事：有个人丢了把斧子，怀疑是邻居的儿子偷的，结果看邻居的儿子走路、表情、说话就像是偷了斧子的人。不久，斧子在自家找到了，他再见邻居的儿子，就觉得其言行举止没有一处像是偷了斧子的人了。这个故事表明：当我们心里有了某种想法之后，心智模式就会让我们发现更多能印证这种想法的事例，从而更加坚定自己的判断。这是心智模式的自我增强特性。同时，这个故事也告诉我们，当有了新的资料或信息之后，我们会进行新的推论，从而改变自己的判断。如果能不断发现新的资料或能用新的视角去解读现有的各种资料，我们就可以持续优化自己的心智模式。

心智模式之间之所以不同，在于其思维和逻辑推理时隐藏在人们内心世界那种先入为主的假设，往往与事实相距甚远。它严重影响了人们对客观事物的认识和判断，特别是当企业管理领导层出现这种现象时，小则使企业经营出现困难，大则将给企业带来灾难。心智模式中假设的错误并不是很直观，甚至有些人深陷而不能自拔。所以必须通过学习，从组织制度上来帮助管理者改善心智模式。

（二）改善心智模式的修炼

1. 自省

自省是改善心智模式的核心方法。通过自省，我们得以发现自己内心世界深处隐藏的成见、假设、逻辑、规则，使这些图像浮现出来，借此可以对其有效性加以检视。此外，自省也可以让我们以开放的心态接纳不同的意见。

2. 学习

我们通过获取新的信息，开阔自己的视野，可以拓宽"观察框架"；通过了解新的思考逻辑，掌握更多的规则，可以更新"思考路线"；通过借鉴新的观念，形成新的习惯，可以修正自己的"价值导向"。总之，通过学习，我们可以获得合时宜的心智模式，使行动更有效。

3. 更换"新"的环境

心智模式的形成具有"路径依赖性"，也就是说，由于每个人的成长环境与经历不同，心智模式也可能不同。在这方面，"孟母三迁"的故事深刻地揭示了外部环境对心智模式的影响。因此，换一个新环境，有助于个体心智模式的改善。

如果人们长期在一种熟悉的环境下工作和生活，也许很难产生新的灵感，却很容易固化思维。人们需要有意识地创造条件，让自己有在各种环境下工作、生活或旅行的经历，体会各种自然和人文景观、文化、风土人情、生活方式，获得新的知识。

4. 情景规划

开发一系列新的情景，帮助管理者以新的视角或方式观察这个世界。

5. 持续"修炼"

改善心智模式归根结底只能靠自我的持续"修炼"，他人无法替代，外界的条件也只是一些促进或激发因素。持续"修炼"是改善心智模式的不二法门。

三、建立共同愿景

(一) 共同愿景与建立共同愿景

共同愿景是指组织成员共同的远大理想和宏伟目标。建立共同愿景是指组织成员树立共同的远大理想和宏伟目标的过程。通过建立一个组织成员的共同愿景，把全体成员团结在一起，以这个共同的愿景感召全体组织成员，创造出众人一体的感觉，使员工内心有一种归属感，有一种任务感，使之为这一愿景而奋斗。

(二) 建立共同愿景的修炼

1. 鼓励建立个人愿景，即鼓励个人设计自己的未来

建立个人愿景是建立共同愿景的基础，个人只有不断地自我超越，建立起自己的个人愿景，共同愿景才会在组织中形成。

在鼓励建立个人愿景时，组织必须注意不要侵犯个人的自由，团体成员应该彼此尊重，特别是对别人的个人愿景应当给予充分的尊重，不能将自己的个人愿景强加给别人，强迫他人发展。只有当组织成员的个人愿景能自由发展时，他们才可能将共同愿景视为个人愿景的体现，才能为建立共同愿景而贡献自己的智慧与才能。

2. 塑造整体图像，即培养组织成员的集体观念，从集体利益出发分担责任

共同愿景要求全体员工为之奋斗，为之奉献，而不是简单地服从。要使员工能奉献于共同愿景，必须使愿景深植于每一个员工的心中，必须和每个人信守的价值观相一致。所以，共同愿景又是一个企业的基本理念，包融了企业的目的、使命和价值观，必须使员工清楚地认识到他们在追求什么，弄清为何追求，知道如何追求。这种价值

观反映出组织在向愿景迈进时，全体员工日常的行动准则。管理者在组织内推广共同愿景时，除了应真实、简单地描绘共同愿景，同时还应身先士卒，自己先奉献于这个愿景，并不刻意要求下属的认同，留给下属一定的空间，让其自由选择。这样，反而容易使全体员工认同这个共同愿景。

3. 愿景要体现团体的意志

共同愿景有时源自权力核心者的个人愿景，有时源自不在权力核心层的个人愿景，有时是从许多阶层互动中激荡而出。分享愿景的过程，远比愿景出自何处来得重要。除非共同愿景与组织内个人的愿景连成一体，否则它就不是真正的共同愿景。对于身居领导位置的人而言，最要紧的是必须记得他们的愿景最终仍然只是个人愿景，并不代表组织的愿景。意图建立共同愿景的领导者，必须乐于不断把自己的个人愿景与他人分享，并想办法让其他人接受。

4. 学会聆听

愿景的宏伟设想往往是令人振奋的，但建立共同愿景的过程却并非一帆风顺、一蹴而就。共同愿景的建立，并不是只要对员工进行"物质"的刺激、提高福利待遇等方式就能实现，更不是领导者通过四处去说教、演讲、许愿等方法就能如愿以偿的。领导者在这个过程中同样也必须付出很多精力。除了要身先士卒，开始参与发展愿景外，领导者更要有比以往更宽阔的胸怀来容纳不同的想法。在处理日常事务时，领导者以日常语言和员工不断地相互以开放的胸襟长期交谈，能让每个员工都有机会且在可信赖的环境中，自由地表达自己的"愿景"，并学会聆听他人的"愿景"后，愿意去倾听、沟通，接纳各种不同的想法，先让多样的愿景共存，之后再提高领导者自身"愿景"的境界，以便找出能够超越和综合所有个人愿景的正确途径。

5. 忠于事实，并从事实与共同愿景之间的差距中产生组织的创造性张力

单有个人愿景，并不足以产生更有效的创造力。创造性张力是关键，它是存在于愿景与现状之间的张力。人能够坚持愿景，同时看清事实的真相，找出差距，并努力实现愿景。学习型组织的建立并不是去追逐一个遥不可及的愿景，而是量力而行，不断检验愿景及其发展的真相，使组织向着有利于实现愿景的方向发展。

四、团队学习

（一）团队学习的含义

团队学习（team learning）是发展团体成员整体合作与实现共同目标能力的过程，是通过开放型的交流，发现问题、互相学习、取长补短达到共同目的的过程。

企业职工如何通过有效的整体合作，取长补短而融汇成强劲的组织力量；个人卓越的集合，如何成为组织的卓越；如何使组织的智商高于个人的智力，这是团队学习所要达到的目的。不仅需要一群有才能的和有共同规划的个人，更重要的是，组织应学会共同学习。就像一个乐团，仅有非凡的演奏家是不够的，最重要的是他们的合力，他们知道如何一起演奏。著名物理学家海森堡说："集体比个人更有洞察力、更为聪明。团队的智商远大于个人的智商。"这就是提倡团队学习的原因。

（二）团队学习的修炼

团队学习的修炼要求组织学习的基本单位是团队而非个人。

1.深度汇谈与讨论

（1）深度汇谈。深度汇谈是创造性地研究复杂的议题，团队成员间彼此用心聆听，互相交流，其目的是揭露彼此思维的不一致性。在一个无拘无束的探索环境中，人人将深藏的经验与想法完全说出来，汇集成集体的智能。在深度汇谈中，人会变成自己思维的观察者，同时修炼出集体思维，修正自己与之不一致的地方。只从字面上来解释、讨论，想让个人的看法被群体所接受，这是远远不够的。组织用深度汇谈来研究复杂的问题，而用讨论来解决问题，其目的就是集中大家有益的想法与看法，从中找出更为合理的方案。

（2）深度汇谈的基本条件。

第一，悬挂假设。

所有成员必须"悬挂"自己的假设，即明确无误地表达假设（摆明自己的观点）。悬挂假设的目的是让自己和他人能探究和质询假设，并对其反思。

第二，视彼此为工作伙伴。

成员必须视其他成员为工作伙伴，是同事，而不是竞争对手抑或是上下级关系，平等相处，坦诚相待。将团队间成员相互看成同事有一个巨大的阻碍因子，即团队中实际存在的阶层、等级关系。破除这个阻碍因子需要那些身处高位的人真心想要获得深度汇谈的利益，并把它看得比保持自己的地位和特权更重要，从而真能与下属坦诚相待。另外，作为下属，想要获得深度汇谈的利益，也要有不惧怕权威的勇气，把上级领导当作同事，从而大胆地说出自己内心深处的真实想法。

第三，配备优秀的辅导者，负责深度汇谈精义与架构的制定。

必须有一位辅导者掌握深度汇谈的架构，从而保持深度汇谈的顺畅与有效，必要时影响汇谈的发展方向。深度汇谈在初始阶段的确需要一名辅导者，如果没有他的存在，成员的思想就会不自觉地把他们自己拉到商讨模式上来，从而阻碍深度汇谈的开展。辅导者在这个过程中有一些基本的责任，即让大家意识到深度汇谈的规则和意图，以及帮助大家建立这样一种观念，即这个汇谈过程和结果是我们一手参与和创造的，我们应对所发生的一切负责；包括继续推进深度汇谈，尤其当他发现有人不时地把深度汇谈拉向了商讨模式，他必须及时辨别且公开指出，但同时他必须小心翼翼地行事，恰到好处地提醒，不能有自己是专家或者医生的心态，那样会把团队成员的注意力从成员身上拉向自己，从而忽视了成员的想法，阻碍深度汇谈。随着团队成员对深度汇谈经验与技能的积累，辅导者的角色就可以逐渐转变为团队的一个普通参与者，而深度汇谈会在成员的团结协作下完成，此时，团队成员则变成了团队进行深度汇谈的多元动力。

（3）讨论。

讨论是提出不同的看法，并加以辩护的沟通技术。

深度汇谈一定要与讨论配合使用，这样才能产生综合效果，具有威力。通常，团队用深度会谈来探究复杂的问题，用讨论来形成对某一事情的决议。

2. 善用冲突

（1）鼓励成员多样性。创新是在不同的想法、观念以及不同的信息处理方法相互碰撞的情况下产生的。这就需要具有不同世界观的人们相互合作。由于员工年龄、学历、经验、认知水平各不相同，在合作过程中难免会产生冲突。

（2）激发创造性冲突。平庸的团队与杰出的团队之间的差别，在于他们如何面对冲突和处理随着冲突而来的防卫。平庸的团队通常以两种方式对待冲突：不是表面上看起来没有冲突存在，就是为极端的见解僵持不下。杰出的团队不是没有冲突，而是公开承认冲突，使冲突成为良好沟通的一部分，在沟通中善于处理和利用冲突。因此，杰出团队内部的冲突，往往具有建设性。在建设性冲突中，有一种特别有价值，称为"创造性冲突"。它的目的是支持创新，鼓励不同的构建问题和解决问题的方法的融合，即创造出单独观点所不能创造的东西。

3. 战胜习惯性防卫心理

习惯性防卫心理是根深蒂固的习性，用来保护自己或他人免于因为我们说出真正的想法而受窘，或感到有威胁。习惯性防卫种类繁多，且经常发生。例如，当业绩不佳而被上司责备，人们总会找出多种理由来应付；当观点被别人批驳时，人们总是千方百计地寻求证据以驳倒对方；等等。阿吉瑞斯认为：习惯性防卫心理使我们失去检讨自己想法背后的思维是否正确的机会。

如何才能克服习惯性防卫呢？消除团队内部习惯性防卫的方法关键是敞开心扉，暴露自己。主动表明自己的看法，揭露自己观点背后的思维过程，把批评与自我批评看作正常现象，只有当人们不再害怕自己的观点被驳倒时，防卫性思维就会烟消云散。

五、系统思考

（一）系统与系统思考的含义

系统是由相互作用和相互依赖的若干组成部分结合成的具有特定功能的有机整体。系统思考（systems thinking）就是要以系统的整体观念来思考问题。

彼得·圣吉认为系统思考是一种"见树又见林的艺术"。因此，强调要把企业看成一个系统，并把它融入社会这个大系统中，考虑问题既要看局部又要看整体，既要看当前又要看长远。

（二）系统思考的修炼

1. 全面思考

我们在认识世界的时候，为了更好地了解世界，总是在分析与综合思考。盲人摸象、一叶障目、只见树木、不见森林等的思维方式，不是系统思维。例如，一家大型零售公司，为了扩大销售额，在第一季度推出了多种促销手段，包括广告宣传、商品折扣、送货上门等。这些手段都非常成功，使季度销售额增长了50%，但紧接着在第二季度，该零售公司的销售额却突然下降了50%。原因是第一季度搞促销活动，吸引了许多顾客提前购买商品，把应该在下季度购买的商品在这一季度提前购买了，而总需求容量本身没有太大的提高，这样就使得第二季度的市场需求量急剧下降。

这就是只看到部分、没有看到整体的单向思维模式，销售人员只看到了一个因果关系，为了提高销售额，推出促销手段，这只是一个治标不治本的办法。问题看似解决了，但实际上并没有解决，还有可能引发其他问题。所以在遇到问题的时候，只看到了问题的表面或者某个方面，而看不到隐藏在问题背后一些关键因素。这样在解决问题时，也只是把问题从系统的一个部分推移到另一个部分，没有进行彻底的解决，而且当事人也未能察觉到。这样就导致今日解决问题的方案成了明日出现问题的原因。

2. 深入思考

顾名思义，就是说对待一个问题要打破砂锅问到底，找到问题的核心，不要浮于表面。系统思考理论还强调认识系统主要在认识系统的结构，不应被表象所迷惑，即应处理问题的"动态性复杂"，而非问题的细节性复杂，力求找到处理问题的关键。当销售不佳时，人们总是习惯激励销售员或加大促销力度，而问题可能出在新产品设计上。系统思考能让我们透过现象看本质。

丰田汽车公司"5why分析法"又称"5问法"。简单来讲就是对遇到的问题连续提问，直到找到问题的关键。在丰田汽车公司，曾经有人问公司总裁成功的秘诀时，他只回答了一句话：碰到问题，至少问 5 个为什么。

例如，面对机器的频繁停机，丰田前副社长就通过询问工人 5 个为什么的方法找到了问题发生的根本原因。为什么机器停了？因为机器超载，保险丝烧断了。为什么机器会超载？因为轴承的润滑不足。为什么轴承会润滑不足？因为润滑泵失灵了。为什么润滑泵会失灵？因为它的轮轴耗损了。为什么润滑泵的轮轴会耗损？因为杂质跑到里面去了。倘若只是看到保险丝烧断了就想要通过更换保险丝的方式解决问题，显然是治标不治本的。很多时候，我们忙忙碌碌却收效甚微的主要原因，就是把太多时间和精力放在了解决问题的表面原因上，而"5why 分析法"的目的就是帮助我们透过现象看本质。

当然，虽然这个方法叫作"5why 分析法"，但使用时不用局限在次数上，主要目的是找到问题的根本原因，所以有时可能只要 3 次就可以找到，有时需要 10 次，甚至更多。

3. 动态思考

动态思考强调思考问题时，要综合分析，明白事情的来龙去脉，梳理清楚各种关键要素之间的相互影响以及各种可能的变化。

相较于线性思考的单一论，系统思考中的动态思考则强调思考问题时，要综合分析，明白事情的来龙去脉，梳理清楚各种关键要素之间的相互影响以及各种可能的变化。

你有没有这样一种困惑：为什么别人的成功经验，对你总是无效呢？是因为自己实践的次数不够，还不能熟练运用吗？又或是作者分享的方法论本身有问题呢？虽然这些都是导致问题可能发生的原因，但更重要的原因在于我们没能明白那些经验教训从何而来，缺乏动态思考的能力。

系统思考能看清事物之间存在的延迟现象。事物之间的相互作用，是存在滞后性的，也就是动态发展的。例如，我们洗澡时调节水温，当你调节完之后，水温不会马上变化，过一段时间才会出现变化，你有时候可能需要花很长时间才能把水温调节到舒适的温度，这就是滞后性，也可以理解为延迟。而系统思考能帮助我们看清事物之间存在的这种延迟现象。这种情况在我们日常生活中其实很常见，却难以被人们发觉，这是因为滞后性通常要经过一段时间的延迟才会被反映出来。

总之，修炼是一种过程，是一种学习的过程。五项修炼是一个组织的学习过程，所以进行五项修炼的组织称为"学习型组织"。但能否真正成为"学习型组织"，并不仅仅看企业是否进行了五项修炼，关键是五项修炼是否能互相搭配，从而解决实际学习中所面临的问题。学习的关键不在于形式，而在于企业是否通过学习增强了应变世界变化和自我发展的能力。总体而言，五项修炼是一种观念的改变，是一种信念的改变，一种思维方法的改变，也同样是一种管理方法的改变。它一改过去那种以"管理、组织和控制"为信条的管理思想，取而代之的是以"远景、价值观和心智模式"为理念的新思想。它的目的在于创造出一种具有共同崇高理想和美好愿景，并为之奋斗的组织群体；同时创造出开放、平等、和睦、奉献的健康的组织环境，合理完美的心智模式，以及洞察一切变化和反应灵敏的组织机制。在这个开放、平等的环境中，没有交流的障碍，每个人思维的缺陷都能够通过自我的反思和相互的探寻得以纠正。而对外界的变化迅速有效地做出反应，全体员工不仅在适应这种变化中得以学习，同时在学习中创造出更美好的世界。

📝 案例 6-1

华为的"学习型组织"是如何炼成的?

创立于 1987 年的华为公司，历经 30 多年的成长，从籍籍无名成长为行业领头羊。目前，华为公司掌握的技术专利数量已在行业内处于领先地位，这显然是组织学习与创新学习的成果。可以说，正是学习型组织的构建，使华为公司成长为有竞争实力的世界级公司。

学习的主体是人

"人力资本增值的目标优先于财务资本增值的目标"一条明确写进了《华为基本法》。这也成为华为培训人才的宗旨和目标。任正非说："在华为，人力资本的增长要大于财务资本的增长。追求人才更甚于追求资本，有了人才就能创造价值，就能带动资本的迅速增长。"

华为强调，人力资本不断增值的目标优先于财务资本增值的目标，但人力资本的增值靠的不是炒作，而是有组织的学习。而让人力资本增值的一个途径就是培训，华为的培训体系经过多年的积累已经自成一派。

任正非对于培训有一个精辟的见解：技术培训主要靠自己努力，而不是天天听别人讲课。其实每个岗位天天都在接受培训，培训无处不在、无时不有。如果等待别人培养你成为诺贝尔，那么是谁培养了那些历史上的伟人呢？成功者都主要靠自己努力学习，成为有效的学习者，而不是被动的被灌输者，要不断刻苦学习提高自己的水平。可见，华为培训的本质或许并不仅仅是让员工具有某种技能，而是培养他们具备自我学习的能力。

华为旨在把自己打造成一个学习型组织，因此建立了一套完善的以华为大学为主体的华为培训体系。集一流教师队伍、一流教学设备和优美培训环境于一体，拥有千余名专职、兼职教师和能同时容纳 3 000 名学员的培训基地。

华为的培训对象很广，不仅包括本公司的员工，还包括客户方的技术维护、安装等人员；不仅在国内进行，也在海外基地开展。同时还建立了网络培训学院，培养后备军。

学习动力

如何才能让新员工主动学习、提高自身能力呢？华为采取的办法是全面推行任职资格制度，并进行严格的考核，从而形成了对新员工培训的有效激励机制。

譬如华为的软件工程师可以从一级开始做到九级，九级的待遇相当于副总裁的级别。新员工进入公司后，如何向更高级别发展，如何了解个人薪酬的差距，华为有明确的规定。比如一级标准是写万行代码，做过什么类型的产品等。有明确的量化标准，新员工就能根据这个标准进行自检。

任职资格制度的实施，较好地发挥了四个方面的作用：一是镜子的作用，照出自己的问题；二是尺子的作用，量出与标准的差距；三是梯子的作用，知道自己该往什么方向发展和努力；四是驾照的作用，有新的岗位了，就可以应聘相应职位。

除任职资格制度外，华为还通过严格的绩效考核，运用薪酬分配这个重要手段，来实现"不让雷锋吃亏"的承诺。即使考核结果仅仅相差一个档次，可能收入差别就是十万二十万甚至更多，所以在华为不存在"大锅饭"问题，华为就是通过这样的方式，来识别最优秀的人，给他们更多的资源、机会、薪酬和股票，以此牵引员工不停地向上奋斗。

导师制

华为是国内最早实行"导师制"的企业。华为对导师的确定必须符合两个条件：一是绩效必须好，二是充分认可华为的企业文化，这样的人才有资格当导师。同时规定，导师最多只能带两名新员工，目的是确保成效。

华为规定，导师除了对新员工进行工作上的指导、岗位知识的传授外，还要给予新员工生活上的全方位指导和帮助，包括帮助解决外地员工的吃住安排，甚至化解情感方面的问题等。

岗位轮换　人才流动

华为员工"之"字形个人成长，即一个员工如果在研发、财经、人力资源等部门做过管理，又在市场一线、代表处做过项目，有着较为丰富的工作经历，那么他在遇到问题时，就会更多从全局考量，能端到端、全流程地考虑问题。

任正非一直强调干部和人才的流动，形成例行的轮岗制度，并要求管理团队不拘一格地从有成功实践经验的人中选拔优秀专家及干部；推动优秀的、有视野的、意志坚强的、品格好的干部走向"之"字形成长的道路，培养大量的将帅团队。

授权与决策

华为强调"让听得见炮声的人来呼唤炮火"，就是要求"班长"在最前线发挥主导作用，让最清楚市场形势的人指挥，提高反应速度，抓住机会，取得成果。这要求上级对正确把握战略方向，平台部门有效支持一线组织，班长们具有调度资源、及时决策的授权。其基础是组织和层级简洁（比如3层以内），决策方式扁平、运营高效。这样战争的主角——优秀"班长"就能在战争中主动成长，从而成为精英中的精英。

资料来源：Marina.华为的"学习型组织"是如何炼成的？［EB/OL］.（2016-08-08）［2022-11-04］.https://mp.weixin.qq.com/s/mcihjqE8-RuLkdx6HJrdPA.引用时有改动。

📖 小结

1.企业组织的持续发展问题

我们所研究的企业组织的持续发展，是指企业组织在一个较长的时期内，通过持续学习和持续创新活动，形成良好的成长机制，企业组织在经济效益方面稳步增长，在运行效率上不断提高，企业组织的规模不断扩大，在同行业中的地位保持不变或有所提高。

21世纪最成功的企业将会是"学习型组织"，因为未来唯一持久的竞争优势是有能力比你的竞争对手学习得更快。

2.学习型组织的定义和特征

所谓学习型组织，是指通过培养弥漫于整个组织的学习气氛、充分发挥员工的创造性思维能力而建立起来的一种有机的、高度柔性的、扁平的、符合人性的、能持续发展的组织。学习型组织具有以下几个方面的特征：①组织成员拥有一个共同的愿景；②组织由多个创造性个体组成；③善于不断学习；④扁平式的组织结构；⑤自主管理；⑥组织的边界将被重新界定；⑦员工家庭与事业的平衡；⑧领导者的新角色。

3.组织学习

组织学习是关于有效地处理、解释、反映组织内部的各种信息，进而改进组织行为的过程。

组织学习的类型。阿吉瑞斯认为组织学习包括两种类型：单环学习和双环学习。

哈佛大学教授大卫·加尔文认为，组织学习活动包括系统地解决问题、试验、从过去的经验中学习，向他人学习以及在组织内传递知识这五项内容，具体形象地描述了组织学习的内容。这也是得到人们广泛认可的一种分类方法。

4.学习型组织的五项修炼

（1）自我超越。

所谓自我超越，是指突破极限的自我实现，或技巧的精熟；是学习不断厘清并加深个人的真正愿望，更清楚地了解目前的真实情况，把愿景作为召唤及驱使人们向前的使命，而不是一个美好的构想。

自我超越的修炼：①建立个人愿景。②保持创造性张力。③认清结构性冲突。④诚实地面对真实情况。⑤运用潜意识。

（2）改善心智模式。

改善心智模式就是发掘我们内心世界的图像，使这些图像浮上表面，并严加审视，及时修正，使其能反映事物的真相。

改善心智模式的修炼：①自省；②学习；③更换"新"的环境；④情景规划；⑤持续"修炼"。

（3）建立共同愿景。

共同愿景是指组织成员共同的远大理想和宏伟目标。建立共同愿景是指组织成员树立共同的远大理想和宏伟目标的过程。

建立共同愿景的修炼：①鼓励建立个人愿景，即鼓励个人设计自己的未来；②塑造整体图像，即培养组织成员的集体观念，从集体利益出发分担责任；③愿景要体现团体的意志；④学会聆听；⑤忠于事实，并从事实与共同愿景之间的差距中产生组织的创造性张力。

（4）团队学习。

团队学习是发展团体成员整体合作与实现共同目标能力的过程，是通过开放型的交流，发现问题、互相学习、取长补短达到共同目的的过程。

团队学习的修炼：①深度汇谈与讨论；②善用冲突；③战胜习惯性防卫心理。

（5）系统思考。

系统是由相互作用和相互依赖的若干组成部分结合成的具有特定功能的有机整体。系统思考就是要以系统的整体观念来思考问题。

系统思考的修炼：①全面思考；②深入思考；③动态思考。

自测题

一、名词解释

企业的持续发展　组织学习　单环学习　双环学习　学习型组织　自我超越　改善心智模式　共同愿景　团队学习　系统思考

二、简答题

1.学习型组织有哪些特征？

2. 学习型组织五项修炼的内容是什么?

3. 如何进行自我超越的修炼?

4. 如何进行改变心智模式的修炼?

5. 如何进行建立共同愿景的修炼?

6. 如何进行团体学习的修炼?

7. 如何进行系统思考的修炼?

8. 阿吉瑞斯关于组织学习的分类是怎样的?

9. 加尔文关于组织学习的分类是怎样的?

10. 学习型组织领导的新角色是什么?

三、单项选择题

1. 学习型组织的概念是由（　　）最先提出的。

  A. 彼得·德鲁克   B. 彼得·圣吉

  C. 阿吉瑞斯   D. 迈克尔·哈默和詹姆斯·钱皮

2. 最早提出组织学习概念的是美国哈佛大学的（　　）。

  A. 阿吉瑞斯   B. 彼得·圣吉

  C. 舍恩   D. 野中郁次郎

3. 彼得·圣吉五项修炼的核心是（　　）。

  A. 自我超越   B. 建立共同愿景

  C. 系统思考   D. 团队学习

4. 彼得·圣吉在以下哪个管理领域取得了重大的成就?（　　）

  A. 管理学习领域   B. 领导学领域

  C. 组织设计领域   D. 企业再造领域

四、多项选择题

1. 学习型组织的修炼包括（　　）。

  A. 系统思考   B. 自我超越   C. 改善心智模式

  D. 共同愿景   E. 团队学习

2. 深度汇谈的基本条件包括（　　）。

  A. 悬挂假设   B. 视彼此为工作伙伴

  C. 深度汇谈   D. 自主管理

3. 学习型组织领导的新角色包括（　　）。

  A. 设计师   B. 指挥者

  C. 仆人   D. 教师

4. 所谓"善于不断学习"，其含义主要包括（　　　）。

    A. 终身学习　　　　　　　B. 全员学习

    C. 全过程学习　　　　　　D. 团体学习

五、判断题（判断正误并说明理由）

1. 组织学习就是个体学习的简单累加。　　　　　　　　　　　　（　　　）

2. 适应性学习和创造性学习是组织学习的两个阶段。　　　　　　（　　　）

3. 在一个组织中，人人都在学习就是学习型组织。　　　　　　　（　　　）

4. 组织学习是一个组织成为学习型组织的必要条件。　　　　　　（　　　）

5. 主张系统思考，并强调建立学习型组织的学者是约翰·科特。　（　　　）

专题六自测题参考答案

专题七 知识管理

学习要求

1. 了解知识资源的含义。
2. 掌握知识管理的含义及特点。
3. 掌握知识管理的内容。
4. 掌握知识管理的原则。
5. 掌握知识管理的实施要点。
6. 熟记下列概念：知识资源、知识管理。

学习重点和难点

1. 知识管理的含义及特点。
2. 知识管理的内容。
3. 知识管理的实施要点。

学习建议

1. 重点学习知识管理的实施要点。
2. 选择一个具体的知识管理的案例进行学习。
3. 对知识管理的成功运作的条件进行课堂讨论。

当今世界经济已从工业经济时代向知识经济时代转变。知识作为一种独特而又无限的资源已经成为经济发展的核心要素。企业的发展逐渐从依靠资本积累转向依赖于知识积累与更新，知识管理开始作为企业管理的新模式正在悄然兴起。本专题首先分析了企业的知识资源，然后重点分析了知识管理的内涵及特征，知识管理的内容、知识管理的实施。

第一节　企业的知识资源

一、知识的含义及分类

（一）知识的含义

知识是一个内涵丰富、外延广泛的概念。不同的人、不同领域的学者，对知识的定义和理解也不同。

17 世纪英国哲学家弗朗西斯·培根（Froncis Bacon）有句名言："知识就是力量。"柏拉图（Plato）将知识定义为"经过实证的正确认识"。

彼德·德鲁克（Peter Drucker）则指出：知识是一种能够改变某些人或某些事物的信息——既包括信息成为行动的基础的方式，也包括通过对信息的运用使某个个体（或机构）有能力进行改变或进行更多有效的活动的方式。

汤姆·达文波特（Tom Davenport）等人认为：知识是一种像流体一样具有流动性的物质，其中混杂了已经结构化的经验、价值和有特定含义的信息及专家的洞察力。

在我国 5 000 年的历史和文化发展中，积累了相当丰富的关于知识概念的探索。

《辞海》第七版中将知识定义为："人类认识的成果或结晶。"

《现代汉语词典》第七版用的定义是"人们在社会实践中所获得的认识和经验的总和"。

但是，无论从哪个角度给知识下定义，现在我们所指的知识主要是指系统的科学理论，而不仅是传统的经验知识。知识作为一种资源存在于个人和组织之中，这对于把握知识经济时代知识的本质具有重要意义。因此，从一般意义上讲，知识是人们在实践活动中所获得的认识和经验的总和。知识与人类的社会活动相联系，人的活动所涉及的范围就是知识的范围。知识在最初阶段是零散的、孤立的和片面的，也就是柏拉图所说的哲学意义上的认识的概念。然而随着实践和认识活动的不断深化，也由于认识能力和逻辑体系的发展，人类的认识逐渐向丰富的内容、相互联系的结构体系和系统化、理论化、专业化方向发展。

（二）知识的分类

了解关于知识的分类，有利于把握企业的知识类型和知识资源分布状况，从而有利于实施有针对性的知识管理。

关于知识的分类，有很多种分类方法。本书主要介绍两种最为流行的分类方法。

1. 根据经济合作与发展组织的分类方法进行分类

经济合作与发展组织（Organization for Economic Co-operation and Development, OECD）关于知识的分类方法最为流行和权威。按照 OECD 的观点，知识可以划分为四种类型：

（1）知道是什么的知识（know-what）。这一知识是指有关事实方面的知识。例如，中国有多少人口？八国联军侵略中国是哪一年？企业的发展历程、产品的性能等关于事实的描述性知识。在一些复杂的领域，专家们需要掌握许多此类知识才能完成工作，如律师需要知道大量的法律条文和案件、医生需要了解大量的病例和医案、咨询师需要知道许多成功或失败的案例等。

（2）知道为什么的知识（know-why）。这一知识是指客观事物发展、变化的原理和规律方面的知识。例如，牛顿定律、供求规律。此类知识在多数产业中支撑着技术的发展及产品和工艺的进步，它的产生和再生产由专门机构如实验室和大学来完成。

（3）知道怎么做的知识（know-how）。这一知识是指做某些事情的技巧和能力，包括产品加工制造的技术，问题处理的技巧和诀窍等。例如，熟练工人操作机器的技术，管理干部处理难题的技能，企业合作关系的协调技巧等。又如企业家决定企业发展方向、判断产品市场前景，人事经理选拔人员等都需要这种知识。

（4）知道是谁的知识（know-who）。涉及谁知道某些事和谁知道如何做某些事的信息，它包含了特定社会关系的形成，即有可能接触有关专家并有效地利用他们的知识。对现代管理者和企业而言，重要的是要利用此类知识对变化率的加速变化做出响应。此类知识相较于其他类型的知识来说，在很大程度上属于企业的内部知识。

2. 根据知识的可编码性对知识进行分类

根据知识的可编码性可将知识分为显性知识和隐性知识。

（1）显性知识（explicit knowledge）。显性知识又叫编码型知识，是指那些能够以正式的语言明确表达的知识，表达方式可以是书面陈述、数字表达、列举、手册、报告等。这种知识能够正式地、方便地在人们之间传递和交流。对显性知识的管理，目前在图书情报学领域已有大量的理论与实践研究成果。

（2）隐性知识（tacit knowledge）。隐性知识又叫意会型知识，是建立在个人经验基础之上并涉及各种无形因素如个人信念、观点和价值观等的知识。隐性知识是相当个人化而富有弹性的知识，因人而异，很难用刻板的公式来加以说明，因而也就难以流传或与他人分享。个人主观的洞察力、直觉与预感等皆属隐性知识。隐性知识深植于个人的行动与经验之中，同时也储藏在一个人所抱持的理想与价值或所珍惜的情怀之中。隐性知识通常包括两个方面：一类是技术方面的隐性知识，它包括那些非正式的、难以表达的技能、技巧和诀窍。例如，一个厨师，经过多年的实践掌握了一些烹饪的诀窍，如火候的大小、佐料的多少等，而这个诀窍不能用科学的或技术的原理对其进行解释或加以表达。另一类是认识方面的隐性知识，它包括心智模式、信念、价值观，这些认识方面的隐性知识反映了我们对现实的看法（是什么）以及对未来的愿景（应该是什么）。尽管它们不能方便地表达出来，但这些隐性知识影响着我们观察周围世界的方法。

显性知识只是人类所有知识的一小部分，而更多的是那些难以表达、难以描述的隐性知识。隐性知识是高度个性化的，涉及每个人的经历、价值观和信念，而这些东西是难以公式化和明晰化的。因此，隐性知识在一定程度上具有独占性和排他性，难以与他人交流和共享。但这并不意味着它不是知识管理的对象，恰恰相反，隐性知识是知识管理的重要内容，知识管理的一个重要目的在于把隐性知识转变为显性知识。当然，这个转化不是单向的，隐性知识在向显性知识进行转变的过程中，还需要借助现有的显性知识，促进隐性知识的转化。

二、企业的知识资源的含义

企业的知识资源是指企业拥有和可以反复利用的，建立在知识基础之上的，可能给企业带来财富增长的一类资源的总称。

企业的知识资源不像物质资源那样以实物资产形式或金融资产形式存在，它往往是无形的，却又能够给企业带来财富。

企业的知识资源通常表现为以下几个方面：

（一）企业创造和拥有的无形资产

无形资产主要包括市场资产、知识产权资产和组织管理资产。市场资产指企业创造和拥有的与市场有关的、能给企业带来可能的竞争优势和利益的无形资产的总和，如企业的品牌、信誉、与顾客和合作伙伴的良好关系、销售渠道、特许经营权等。知识产权资产指企业创造和拥有的以智力劳动的成果为形式的无形资产的总和，如企业的专利、版权、技术诀窍、商业秘密等。组织管理资产指企业创造和拥有的能够使企业正常运转且稳定、高效的企业无形资产的总和，如企业的技术流程、业务流程、管理流程、企业精神、组织文化、管理模式与方法、信息网络等。

（二）信息资源

信息资源指企业通过信息网络所能收集到的与企业生产经营活动相关的各种信息。随着信息技术的突飞猛进，随着企业自动化进程的加快，随着市场竞争的愈加激烈，其对企业发展的作用正日渐突出，企业能否充分、高效、快速地创造、开发、收集、积累、分析和利用信息资源正在成为新的经济时期企业竞争成败的关键。

（三）智力资源

智力资源指企业所能够利用的存在于企业内部员工和企业外部人力资源中的各类知识和创造性地运用这些知识研究和解决问题的能力。这些知识和能力主要包括各种常识性的知识、技术专长以及领导能力、决策能力、管理能力、创新能力等。

三、企业的知识资源的特征

企业的知识资源是赋予并表现企业个性的资源。人、财、物资源在某种意义上是任何企业都可以得到的东西，但仅仅有这些资源却无从创造价值。只有将这些资源很好地结合起来，并适应市场，才能创造出价值。

（一）企业的知识资源是无形的

物质资源是实在的，看得见、摸得着的，如土地、建筑、设备。资本基本上也是物质的、有形的东西。但知识不同，知识有时会以信息、数据等形式表现在语言中或书本上，但知识的本质往往是人或组织的一种能力、一种经验、一个象征性的符号，或人脑中的一个创意，如技能知识。在企业的知识资源中，无论是企业创造并拥有的无形资产，还是有用的信息或智力资源，它们都是建立在知识的占有、利用、再创造的基础之上的，其表现形式与企业的物质资源相比较之下，不是人们习惯上看得见、摸得着的东西，而是具有无形化特点的资源。正是有形的物质资源和无形的知识资源一起共同构成了企业生产经营活动的不可或缺的资源。潜在的、无形的知识资源往往构成企业的核心竞争力，比有形物质资源显得更重要。

（二）企业的知识资源可以反复利用

企业的知识资源不像物质资源那样在生产经营过程中一次全部消耗或分期分批消耗到产品或服务之中，而是随着知识资源在生产经营过程中的使用，在向产品或服务中转移过后，企业并没有失去这些知识资源。这些知识资源仍然是企业拥有或可利用的，企业无须花费任何额外的代价就可以反复利用这些知识资源。

（三）企业的知识资源不会枯竭

物质资源是会枯竭的，而知识资源则可以生生不息。取之不尽是知识资源的本质特征之一。自然资源决定论、人口决定论之所以对人类社会未来持悲观论调，正是因为其忽视了知识资源的存在及其特征。企业的知识资源根据其在一定时期内呈现静态或动态的特点可分为固化的知识资源和活化的知识资源。固化的知识资源指的是在一定时期内，这部分知识资源中的知识含量基本不变，而活化的知识资源则指的是在一定时期内，这部分知识资源具有能动性，能够在已有知识的基础上产生和创造新的知识，即其中的知识含量是随时可能变化的。知识资源中的智力资源部分就是这种活化的知识资源。正是知识资源中这部分活化的知识资源在一定条件下可以创造出新知识，这些新知识又被不断地注入企业固化的知识资源当中，从而使得整个知识资源呈现出不断扩张的特点。从这个意义上讲，企业的知识资源是不会枯竭的。

（四）企业的知识资源可以充分共享

物质资源只能是物理空间上的换位，如一台电视机，我送给你了，我将不再拥有它。但知识资源不同，我给你一定的知识，我依然拥有至少同量的知识，知识资源的移动过程和物质资源不同，知识的移动不是物理空间上的换位，不仅仅是一个交换过程，更重要的是一个知识共享的过程。企业出于自己生产经营活动的目的与需要必须要进行有关信息的交流与共享，而信息化的知识资源在交流与共享中除人为因素外，在科学技术如此发达的今天一般是不会有什么障碍的。正是在这种不断的知识资源的共享中，企业的知识资源才能够被有效地开发和充分地利用，从而可能转化为企业真正的竞争优势和财富，同时企业的知识资源也才能够不断地得到积累和扩张。

（五）企业的知识资源的使用不会出现边际报酬递减

当企业的物质资源一定时，企业的知识资源不断积累，并不断注入企业生产经营过程，但知识资源的边际报酬不会像一般的物质资源的边际报酬那样出现递减，而恰恰相反，会出现递增的现象，即知识资源的增加会使企业物质资源能够得到更加充分和有效的利用，会促进企业产品或服务附加价值的大大提高。正是知识资源的这一独有的特征使得知识资源成为知识经济时代对企业财富增长极其重要的战略资源。

四、企业的知识资源的作用

在工业经济时代，尽管知识资源对企业经营而言也是重要的，但企业的物质资源即实物资产和金融资产是其赖以生存和发展的决定性资源。而在由工业经济向知识经济的快速演进过程中，在知识经济时代，虽然实物资产和金融资产仍是企业生产经营活动中不可或缺的稀缺资源，但企业赖以生存和发展的已是在物质资源背后起决定性作用的知识资源。知识资源的作用在新的经济时期突出地表现在以下两个方面。

（一）知识资源为企业创造着巨大的市场机会和财富

随着当今世界科学技术的飞速发展、经济的进步以及社会生活方式的重大变化，消费者的消费趋势日益转向多样化和个性化，对产品或服务中的知识含量的要求越来越高，在这种形势下，许多产品和服务的价值不是主要由其本身包括的物质的数量来决定，而是取决于其中的知识含量。因此，如果一个企业在知识资源的开发和有效利用上有优势的话，或者是能够向市场提供适销对路的产品或服务，或者是能够提供新的产品或服务来吸引顾客或消费者，满足顾客或消费者求新、求异、求特的需要，那么，稍纵即逝的市场机会可能就会被该企业抓住，从而给企业带来勃勃的生机和滚滚的财富。在这方面最典型的、几乎是家喻户晓的例子是美国的在软件产业居霸主地位的微软公司。微软公司的产品是高度知识密集的电脑操作系统软件和其他应用软件产品。微软正是在面向市场、面向顾客的产品开发指导思想下，注重充分地开发和有效地利用自己的知识资源，不断地推出新产品，不断地增加着产品的知识含量。把以知识为基础创造的软件存储于相对廉价的电脑磁盘或光盘之中，变为软件产品，既满足了市场需要，又不断地创造和开拓了市场，更为微软公司带来了数不清的财富。

（二）知识资源成为企业获取竞争优势的源泉

在新的经济时期，市场上同业竞争在全球经济一体化的大趋势下更加激烈和白热化，技术进步的日新月异与新技术在世界范围内的迅速扩散使企业进入新的市场较工业经济时代更为容易。激烈的竞争迫使企业不断地细分市场，并不断地追寻、理解和满足顾客的需求，不断地以"新"与"特"去赢得市场。企业在如此严峻的竞争环境中，要想取得竞争优势，关键是要创新，而创新的源泉正是企业的知识资源。

20世纪90年代以来，人们惊奇地发现，在一些世界顶尖级企业如美国的通用电气、可口可乐等公司内，一种全新的职务安排——CKO正在出现和兴起。CKO，其英文全名是 Chief Knowledge Officer，简称 CKO，翻译成中文，叫作企业的知识主管。CKO大多地位很高，仅次于企业的最高行政主管，主要负责对企业的知识资源的统一管理，参与制定企业的发展规划和企业决策，在促进企业的持续发展方面正在发挥着重大的作用。

第二节　知识管理

随着知识经济的兴起和发展，企业的经营方式和管理方式也出现了一些新特点。这些特点突出地表现在企业的管理方式正从工业社会的生产管理向知识经济时代的创新管理和知识管理（knowledge management，KM）转变，也就是说，知识经济时代的企业不再是过去那种以单纯金融资本或自然资源来表明本企业与其他企业的不同，而是通过知识获取竞争优势。这种新变化要求出现一种新的管理方式，即以知识为核心的管理，也就是知识管理。

一、知识管理的基本内涵

（一）知识管理的含义

知识管理目前还没有一个统一的定义。许多中外学者从不同的角度出发，对知识管理做出了不同的解释，可谓众说纷纭、莫衷一是。

1. 国外学术界关于知识管理具有代表性的定义

（1）IT 分析公司加特纳集团公司的定义：知识管理是促成确定、获取、检索、共享和评价公司信息资产的集成途径，这些资产包括数据、文献、政策、流程以及存储在员工头脑中的思想。

（2）美国生产力质量研究中心的定义：企业知识管理是指为提高企业竞争力对知识的识别、获取和充分发挥其作用的过程。

（3）美国德尔福集团公司执行副总裁、企业知识管理咨询专家卡尔·弗拉保罗（Carl Frappaolo）说：知识管理就是运用集体的智慧提高应变和创新能力。

2. 国内学术界的几种观点

（1）知识管理是将知识转化为公司更正确的决策和更好的作业方法，目的是在知识与有效行为之间建立起密切的反馈关系。

（2）知识管理是一种致力于将公司的知识资源转化为更大生产力、竞争力和创新价值的信息管理理论和方法。

（3）知识管理是指通过对企业知识资源的开发和有效利用以提高企业创新能力从而提高企业创造价值的能力的管理活动。

（4）知识管理就是通过对知识系统化、组织化的管理，增进企业集体的知识获取、知识再造以及自主学习意识和水平，通过提高知识生产率来提高劳动生产率。

（5）知识管理就是为企业实现显性知识和隐性知识共享寻找新的途径。知识管理就是指对企业内知识资产的管理。

上述这些知识管理的定义尽管表述不同，但是，这些定义中有一个共同点，那就是强调以知识为核心和充分发挥知识的作用。知识管理的实质是对企业中人的经验、知识、能力等因素的管理，以实现知识共享、知识创新。

（二）企业知识管理概念的含义

1. 企业知识管理的对象是知识和知识活动

企业知识管理的对象是企业所面对的纷繁复杂的世界中的知识（含信息）和企业的知识活动。知识是在长期历史发展过程中所形成的人们关于世界的认识和经验的总结，现代人的活动无一不是在一定的知识水平和知识的支配下进行的，知识成为人的生存和发展最内在的力量。企业作为由许多人组成的经济组织，它也是由每个人的知识综合形成的知识活动主体，它所拥有的知识决定了它的活动范围和生存空间。把知识作为企业管理的对象就是要依据知识发展的规律，扩大企业知识面和提高企业学习运用新知识的能力，实现企业的知识创新，从而谋求生存与发展。

2. 企业知识管理的目标是知识创新

企业知识管理就是要促使每一个员工积极地学习知识、获得知识、发挥知识的创造力，在此基础上产生企业的知识创新，因此它依赖于每个员工创造力的发挥。企业与员工之间基于知识活动的这种关系决定了企业知识管理的组织特征和组织原则。

3. 企业知识管理是以知识和知识活动为核心的综合管理

它撇开了物质的过程，把知识活动过程作为考察的对象，而把物流和价值流看作从属于知识活动过程的东西，研究知识活动的规律并以此构建管理的原理和组织以及相应的方法和体系，通过知识管理过程实现企业的各种管理职能。

4. 狭义和广义的企业知识管理

狭义的企业知识管理，是针对知识产业和知识企业而言的，其依据是知识的商品化和交换，它是与知识经济相伴随的。但是，广义的企业知识管理包括知识经济时代的各类企业，因为在当今的工业企业里知识因素的作用也在加强，并且正是由于工业经济的充分发展才导致了管理的变革。企业知识管理是一般的知识管理思想和管理理论。

（三）知识管理与信息管理的区别

知识管理与信息管理之间存在一定的联系，但二者又有区别，具体表现在以下几个方面：

1. 目标不同

信息管理主要侧重的是建立并维持一个通畅且高效的信息网络。从事信息的收集、检索、挑选、分类、存储、传输和分析等。尽管在信息管理的高级阶段，信息管理人员也参与一些商业竞争方面的战略分析，但对如何利用信息来进行企业创新，在信息管理中并没有什么特殊的要求，而且，往往企业的信息管理者和信息的使用者之间沟通不够。而知识管理主要不是吸收和占有多少知识，而是促进组织机构运用已有知识进行创新并创造新知识，解决经营决策问题，因而其总体目标是知识运用，具有较强的方向性和效用性。知识管理是对包括信息在内的企业所有的知识实施全面的管理，要把企业的知识资源统筹起来，与其他资源相结合致力于企业的创新活动。

2. 业务范围不同

信息管理主要是信息的组织、控制与利用过程，是根据规范和指令对信息加以处理。相对来说，信息管理中的收集、加工、检索和传播等组织与控制技术已较为成熟，而其利用环节尚未充分开发与实施。知识管理业务则涉及发现知识、交流知识与信息、应用知识（既包含显性知识，又包含隐性知识），其中包括信息管理过程、激励过程、契约构造过程、权利维护过程等；知识管理的具体实施方式、知识管理系统的构建等，将成为知识管理研究的重点，而隐性知识的发现与发掘技术、知识资本权益的分配与平衡机制、知识管理的各种法治建设等，将成为知识管理研究的难点。另外，如果说CIO（chief information officer，首席信息官）的工作重点是技术与信息的开发利用，那么 CKO 的工作重点则是推动创新和培育集体创造力，因而与 CIO 相比，CKO 更具有综合性与复杂性，有些公司试图把 CIO 简单地演变成 CKO，显然是不恰当的。

知识管理产生于知识经济大环境，是知识经济增长理论在管理领域的对应产物，因为在传统的经济增长理论中，知识或技术进步是外生于经济系统的。而以保罗·罗默（P.Romer）为代表提出的知识经济增长理论，力图把增长理论建立在技术进步或知识内生的基础之上，在他看来，知识增长是经济长期增长的关键；思想（知识）是最重要的经济物品，要比一般经济物品重要得多。知识管理的出现与信息向知识的转变趋势有关，新财富越来越源于知识，企业所要管理的主要是无形资产而不仅仅是信息。

二、知识管理的意义

作为企业中的高级管理人员、知识型工作者，你是否经常遇到这样的问题：以前自己撰写过或见过别人整理的一份非常有价值的报告和资料，在需要的时候却找不到了；随着一位关键员工的离职或休假，相应的与重要合作伙伴或客户的良好关系受到损害，联系甚至被迫中断，同时也失去了非常宝贵的实践经验；新员工加入某项目组，因没有相关背景资料而很难上手，也不能充分借鉴前人的经验和智慧；在项目的开发和进展过程中，员工需要向具有某种专长的专家咨询，却不知企业内部谁有这样的专长；等等，借助知识管理理念和适当的工具可非常有效地解决这些问题。

具体来说，开展和加强知识管理，其意义如下：

（一）有利于实现组织的可持续发展

组织中的产品研发、销售网络、专利技术、业务流程、专业技能等知识，作为核心资产进行管理、开发和保护；建立相应的管理体系，通过组织文化、知识库、信息通信技术等形式固化到组织中去，有助于实现组织的可持续发展。

（二）有利于提高员工素质及工作效率

通过组织知识的共享与重用，可以提高员工的知识水平和创新能力，提高工作效率、研发水平、操作技能及服务能力。通过建立保障知识共享、创新的制度和措施，有利于员工之间开展知识交流与共享，可以促进员工的个人发展；还有利于提高员工的创新积极性，从而实现组织内和谐共处。

（三）有利于增强用户满意度

通过为用户、社会提供更优质的产品、更高效的服务，可以帮助提升组织的用户满意程度、社会公众满意程度。

（四）有利于提升组织的运作绩效

通过将组织的知识运用于业务运作的各个环节，提高业务管理水平、产品研发能力、生产经营水平、市场开拓能力、产品附加值，提升客户服务水平，建立竞争优势。

（五）有利于增加企业知识储备，将个人知识和信息提升为组织知识，减少员工休假、离职而造成的损失

平时就要提供相应的工具，收集、整理与各员工工作紧密相关的各种有价值的信息源，如报告、项目总结、模板、电子数据表、参考书、说明书等，这些信息源不限于印刷型资料，也包括各种工具、设备和特殊的应用软件。有企业知识库为基础，新员工能很快地熟悉前人的工作环境，学习其他员工的经验。

（六）有利于企业有效地开发其知识资源，使知识资源在深度和广度上不断得到扩展

通过数字化和知识化将大量无序信息有序化，为员工提供知识共享的环境，提高其工作效率和创新能力，改善服务质量。

（七）有利于通过知识地图将知识和人联系起来，帮助人们获得知识来源，减少知识扭曲的情况

信息和知识在传播过程中很容易受到"噪声"的干扰而产生变形，随着传播环节的增多，信息和知识甚至会丧失原来的意义。更重要的是，很多隐性知识的传播只能是面对面的直接交流，否则根本无法传递。知识地图能有效组织企业内部的知识和专长信息，员工在需要时可非常方便地查找到专家，进行直接交流，从组织网络获取知识，高效优质地完成任务。

（八）有利于企业有效地利用其知识资源，促进和强化企业的创新能力以适应经济环境的变化

新思想的产生并不是一个神秘的过程，一个天才挠挠头就凭空做出一项大发明只是一句空话。那些能持续创新的企业把新思想的产生和检验都系统化了。高效的创新者往往将旧思想作为创造新思想的原料。开展和加强知识管理，方便企业的后继者轻松获取前人积累的知识，以此为基础不断创新，有利于实现企业的可持续发展和创新。新思想的产生有四个过程：其一是从极其广泛的资源中捕捉好的思想；其二是讨论和使用这些好的思想；其三是通过交流使人们相互影响，保持活力；其四是把有前景的概念变成真正的服务、产品、过程或商业模式。

总之，通过知识管理，企事业各种组织单位能有效地管理、利用现有和潜在的知识资源，促进企业学习、进化与合作过程，向知识型企业发展。

三、知识管理的原则

为了以最小的成本进行最为有效的知识管理，需要把握积累、共享和交流三个原则。知识积累是实施知识管理的基础；知识共享是使组织的每个成员都能接触和使用企业的知识和信息；知识交流则是使知识体现其价值的关键环节。

（一）积累原则

无论对于组织或个人，知识积累都是实施知识管理的基础。特别是一个企业，自

它成立的第一天起，就会有很多的信息和知识产生。如果没有积累，这些信息和知识就会随着某项具体工作的结束而消失，或者随着员工的离去而流失。正是这些信息和知识一点一滴地凝聚，才构成了企业的财富，形成了组织文化、企业价值和企业核心能力。因此，企业一定要注意信息和知识的积累。这是企业进行知识管理的首要条件。由知识积累而形成的知识库、信息库，也是企业知识管理的主要对象之一。

很多关于企业的调查都表明，在公司内的某个群体对知识工作担负起明确的责任之前，很难有效保证知识的积累。在一个具体的组织中，为了防止知识的流失和保证知识积累的长期性，必须指定专门的管理者，负责收集知识并进行分类，建立面向知识的技术基础，并监督知识的利用。

（二）共享原则

知识共享是指员工个人的知识财富（包括显性知识和隐性知识）通过各种交流方式（如电话、口头交谈和网络等）为组织中其他成员所共同分享，从而转变为组织知识财富。其中包含两个层面的知识共享：员工之间知识交流所涉及的显性知识和隐性知识之间的转化；知识在个人、团队和企业三个层次之间的流动。

比尔·盖茨在其新著《未来时速》中论述"知识管理"时，特别强调"知识共享"的重要性。他指出，"一家公司的高层经理们需要坚信知识共享的重要性，否则即使再努力掌握知识也会失败。"他还说，"'知识就是力量'这句老格言有时使人们对知识秘而不宣。他们相信把知识保密起来会使自己成为必不可少的人"，而实际上，"力量不是来自保密的知识，而是来自共享的知识。一家公司的价值观和奖励制度应该反映这个观念"。也就是说，公司领导人要奖励那些"共享知识"的人。

之所以要在知识管理中强调共享原则，是因为调查表明，分享知识并不是自然而然的行为；相反，隐藏自己的知识并疑惑地看待来自他人的知识，才是大多数人的天性。在这样的前提下我们就会发现，信息的可利用并不一定会使信息得到充分利用。为了实现知识的分享，已经有一些公司开始通过诸如业绩评价和补偿等鼓励措施对员工的相关表现进行评价和奖励。

必须强调的是，知识共享并不仅仅是1+1=2，并不意味着只是简单地从他人那里获取知识或学到技能。如果得到的知识无法加以更新、运用，那么知识会犹如光阴一般转瞬即逝，这并不是真正意义上的知识共享。知识共享要求在共享的过程中予以创新。"一个组织要想适应动荡变化的环境，它必须能够创造信息和知识，而不仅仅是有效地传递它们。"知识共享不是企业进行知识管理的最终目标，而是一种方法，是为更有效地利用智力资本和提高知识创新能力而采用的一种方法。

（三）交流原则

如果企业的知识有积累、能共享，但是没有交流，那么仍然不能算作有效的知识管理。知识管理的核心就是要在企业内部建立有利于交流的组织结构和文化氛围，使员工之间的交流畅通无阻。这样才能最大限度地使信息和知识在交流过程中得到融合和升华，使知识交流者得到启发和提高。

交流是知识管理的三个原则中的最高层次。如果说积累和共享是使知识发挥作用的基础，那么交流则是使知识体现其价值的关键环节。只有在交流过程中，才能更好地完成知识的学习、利用与创新，而创新正是知识管理的最高追求，是企业知识管理的终极目标。企业应鼓励员工在交流中了解他人的知识，通过解决实际问题，使员工产生学习和创造新知识的冲动，这种在交流中培养起来的企业创新能力，将使企业具备顽强的生命力，在激烈的竞争中真正立于不败之地。

综上所述，积累、共享、交流是企业知识管理的基础，也是企业文化的核心。知识经济下的企业文化必须适应"积累、共享、交流"这三个原则。

四、知识管理的特点

知识作为企业的重要资源，它的作用超过以往的人力、物力资源的作用，所以，知识管理必然表现出自身一些明显的特点。

（一）人是知识管理的关键要素之一

知识从产生到识记以及最后的运作，都是以人为主导的。因此，人是知识管理的关键因素之一。

人之所以成为知识管理的关键因素之一，是因为人的大脑不仅是知识的载体，也是知识创造和传播的内生力量。知识在创造和传播过程中，包括社会化、外化、组合、内化四个阶段。而每一个阶段都需要人的参与，特别是社会化和内化阶段，完全是人的因素在起作用。

（二）知识管理是一种以创新为目的的知识生产

随着科学技术的飞速发展，以及全球市场一体化趋势逐渐增强，企业面对的市场竞争也更加激烈。在激烈的竞争中，企业要想立于不败之地，就必须拥有比别人领先一步的产品、技术或管理。而这种竞争中的领先优势，主要来源于企业以创新为目的的知识生产。

企业知识的生产过程，从某种角度来说，就是知识价值链的形成过程，它是从知识的获取、共享、创新到应用，并在这几个方面的基础上进行领导、计划、控制、组织、测评，最终达到增强企业竞争力的目的。无论哪种类型的知识，只要知识生产先人一步，就可能给企业创新带来极大的便利与可能。创造适宜的条件与环境，充分开发和有效利用企业的知识资源，不断进行以创新为目的的知识生产，是知识管理的重要特征。

（三）知识管理鼓励和推进知识共享与创新

企业知识的共享是指企业通过各种交流方式，能够选择在最佳时机、最佳地点，以最合适的形式进行，将最合适的知识传递给企业中最合适成员的过程。在知识管理中，通过各种方式来促进知识的共享是其重要的工作内容，知识共享是知识创新的必要条件，企业要实现知识共享、最终实现知识创新需要做好以下几个方面：

（1）知识的挖掘，即企业内部需要某种知识的部门单位或员工个人从组织内部通过学习、交流等方式搜索和选择知识的过程。

（2）知识的转移，即通过人才流动，建立国际网络工作小组或内部的出版物、知识库等。

（3）知识的集成，即将转移的知识内化为接受方的结构化的知识。

（4）应该尽可能地运用现代化的技术手段建立起各种形式的企业知识网络，为知识的共享奠定基础条件。

（5）企业文化要相应地向着知识管理的方向转变，使企业内的每一位员工都感觉贡献知识与人共享是一种自然的行为，并自然与企业组织内外的人员形成知识网络团队。

（6）企业应该尽可能地通过各种方式创造一种鼓励知识共享的环境，着力营造员工之间知识共享的氛围，使大家在这种适宜的环境中，通过学习交流，把信息与信息，信息与存在于人脑中的难以编码化的知识联系起来，从而保证企业创新活动的不断开展。

五、隐性知识与显性知识的转化管理

日本学者野中和竹内将知识创造看作隐性知识向显性知识明示化的过程，运用东方的特别是日本的思维方式，提出了两类知识间的相互转换模式，即 SECI 模型：S 是社会化（socialization）过程，E 是外化（externalization）过程，C 是综合（combination）过程，I 是内化（internalization）过程。

1. 社会化过程

从隐性知识到隐性知识，即知识在人与人之间的转移。社会化这一过程实现知识的共享，是一个共同分享个人的经历、经验，转而创造新的隐性知识，如共享的心智模式、技能和诀窍的过程。一个人可以从别人那里直接学习到别人的隐性知识，而无须借助语言表达。例如，学徒长期与师傅一起工作，从师傅那里学到技能，主要是通过观察、模仿和不断地实践。同样，在企业中，职业培训也是这个道理，获得隐性知识的关键是实践和经历，如果没有这些共享的心智模式，一个人要站在别人的角度上去思考问题是非常困难的，简单的信息传递，而不是情感的交流和经历的共享，是没有多大意义的。

为促使隐性知识到隐性知识转换，组织应该：鼓励社团活动，提高经验分享的范围和层次；设立像茶水间的工作喘息空间，建立非正式的交流时空；养成分享知识的习惯。领导带头，动员和鼓励个人主动贡献自己的知识，让更多的人懂得知识分享的好处。组织应提供知识交流的时间和机会：在组织内，提供固定且正式的知识交流时间；在组织外，提供参加交流会议的机会。

社会化的过程不仅存在于公司内部成员之间，还存在于产品开发者与消费者之间。在新产品开发之前和在新产品投入市场之后，与消费者之间的相互交流，实际上是一个永无止境的共享隐性知识和创造新思想的过程。

2. 外化过程

从隐性知识到显性知识，即将人们头脑中的经验和诀窍总结出来，提高可见度。外化过程是知识转化模式中极其重要的一环，是典型的知识创新的过程。把隐性知识显性化时要充分利用比喻、比较、概念、假设和模型等多种方法和工具。外化过程要精确地把头脑中的隐性知识转化成显性知识是相当困难的。例如，当我们用语言或用笔，把我们头脑中的景象描绘出来时，这些表达与头脑中的景象往往是不完全一致的，存在或多或少的差别。它需要人们充分发挥洞察力、想象力和推理的能力，要求是非常高的，这也是隐性知识能否转化为显性知识的关键因素。

在外化过程中，组织需要开发必要的环境和条件使个人头脑中的隐性知识转化成可编码的显性知识。例如，将在项目或产品中成功或失败的经验和教训形成文字，提供渠道让其他成员参考，如应用脑力激荡术，由成员互相激荡与对抽象概念的联想，使抽象概念具体化。

3. 综合过程

从显性知识到显性知识，即对知识重新进行整理，或将知识存放在知识库中。综合的过程就是把不同的显性知识结合起来，个人可通过文件、会议、电话谈话、计算机通信网络等媒介传递和交流知识，并对已获得的信息和知识进行排序、增减、分类、综合，这个过程能够产生新的、更加系统化的知识。综合这种知识转化模式，实际上是对已获得的显性知识进行加工整理，整合全公司各部门的文件，重新分类。综合过程可借助现代化的信息技术和数字技术，对信息和知识进行编码，利用计算机加以重新整理、划分新的知识单元，改变知识结构以达到创造新知识的目的。计算机通信网络和大规模的数据库的使用，有助于这个过程的转化，成员可以通过网络与数据库获得其他部门的知识。

4.内化过程

从显性知识到隐性知识，其实质是一个学习过程。例如，通过培训将书本知识转化为人们头脑中的知识。当通过社会化、外化、综合获得的知识被内化成个人的隐性知识，形成一种共享的心智模式和技术诀窍的时候，它们才会变成有价值的资产。个人通过内化过程能不断积累和丰富自己的知识。只有在把显性知识进行加工处理后，形成正式的文件、手册、报告等，显性知识转化成隐性知识的转化过程才会较顺畅和容易，文本形式有利于促成个人的内化过程，丰富个人的隐性知识，同时也有利于这些显性知识的传播和交流，从而帮助人们间接地体验别人的经历。内化过程除了上述体验方式外，还可以通过阅读、聆听等学习方式，把显性知识内化为自己的隐性知识。

对隐性知识的管理和对知识变换的管理，目前无论是在理论上还是在实践上都还没有形成完整的模式，尤其是对知识变换的管理，目前更是处在理论探索阶段。在这一过程中，组织应该做到：给员工提供因尝试创造而允许犯错的空间；发展标准作业流程；引进、转化外部知识，如购买新的经营技能；构建"知识分布图"，记录各种知识技能权威人士的位置所在，使员工可以方便地找到请教和学习的对象，进行标杆学习，获得必要的知识。

SECI模型是一个建立重复利用知识体系的过程。在这一过程中，组织通过共享隐性知识，使隐性知识和显性知识之间进行转化，从而使新的知识被源源不断地创造出来，进而形成持久的竞争优势。

第三节　知识管理的实施要点

为了更好地完成知识管理的任务，实现知识管理的目的，企业在实施知识管理时应特别注意做好以下几个方面的工作。

一、设立知识主管

企业要想在经济知识化的浪潮中取得竞争的优势，必须进行知识管理的尝试。企业知识管理需要知识管理者，即首席知识官或知识主管。知识主管的任务就是要创造、使用、保存和转让知识。知识主管的地位居于首席执行官和信息主管之间。知识主管的基本功能就是开发企业的知识创新能力和集体的创造力的应用与发挥。其主要职责有：了解和熟悉本企业的生存与发展环境以及本企业自身的发展特点与要求，尤其是企业内部的信息要求；建立和造就促进知识学习、知识积累和知识共享的环境并激励员工的知识创新、技术创新及信息交流；监督和保证知识库中知识内容的质量、深度、风格并使之与本企业的发展一致，其中包括知识与信息的更新；保证知识库设施的正常运行；组织知识管理活动。高级知识管理者必须能够把结构化的外在知识与直觉相结合，从而感知组织文化和行为中的隐性知识，保证将组织的智力资产最终转化为能为组织带来利润的知识产品。

知识管理的复杂性和特殊性，决定了知识管理工作需要由具有较高的技术和专业知识水平的工作者来担任，知识主管作为知识管理工作的主要承担者，既要掌握信息科学技术和广泛的专业知识，又要有对知识的处理能力和处理人际关系的技巧。因此，知识主管的最佳人选是具有管理才能的科学家和技术专家。

二、建立起知识型企业组织结构

传统的金字塔式的企业组织结构，管理刚性较强，等级特点突出，企业员工在其间的活动严格按等级进行。企业高层主管的决策依等级链逐级下达，基层员工的建议及意见等也是依此等级链依次上传。很显然，这种组织结构模式对于今天已经发生了变化的经营环境是极不适应的。因此，为了适应当今时代飞速的科技进步和激烈的市场竞争，通过再造企业，调整组织结构，使之更加柔性化、敏捷化，正在成为世界范围内的企业管理新浪潮。企业实施知识管理，是为了充分和有效地开发利用其知识资源，以实现企业创新，从而提高企业创造价值的能力。因此，知识管理客观上要求企业必须打破传统的金字塔式企业组织结构，建立起柔性、敏捷的知识型组织结构。在知识型企业组织结构中，员工间知识的交流与共享得到鼓励并有切实的条件保证，团队式的工作小组使得任何一位员工的想法、建议或意见都能得到广泛的交流，学习成为一种日常的、自觉的事情。基于创新的知识的生产与传播、知识资源的积累与扩大及企业技术创新和管理创新的速度在这样的组织结构中都将大大加快。所以，如果没有一个知识型的企业组织结构，要成功地实施知识管理几乎是不可能的。

三、建立起鼓励员工参与知识交流与共享的激励机制

在知识管理中，重视知识的价值不能仅仅停留在口头上，而要落到实处，要让开发和利用自己的知识或开发和利用企业的知识资源为企业进行卓有成效的创新，使员工得到切实的利益。这一点对企业成功地实施知识管理是至关重要的。重视知识价值的具体做法有很多，可以建立知识开发与共享激励机制。鼓励员工知识共享可以完善以下几个方面的机制：①知识明晰机制，如建立知识管理目标发布制度、知识成果申报制度。②知识绩效机制，如知识成果稽核制度。③知识奖惩制度，如知识薪酬支付、知识股权期权奖励制度、知识培训制度、知识老化员工淘汰制度。总之，重视知识价值的做法具有两个方面的作用：一是要对已经做出贡献的员工给予肯定，使其得到相应的利益；二是要进一步激励员工从企业的发展出发，为企业进行更加卓有成效的创新做出更大的贡献。

四、营造一种鼓励知识的交流与共享、崇尚创新的企业文化氛围

在这种开放和信任的文化氛围中，每一位员工的价值得到肯定，创造性得到承认，创新的想法或建议得到充分的尊重和交流，员工自觉且主动地为企业的发展尽心尽力，从而使得企业整体的智慧得以增强，面向市场的企业创新能力得到提高。因此，软环境的营造可以促使企业的知识资源得到更加充分和有效的开发利用，尤其在员工创造潜力的发挥方面有着不可低估的作用。

五、构建知识管理系统

随着知识管理的兴起，企业知识管理系统（key management service，KMS）成为企业发展中不可或缺的重要基础。

知识管理系统是集成各种知识管理技术，以实现知识管理过程和知识管理功能、实现组织竞争力的提高为目的的复杂的信息技术系统，是组织实施知识管理的技术平台，是一个具有知识管理能力和协同工作能力的软件系统。理想的知识管理系统是一种融管理方法、知识处理、智能处理，乃至决策和组织资料发展规划于一体的综合系统，以便使最恰当的知识在最恰当的时候，传递给最恰当的人，并使之能够做出最恰当的决策。

知识管理系统应该具备以下三方面的基本功能。

1. 整合组织的知识资源

知识管理系统应能够对分散在组织各处的内部业务流程系统、信息系统、数据库、文档系统、纸质资源及组织与合作伙伴之间、顾客之间的业务流程中的知识资源进行优化整合，以合理的形式集成、有序化组织内、外部的知识资源。

2. 促进知识转化，扩大知识储备

知识管理系统应该作为组织内、外部知识交流的媒介，促进隐性知识与显性知识的相互转化，并在转化的过程中使知识得以增值、创新，还能够将在转化过程中经过验证的、有价值的知识存储起来，一方面可以避免因为人员的离去而造成知识的流失，另一方面可以在更大范围内实现知识共享。

3. 实现知识与人的连接

"人"是组织最宝贵的知识资源，良好的知识管理系统（特别是其中的知识地图、专家网络等）可以有效地将知识的拥有者和知识的需求者连接起来，促进组织知识的有效共享和转移。

六、建立知识管理的反馈系统

知识管理的实施过程中难免会出现一些问题和变化，通过知识管理的反馈系统可以及时地将这些信息反馈给知识主管，便于知识主管能够快速、准确地采取相应的措施，解决出现的问题，以便使企业的知识管理成本降到最小，使知识管理能够顺利进行，从而提高企业的知识管理效用。除这些方面外，企业还应采取更新经营管理理念，与其他企业开展合作性竞争，保护自身知识产权和无形资产等措施。

📖 案例 7-1

用知识管理打造企业核心能力——从 C919 首飞成功看中国商飞的"双屏创新"

理论研究和实践发展都表明，核心能力是企业保持持续竞争优势的关键所在，而如何构建核心能力却经常成为企业实践的难题。作为中国民用航空领域的开拓者和引领者，中国商用飞机有限责任公司（简称中国商飞公司）的"第二块屏幕"建设中所体现的知识管理为核心能力建设提供了新的视角和思路。

"第二块屏幕"是中国商飞公司在技术中心、管理部门和生产车间等机构中全面推广的、旨在构建员工专业能力的知识管理工程，包含建立电子图书馆、打造场景化知识应用平台、推进知识智能化服务三个步骤。"第二块屏幕",形象地描述了公司员工在自己日常工作的电脑之外,再增加一块新的电脑屏幕作为正常工作的信息参考、数据支撑和知识借鉴媒介,对于改善员工工作绩效、完善公司的知识体系、打造学习型组织都有重要作用,为构建公司核心能力和保持持续竞争力奠定了良好的基础。这就是中国商飞公司正在积极推行的管理创新,即"双屏创新"。

"双屏创新"是对"第二块屏幕"的全面"武装",它不仅仅是一块工作屏幕的增加和一种工作形式的丰富,其本质是一种机制创新,体现了企业对知识管理和学习能力优化的重视。在微观上让每位员工都能从"第二块屏幕"上受益,更科学、高效地解决实践中遇到的问题,同时让员工具有知识体系构建的参与感,进而享受到创新绩效提升的获得感。基于这种全员参与的共享和创新,"双屏创新"在宏观上优化了企业学习氛围与组织学习机制,提高了企业作为一种创新主体的核心能力。"双屏创新"对核心能力的影响机制如图7-1所示。

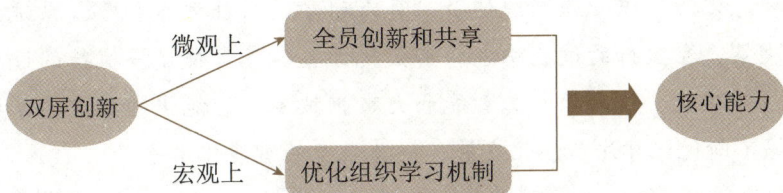

图7-1 "双屏创新"对核心能力的影响机制

"双屏创新"主要包括以下三个方面,如图7-2所示。

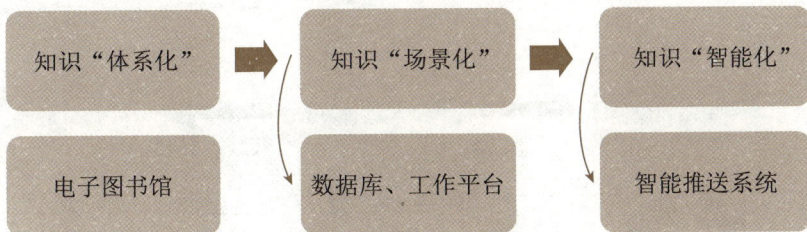

图7-2 "双屏创新"的三个主要方面

1. 知识工程——建立电子图书馆,实现知识的"体系化"构建

"双屏创新"的第一步就是实现第二块屏幕的知识储备,即建立结构化知识的电子图书馆,将知识像资产和物资一样分门别类、科学梳理、有序存储,实现"隐性知识显性化,显性知识的体系化",如商飞各工作岗位、任务和流程手册的编写,知识流程图的编制和隐性知识的整理等。同时,建立与之相配套的知识管理制度,如考核、评估和激励制度等。通过重点单位的试点做法,提炼经验,从而更好地推广实施,实现知识的规范化和体系化,为中国商飞公司后续的知识应用、知识传承和岗位培训都奠

定了扎实基础。

2. 问题导向——服务产品生产制造，实现知识的"场景化"应用

知识的整理服务于知识的运用，知识"资产化"是为了将其更好地应用到实际情况和实际问题的解决之中，服务生产目标。基于资产化的数据库，能够形成工作平台，把资产化的知识和工作流程进行匹配、连接、组合，根据不同场景实现知识的标准化和模块化，将碎片化的资产直接面向工作场景的效率提升和质量提高。例如，上海飞机制造中心的工装设计时间由原来的平均需要22个工作日缩短为14个工作日，部分工装设计的效率提升了36%。同时，继续完善知识管理制度，让面向问题的场景化知识梳理和整合工作成为工作常态和工作惯性。

3. 智慧企业——全面提升企业核心能力，实现知识的"智能化"服务

"双屏创新"的最终目标和愿景就是实现知识的智能推送功能，智能决策机制和智能纠错方法的整合创新，是一种智能地运用知识处理问题的能力。在服务于生产制造的过程中，智能化的知识管理系统使员工具有科学的操作方案和参考系统，从而更好地做出科学决策，在执行的过程中也会有最优方案的参考提示，执行的过程和收尾时也会有自动纠错功能。借助于人工智能和大数据技术，智能化的知识体系也有自学习功能，它能够不断优化算法、演化发展，提升自身的智能化水平。

基于"双屏创新"的知识管理模式①如图7-3所示，对满足核心能力需要的内外部

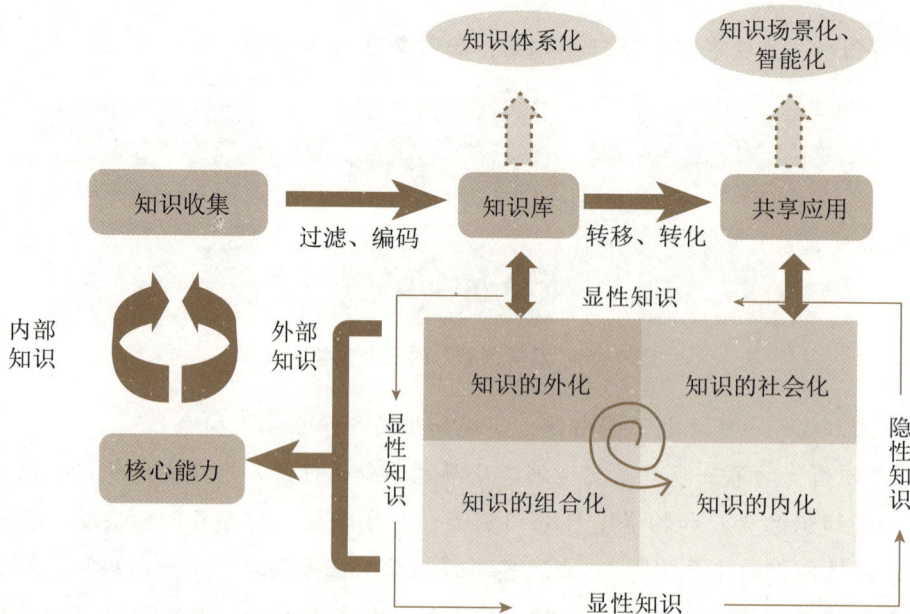

图 7-3　基于"双屏创新"的知识管理模式

① 作者基于 Nonaka 的 SECI 知识管理模型和商飞公司的知识管理实践制作。

知识进行筛选收集，通过过滤和编码，形成规范化、结构化、体系化的知识库，该体系面向问题解决和应用导向，通过转移转化和共享应用实现知识管理的场景化和智能化。"双屏创新"的体系化、场景化和智能化过程以野中郁次郎的 SECI 模型［社会化（socialization）、外化（externalization）、组合化（combination）、内化（internalization）过程］为微观基础，这种知识转化和知识创造的循环为企业核心能力的构建和提升提供了源源不断的动力。

"双屏创新"的发展和应用不仅是简单的线性发展，而是并行进步，重点包括以下几个方面。

（1）打造"双屏创新"为基础的企业核心能力。

中国商飞公司提出的武装"第二块屏幕"就是提升管理水平、助力型号研制、促进科技创新的重要手段。作为一种知识管理手段，商飞的"双屏创新"通过企业知识管理流程与模式的改进，促进了组织资源的汇聚、能力的积累、信息的转移、学习的强化，从而有效地服务于企业核心能力的建设。在知识与智能化的发展背景下，知识基础与管理成为提升企业核心能力的关键，而"双屏创新"正是核心能力知识基础及核心能力知识观的集中体现和应用。因而，企业需要建立知识分类体系、完善知识管理制度、促进隐性知识和显性知识的体系构建工作常态化，更加注重知识场景化方案和平台的建设，探索智能化知识管理体系的构建方向和实施方法，从而更好地服务于企业核心能力的构建。"双屏创新"对企业、产业和学科的重要作用如图 7-4 所示。

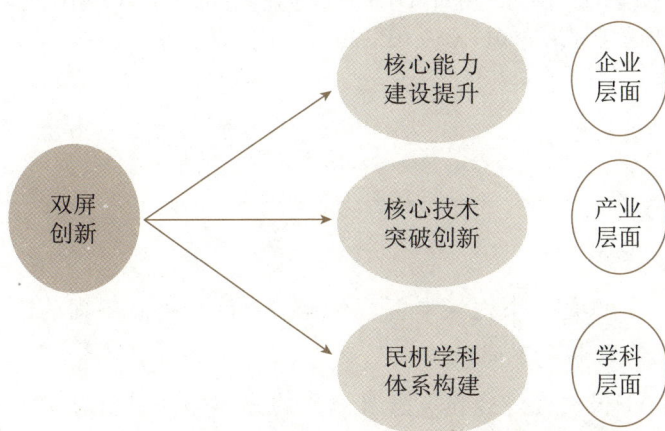

图 7-4 "双屏创新"对企业、产业和学科的重要作用

（2）建立问题解决与面向应用的"双屏创新"管理模式。

问题解决和面向应用是"双屏创新"的实施初衷，在知识体系构建的初期就"以终为始"，基于问题和应用融通于知识构建、梳理的全过程。"第二块屏幕"建设要有针对性，面向产品开发、型号生产和制造一线中的实际问题，记录预先研究、成熟度开发、流程改造、工艺验证和技术革新的不同方面，真正将创新用到实处，解决问题。

（3）优化"双屏创新"的"一把手工程"机制与"全员参与"机制。

"一把手工程"机制的重视是保证"双屏创新"策略自上至下、一以贯之实施的重要保障，将"第二块屏幕"的建设情况纳入考核机制和激励机制，能够激发各部门工作和全员参与的动力，并能长期持续地实施下去。"全员参与"机制会产生意想不到的创意和想法，仅以中国商飞公司为例，每年就贡献知识点37 000多个，人均贡献知识点12个。正是这种高层领导重视下的全员参与保证了"双屏创新"的推动有力、实施有效。

（4）实现"双屏创新"引导的企业内外部知识融合。

"双屏创新"的实施也需要开放性创新的支撑，作为企业内部知识的重要补充，从政府、研究机构、供应商、用户等各利益相关方汲取灵感和智慧，善于向其所处的企业创新生态系统中学习知识和能力，并将其消化吸收，内化为公司的知识资产，更好地服务于企业核心能力建设和创新战略实施。

基于公司知识和经验的传承积累，"双屏创新"对于管理能力提升、核心产品研制和科技创新能力提升具有促进作用。这种服务于核心能力建设的"双屏创新"，促进了知识的共享和创新，对于构建基业长青的学习型组织，构建基于知识管理的核心能力的企业创新系统具有重要意义。坚持"双屏创新"，对于产业层面的核心技术提升和突破提供了坚实丰富的知识积累和沉淀，对于民机学科体系的构建和完善等均具有重要的促进作用和价值。

资料来源：赵闯，陈劲，薛澜. 用知识管理打造企业核心能力：从C919首飞成功看中国商飞的"双屏创新"[J]. 清华管理评论，2017（5）：35-39.

小结

1. 企业的知识资源

知识的含义。知识是一个内涵丰富、外延广泛的概念。不同的人、不同领域的学者，对知识的定义和理解也不同。

知识的分类：①根据经济合作与发展组织的分类方法进行分类，可分为知事、知因、技能和知人。②根据知识的可编码性对知识进行分类，可分为显性知识（又叫编码型知识）和隐性知识（又叫意会型知识）。

企业的知识资源是指企业拥有和可以反复利用的，建立在知识基础之上的，可能给企业带来财富增长的一类资源的总称。企业的知识资源通常表现为以下几个方面：①企业创造和拥有的无形资产；②信息资源；③智力资源。

企业的知识资源的特征：①企业的知识资源是无形的；②企业的知识资源可以反复利用；③企业的知识资源不会枯竭；④企业的知识资源可以充分共享；⑤企业的知识资源的使用不会出现边际报酬递减。

知识资源的作用在新的经济时期突出地表现在两个方面：①知识资源为企业创造着巨大的市场机会和财富；②知识资源成为企业获取竞争优势的源泉。

2. 知识管理

知识管理的含义。知识管理目前还没有一个统一的定义。许多中外学者从不同的角度出发，对知识管理做出了不同的解释，可谓众说纷纭、莫衷一是。

知识管理与信息管理的区别：①目标不同；②业务范围不同。

知识管理的意义：①有利于实现组织的可持续发展；②有利于提高员工素质及工作效率；③有利于增强用户满意度；④有利于提升组织的运作绩效；⑤有利于增加企业知识储备，将个人知识和信息提升为组织知识，减少员工休假、离职而造成的损失；⑥有利于企业有效地开发其知识资源，使知识资源在深度和广度上不断得到扩展；⑦有利于通过知识地图将知识和人联系起来，帮助人们获得知识来源，减少知识扭曲的情况；⑧有利于企业有效地利用其知识资源，促进和强化企业的创新能力以适应经济环境的变化。

知识管理的原则：①积累原则；②共享原则；③交流原则。

隐性知识与显性知识的转化管理：日本学者野中和竹内将知识创造看作隐性知识向显性知识明示化的过程，运用东方的特别是日本的思维方式，提出了两类知识间的相互转换模式，即SECI模型：S是社会化（socialization）过程，E是外化（externalization）过程，C是综合（combination）过程，I是内化（internalization）过程。

（1）社会化过程：从隐性知识到隐性知识，即知识在人与人之间的转移。

（2）外化过程：从隐性知识到显性知识，即将人们头脑中的经验和诀窍总结出来，提高可见度。

（3）综合过程：从显性知识到显性知识，即对知识重新进行整理，或将知识存放在知识库中。

（4）内化过程：从显性知识到隐性知识，其实质是一个学习过程。例如，通过培训将书本知识转化为人们头脑中的知识。

3. 知识管理的实施要点

知识管理的实施要点如下：①设立知识主管；②建立起知识型企业组织结构；③建立起鼓励员工参与知识交流与共享的激励机制；④营造一种鼓励知识的交流与共享、崇尚创新的企业文化氛围；⑤构建知识管理系统；⑥建立知识管理的反馈系统。

自测题

一、名词解释

知识资源　知识管理　显性知识　隐性知识　社会化过程　外化过程　综合过程
内化过程

二、简答题

1. 经济合作与发展组织关于知识的分类。

2. 根据知识的可编码性可将知识分为哪两类？

3. 企业的知识资源表现在哪些方面？

4. 企业的知识资源的特征有哪些？

5. 知识管理与信息管理的区别是什么？

6. 简述日本学者野中和竹内提出的隐性知识和显性知识间的相互转换模式。

7. 知识管理的实施要点有哪些？

三、单项选择题

1. 从隐性知识到显性知识，即将人们头脑中的经验和诀窍总结出来，提高可见度。
这种知识转化模式属于（　　　）。

　　A. 社会化过程　　　　　　　　　B. 外化过程

　　C. 综合过程　　　　　　　　　　D. 内化过程

2. 从显性知识到隐性知识，其实质上是一个学习过程。如通过培训将书本知识转
化为人们头脑中的知识。这种知识转化模式属于（　　　）。

　　A. 社会化过程　　　　　　　　　B. 外化过程

　　C. 综合过程　　　　　　　　　　D. 内化过程

3. 从显性知识到显性知识，即对知识进行重新整理，或将知识存放在知识库中。
这种知识转化模式属于（　　　）。

　　A. 社会化过程　　　　　　　　　B. 外化过程

　　C. 综合过程　　　　　　　　　　D. 内化过程

4. CKO 的中文含义是（　　　）。

　　A. 信息主管　　　　　　　　　　B. 知识主管

　　C. 首席执行官　　　　　　　　　D. 财务主管

5. 下面属于显性知识的选项是（　　　）。

　　A. 灵感　　　　　　　　　　　　B. 艺术家的创意

　　C. 足球经验　　　　　　　　　　D.《微课设计与制作》教材

四、多项选择题

1.企业的知识资源通常表现为以下几个方面:(   )。

    A.企业创造和拥有的无形资产   B.信息资源

    C.智力资源   D.知识产权

2.知识管理的原则包括(   )。

    A.积累   B.以人为本

    C.共享   D.交流

3.隐性知识与显性知识转化的主要模式包括(   )。

    A.社会化过程   B.外化过程

    C.综合过程   D.内化过程

五、判断题(判断正误并说明理由)

1.企业的知识资源与一般的物质资源一样,在使用过程中会出现边际报酬递减现象。

    (   )

2.知识管理等同于信息管理。   (   )

专题七自测题参考答案

专题八 战略联盟

学习要求

1. 了解战略联盟产生的背景。
2. 掌握战略联盟的含义与特征。
3. 掌握战略联盟的动机。
4. 了解战略联盟的类型。
5. 掌握战略联盟的组建。
6. 掌握战略联盟的管理。
7. 了解战略联盟发展的新态势。
8. 熟记下列概念：战略联盟、股权式联盟、契约式联盟。

学习重点和难点

1. 战略联盟的含义与特征。
2. 战略联盟的动机。
3. 战略联盟的组建与管理。

学习建议

1. 重点学习战略联盟的含义、特征、动机及战略联盟的运作。
2. 选择一个具体的战略联盟的案例进行学习。
3. 对战略联盟的动因、成功运作的条件进行课堂讨论。

随着经济全球化和科学技术的迅猛发展，越来越多的企业开始认识到，单凭企业自身的力量很难在竞争激烈的市场环境中求得生存和发展。战略联盟作为企业组织关系中的制度创新，已成为现代企业强化其竞争优势的重要手段。

第一节　战略联盟的含义、特征及动机

一、战略联盟的含义及产生的背景

（一）战略联盟的含义

战略联盟（strategic alliance）最早是由美国 DEC 公司（digital equipment corporation，美国数字设备公司）总裁简·霍兰德（Jane Holland）和管理学家杰·奈格尔（Jay Nagel）提出，随即在理论界和实业界引起巨大反响。从 20 世纪 80 年代初以来，战略联盟这种组织形式在企业界得到了迅速发展，尤其是跨国公司之间在全球市场竞争中纷纷采取这种合作形式。

战略联盟是指两个或两个以上的企业为了实现资源共享、风险和成本共担、优势互补等特定战略目标，在保持自身独立性的同时，通过股权参与或契约联结的方式，建立较为稳固的合作伙伴关系，并在某些领域采取协作行动，从而取得双赢或多赢目的的一种战略。

战略联盟是公司之间为了共同的战略目标而达成的长期合作安排。它既包括从事类似公司之间的联合，也包括从事互补性活动的公司之间的合作；既可以采取股权形式，也可以采取非股权形式；既包括强强联合也包括强弱联合。但这种合作或者联合必须涉及公司的战略考虑，是公司为了长远的生存或发展而作出的重大决定，而公司之间出于友好，在一些无足轻重的事务上的协作就不能算作战略联盟的范畴。

（二）战略联盟产生的背景

20 世纪 80 年代以来，西方企业尤其是跨国公司迫于强大的竞争压力，开始对企业竞争关系进行战略性的调整，纷纷从对立竞争走向合作竞争。其中合作竞争最主要的形式之一就是建立企业战略联盟。跨国公司战略联盟的迅猛发展以及由此而产生的深刻而广泛的影响，引起了经济学界和管理学界的普遍关注。战略联盟作为一种现代企业组织制度的创新，已经成为现代企业提高其竞争能力的重要方式。

企业战略联盟作为一种新的合作竞争模式，它的出现并不是偶然的，而是有着深刻的政治经济背景，它是社会经济发展的产物。

1. 经济全球化

经济全球化，一方面使各国企业面临着更为广阔的市场容量，使它们更有必要和可能展开更大规模的生产和销售，以充分地实现规模效益；另一方面，也使企业面临

着全球范围的激烈竞争，原有市场份额及垄断格局不可避免地受到挑战。任何企业面对全球市场范围的竞争都显得势单力薄，必须加强联盟和合作，从而为企业战略联盟的形成和发展提供强大的推动力。建立国际战略联盟是企业适应全球竞争的需要。

2. 科学技术的迅猛发展

近五十年来，科学技术的发展速度超过了有史以来的任何时期，而科技革命所带来的影响也是前所未有的，产品和技术的生命周期越来越短，要想在很短的时间内研制出更先进的产品和技术，对单个企业来说常常是不能胜任的。通过建立战略联盟可以把各种研究机构和企业联成一体，组成灵活、协调的联盟网络，为着共同的战略目标密切合作，从而适应当代科技飞速发展的需要。

二、战略联盟的特征

（一）行为的战略性

战略联盟的方式与结果，不是对瞬间变化所做出的应急反应，而是对优化企业未来竞争环境的长远谋划。因此，联合行为注重从战略的高度改善联盟共有的经营环境和经营条件。战略联盟的最大着眼点是在经营活动中积极利用外部经济，即当企业内部不能充分利用已积累的经验、技术和人才，或者缺乏这些资源时，可以通过公司间的联盟形式充分利用闲置的资源并弥补资源的不足，以避免对已有资源的浪费以及在可获得资源方面的重复建设。战略联盟的建立，使企业对资源的使用界限扩大了，一方面可提高本企业资源的使用效率；另一方面又可节约企业在获取资源方面的新的投入，从而降低企业的进入和退出壁垒，提高企业战略调整的灵活性。

（二）合作的平等性

联盟成员均为独立法人实体，相互之间的往来不是由行政层级关系所决定，而是遵循自愿互利原则，为彼此的优势互补和合作利益所驱动结成联盟。各成员企业始终拥有自己独立的决策权，而不必受其他成员企业的决策所左右。

（三）合作关系的长期性

联盟关系并不是企业与企业之间的一次性交易关系，而是相对稳定的长期合作关系。因此，企业参与联盟的目标在于持续合作并增强自身的竞争优势，以实现长远收益的最大化，而非获取短期利益。

（四）整体利益的互补性

联盟关系并不是企业与企业之间的市场交易关系，或是一个企业对另一个企业的辅助关系，而是各成员之间的一种利益互补关系。每个成员企业都拥有自己的特定优势，通过扬长避短，可有效降低交易成本，产生"1+1>2"的协同效应。同时，每个成员企业都能获得与其在联盟中的地位和对联盟的贡献相对应的收益，这种收益仅依靠企业自身的力量将难以获取。

（五）组织的松散性

战略联盟以共同占领市场、合作开发技术等为基本目标，它所建立的并非一定是独立的公司实体，联盟中各成员之间的关系也并不固定。若机会来临，联盟中各成员便聚兵会战；一旦机会丧失，联盟中各成员又各奔前程，为了各自的目标，与其他企业结成新的联盟。因此，战略联盟是一个动态的、开放的体系，是一种松散的公司间一体化的组织形式。

（六）管理的复杂性

随着市场条件的变化，企业为增强对全球市场的领导力量，纷纷与竞争对手建立战略联盟。这一形式的出现给"竞争"一词注入了新的含义，即企业间除了对抗性竞争外，还可能存在以合作和联盟为基础的竞争。为竞争而合作，靠合作来竞争，竞争中的合作与合作中的竞争并存不悖。但是这种竞争对手之间的联盟，在运行过程中存在的一些问题也不容忽视。例如：管理权关系模糊，收益不平衡，企业文化的冲突，合作伙伴的背叛危险，企业很少愿意在它们认为拥有核心优势的价值环节上建立联盟，这使得联盟中各成员之间的合作层次难以提高。以上因素造成联盟的复杂性，并带来诸多不利影响，直接威胁着联盟的存在。因此，战略联盟在建立之初就必须具备一定的条件，并遵从一定的原则，应以和谐一致、能力和承诺为标准选择联盟对象，必须加强战略配合和文化配合，逐步消除联盟各方的差异性，以维持联盟的稳定性和持久性。

三、企业战略联盟形成的动机

（一）提高竞争力

传统的企业竞争方式就是采取一切可能的手段，击败竞争对手，把它们逐出市场。因此企业的成功是以竞争对手的失败和消失为基础，"有你无我，势不两立"是市场通行的竞争规则。战略联盟的出现使传统的竞争方式发生了根本的变化，即企业为了自身的生存和成功，需要与竞争对手进行合作，即为竞争而合作，靠合作来竞争。企业建立战略联盟可使其处于有利的竞争地位，或有利于实施某种竞争策略，最终的目的就是提高竞争能力。

（二）开拓新的市场

企业为了保持其在激烈的市场竞争中立于不败之地，就必须不断地开拓新的市场。尤其是在经济全球化中，必须向国外市场渗透。建立战略联盟是开拓国际市场的有效方法之一。例如，海尔冰箱进入日本市场，让日本消费者接受自己的产品需要花费很长时间。而日本三洋在日本是知名企业，有一定的市场客户群，然而三洋开发中国市场却没有销售渠道。在海尔同日本三洋双方均有意开发国外市场的共同的发展目标下，双方缔结以市场换市场，成为市场共用的战略联盟。海尔在日本利用三洋的销售渠道销售自己的产品，而三洋在中国利用海尔的销售渠道销售自己的产品。结果是双方不仅都获得了更大的销售市场，拥有了更多的客户群，还带来了销售利润的增幅。

（三）争取规模经济

战略联盟是企业争取规模经济的有效手段。在不同产地的同类产品始终存在成本差异的前提下，企业纷纷调整全球生产区位布局，使生产向低成本区域转移。企业谋求不断地扩展，可供选择的传统途径不外乎独立扩展和对外兼并或收购。这两种方法虽然盛行至今，但其缺陷也很明显。在竞争激烈的环境中，仅靠自己的力量寻求发展，不仅需要较长的时间，而且越来越困难。虽然并购可以较快地扩大企业规模，但并购的双方都需要付出一定的代价，而且适应新的管理方式也需要较长的时间，因而缺乏灵活性。实践证明，战略联盟以一种全新的思维和观念，为企业的扩展以及全球战略目标的实现提供了一条新的途径，传统的与所有权关系密切的股权安排正在被新兴的以合作为基础的战略联盟所代替。在这种以生产合理化为目的的调整中，联盟具有两方面作用：

一是通过同类产品生产者的联合，各自的相对优势在生产规模扩大的条件下得到更大程度的发挥，规模经济的效益使生产成本下降。

二是联合使专业化生产和分工的程度提高，合作伙伴在零部件生产、成品总体组装各环节中的各自的相对优势得以叠加，使最终的产品成本大幅度降低。

（四）促进技术创新

随着技术创新和普及速度不断加快，企业在充分利用和改进原有核心技术的同时，必须不断创新，拓展新的技术领域。高新技术产品的开发费用日益增大，单个企业难以独立支付，必须通过建立战略联盟的方式共同分担。例如，在航空领域，波音公司为了开发新型的波音 777 喷气式客机，就与实力强大的富士、三菱及川崎重工结成战略联盟进行联合开发。

（五）降低经营风险

当今世界，企业经营的外部环境复杂多变，而且许多环境因素的变化方向与变化速度都具有较大的不确定性，难以准确预期，这大大地增加了企业的经营风险，企业需要承担的经营风险来自多个方面，如政治、资金、技术等方面。

当今世界政治结构在不断改变，政治力量也在不断地调整和重新集结，这种政治风险无疑对跨国公司的经营活动产生重大影响，如果说通过直接投资方式建立的独资或合资企业会面临无法估计的政治风险的话，那么无股权形式的战略联盟则具有相对的优越性，它不必投入巨额资金，合伙人又能保持行动自由，因而面临的政治风险要小得多。

企业的研究开发需要巨额的投资，尽管研制成功会带来丰厚的收益，而一旦失败则风险巨大，即使是一次失败，也会导致企业破产。因此，几个企业建立联盟，共同投资、共担风险、共享成果自然是一个降低经营风险的有效途径。

战略联盟还有利于避免技术创新风险。不断变动的外部环境对企业的研发提出了三点基本要求：不断缩短开发时间，降低研究开发成本，分散研究开发风险。对任何一个企业来说，研究和开发一项新产品、新技术常常要受到自身能力、信息流动完全、消费者行为等因素的制约，需要付出很高的代价。而且随着技术的日益复杂化，开发的成本也越来越高。这些因素决定了新产品、新技术的研究和开发需要很大的投入，具有很高的风险。在这种情况下，企业自然要从技术自给转向技术合作，通过建立战略联盟，提高信息传递的密度，加快信息传递的速度，以避免单个企业在研发中的盲目性和因孤军作战而引起的全社会范围内的创新资源浪费，可以降低技术创新风险。

（六）避免或减少竞争

随着企业市场渗透力度的加大和市场占有率的提高，一定容量的市场分割最终会在大企业之间告一段落。如果大企业间仍在所剩无几的零星小市场中继续展开全面竞争，不仅加大成本，造成两败俱伤，而且还可能因为竞争过度而失去自身现有的市场。因此，为防止未来竞争地位的丧失，避免在诸如竞争、成本、特许及贸易等方面的纠纷，企业之间通过建立战略联盟，加强合作，可以共同理顺市场，维护竞争秩序，防止过度竞争。

（七）实现资源互补

资源在企业之间的配置总是不均衡的。在资源方面或拥有某种优势、或存在某种不足，通过战略联盟可达到资源共享、优势互补的效果。例如，福特与马自达汽车公司通过建立战略联盟，使福特公司得以借助马自达的营销网络更便捷地进入亚洲市场，并利用马自达的生产能力在日本建立起小型车供应基地；马自达汽车公司也在和福特汽车公司的联盟合作中进一步提高了其汽车发动机制造技术。

第二节　战略联盟的类型

企业战略联盟的类型多种多样，根据不同的标准可以对战略联盟进行不同的分类。下面介绍几种常见的联盟分类方法。

一、根据联盟成员之间参与程度的不同划分

根据联盟成员之间参与程度的不同可分为股权式战略联盟和契约式战略联盟。

（一）股权式战略联盟

股权式战略联盟由各成员作为股东共同创立，是拥有独立的资产、人事和管理权限的联盟。股权式战略联盟主要包括两种形式，即合资企业和相互持股投资。

1. 合资企业

合资企业（joint ventures）是战略联盟最常见的一种类型。它是指将各自不同的资产组合在一起进行生产，共担风险和共享收益。合资企业是一个具有自身地位和管理结构的全新实体。联盟双方组织合资企业结构的方法是多种多样的。合资企业的股权安排可以有多数股权安排，也可以有少数股权安排，但大部分企业都喜欢 50∶50 的股权式安排。

2. 相互持股投资

相互持股投资（equity investments）通常是联盟成员之间通过交换彼此的股份而建立起一种长期的相互合作关系。与合资企业不同的是，相互持有股份不需要将彼此的

设备和人员加以合并，通过这种股权联结的方式便于使双方在某些领域采取协作行为。它与合并也不同，这种投资性的联盟仅持有对方少量的股份，联盟企业之间仍保持着相对独立性，而且股权持有往往是双向的。

（二）契约式战略联盟

契约式战略联盟（contractual strategic alliance）主要是指借助契约建立的、不涉及股权参与的合伙形式。与前面两种有股权参与的方式明显不同，有人称之为无资产性投资的战略联盟。最常见的形式包括：技术开发与研究联盟、产品联盟、营销联盟、产业协调联盟。

（1）技术开发与研究联盟。由于技术开发风险大、耗资多、历时长，许多企业通过联盟获取充足的资金和自己缺少的技术，以减少风险。这种联盟可以包括大学、研究机构、企业等在内的众多成员，研究成果归所有参与者共同享有。

（2）产品联盟。两个或两个以上的企业为了增强企业的生产和经营实力，通过联合生产、贴牌生产、供求联盟、生产业务外包等形式扩大生产规模、降低生产成本、提高产品价值。

（3）营销联盟。通过联盟伙伴的分销系统增加销售，绕过贸易壁垒，开拓市场。具体形式包括特许经营、连锁加盟、品牌营销、销售渠道共享等。

（4）产业协调联盟。联盟成员建立全面协调和分工的产业联盟体系，避免恶性竞争和资源浪费。

二、根据联盟目标取向的不同划分

根据联盟目标取向的不同可分为产品联盟和知识联盟。

（一）产品联盟

产品联盟主要是指围绕产品进行的联盟。其目的在于降低投资费用和投资风险。通常的情况是，某个企业与一个较小的有产品或生产设想，却没有足够资金投资的小公司一起，共同承担投资费用或组建一个较大的公司以筹措足够的资金开展投资。

（二）知识联盟

知识联盟是指企业在实现创新战略目标的过程中，为共同创造新的知识和进行知识转移与其他企业、大学和科研院所之间通过各种契约或股权而建立的联盟。由于科学技术的迅猛发展，产品的技术化程度越来越高，复杂化倾向也愈加突出，同时全球性资源私有制现象也越来越明显，因而此时的联盟更多地表现为以技术开发和成果共享为特征的知识联盟。

与产品联盟相比，知识联盟具有以下特点：

（1）学习和创造知识以提高核心能力，是知识联盟的中心目标。知识联盟有助于一个公司学习另一个公司的核心专长；有助于一个公司和其他公司的核心专长相结合，创造新的交叉知识；有助于一个公司帮助另一个公司提高技能和能力，这种方式将会有益于两个公司。产品联盟则以产品生产为中心，合作的目的在于填补产品空白、降低资金的投入风险和项目的开发风险，以实现产品生产的技术经济要求。

（2）知识联盟比产品联盟更为紧密。跨国公司之间为学习、创造和加强专业能力，相关人员必须一起紧密工作。如果公司间只是简单地传递、转移知识，那么根本谈不上知识联盟，公司所寻求的是互相学习交叉知识。

（3）知识联盟的参与者范围极其广泛。产品联盟通常是在竞争者或潜在的竞争者之间形成的；而知识联盟可在任何组织之间形成，只要该组织有利于提高参与者的专业能力即可。通过知识联盟，买家和卖家可以共享制造过程中的经验知识，共同提高产品质量和商品市场份额；通过知识联盟，还可以在大学实验室与公司之间共享和共同创造知识。

（4）知识联盟比产品联盟具有更大的战略潜能。产品联盟可以帮助跨国公司抓住商机、保存实力，而知识联盟能够帮助跨国公司扩展和改善其基本能力，有助于从战略上提高或更新企业的核心能力。

三、根据联盟所处市场营销环节的不同划分

根据联盟所处市场营销环节的不同可划分为：品牌联盟、分销渠道联盟、促销联盟、价格联盟、垂直联盟。

（一）品牌联盟

品牌是现代企业最宝贵的无形资产，具有极高的共享价值。日益风靡中国的特许加盟制就是品牌联盟的典型。

（二）分销渠道联盟

销售渠道是营销下游的重要环节，渠道竞争已逐渐成为企业竞争的焦点。经济全球化拓宽了企业的市场销售空间，单个企业要凭自身力量在全球范围内建立完整的分销体系是不经济也不可能的。

（三）促销联盟

促销联盟包括广告、营业推广和推销等各方面，一般发生在不同类、无竞争性的产品之间。酒店可以和航空公司联盟，凡在酒店消费达一定限额的顾客可获得一张航空公司的免费机票；反之，在航空公司累积飞行达一定里程的顾客也可免费入住该酒店。此联盟成功的关键在于经常飞行的消费者往往也是酒店的频繁光顾者。目标顾客群重合度高的促销联盟最为有效。

（四）价格联盟

寡头垄断行业的价格联盟最有利可图。将定价统一规范在一定界限之内，既可避免无谓的恶性竞争、省去博弈的烦恼，又可提高行业进入壁垒，有效防止竞争者的加入。虽然会对消费者的利益稍有损伤，但从行业前途来看，这也未必不是一种两全其美的良策。

（五）垂直联盟

垂直联盟指营销上下游环节不同的企业之间的联盟。制造商与代理商（或经销商）的联盟、广告主与广告公司的联盟、企业与供应商或客户的联盟均在此列。

四、根据联盟成员所处地域不同划分

根据联盟成员所处地域不同可将联盟划分为：国内战略联盟和国际战略联盟。

（一）国内战略联盟

国内战略联盟是指由同一国家企业所组成的战略联盟。例如，中国 GIS（geographic information system，地理信息系统）联盟。它是由武汉中地数码集团牵头成立的"地理信息产业技术创新战略联盟"，第一届联盟共有 18 个成员，包括 11 家企业、6 家高校、1 家科研机构，促进了地理信息系统产业技术创新体系和地理信息系统产业的发展。

（二）国际战略联盟

国际战略联盟亦称"跨国战略联盟"，是指来自不同国家的两个或两个以上的企业，为实现某一战略目标而建立的合作性的利益共同体。旨在增强企业的长期竞争优势。例如，2019 年 1 月 15 日，福特汽车公司和大众汽车集团正式宣布双方将组建一个业务范围广泛的战略联盟，并签署首项合作协议。

第三节　企业战略联盟的组建与管理

尽管许多企业都开始认识到战略联盟的组建能增强双方的竞争优势，在联合价值链中可创造更多的价值，但企业联盟的管理与发展并不是一帆风顺的，在各个环节都有许多不确定性因素阻碍联盟伙伴关系的发展。一般而言，决定战略联盟成功与否的关键环节有：合作伙伴的选择、联盟组织结构和信任关系的建立，以及合作文化氛围的营造，这些环节直接影响联盟伙伴的合作。要促进企业战略联盟关系的发展，必须选择合适的联盟伙伴、建立相应的组织机构、保持稳固的信任关系、创造合作的文化氛围。

一、企业战略联盟的组建

（一）战略联盟的组建条件

（1）联盟企业有共同的利益驱动，且联盟各方的核心能力互补性强。共同的利益是维持联盟关系的桥梁和纽带，没有共同的利益，企业战略联盟就会失去其根本的价值和动力。而战略联盟的宗旨就是取人之长、补己之短，发挥整合效应，只有联盟各方的核心能力具有较强互补性，才能使企业通过联盟获得强大的竞争力、达到最佳效果。

（2）联盟企业拥有建立联盟所必需的资源和能力。要使联盟关系得以维持和发展，企业就要不断地输入生产经营活动所需的资源，包括资金、人力、自然资源、基础设施、市场信息以及技术等。

（3）对宏观经济环境以及国家有关经济联合的法律法规进行全面调查与了解。

（二）战略联盟伙伴的选择

战略联盟伙伴的选择是建立企业战略联盟的基础和关键环节，慎重地选择合作对象是联盟顺利发展的前提条件。一般而言，跨国公司都制定了详细的选择标准。这些标准的核心可以归纳为3C原则，即兼容性（compatibility）、能力（capability）和承诺（commitment）。这一标准的科学性后来被很多国际战略联盟的成功实践所证实。

1. 兼容性

兼容是一个成功的联盟所必须具备的最重要的条件之一。两个进行合作的企业，如果缺少兼容性，那么不管他们的业务关系在战略上多么重要，也不管他们多么有能力，都将很难经受时间的考验，也很难应对变化的市场和环境，因为他们首先要做到的事情是能够在一起工作。

寻找一个兼容的合作伙伴，最好的办法就是从现有的客户中选择。其好处如下：第一，以前相互往来的经历可以为两家公司能否友好相处提供有利的证据。第二，人际间的关系纽带已经建立。在通常情况下，加强与一个已彼此了解的公司的关系比与一个新公司建立关系要容易得多。第三，每个公司对对方公司的能力、商业理念和公司文化都有了一个比较清楚的看法。第四，合作双方对要组建的联盟企业的业务都很熟悉。

虽然从现有的客户中挑选联盟伙伴有很多好处，但在考虑联盟时也不要对现有的合作伙伴过分依赖。这样，我们就有可能把自己的视野限制在现存客户这个狭小的范围之内，从而可能丧失为特定业务找到最佳合作者的机会。如果过分依赖一个合作伙伴，企业就可能失去个性，从而吸引别的合作伙伴的机会将大为减少。

2. 能力

潜在合作伙伴的能力也是决定联盟能否成功的一个因素。合作者必须有能力与公司合作，合作才有价值。在评价合作对象的能力时，公司应主要评价以下几个方面：在拟合作的领域，公司与合作伙伴谁更活跃；对方的市场实力如何；对方的技术水平、生产能力、销售网络如何；对方是市场的主导者还是落后者。总的来讲，大部分公司都要求他们的合作伙伴具有能够对联盟投入互补性资源的能力。

3. 承诺

找一个与自己有同样的投入意识的合作者是联盟成功的第三块基石。就算合作者显得很有能力且与自己很相容，但是，只要合作者不愿向联盟投入时间、精力和资源，联盟就很难应付多变的市场条件，所以，在最终决定与潜在的合作者组建联盟之前，必须通过测试，以确定对方与我们一样有积极的投入意识。对投入意识的测试可归纳为以下两点：联盟的业务是否属于合作对方的核心产品范围或核心业务范围；合作伙伴退出联盟的难度。

（三）订立战略联盟协议

在确定了联盟成员之后，联盟各方应当共同讨论、制定并签署正式协议书。协议书应对联盟的核心任务、运作及管理方式，联盟成员所承担的责任与所享受的权益及加入和退出的要求等内容做出详细而明确的规定。高质量的联盟协议书对联盟的顺利发展，特别是解决结盟过程中发生的企业间的纠纷是至关重要的。以下是制定协议时需要明确的一些基本内容。

1. 严格界定联盟的目标

一个界定清楚、重点突出的协议对于联盟的成功和确保母公司的利益是必不可少的。一些失败的联盟往往是根源于没有清楚地指出联盟目标和范围，也没有严格指出企业之间将如何实现优势互补等。

2. 周密设计联盟的结构

如果不能周密地设计联盟结构，可能会使合作难以奏效。联盟各方要考虑合作关系在法律和管理结构方面的所有细节，据此在联盟协议中要明确的主要问题包括：

（1）联盟各方为了实现联盟目标，应采用什么形式的联盟？合资企业、交叉持股，还是以不涉及股权的功能性协议方式合作？

（2）为联盟选定的法律和财务实体对税收会产生什么影响？

（3）什么样的决定需得到所有合伙人的一致同意？什么因素决定联盟的管理者可以单独做出这一决定？

（4）如何处理僵局？

（5）如何选拔联盟的管理人员？

（6）利益如何分配？

（7）如何解决冲突？

（8）合作企业中员工的通用语言是什么？

3. 谨慎制定联盟的财税制度

对财务与税收的考虑可能会使本来已很复杂的联盟组建问题变得更加困难，因此对联盟企业的资本需求及资金来源（包括双方的投入、企业负债、股权、政府优惠等）必须小心谨慎地计划。例如，合作伙伴如何建立合理的债务或资产比率，如何应对货币汇率波动，如何得到政府的优惠等，都是需要在协议中明确规定的。

4. 准确评估投入的资产

准确评估联盟各方的资产与资本投入是非常重要的，尤其是对于股权式战略联盟的企业而言，每一个合作方的投入都与股权占比直接关联。所以，必须对联盟各方资产的软投入、硬投入进行准确的估价，以确保联盟结构的合理性。在估价过程中，最容易被忽略的是资产的软投入，如公司的名称、信誉、全球经营管理的专业知识等。但恰恰就是这些因素增强了联盟企业的实力，并可能减少合作方向联盟企业投入的资金。

5. 详细记录公司间的交易

在协议中应明确规定各方对涉及联盟的交易必须做出详细的记录，这一点对查出可能存在的现金漏洞十分重要。记录的内容应包括：谁因提供了法律、会计、财务、保险等方面的服务而领取了报酬；谁是新设施的建筑商；合作伙伴拥有的其他公司或关联公司向联盟企业销售了什么原材料、零部件；谁是运输商、转运商；谁提供了市场销售支持及其他服务；等等。

6. 明确合作利益的管理

为了联盟的健康发展，需要平衡每个合伙人所贡献的资源与从联盟中得到的收益。如果其中有一个合伙人认为被欺骗了，合资企业就不会稳定。所以，在草拟联盟协议时，各方应当仔细评估各自的贡献，确定公平与否。如果不公平，各方应考虑做什么妥协。同时各方应根据合作的成本来衡量合作的利益，考察利益分配是否合理。

7. 合同中要有应对重大变化的条款

合同中应包括一个"重大变化"的条款。这意味着在商业环境中，如果发生了不可预测的重大变化，让合作企业的经营受到影响时，合作双方可以重新谈判。

8. 规定违约责任

违约责任是确保联盟协议履行的必备条款。其内容包括：逾期支付投资款和承担亏损的责任；固定资产及工业产权不符合责任；专利或先进技术泄密的责任；由于一方违约而造成联盟企业无法生产经营或亏损的责任；中途转让投资责任等。联盟各方应根据联盟经营的具体内容，就违约责任条款达成一致协议。

9. 提出解散条款

一个公司及其法律顾问，如果没能想到联盟解散的可能性，那就太天真了。解散条款是任何合同都必须有的，尽管这并不是人们所希望发生的。当然，这一条款要尽量让合伙人很难退出联盟，这样，一旦合资企业运转起来，就可以迫使合作双方在面临某些难题时，不得不达成一致意见。这有助于减少冲突次数，因为没有人愿意解散联盟。公司要努力研究可能导致散伙的原因，使合作双方能事先认识到散伙的风险并努力避免它们，这样做也许会带来意想不到的收益。

10. 散伙后继续提供支持

最后，协议中还应写明这样的条款：一旦某个合伙人退出，联盟将如何继续运转。曾参与过联盟的合伙人都坚持认为，在过渡期的 2～5 年内，应继续向对方提供支持，以帮助联盟企业顺利渡过难关。

二、企业战略联盟的管理

在过去的几十年中，实施战略联盟的公司一直在不断地增加，联盟已被企业视为获得发展的一种重要方式。战略联盟成功的例子很多。但是联盟不仅意味着收益，也意味着分裂和冲突。如果管理不当，联盟就可能给合作各方带来严重的问题。国内外企业之间发生联盟冲突的例子也屡见不鲜。组建和实施战略联盟有很多困难和极大的风险。联盟企业的不稳定性要大大超过一般企业。因此，如何确保战略联盟的长久，怎样才能最妥善地利用其优势，避开其弱点，对于建立战略联盟的公司始终是一个值得关注的问题。为此，联盟各方要重点做好以下几个方面的工作。

（一）寻求正确的领导者，建立团结的经理队伍

联盟的成功在很大程度上依赖于管理合作企业的主管人的性格和领导品质。企业的领导人必须有一个清晰的道德标准，理解他所承担的所有义务。领导有责任确保企业经理层和雇员了解联盟目前的工作和目标。总经理有把经理层和雇员团结在联盟周围的重大责任，他必须确定方向，并让员工了解这一方向。

联盟的成功还取决于总经理的能力，取决于能否为管理层招募到合适的经理人员，因为不是每一位经理都适合与来自不同国家文化和公司文化的伙伴紧密合作的。一方面，公司需要挑选能推进合作企业业务的经理；另一方面，这些经理必须善于运用必要的交际手腕来处理不同联盟伙伴间微妙的关系。在建立团结的经理队伍时，企业应注意寻找以下五类人员：通晓文化的技术员；具有上升可能的经理；善于听取意见的人；适合联盟企业条件的经理；受双方尊重的联络人员。

（二）有效整合联盟内的人力资源

这首先要求联盟内应有合理的人才结构，应全面包括基础研究、应用研究、产品开发等各个层次的科技人才以及科研管理、生产管理、市场营销等各方面的管理人才，以保证科研成果从理论到产品的顺利转化，以及经济效益和社会效益的迅速实现。其次，还要促进联盟内各方面人员的广泛交流和沟通，提高联盟的凝聚力。

（三）加强联盟各方之间的沟通

信任是联盟组织各方成功合作和稳定发展的关键因素，一个成功的合资企业的日方经理深有感触地说："我认为，相互信任是合资企业开展业务唯一不可动摇的基础。"而创造信任的有效手段就是联盟各方的交流和沟通。

大量实践证明，持续有效的沟通是促进企业合作的重要手段。联盟组织各方要加强合作者的多重联系，多做深入的沟通，克服各种困难，建立相互信任的关系，保证战略联盟组织的健康发展。为此，要建立和完善联盟内的信息交流网络。通过信息交流网络及时交换有关的科研、生产及市场信息，共享各方面的信息资源，在此基础上才能协调行动，使联盟真正产生整体合力。

（四）联盟各方要平等、互相尊重

战略联盟的形成是建立在平等互利的原则基础上的，所以，联盟各方要互相尊重，尊重对方的利益，尊重对方的权力，尊重对方的人格。如果战略联盟组织中的某些公司坚持51：49的股权结构，认为占有较多的股份就可以使企业完全按照自己的意愿行事，这就破坏了合作伙伴的平等关系。联盟中利润和利益的分配是最重要的平等问题。如果联盟中的一方所得丰厚，而另一方所得微薄，这样的联盟便无法存在下去。

（五）有效管理竞争性合作中的风险

公司经理绝不能忘记，他们的联盟伙伴通常也是他们的竞争对手。一个参加联盟的公司要在这两者之间保持平衡十分困难。因为竞争地位的平衡通常随着联盟双方技术、管理能力的变化而变化。如果联盟一方的技术、管理能力不断加强，而另一方相对削弱，竞争地位的平衡便会逐渐消失，使联盟面临解体的危险。许多跨国联盟经理积累了丰富的经验，他们的建议有助于减少同竞争对手合作的风险。

防范联盟风险，主要包括以下几个方面：

（1）培育相互依赖关系。发展联盟企业之间持续而稳定的依赖关系，是降低联盟风险的一种重要保护手段。许多合资企业都涉及技术方面的问题，联盟公司之间必须要确保技术与知识的双向流动，合作双方的联系越多，相互间市场、资本和技术的需求越大，由一方背信弃义而伤害到另一方的可能性就越小。

（2）确保联盟目标协调一致。若想把战略联盟管理好，各联盟伙伴的长期目标应该是协调一致的。但在联盟的发展过程中经常会出现这样两种情况：一是联盟的目标存在着冲突，但在联盟建立初期被某种东西所掩盖；二是联盟目标在开始时是一致的，但随着时间的推移，各联盟伙伴逐渐产生冲突，形成对立。目标冲突的问题之所以在联盟中经常出现，主要是因为合作者既希望从联盟中得到好处，同时又极力保持相当程度的自主权。自主权的存在必然会导致联盟目标的潜在冲突，这种情况表明了联盟管理的艰巨性。为此，联盟各方要随时对联盟的发展方向进行定期检查，以确保联盟目标的协调一致。

（3）设立监督机制、分歧协调机制。联盟企业应针对联盟的运行设立监督机制，以便随时了解联盟系统内部生产要素的运营状况，保证联盟发展目标得以实现。

战略联盟是由不同公司组成的联合体，而公司中的员工又有不同的目标、文化背景和价值观，因此，在联盟的运作过程中出现分歧是在所难免的。所以，通常情况下都要建立分歧协调机制，这一机制能够将出现的分歧迅速化解。

（4）让所有雇员都了解风险。让所有雇员了解合作中的风险是联盟中最重要的工作之一。联盟要鼓励双方雇员建立同志式的亲密关系，同时又要确保友谊不会导致技术和诀窍的泄密。双方雇员过分的亲密应引起高级管理人员的警觉。高级管理人员必须让所有雇员都了解合作的目标和风险。

三、战略联盟的新态势

（一）从产品联盟发展为以技术合作为主要内容的知识联盟

早期的跨国公司战略联盟主要围绕产品进行，所以通常称为产品联盟，其目的是降低投资费用和投资风险，或是减少产品竞争对手的威胁。产品联盟比较单纯，得到某一产品或广泛销售现存产品是联盟各方所追求的重要目标。随着科学技术的迅猛发展，现代技术的综合性、复杂性使得跨国公司研究与开发的难度越来越大，因此跨国公司的战略联盟更多地表现为以技术开发和研究成果共享为特征的知识联盟，从战略上保持技术创新的能力和技术领先的地位成为联盟各方所追求的首要目标。联合国跨国公司中心在《1999 年世界投资报告》中指出了这种以知识为基础的跨国公司战略联盟的重要性：以知识为基础的联盟网络，是传统的国际生产措施所未掌握的一个方面，它可能成为某些产业市场支配力量的一个关键因素。

（二）从强弱联合的互补型联盟发展为强强合作的竞争型联盟

产品联盟作为减少资本投资和进入新市场时降低风险的手段，更多体现为强弱联合的互补型联盟。如在 20 世纪 90 年代中期之前在中国设立的 16.7 万家外商投资企业中，有 64% 是合资企业，15% 是合作企业，合资（合作）的外方大多数是实力较强的跨国公司，这些跨国公司通过合资、合作，成功地进入中国市场。随着技术创新的加速以及跨国公司全球市场竞争的加剧，改变了合作伙伴实力的对比关系，新的联盟主要在实力较强的大跨国公司之间进行，彼此之间在联盟领域内进行合作，但在协议之外的领域以及企业活动整体态势上仍保持着竞争对手的关系。

（三）从线性的联盟链发展为立体的联盟网络

传统的跨国公司战略联盟是跨国公司根据自己的价值链活动需要而建立的线性联盟，当受自己资源的要求时（如投资成本），对价值链上游环节进行联盟；当为了产品销售和扩大市场需要时，采用下游环节的联盟；当为了对抗主要的竞争对手时，采用与其他公司的横向联盟。随着全球竞争的加剧，跨国公司的战略联盟已形成了错综复杂的联盟网络，即联盟各方围绕具有主导影响力的某一方（联盟中心）周围，根据各自的核心专长，以及所处研发或生产经营的不同环节而形成距离不等、纵横交错的立体网络。联盟伙伴不仅包括跨国公司，也包括大学、研究机构等，乃至其他的联盟。联盟的目标指向也不再局限于单一产品或产品系列，而更多集中于知识的创造。通过联盟网络分享信息，实现能力互补，提供战略柔性，促进知识的创造成为联盟网络的主要特征。目前，几乎每一家大型的跨国公司都在自己的周围集聚了一大批合作伙伴。

（四）从"硬约束"的实体联盟发展为"软约束"的虚拟联盟

所谓虚拟联盟是指不涉及所有权的、以法律作约束力的、彼此相互依存的联盟关系。这是为了适应跨国公司之间在联盟之外日趋激烈竞争的需要，也是为了减少日益复杂化的联盟管理成本增长而出现的新的联盟形式。虚拟联盟改变了实体联盟主要靠股权、合作协议等具有法律效力的契约约束的状况，虚拟联盟更多的是靠对行业法规的塑造，对知识产权的控制以及对产品或技术标准的掌握进行约束的，通过这些"软约束"协调联盟各方的产品和服务。美国的微软以 DOS 和 Windows 控制着计算机操作系统标准，使得全球同类厂家必须唯其马首是瞻，从而形成了以其为中心的虚拟联盟；同样，英特尔（Intel）以其在微处理器方面无人能撼动的地位，使一批相关企业尾随其后组成了虚拟联盟。

案例 8-1

福特和大众建立战略联盟　布局电动化、商用车等领域

2020 年 6 月 10 日，福特汽车公司和大众汽车集团正式签署战略联盟协议。通过这一协议，双方将实现在中型皮卡、商用车和电动车领域内的优势互补、协同合作，从而更好地满足各自在欧洲以及其他地区市场的消费者快速增长的需求。

2019 年 7 月，福特汽车公司和大众汽车集团联合宣布双方计划签署战略合作协议。两家公司期望通过建立战略联盟，加速产品更新换代，开展创新科技合作，更好地为全球消费者提供更加实用且多样化的车型，为现有和未来的客户带来更好的用户体验。双方预计全球市场对商用车和高性能电动车的需求将继续增长，因此双方将进一步丰富各自的产品阵容，为消费者提供更多选择。

根据战略联盟合作的内容，自 2022 年起，大众汽车将推出一款由福特汽车研发和生产的 Amarok 系列中型皮卡车。从 2021 年起，双方将进一步加强商用车业务：大众汽车商用车将负责开发和生产一款基于大众汽车最新 Caddy 车型研发的城市厢式货运车，福特汽车则负责开发一款载重为一吨的轻型厢式货车。福特汽车计划于 2023 年在欧洲市场推出一款基于大众汽车 MEB（modular electrification toolkit，电动车模块化平

台）平台开发的纯电动车型，从而提升其在欧洲市场电气化产品的竞争力。

双方希望通过战略合作，在这些产品的生命周期内能够生产出总计最高可达 800 万台的中型皮卡、商用厢式车和厢式货车。

大众汽车集团 CEO 赫伯特·迪斯（Herbert Diess）博士表示："新型冠状病毒肺炎疫情的暴发及其对全球经济带来的影响，使大型企业之间组建战略联盟比以往任何时候都更加重要。这一合作将有效降低产品研发成本，加快电动车及商用车型在全球更大范围内的推广，帮助双方进一步提升和巩固行业地位。"

福特汽车公司 CEO 韩恺特（Jim Hackett）表示："随着当今世界智能化发展，消费者也表现出对智能网联车型的巨大热情，两家公司的全球战略联盟因此应运而生。这一联盟为我们带来了巨大的机会，让双方能够努力创新解决诸多全球交通难题，同时也为我们的消费者带来巨大的回报。尤其是在各大公司在现金投资上都更加谨慎的今天，这一联盟就显得更加重要。"

在全球范围内，福特汽车和大众汽车在商用车和皮卡车型领域都有强大的业务覆盖，双方均拥有畅销的产品阵容，比如福特全顺系列、福特 Ranger 以及大众 Transporter、大众 Crafter、大众 Caddy 和大众 Amarok 等。

福特汽车公司首席运营官吉姆·法利（J.Farley）先生表示："商用车是福特汽车当下业务的基本盘，也是公司未来业务将要加速发展的重点领域。通过与大众汽车在这些领域的合作，将能够让双方公司在工程开发、工厂和模具等方面节省大幅支出。此外，福特汽车还计划在未来 24 个月内推出纯电动版福特全顺和福特 F-150 皮卡车型，从而为消费者在零排放、互联和人工智能等方面持续增长的需求提供更多的选择。"

大众汽车商用车管理董事会主席托马斯·塞德兰（T.Sedran）博士表示："与福特汽车的合作为落实大众汽车集团 2025+ 战略奠定了重要基础，也是目前大众汽车商用车转型过程中的关键一步。双方的长期合作将巩固我们在轻型商用车领域的优势，特别是在欧洲核心市场的优势，同时也表明大众汽车正在稳步推进集团战略。"

从 2023 年起，福特汽车将基于大众汽车 MEB 平台生产，并在数年内交付 60 万辆电动汽车。这将会是一款将空间与性能完美结合的纯电动车型。这款未来车型将由福特汽车在科隆 – 梅尔肯尼希的团队负责设计和生产，成为继 2021 年在欧洲上市纯电动车型 Mustang Mach-E 之后的又一款极具竞争力的产品。

此外，两家公司都将与自动驾驶汽车技术平台公司 Argo AI 合作，以 Argo AI 的自动驾驶技术为基础，发展独特且功能强大的自动驾驶汽车业务。上周，大众汽车完成了对 Argo AI 的投资交易。而福特汽车目前对位于匹兹堡的 Argo AI 拥有所有权和开发权益。

大众汽车和福特汽车各自选择投资 Argo AI，充分表明两家公司对于 Argo AI 自动驾驶平台领先的技术优势和业务发展的信心，双方建立的战略联盟也将为其突破性科技的进一步开发提供大量的时间和资源保障。Argo AI 的自动驾驶系统（SDS）是业内首个同时面向欧洲和美国市场进行商业部署的自动驾驶技术。福特汽车和大众汽车在全球市场的布局，将为 Argo AI 提供迄今为止覆盖范围最广的自动驾驶技术市场应用空间。市场空间和规模是开发强大且具有成本效益的自动驾驶系统的重要因素。

大众汽车与福特汽车的战略联盟不会涉及两家公司之间的交叉持股，双方仍将继续在全球市场上通过竞争共促发展。

资料来源：佚名. 福特和大众建立战略联盟 布局电动化、商用车等领域［EB/OL］.（2020-06-11）［2022-11-14］. https://baijiahao.baidu.com/s?id=1669158443648488171&wfr=spider&for=pc. 引用时有改动。

📖 小结

1. 战略联盟的含义、特征及动机

战略联盟是指两个或两个以上的企业为了实现资源共享、风险和成本共担、优势互补等特定战略目标，在保持自身独立性的同时，通过股权参与或契约联结的方式，建立较为稳固的合作伙伴关系，并在某些领域采取协作行动，从而取得双赢或多赢目的的一种战略。

企业战略联盟作为一种新的合作竞争模式，它的出现并不是偶然的，而是有着深刻的政治经济背景，它是社会经济发展的产物。

战略联盟的特征：①行为的战略性；②合作的平等性；③合作关系的长期性；④整体利益的互补性；⑤组织的松散性；⑥管理的复杂性。

企业战略联盟形成的动因：①提高竞争力；②开拓新的市场；③争取规模经济；④促进技术创新；⑤降低经营风险；⑥避免或减少竞争；⑦实现资源互补。

2. 战略联盟的类型

根据联盟成员之间参与程度的不同划分，可分为股权式战略联盟和契约式战略联盟。股权式战略联盟又分为合资企业和相互持股投资。契约式战略联盟最常见的形式包括：技术开发与研究联盟、产品联盟、营销联盟、产业协调联盟。

根据联盟目标取向的不同划分，可分为产品联盟和知识联盟。

根据联盟所处市场营销环节的不同划分，可分为品牌联盟、分销渠道联盟、促销联盟、价格联盟、垂直联盟。

根据联盟成员所处地域不同划分，可分为国内战略联盟和国际战略联盟。

3. 企业战略联盟的组建与管理

企业战略联盟的组建。一般而言，企业战略联盟的组建应做好以下几个方面的工作：

（1）战略联盟的组建条件：①联盟企业有共同的利益驱动，且联盟各方的核心能力互补性强；②联盟企业拥有建立联盟所必需的资源和能力；③对宏观经济环境以及国家有关经济联合的法律法规的全面调查与了解。

（2）战略联盟伙伴的选择。战略联盟伙伴的选择是建立企业战略联盟的基础和关键环节，慎重地选择合作对象是联盟顺利发展的前提条件。一般而言，跨国公司都制定了详细的选择标准。这些标准的核心可以归为 3C 原则，即兼容性（compatibility）、能力（capability）和承诺（commitment）。

（3）订立战略联盟协议。在确定了联盟成员之后，联盟各方应当共同讨论、制定并签署正式协议书。制定协议时需要明确的一些基本内容：严格界定联盟的目标；周密设计联盟的结构；谨慎制定联盟的财税制度；准确评估投入的资产；详细记录公司间的交易；明确合作利益的管理；合同中要有应对重大变化的条款；规定违约责任；提出解散条款；散伙后继续提供支持。

企业战略联盟的管理。联盟不仅意味着收益，也意味着分裂和冲突。如果管理不当，联盟就可能给合作各方带来严重的问题。联盟企业的不稳定性要大大超过一般企业。因此，如何确保战略联盟的长久，怎样才能最妥善地利用其优势，避开其弱点，对于建立战略联盟的公司始终是一个值得关注的问题。

联盟各方要重点做好以下几个方面的工作：①寻求正确的领导者，建立团结的经理队伍；②有效整合联盟内的人力资源；③加强联盟各方之间的沟通；④联盟各方要平等、互相尊重；⑤有效管理竞争性合作中的风险。

战略联盟的新态势：①从产品联盟发展为以技术合作为主要内容的知识联盟；②从强弱联合的互补型联盟发展为强强合作的竞争型联盟；③从线性的联盟链发展为立体的联盟网络；④从"硬约束"的实体联盟发展为"软约束"的虚拟联盟。

📖 自测题

一、名词解释

战略联盟　股权式战略联盟　契约式战略联盟　产品联盟　知识联盟

二、简答题

1. 企业战略联盟产生的背景是什么？

2. 战略联盟的特征有哪些？

3. 企业战略联盟形成的动因有哪些?

4. 企业战略联盟的类型有哪些?

5. 知识联盟有哪些特征?

6. 战略联盟伙伴选择的标准是什么?

7. 战略联盟协议应包括哪些主要内容?

8. 如何做好战略联盟的管理工作?

9. 战略联盟的发展有哪些新态势?

10. 股权式战略联盟与契约式战略联盟的区别。

三、单项选择题

1. 企业与企业或其他组织机构,为共同创造新的知识和进行知识转移而建立的联盟,被称为(   )。

    A. 产品联盟　　　　　　　　　B. 知识联盟

    C. 分销渠道联盟　　　　　　　D. 垂直联盟

2. 把联盟分为品牌联盟、分销渠道联盟、促销联盟、价格联盟、垂直联盟的标准是(   )。

    A. 根据联盟成员之间参与程度的不同

    B. 根据联盟所处市场营销环节的不同

    C. 根据联盟目标取向的不同

    D. 根据联盟竞争与合作配置不同

3. 酒店可以和航空公司联盟,凡在酒店消费达一定限额的顾客可获得一张航空公司的免费机票;反之,在航空公司累积飞行达一定里程的顾客也可免费入住该酒店。此联盟属于(   )。

    A. 品牌联盟　　　　　　　　　B. 分销渠道联盟

    C. 促销联盟　　　　　　　　　D. 价格联盟

    E. 垂直联盟

4. 下列各项中,不属于企业战略联盟形成动因的是(   )。

    A. 促进技术创新　　　　　　　B. 避免财务风险

    C. 开拓新的市场　　　　　　　D. 实现资源互补

5. 国内著名商业零售企业东海公司与主营大数据业务的高胜公司签订战略合作协议,商定由东海公司免费向高胜公司开放相关数据收集平台,高胜公司则无偿为东海公司提供数据分析及应用方案。下列各项中,属于上述两个公司结成的战略联盟的特点是(   )。

    A. 更具有战略联盟的本质特征　　　　B. 企业对联盟的控制力较强

C. 有利于企业长久合作　　　　　　　　D. 有利于扩大企业资金实力

6. 与契约式战略联盟相比，股权式战略联盟（　　　）。

A. 更具有战略联盟的本质特征

B. 更强调相关企业的协调与默契

C. 初始投入较大，转置成本较高

D. 在经营的灵活性、自主权等方面具有更大的优越性

四、多项选择题

1. 战略联盟的特征主要有（　　　）。

A. 组织的松散性　　　　　　　　　　　B. 行为的战略性

C. 合作的平等性　　　　　　　　　　　D. 合作关系的长期性

E. 整体利益的互补性和管理的复杂性

2. 根据联盟目标取向的不同，战略联盟可分为（　　　）。

A. 产品联盟　　　　　　　　　　　　　B. 价格联盟

C. 知识联盟　　　　　　　　　　　　　D. 促销联盟

E. 股权联盟

3. 联盟伙伴的选择原则包括（　　　）。

A. 平等　　　　　　B. 能力　　　　　　C. 承诺

D. 合作　　　　　　E. 兼容性

4. 甲客运公司与乙旅行社于 2016 年开启深度战略合作，联合推出"车票＋地接"打包旅游产品。其中，甲客运公司提供用于打包产品的"低价票"，乙旅行社则提供比以往更为丰富、优质的旅游目的地和地接服务。该产品的推出明显提升了合作双方的竞争力。本案例中，甲客运公司与乙旅行社进行战略合作的动因有（　　　）。

A. 保持统一的管理风格和企业文化　　　B. 防范信任危机

C. 开拓新的市场　　　　　　　　　　　D. 实现资源互补

5. 美国的 M 公司与日本的 D 公司组成一个以技术交换为导向的战略联盟，在此战略联盟下，D 公司获得当时日本公司一直缺乏的单晶片微处理机关键技术，对日后该公司的整体研发有很大的帮助。M 公司则因此改善其制造技术，不但缓解其日本公司在此产品上的价格压力，同时也提升了晶片制造的整体技术。根据以上信息可以判断，M 公司与 D 公司组成战略联盟的动因有（　　　）。

A. 促进技术创新　　　　　　　　　　　B. 避免经营风险

C. 实现资源互补　　　　　　　　　　　D. 开拓新的市场

6. 下列关于战略联盟的表述中，正确的有（　　　）。

A. 战略联盟是在竞争者之间建立的一种平等合作的伙伴关系

B. 战略联盟是着眼于优化企业未来竞争环境的长远谋划

C. 合资企业是战略联盟常见的一种类型

D. 契约式联盟具有较好的灵活性，但企业对联盟的控制难度大

7. 下列关于股权式联盟与契约式联盟描述错误的有（　　　　）。

A. 股权式联盟结构严密，契约式联盟结构比较松散

B. 股权式联盟灵活性差，契约式联盟结构灵活性好

C. 股权式联盟转置成本较低，契约式联盟转置成本较高

D. 股权式联盟各方地位平等，契约式联盟各方地位有区别

五、判断题

1. 契约式联盟具有较好的灵活性，但企业对联盟的控制难度大。　　　（　　　）

2. 合资企业是战略联盟常见的一种类型。　　　（　　　）

3. 股权式联盟主要是指涉及股权参与的合伙形式，又分为对等占有型股权式战略联盟和相互持股型股权式战略联盟。　　　（　　　）

4. 股权式联盟转置成本较低，契约式联盟转置成本较高。　　　（　　　）

5. 股权式联盟各方地位平等，契约式联盟各方地位有区别。　　　（　　　）

专题八自测题参考答案

专题九　人本管理理论

　　人是组织拥有的资源中最重要的资源，如何充分利用和开发组织中的人力资源，使之服务于组织内外的利益相关者，从而实现组织目标和组织成员个人目标，是组织中最难解决的问题，为此产生了以人为本的管理。

第一节　人本管理思想的产生和发展

　　20 世纪初产生的科学管理理论是对经验管理的否定。弗雷德里克·泰勒（Frederick Taylor）是科学管理理论的创始人，被誉为"科学管理之父"。泰勒的科学管理强调的是，以工厂管理为对象，以提高工人劳动生产率为目标，在对工人的工作和任务进行研究的基础上，制定出所谓标准操作方法，并以此法对工人进行指导、训练来提高产量。此外，他们还把工人使用的工具、机械、材料和作业以标准化，并用差别计件工资来刺激工人执行这套制度。亨利·福特创造的自动生产流水线将科学管理原理发挥得淋漓尽致。科学管理理论体现了效率至上的管理理念，以人适应机器的方式满足大量生产、大量消费的经济发展要求。效率至上的科学管理并不是完美无缺的。这一理论在对人的认识方面存在两个误区：一是把人看成"经济人"，过分强调物质刺激；二是把人看成机器一样的工具，不重视人的精神生活，把人放在大生产过程的从属地位。科学管理的立足点，缺乏对人的信任，更缺乏对个人价值和才智的尊重。

　　20 世纪 20 年代，乔治·梅奥（George Mayo）在美国芝加哥的西方电器公司霍桑工厂进行了著名的霍桑试验。试验从 1924 年开始，结束于 1932 年，历时 8 年。根据霍桑试验，梅奥等人得出 3 个结论：①职工是社会人；②企业中存在"非正式组织"；③领导能力在于提高员工的满意度。梅奥于 1933 年出版了《工业文明的人类问题》一书，提出了与科学管理理论不同的新观点——人际关系学说。人际关系学说提出了"社会人"的概念。人们的生产效率不仅要受到生理方面等因素的影响，而且要受到社会环境、心理方面等因素的影响。这个结论对科学管理只重视物质条件，忽视社会环境、心理因素对工人的影响来说，无疑是一个很大的进步。该学说认为：生产效率的高低主要取决于员工的积极性和士气，而员工的积极性和士气又取决于员工的家庭和社会生活以及企业中人与人的关系。因此，新型的领导要注重提高员工的满足感，善于倾听和沟通，使员工在经济需要与社会需要之间取得平衡。从此，与此相适应，产生了"以人为导向"的管理思想。这是管理史上第一次明确了人在管理中的重要地位。在之后形成的行为科学中，则始终把人放在管理工作的重要的乃至中心的位置上。

　　1957 年，美国麻省理工学院社会心理学家道格拉斯·麦格雷戈（D.Mcgregor）在《企业的人性面》这一著作中，从对立的两个观点出发，提出了关于人的两种假设，即著名的 X 理论和 Y 理论。X 理论是以消极的态度来看待工人，Y 理论则以积极的态度来看待工人。

他把科学管理理论时期的观点称为 X 理论。他指出，当时的管理当局对工人所采取的管理措施基于这样一些观念：

（1）人生来就是懒惰的，只要有可能就会逃避工作。

（2）由于人生来就不喜欢工作，对绝大多数人必须加以强迫、控制、指挥，以惩罚相威胁，使他们为实现组织目标而付出适当的努力。

（3）人生来就以自我为中心，对组织的需要漠不关心。

（4）人习惯于守旧，反对变革，把个人安全看得高于一切。

（5）只有极少数人，才具有解决组织问题所需要的想象力和创造力。

（6）人缺乏理性，容易受外界或他人的影响，做出一些不适宜的行为。

因此，对员工应采取"胡萝卜加大棒"的管理手段，必须依靠强迫、惩罚等强力措施才能控制下属去实现组织目标。

麦格雷戈认为，随着社会的进步和人类自身的发展，管理工作应建立在对人的本性和行为动机更为恰当的认识上——他所提出的 Y 理论。Y 理论的假设如下：

（1）人们并非天生就对组织的要求采取消极或抵制的态度。

（2）人们并不是天生就厌恶工作。工作和娱乐一样，都是人类的活动，人们是否喜欢工作要看工作条件如何。人们在工作中受到尊重时，工作效率最高。

（3）外来的控制和惩罚并不是促使人们为实现组织目标而努力工作的唯一方法，人们对自己所参与制定的目标能够实行自我指挥和自我控制，人们在自我管理的情况下工作成绩最好。

（4）大多数人都具有相当高度的解决组织方面问题的想象力和创造力。

（5）个人目标与组织目标没有根本冲突，若条件具备，个人会自觉地把个人目标与组织目标统一起来。对人的本性作如此概括、深刻和全面的理解，正是人本管理思想的精髓。

麦格雷戈认为，企业的管理应着重于对人的管理，按照 Y 理论的假设，对人的管理主要在于安排适当的、具有吸引力和有意义的工作，使个人的需要和组织的目标尽可能地结合起来，充分地发挥个人的聪明才智，使人们在实现组织目标的过程中能获得自尊和自我实现的最大满足。一句话，管理是一个创造机会、发挥潜力、消除障碍、鼓励成长、提供指导的过程。

麦格雷戈认为当时已出现一些与他提出的观点（Y 理论）相一致的管理措施，如在管理工作中的分权与授权、参与式和协商式管理、鼓励员工对自己的工作成绩作出自我评价等。自 Y 理论提出之后，许多学者在此基础上提供了一些具体的管理措施和组织政策。例如，弗雷德里克·赫兹伯格（Frederick Herzberg）通过调查研究，认为激发员工工作积极性的激励因素是与工作本身紧密联系在一起的，因此管理者要努力使工作有趣和有意义。他的这一观点是企业再造中工作复杂化设计的理论基础。

在 Y 理论的基础之上，美国管理心理学家约翰·莫尔斯（J. Morse）和杰伊·洛希（J. Lorsch）在《超 Y 理论》一文和《组织及其他成员：权变法》一书中提出超 Y 理论。根据"复杂人"假设构建的这一理论认为：没有什么一成不变的、普遍适用的最佳的管理方式，必须根据组织内外环境自变量和管理思想及管理技术等因变量之间的函数关系，灵活地采取相应的管理措施。管理方式要适合于组织目标、工作内容、工作性质和成员素质等具体情况。

超 Y 理论在对 X 理论和 Y 理论进行实验分析比较后，提出一种既结合 X 理论和 Y 理论，又不同于它们的一种主张权宜应变的管理思想。其基本观点是：

（1）人们是抱着各种各样的愿望和需要加入企业组织的，这种愿望和需要可以分成不同的类型。有的人愿意在正规化的有严格规章制度的组织中工作，但不想参与决策和承担责任；而有的人却愿意有更多的自主权和充分发挥个人创造性的机会。

（2）不同的人对管理方式的要求是不一样的。上述第一种人比较喜欢以"X 理论"为指导的管理模式，第二种人则喜欢以"Y 理论"为指导的管理模式。

超 Y 理论是在 Y 理论的基础上对人的本质的进一步发现和认识。人既不是纯粹的"经济人"，也不是完全的"社会人""自我实现人"。对不同的人，不同的时期，应采取不同的管理方法，即使是相同的人，由于周围环境的变化，在不同的时期，也要采取不同的管理方式，即权变理论。在特定的环境中，一个管理行为是否合理取决于各种因素。管理行为和管理方法一定要适应企业内外环境条件的变化而变化。对于一个组织来说，没有什么永恒不变的管理模式。

赫伯特·西蒙（H.Simon）的"管理人"也是对"社会人"假设的发展。在他看来，企业中任何员工都具有双重的身份：一方面他接受各方的指令、监督与控制，保持其行为与其他方面的一致性，是被管理者；另一方面，面对他自己的工作领域，无论他是管理他人，还是操作机器的职工或一般的任务执行者，面对各种可能发生的突发问题，他就是处理者，即狭义的管理者。无论企业的最高领导人还是一般员工，他们都在做决策，都是"管理者"。决策和自主工作，使每一个员工都有可能创造成就，充分发挥自己的创造力。由此派生出新的管理理论和方法在企业中的应用。

20 世纪 80 年代以来，资本主义的生产方式和生产关系发生了巨大变化：科技进步日新月异，产品的生命周期缩短，人们的需求结构发生了明显变化，蓝领工人的比重持续下降，员工的自主意识不断提高，员工的主动性、积极性和创造性的发挥程度成为企业竞争成败的决定性因素。人本管理成为时代要求。明确提出了"以人为本"的管理理念，人本管理的管理理念最终确立，并逐渐成为理论界的共识。

第二节　人本管理的含义及特征

一、人本管理的含义

人本管理是一系列以人为中心的管理理论与管理实践活动的总称，它是与"以物为中心"的管理思想相对应的概念。理论界关于人本管理内涵和外延的讨论众说纷纭，至今尚无定论。其中有以下几种主要观点。

人本管理即"3P"管理，即 of the people（企业最重要的资源是人和人才）；by the people（企业要依靠人进行生产经营活动）；for the people（企业是为了满足人的需要而存在）。基于这一理论，有人提出现代企业管理的三大任务是创造顾客、培养人才和满足员工需要，人自始至终处于企业经营管理的核心地位。

人本管理包括五个层次：情感管理、民主管理、自主管理、人才管理和文化管理。人本管理思想承认企业目标和员工目标的一致性，因此采取职工参股、目标管理、质量管理小组、划小核算单位、分权制、公司内部市场化、合理化建议、成立工作团队等措施鼓励员工参与管理。企业文化是人本管理的支柱，是一个企业的传统、风气和价值观的统一体。良好的企业文化能够使员工产生凝聚力、上进心，可以极大地鼓舞士气。

人本管理分为两个层次，第一层次的含义：先确立人在管理过程中的主导地位，继而围绕着调动企业中人的主动性、积极性和创造性去展开企业的一切管理活动；第二层次的含义：通过以人为本的企业管理活动和以尽可能少的消耗获取尽可能多的产出的实践，来锻炼人的意志、脑力、智力和体力，通过竞争性的生产经营活动，达到完善人的意志和品格，提高人的智力，增强人的体力，使人获得超越受缚于生存需要的更为全面的自由发展。

总之，关于人本管理的含义，有着多种不同的说法和意见。较为全面的一种解释是：人本管理是一种把"人"作为管理活动的核心和组织最重要的资源，把组织全体成员作为管理的主体，围绕着如何充分利用和开发组织的人力资源，服务于组织内外的利益相关者，从而同时实现组织目标和组织成员个人目标的管理理论和管理实践活动的总称。

二、人本管理的特征

（一）人本管理的核心是人，它把人置于组织中最重要的资源的地位

这是人本管理与以"物"为中心的管理的最大区别，它意味着企业的一切管理活

动都围绕如何识人、选人、用人、育人、留人而展开。人成为企业最核心的资源和竞争力的源泉，而企业的其他资源（如资金、技术、土地）都围绕着如何充分利用"人"这一核心资源，如何服务于人而展开。

（二）人本管理的主体是企业的全体员工

人本管理是一种全员参与的管理，在实行人本管理的企业中，每位员工都是真正的主人，不只是做"该做"的事，还要做"该做"以外"应做"的事，管理人员和普通员工之间是一种合作分工关系。在工作秩序上不是由上到下的控制导向的传统管理模式，而是鼓励全体员工都对工作进行策略思考，形成上下双向交流的自主工作秩序。企业管理者的工作重点是在组织结构重整之后，搞好授权与激励，让每位员工都能享受权利、信息、知识和酬劳，从而使人人都有授权赋能的感受。

（三）人本管理以满足企业全体人员的正当需求为出发点

人本管理是以人为中心的管理，这意味着企业的生产与分配皆应以人为本。一方面，要求关注并满足员工低层次的需要，如生存、安全等物质需要，提高他们的收入，改善他们的工作环境，为其创造有利于身心健康的外部保证。另一方面，要关注员工的高层次的需要，如自由、娱乐、自我发展与自我实现等精神需要。尊重他们的人格，在企业中树立平等的观念，为其提供利于发展的内部机制。总之，人本管理要求一切以满足企业全体员工的正当人性需求为出发点。

（四）人本管理倡导"能本创新"的管理观念

我国传统的管理思想往往从人的出身和背景出发管理人力资源，如中华人民共和国成立后曾经流行的"接班制"，它以人的父辈的贡献或者说以人的出身为依据安排人力资源，这显然违悖人本管理模式的精神。人本不等于"人人均等"的平均主义。真正的人本应以平等为前提，基于个人能力的大小、素质的高低来安排工作岗位。同样，也应以能、职、绩作为依据获取劳动报酬。最终，使人得其所，事得其人，人尽其才。所以，"人本"包含以人的能力为本，以人的知识、智力、技能为核心内容的"能本创新"管理理念，它是人本管理发展的新阶段，是更高层次和更高意义上的人本管理。

（五）人本管理兼顾组织内外的利益相关者

随着社会的发展进步，企业组织的目标更加趋于多元化，它除了要实现它的经济目标——对股东负责以及实现员工的个人发展目标外，还必须关心顾客的利益，关心供应商的利益，遵守国家的政策法规，关心社区的公益事业，保护资源和环境，把企业自身的经济目标和社区的发展规划、国家的发展目标结合起来。只有这样，企业才能树立良好的形象，得到公众的普遍支持，从而取得更大的发展。现在国外企业流行的"绿色管理"所采用的一些做法，如尽量减少企业生产过程中的环境污染，使用可回收的材料作包装，生产绿色的天然食品等，都反映了这种广义上的人本管理精神。

（六）人本管理成功的标志是组织的目标与组织成员的个人目标都能得以实现

传统意义上的企业是一个经济组织，企业的控制权和剩余索取权归股东所有，企业的经理阶层代理股东行使管理权力，并对股东大会负责。企业管理是否成功的衡量指标是看企业的经济效益如何。它直接表现为短期内的经济指标，如企业的利润率情况；或者长期经济指标，如企业股票市值的高低，这实际上反映的是企业资本所有者的利益。但是在实行人本管理的企业中，全体员工都成为管理活动的主体和服务的对象，管理活动成功的标志不但要看原有的组织经济目标（反映的主要是物质资本所有者的利益）是否实现，还要看组织成员的个人目标是否实现。只有将组织目标和员工的个人目标有效地结合，才能增强企业的凝聚力，充分发挥全体员工的主动性、积极性、创造性，使企业获得长久的发展。所以，很多实行人本管理的企业都帮助员工制订职业生涯发展规划，以求得企业发展和员工个人发展的协调统一。

第三节　人本管理的内容

一、关于人性的假设

理论界对个体人行为的研究都是以一定的人性假设为前提的，理论界对人性的假设经历了"经济人""社会人""自我实现人""复杂人""文化人""管理人"的发展。每一种人性假设都从某一个特定的角度说明了"人"的某些特征，对管理实践活动提供了一定的参考建议，但每一种人性假设又有自身的不足之处，需要加以弥补。

（一）经济人假设

经济人假设认为工人们所关心和追求的就是物质待遇，只要给钱，他们就会卖力干活，他们是纯理性的，没有精神性、感情性之类的其他需要。

（二）社会人假设

社会人假设源于梅奥的"霍桑试验"。该试验揭示了人们除了关心物质、金钱方面的需要以外，也关心友谊、尊重、温情、关怀这些方面的社会性需要。工人社交需要的满足，对激励他们的工作干劲也是很重要的。

（三）自我实现人假设

管理者进一步认识到，员工们除了物质性和社会性的需要外，还有自我实现的需要，即他们还追求充实和发展，以充分发挥出自己的潜能，来实现自己的价值。给他们提供这种条件和机会，就能激励他们努力工作，这对白领员工，即脑力劳动者，尤为重要。

（四）复杂人假设

进一步的研究与实践，证明不仅每位员工的需要结构各不相同，而且即使同一名员工在不同的情景与时间条件下，其需要也不尽一致。这说明人性是复杂的，不可套用统一的规律，必须具体问题具体分析，从而进行处理。

二、人本管理中的激励

激励，就是激发鼓励的意思，就是利用某种外部诱因调动人的积极性和创造性，使人有一股内在的动力，朝向所期望的目标前进的心理过程。激励是现代企业人力资源管理的核心，人本管理理论中的激励原理，旨在研究个人需求和制度对个人需求满足感的影响以及产生这种激励的机制。

按照一般的分类方法，管理学的激励理论可以划分为三类：内容型激励理论、过程型激励理论、行为改造型激励理论。内容型激励理论包括马斯洛的需求层次理论、赫兹伯格的双因素理论、奥德弗的 ERG（existence、relatedness、growth）理论、麦克利兰的成就激励理论。过程型激励理论包括弗罗姆的期望理论、亚当斯的公平理论和劳勒的激励过程模式。行为改造型激励理论包括操作条件强化理论、归因理论、挫折理论。下面介绍几种主要的激励理论。

（一）需求层次理论

需求层次理论是由美国著名的心理学家和行为学家亚伯拉罕·马斯洛（A.Maslow）提出来的。早在 1943 年，马斯洛在《人的动机理论》一文中，首次提出了需求层次理论，把人的需求分成生理需要、安全需要、友爱和归属的需要、尊重的需要、自我实现的需要五个层次。并于 1954 年在其名著《动机与人格》中作了进一步的阐述。这一理论，几十年来流传甚广，是行为科学家试图揭示需要规律的主要理论。

一般而言，生存和安全需要属于较低层次的物质方面的需要；社交、尊重和自我实现的需要，则属于较高层次的、精神方面的需要。马斯洛认为，人的需要遵循递进规律，在较低层次的需要得到满足之前，较高层次的需要的强度不会很大，更不会成为主导的需要。当较低层次的需要获得相对的满足后，下一个较高层次的需求就占据了主导地位，成了驱动行为的主要动力。

（二）双因素理论

双因素理论是由美国心理学家赫兹伯格于 1959 年提出的。他认为企业中影响人的积极性的因素可按其激励功能不同，分为激励因素和保健因素。激励因素是指和工作内容联系在一起的因素。保健因素是指和工作环境或条件相关的因素。赫兹伯格认为保健因素不能直接起到激励人们的作用，但能防止人们产生不满的情绪。保健因素改善后，人们的不满情绪会消除，但不会产生积极效果。而激励因素才能产生使职工满意的积极效果。

（三）期望理论

期望理论是由美国耶鲁大学教授、心理学家维克托·弗罗姆（V.Vroom）首先提出的，他于 1964 年在《工作与激励》一书中提出了这个理论。这个理论一出现，就受到国外管理学家和实际管理工作者的普遍重视。目前，人们已经把期望理论看作最主要的激励理论之一。

期望理论是一种通过考察人们的努力行为与其所获得的最终奖酬之间的因果关系，来说明激励过程，并以选择合适的行为达到最终的奖酬目标的理论。这种理论认为，当人们有需要，又有达到这个需要的可能，其积极性才高。激励水平取决于期望值和效价的乘积。

其公式是：

激发力量（M）= 效价（V）× 期望值（E）

激发力量 M（motiveforce）的高低，是指动机的强度，即调动一个人的积极性，激发其内在潜力的强度。它表明人们为达到设置的目标而努力的程度。

效价 V（value），是指目标对于满足个人需要的价值，即一个人对某一结果偏爱的强度，通常效价取值范围为 $-1 \leqslant V \leqslant 1$。

期望值 E（expectancy），是指采取某种行为可能获得的绩效和满足需要的概率，即采取某种行为对实现目标可能性的大小，通常期望值的取值范围为 $0 \leqslant E \leqslant 1$。

这个公式实际上提出了在进行激励时要处理好三方面的关系：努力与绩效的关系、绩效与奖励的关系、奖励与满足个人需要的关系。这些也是调动人们积极性的三个条件。

（四）公平理论

公平理论又称社会比较理论，是由美国心理学家约翰·亚当斯（J. Adams）于 1956 年提出的。亚当斯认为：人们的工作动机，不仅受其所得报酬的绝对值影响，而且要受到报酬的相对值的影响。即每个人都把个人的报酬与贡献的比率同他人的比率作比较，如比率相等，则认为公平合理而感到满意，从而心情舒畅、努力工作；否则就会因为感到不公平、不合理而影响工作情绪。这种比较过程还包括同本人的历史贡献报酬比率作比较，可用公式表示如下：

$$\frac{个人所得的报酬}{个人的贡献} = \frac{（用作比较的）另一个人所得的报酬}{（用作比较的）另一个人的贡献}$$

在一个组织里，大多数人往往喜欢不断地与他人进行比较，并对公平与否的程度做出判断。从某种意义上说，激发工作动机的过程，实际上就是人与人之间进行比较，做出判断，并据以指导行动的过程。人们对某些不公平感可能会忍受一段时间，但是时间长了，可能会因一桩明显的小事而产生强烈的反应。

（五）强化理论

强化理论是由美国哈佛大学心理学教授伯尔赫斯·斯金纳（Burrhus Skinner）提出的。强化是心理学术语，是指通过不断改变环境的刺激因素来达到增强、减弱或消灭某种行为的过程。这个理论特别重视环境对行为的影响作用，认为人的行为只是对外部环境刺激所作的反应，只要创造和改变外部的环境，人的行为就会随之改变。对于管理者来说，这种理论的意义在于用改造环境（包括改变目标和完成工作任务后的奖惩）的办法来保持和发挥积极行为，减少或消除消极行为，把消极行为转化为积极行为。强化可分为四种类型：积极强化、惩罚、消极强化（逃避性学习）、自然消退（也称衰减）。

在运用强化手段时，不仅要考虑采用何种方式，而且在何时以及它发生的间隔次数问题也需认真考虑。主管人员可以根据下属的行为情况不同而采用不同的强化方式，它主要分为连续的强化和间断的强化两种。间断的强化还可以按时间间隔是否固定、强化的比例是否变化而分为四种形式：固定间隔强化、可变间隔强化、固定比率强化、可变比率强化。

（六）归因理论

归因理论是美国心理学家弗里茨·海德（Fritz Heider）首先提出，之后由美国斯坦福大学的李·罗斯（Lee Ross）等人加以发展的一个理论。归因理论认为：人们对过去的成功或失败主要归结于四个方面的因素，即努力、能力、任务难度和机遇。这四种因素又可按内外因、稳定性和可控性进一步分类：从内外因方面来看，努力和能力属于内因，而任务难度和机遇则属外因；从稳定性来看，能力和任务难度属于稳定因素，努力与机遇则属于不稳定因素；从可控性来看，努力是可以控制的因素，而任务难度和机遇则超出个人控制范围。

如果一个人把失败归于天生能力弱、脑袋笨这样自己难以控制的内因，他在几次失败后就不会再从事同样的行为，因为他知道能力弱是难以改变的，再努力也是徒劳的。如果一个人把失败归之于不够努力这样可以由自己主动控制的内因，他失败后可能会加倍努力，从事同类行为，直至获得成功。如果一个人把失败归于偶然的不可控制的外因，例如，他认为没有完成任务是天公不作美，他失败后一般能坚持同样行为，争取在下次获得成功，因为"天公不作美"的因素不可能每次都会出现。如果一个人把失败归于必然的不可控制的外因，例如，他认为领导总是和自己作对，阻碍自己，他失败后就会减少坚持可能引起失败的行为。因为他认为只要领导不下台或不离开这个单位，自己就难逃失败的命运。

另外，如果一个人把成功归于内因，会使人感到满意和自豪；归于外因，会使人感到幸运和感激。

总之，如果一个人把自己的失败看成是必然的，自己无能为力的，就会降低自己以后从事同样行为的动机；反之，如果将失败看成是偶然的或自己可以主动控制的，就可能保持甚至增强同类行为的动机，努力去争取成功。

三、人际关系管理

企业是一个经济组织，也是一个人群组织，一个由许多个人不仅在其内部成员之间存在着各种各样的人际关系，而且在企业与外部社会组织以及个人之间也存在着错综复杂的人际关系，从而构成企业的人际关系网络。企业的对外人际关系网络具有信息沟通、调动资源、增强互信感等功能，是对正式市场机制的一种补充，对企业目标的实现具有重大战略意义，良好的企业内部人际关系还有助于实现企业的组织目标。

四、人力资本管理

（一）人力资本的含义

人力资本（human capital）一词，最早由美国著名经济学家西奥多·舒尔茨（Theodore Schultz）在 1960 年就任美国经济学会主席时的演讲中所提出。在其 1961 年发表的经典著作《论人力资本投资》中，西奥多·舒尔茨进一步阐述了这一观点。舒尔茨认为：人的知识、能力、健康等人力资本的提高对经济增长的贡献远比实物资本、劳动力数量的增加重要得多。

1964 年，加里·贝克尔（Gary Becker）出版了专著《人力资本》，他认为：所有用于增加人的资源并影响其未来货币收入和消费的投资为人力资本投资，其中主要是教育投资、保健支出、劳动力国内流动的支出或用于移民入境的支出等形成的人力资本。

《新帕尔格雷夫经济学大词典》解释如下：作为现在和未来产出与收入流的源泉，资本是一个具有价值的存量。人力资本是体现在人身上的技能和生产知识的存量。

兰邦华认为：人力资本是指特定行为主体通过投入一定费用可以获得的，并能够实现价值增值的，依附于某个人身上的价值存量。

（二）人力资本的特征

1. 与人本身的不可分割性

人力资本的一个显著特征是它属于人的一部分，必须通过人本身主观能动性的发挥来实现人力资本的超额利润。

2. 时效性

人力资本的效用受到时间的严格限制。一般情况下，智力成果与技术特长只能在某个阶段发挥到最佳效用。人力资本若长期储藏不用，就会荒废、退化。因此，人力资本的应用必须及时。

3. 增值性

就一般物质资源而言，如一台机器，随着使用时间的延长，会发生物质磨损，而且使用强度越大，磨损越大。但人力资本并非如此，在使用过程中，人力资本也会磨损，这种磨损不仅具有再生性，可以不断恢复和维持，更重要的是，它可以自然培养和提高，即能够增值。人力资本不仅能通过知识、技能、智慧等脑力劳动消耗，转移其自身价值，创造出新的成果，而且它已经成为经济增长的重要源泉。

4. 流动性

人力资本同货币资本、产权资本等其他资本一样，可以在一定条件下自由流动。人力资本的流动，对于人力资源合理配置，减少人力浪费，充分发挥人力作用具有历史性进步。

五、组织人力资源管理

所谓人力资源管理就是通过对人和事的管理，处理人与人之间的关系，人与事的配合，以充分发挥人的潜能，并对人的各种活动予以计划、组织、指挥和控制，以实现组织的目标。一般来说，人力资源管理的内容包括以下几个方面：

1. 人力资源规划

人力资源规划是根据组织的战略目标，科学预测组织在未来环境变化中人力资源的供给与需求状况，制定必要的人力资源获取、利用、保持和开发策略，确保组织对人力资源在数量上和质量上的需求，使组织和个人获得长远利益。通过制订这一规划，一方面保证人力资源管理活动与企业战略方向和目标相一致；另一方面，保证人力资源管理活动的各个环节相互协调，避免互相冲突。在实施此规划时还必须要在法律和道德观念方面创造一种公平的就业机会。

2. 工作分析

工作分析是对组织中各种工作职务的特征、规范、要求、流程以及对完成此工作员工的素质、知识、技能要求进行描述的过程，它的结果是产生工作描述和任职说明。

3. 招聘

组织用招聘来定位和吸引申请具体职位的人。组织可能从内部或外部招聘候选人。

4. 挑选

组织挑选最合适的求职者，录用并安排在一定的职位上。

5. 培训与开发

培训与开发是教会组织成员怎样去有效地完成其目前或未来工作的有计划的学习经历。培训聚焦于目前的工作，而开发则是为组织成员未来可能从事的工作做准备。培训与开发的实践旨在通过提高员工的知识和技能水平去改进组织的绩效。

6. 绩效考评

绩效考评是企业根据员工的职务说明，对员工的工作业绩，包括工作行为和工作效果，进行考察与评价。

组织的人力资源管理实践与以往相比，出现了许多引人注目的变化，具体表现为：

（1）对工作内容重新设计，实施弹性工作制、工作轮换制，使工作内容丰富化、多样化和扩大化。

（2）人力资源规划更加注重员工的个人发展，人力资源会计方法在企业中的应用，实施双职业生涯家庭的职业计划、变换的职业发展模式。

（3）招聘渠道的多样化和招聘范围的全球化，员工的挑选标准发生了新变化，更加注重他们的合作能力、人际关系协调能力，引入了情感、智商等测量标准。

（4）组织并帮助员工进行职业生涯开发与设计，对员工的培训更加注重多样化能力的培养，组织更加重视团队的建设，强调组织的学习和修炼。

（5）实行多样化的报酬形式。绩效工资制、浮动工资制、技能工资制、灵活福利、可比较价值、利润共享方案、长期激励模式等各具特色的报酬政策纷纷出现。

（6）提倡与团队业绩有关的绩效评估模式，以加强组织内部的合作。

（7）劳资关系出现了多元化、复杂化特点。

六、组织文化建设

组织文化是指组织成员共同的价值观体系，它使组织独具特色，区别于其他组织。企业文化是一种归属于组织文化范畴的特殊的组织文化。它主要是指企业组织在其所处的特定环境中，逐渐形成的共同价值标准、行为准则、基本信念以及与之相应的制度载体的总和。

文化在组织中具有多种功能：它起着分界线的作用，表达了组织成员对组织的一种认同感，使组织成员不仅仅注重自我利益，而且考虑到组织利益，有助于增强社会系统的稳定性，把整个组织聚合起来，文化还决定了游戏规则。同时，文化又是组织变革、多样化和企业并购的障碍。

最初的组织文化源于组织创建者的经营理念。员工的甄选过程、组织现任高级管理人员的行动、组织社会化过程起到维系组织文化的作用。组织文化以多种形式传递给员工。最常用的有故事、模范人物、仪式、物质象征和语言。

组织文化建设过程中面临的一个重大问题是如何处理文化多元化对它的影响。近30年来，管理理论界对待员工思想多元化的看法也在不断进化，从追求人人相同，到承认差异再到看重差异。国外许多著名的大企业的多元化计划，如灵活的工作安排，丰富的儿童和老年福利以及多元化的培训等。

第四节　人本管理的原则及方法

一、以人为本的管理的基本原则

人本管理的原则是以人为本管理过程中应遵循的基本准则，它涉及以人为本管理的基本方式选择以及以人为本管理的核心与重点。

（一）个性化发展原则

个性化发展原则要求组织在成员的岗位安排、教育培训，在组织的工作环境、文化氛围、资源配置过程等诸多方面均以是否有利于当事人并按其本意，按其特性潜质发挥，以及按其长远的发展来考虑，绝不是简单地处置，绝不是仅仅从组织功利性目标出发。

（二）引导性管理原则

组织中人与人之间的协作配合、资源的安排、投入与产出全过程等方面原来是由领导者的权威和命令来组织、协调与监控的管理方式，在以人为本的管理思路下就应该转变为引导性管理，即以引导来代替权威和命令，由引导来协调组织成员的行为，最终有效地完成组织既定的目标。引导管理与过去的权威命令式管理的最大区别在于，前者所要求的组织领导是一个顾问式的人物，而不是一个铁腕式的人物，他仅提供参考的意见，提醒当局者不要执迷，使其能够自我管理和互相协作。

引导性管理原则在组织运作中要求组织中的所有成员放弃由岗位带来的特权，平等、友好地互相建议、互相协调，使组织成员凝聚在一起，共同努力完成组织最终的目标，在此过程中谋求各自的个性化发展。

（三）环境创设原则

环境创设原则就是指组织要努力创设良好的物质环境和文化环境，以利于组织成员的个性化发展和自我管理。物质环境，包括工作条件、设施、设备、文化娱乐条件、生活空间安排等。物质环境的创设与组织拥有的资源有关，凡组织资源充裕的，那么物质环境的创设可能优越一些，虽然并不能说物质环境越好，人就越能个性化全面发展，但良好的物质条件是发展人的潜质、训练技能的重要支撑。文化环境，即组织拥有的特别的文化氛围。组织文化环境的创设不像物质环境的创设那样只要方向明确、有资源支持便可很快做到，组织文化环境的创设是一个漫长的过程，需要不懈地努力才行。一旦组织文化环境创设成功，那么它的效用是非常大的。

（四）人与组织共同成长原则

所谓组织要与个性化全面发展的个人一起成长，就是说组织本身的发展应与以人为本的管理方式相适应，即组织体系、架构以及运作功能都要逐步凸显人本主义理念，改变金字塔式科层制结构，建立学习机制，从而极大地激发人的潜能并使之成为组织发展的内在动力。

组织与个人共同成长的准则要求组织的发展不能脱离个人的发展，不能单方面地要求组织成员修正自己的行为模式、价值理念等来适应组织，而是要求组织的发展来适应成员个性发展而产生的价值理念、行为模式，在全体成员的一致性方面再做发展的考虑。组织与个人共同成长的最终目标实质上是在个人的个性化全面发展的基础上建立一个真正的以人为本管理的组织。

二、以人为本管理的基本方法

以人为本的管理强调以人为出发点和中心，因而只要对激发和调动企业员工的主动性、积极性、创造性有积极作用的、能够促进人的发展和企业发展的方法都可纳入其管理方法的范畴，因此，以人为本的管理方法是极其丰富且形式多样的。从企业当前和今后面临的经营环境对企业的要求来看，从企业的实践效果来看，以人为本的管理方法可主要归纳为目标管理，企业文化建设，工作轮换、工作扩大化和工作丰富化，沟通，员工教育与培训，权变领导六个方面。

（一）目标管理

目标管理使员工能够参与企业目标的制定，明确自己的工作目标，进行自我控制，并努力完成工作目标。由于有明确的目标作为衡量和考核的标准，目标管理对员工的评价和奖惩都能够做到更客观、更合理，因而可以大大激发员工为完成企业目标而努力工作。

以人为本的目标管理与一般意义上的目标管理相比更加强调企业目标与个人目标的协调，强调全体员工或员工代表参与企业重大问题的决策。在以人为本思想指导下的目标管理有以下几个突出的特点：

1. 强调个人与企业共同发展

以人为本的管理认为，个人全面发展是企业发展的基础，因此，个人目标与企业目标的相互协调使之趋于一致或尽可能地求大同、存小异是非常重要的，它对于激发企业员工的积极性、主动性和创造性有着巨大的作用。若个人目标被忽视，则会导致员工的贡献强度减弱，从而影响企业目标完成的质量。而目标管理通过员工参与企业目标的制定，使个人目标与企业目标得到协调，既考虑了企业的发展，又考虑了个人的发展。

现代员工与过去的员工相比，一是生活水平提高了，工作不再只是谋生的手段；二是员工的文化层次提高了，员工不再把丰厚的报酬和舒适的工作环境作为择业的唯一标准，而更多地追求事业上的成就感。因此，企业应更多地帮助员工进行事业发展。

事业发展是指个人为达到事业目标做出相应的决策和付诸实践的过程。事业规划则是指个人对职业、组织和发展前途的选择。因此，事业发展与规划是一个人不断地寻求工作与生活质量满意的动态平衡过程。对企业领导来说，要想方设法帮助员工规划和发展他们的事业，并帮助他们取得成功。

企业帮助员工事业发展，具体做法有，帮助员工在企业找到合适的位置，扮演好自己的角色；努力创造平等参与的机会，使员工能充分发挥个人才能；鼓励员工不断上进，不断充实和提高自己；让员工知道自己表现良好的地方；协助员工从错误中学习。

2. 体现参与管理

所谓参与管理就是指所有包括员工在内的集体决策、集体责任、集思广益，重视人的创造力开发的集体管理。在现代的西方企业中，这种参与管理正发展成为一种管理思潮，企业经营普遍欢迎员工对企业管理方面提出意见和建议。企业员工不仅参与日常的生产经营管理，而且参与有关企业发展的重大问题的决策，对企业的大政方针发表意见，甚至与企业方共同经营企业、共担风险、分享股权和红利。有的企业管理直接让普通员工轮换进入管理岗位，体会当管理人员的滋味。例如，美国通用汽车公司与全美联合汽车工人工会协商，让员工参加从公司最高管理层到装配车间的各层次的管理工作，以提高汽车产品的质量。其派 6 名工会代表加入通用汽车公司最高主管行列，参与有关产品设计和工程管理工作。通过参与管理活动，员工可以全面了解企业的有关情况，从而获得安全感和信任感，保持稳定的状态和工作情绪。直接参与决策的制定并充分发表意见，可以提高员工对企业决策的承认和接受程度，使其形成心理上的认同感和归属感，促使员工在执行决策时能够主动合作。参与管理可以提高员工对自身地位及存在价值的认识，从而增强自尊心与自信心，获得成就感和满足感。

参与式管理的实质是建立以人为中心的、面向人的管理，充分发挥人的积极性和创造性；形成一个和谐的、自我控制和积极协调的管理氛围，使企业管理走向民主化。

3. 实行自我管理

目标管理的管理方式是以"自我管理"代替"压制性管理"，这种自我管理可以充分发挥人本身的潜能和创造性，从而形成强大的动力，推动员工尽自己的最大力量把工作做好。发达国家的很多大企业实行高度的工作自治，即员工对自己的工作负责，不需要他人监督。员工的工作质量由自己保证，保证不了自己的工作质量即说明员工不能胜任这项工作。如果员工的工作不能达到企业的要求，企业有责任帮助他，他本人也有责任改进，无论如何，最后保证工作质量的仍是员工自己。实现自我管理，充分体现了企业对员工的尊重。正是在这种尊重的基础上，员工可以充分自如地工作，尽自己最大努力做好工作。这些做法无疑值得我国企业学习和借鉴。

4. 充分授权

在企业中，集权与分权的矛盾是其基本矛盾之一，作为上级领导，唯恐失去控制是阻碍其大胆与充分授权的主要障碍，而目标管理则有助于协调这一矛盾。在目标管理中，企业自上而下都在目标的指引之下，因而权力下放不必担心失控，充分的授权是实现目标的必要条件。

5. 注重成效

目标管理对企业中的每一个人、每一个部门都有明确的目标考核体系，从而能够按照实际的贡献大小对每一位员工以及相应的部门进行如实的评价，这对于增强员工的满足感，调动员工的主动性、创造性，以及增强组织的凝聚力都将起到很好的作用。

（二）企业文化建设

企业文化指企业在长期的生产经营过程中所形成的管理思想、管理模式、价值观念、企业精神、企业个性、道德规范、行为准则、规章制度、风俗习惯等。在以人为本的管理中，企业文化的建设有利于在企业中形成一种和谐进取、学习创新、品格高尚、团结协作的环境与氛围，员工在这样的环境与氛围中可以充分发挥自己的聪明才智，完善自我，在实现自身价值的同时也促进企业的不断发展。

（三）工作轮换、工作扩大化和工作丰富化

工作轮换是指员工可以在不同的工作岗位上进行工作，以充分发挥自己的特长。按照亚当·斯密的分工理论，员工在一个固定的工作岗位上干得越久，工作技能越熟练，工作效率越高。但是，这种做法常常会使员工产生厌倦感，这种厌倦感对人的影响可能会超过他们工作熟练的贡献率，不利于充分调动员工的积极性和创造性，也不利于对员工能力的培养。因此，新的管理模式强调员工工作的新鲜感，不让员工对自己的工作岗位感到厌烦，以此来调动员工的积极性。这就是说，在新的管理模式下，

员工长期只干一种工作的历史结束了，员工的工作岗位不再是长期固定不变的，企业经常按一定的计划调整员工的工作岗位，让他们接受新工作的挑战。由于员工有机会接触多方面的工作，他们会显得更有活力，而激发员工的这种活力是使企业经营有活力的最根本保障。这种轮换有时是相同职务但部门不同的轮换，如从这个部门的计划室调到那个部门的计划室，有时是不同职务之间的流动，如生产线上的工人，如果认为自己有能力担任管理工作，那么只要通过考核认可，就可以上岗工作。这种工作轮换制度保证了每个员工可以获得他想要的工作，因此，流动到新岗位上的员工，一般都保持着高涨的热情，全力献身新的工作，都能很好地担负起新的责任和完成新的任务。

工作扩大化是指扩大工作内容，使员工承担更多的责任。例如，许多装配流水线是一字式的，工人在工作时间内只重复做一种工作，虽然劳动熟练程度提高了，但长期单调的工作难免给人带来乏味与沉闷，久而久之，员工的积极性会受到很大影响。而工作扩大化的管理方法的实施则可能将流水线排成回字式的，每一个工人负责的可能是需要若干零件组合而成的部件或组件，工人在回字间走动，并有一定的控制节拍与速度能力，同时责任亦十分明确。工作扩大化所带来的工作内容的增加、工作责任的加大，能大大提高员工的兴趣，以及工作的成就感和责任感，因而对员工积极性的激励与调动是很有好处的。另外，要尽可能扩大员工的工作层面。当一位员工有能力多做一些工作时，企业应尽可能为他创造拓展工作的机会。这实际上是为员工提供更多的表现自己的机会，让员工经受锻炼和提高工作能力。在这样的管理机制下，企业人浮于事的现象比较少，企业的经营业务能力能从总体上得到增强。

工作丰富化是指把一种更高的挑战性和成就感体现在工作之中。它可以通过赋予多样化的内容使一项工作丰富起来，也可以用其他方法使工作丰富起来，如在决定工作程序与使用的具体方法上给员工以更大的自由，使员工对自己的工作有更强的个人责任感等。

工作轮换、工作扩大化和工作丰富化是能够很好地体现以人为本思想的管理方法，它可以扩展人的知识和技能，挖掘人的创造潜力，激励员工承担更大的职责，给员工提供更多的发展机会和施展才能的空间。

（四）沟通

沟通，就是信息交流。以人为本的管理中的沟通指的是人与人之间的信息交流。在企业内部，员工之间的沟通具有以下特点：

（1）沟通主要通过语言来进行。

（2）除了一般信息交流外，沟通还包括人的情感、思想、态度、观点等的交流。

（3）沟通将会改变人的行为。

（4）在沟通过程中，由于人的背景、知识、观点等的不同，可能会出现特殊的沟通障碍。

沟通的这些特点，使得在企业实施以人为本的管理中加强员工间的沟通或交流有着特别重要的意义。它有助于增进员工的相互信任和了解，有利于培育员工的集体意识、参与意识、团队精神和责任感。因此，企业必须创造适合于员工间沟通的条件和环境，培养员工沟通的技能，使沟通在企业内部尽可能无障碍地进行。

（五）员工教育与培训

一支训练有素的员工队伍，对企业是至关重要的。每一个企业都应把培育人、不断提高员工的整体素质作为常规任务。尤其是在科技迅猛发展的现代，技术生命周期不断缩短，知识更新速度不断加快，每个人、每个组织都必须不断学习，以适应环境的变化并重新塑造自己。

教育与培训，一方面使员工自身能力能够得到提高，工作的获得感、满足感得以提升，另一方面也有助于提高企业的生命力。

（六）权变领导

权变领导是指在企业领导方式上要充分尊重人、关心人，根据员工的个性差异以及相应的环境来实行因人制宜的领导，以克服工作任务或职权等方面的不利影响，从而取得好的领导效果。

任何企业中的员工都存在着个性差异，这些差异主要表现在员工的知识结构、技能、价值取向、信念、意志等方面。同时，这些员工还处于一定的环境之中，而且行使领导职能的领导者也有自己独特的个性，这些因素都导致只采取同一种领导方式将难以达到预期的领导效果。因此，以人为本的管理要求在领导方式上采用权变的思想，在充分尊重员工个性差异的前提下，因人、因时、因地采取不同的领导方式，对员工进行因势利导，将员工的这种个性差异看作一种优势充分利用起来。权变领导由于考虑了企业员工的个性差异，体现了以人为出发点和中心的思想，因而是以人为本管理方法的重要组成部分。

案例 9-1

惠普："人本管理"的典范——用人本管理增强企业凝聚力

总部设在美国加州的惠普公司始创于 1939 年。英国女王伊利莎白 1983 年访美时只参观过一家公司，这家公司就是惠普公司。惠普公司不但以其卓越的业绩跨入全球百家大公司行列，更以其对人的重视、尊重与信任享誉全球，这和惠普公司的人性化管理密不可分。

作为一家国际著名的大企业，惠普对员工有着极强的凝聚力。到惠普的任何机构，你都能感觉到惠普人对他们的工作是如何满足。这是一种友善、随和、不会让人产生压抑感的气氛。在挤满各阶层员工的自助餐厅中，你只需花费很少的钱，就可以享受到一顿丰盛的午餐。在笑声洋溢的餐厅中，让人感觉好像回到了大学时代。

在惠普公司，让人欢欣鼓舞的事随处可见。只要你走动一下，就会看到一群人在为某人庆祝生日，或庆祝某种特殊的情况。公司每天免费供应两次咖啡和油炸圈饼，还有不定期的啤酒狂欢。一家调查机构曾访问了惠普的7 000多名员工，调查他们对各公司的看法。结果对惠普的评价结果好得使惠普高层都觉得难以置信。

该调查公司的老总致函惠普高层："员工对惠普的看法都很乐观，特别是他们的归属感和幸福感，以及心悦诚服地推荐本公司为最好的工作环境的意愿。在我们过去25年间所做的100多家美国企业的研究中，没有比对惠普公司的评价更高的了。"

该调查机构还对惠普公司的20位高级管理人员进行了面访，其中有18位都主动提到，惠普公司的成功，靠的正是"重视人"的宗旨。

惠普的创始人比尔·休利特（B.Hewlett）说："惠普的这些政策和措施都是来自一种信念，就是相信惠普员工都想把工作干好，有所创造。只要给他们提供适当的环境，他们就能做得更好。"有人称之为"惠普之道"。虽然只是匆匆走过，但是用心去感受，也会受益良多。

惠普之道的精髓就是承认个人的尊严和价值。

1.惠普重视员工的宗旨是源远流长，自我更新

惠普重视员工的宗旨源远流长，并不断进行自我更新。公司的目标总是重新修订，又重新印发给每位员工。每次都重申公司的宗旨："组织的成就是每位同仁共同努力的结果。"然后，就要强调惠普对有创新精神的人所承担的责任。这一直是驱使公司获得成功的动力。惠普曾在几年前修改过的公司目标的引言部分提到："惠普不应采用严密的军事组织方式，而应赋予全体员工以充分的自由，使每个人按其本人认为最有利于完成本职工作的方式，达到企业的目标，做出各自的贡献。"

惠普公司对员工的充分信赖，在存放电气和机械零件的开放实验室备品库"管理条例"里表现得最为清楚。工程师们不但可以在工作中随意取用零件，而且在实际中还鼓励他们拿回家里供个人使用。

因为惠普公司认为，不管工程师们拿这些零件所做的事是不是跟他们从事的工作项目有关，他们无论是在工作岗位使用，还是在家里摆弄这些总能学到一些东西，事实上，这加强了公司对创新的支持。

惠普公司的员工与员工之间也都非常信任。产品设计师们不管正在搞什么东西，

全都留在办公桌上，谁都可以过来摆弄一下，并可以无所顾忌地对这些发明评头论足。在惠普，不管你处在什么职位，大家都不必拘于礼仪，彼此可以直呼其名。能在这样一个平等和睦的集体中工作，惠普员工都为此感到心情舒畅。

2. 提倡：有福同享、有难同当

惠普还提倡有福同享、有难同当。在惠普创立之初，公司高层就决定，本公司不能"要用人时就雇，不用时就辞"。这的确是一项颇有胆识的决策，因为当时电子业几乎全靠政府订货。后来，惠普的集体勇气又在1970年的经济衰退中受到了严峻考验。他们一个人也没裁，而是全体人员，包括高层一律减薪20%，工作时间也减少了20%。在最艰难的时刻，惠普公司全员就业熬过了经济衰退期。

惠普公司的一位元老回忆说，在1950年，曾有人愿意出1000万美元的高价购买惠普公司，这在当时简直就是一个天文数字，但惠普断然拒绝了。公司高层认为，如果这样做，必然会使员工落入陌生人手中，而陌生人可能会以金钱私利为先，会置惠普员工的利益于不顾。

惠普曾有意购买一家工厂。该工厂有华丽的主管套房，办公室和实验室都装有空调系统，但生产部却没有冷气。惠普几经考虑，打消了购买的念头。原因很简单，因为惠普还没有全部装设空调系统。如果只把空调装在办公室，而不装在工作场所中，那是不可思议的。

3. 用人原则：给员工提供永久的工作

惠普的用人原则是给员工提供永久的工作，只要员工表现良好，公司就会永远雇用他。在第二次世界大战期间，惠普曾有机会获得一项军方合同。但若要履行合同，又得招募12名新员工。于是，公司高层问下属经理，合约结束后，我们有没有机会安排他们继续工作？在听到了下属经理的否定回答后，惠普果断地放弃了这次难得的发财机会。

惠普公司在注重患难与共的同时，还坚持有福共享。惠普有丰厚的薪金与福利政策，最底层人员，比如没有工作经验的生产工人，也能拿到1000美元以上的月薪。公司尽量使他们的薪酬高于其他公司。

例如，与全美5～10家主要公司相比，惠普的待遇大约与这些公司相等；与10～20家和惠普类似的公司比较，惠普的待遇高出其他公司5%～10%；与30家经营范围广泛的公司比较，惠普的待遇高出10%～15%。在现金分红方案下，惠普将缴税前的利润提出12%分配给员工。这个方案已使员工的待遇提高了7%左右。同时，医药费及牙齿保险费用完全由公司负担。如果员工愿意，还可以拨出10%的薪酬，用于购买惠普的股票，投资3元就有1元的利润。

4. 员工福利：为员工及员工家属设立了游乐区

惠普公司还为员工及员工家属设立了游乐区。为完成这项计划，惠普公司在1962

年买下了圣克鲁斯山的"小盆公司"，作为员工年度野餐的场地，时至20世纪90年代，野餐已成为惠普的传统，而且公司的游乐区扩大到了十几个。其中，科罗拉多州3个，宾夕法尼亚州波柯诺山1个，马来西亚海滨别墅一幢，苏格兰一处大湖区，以及德国阿尔卑斯山的滑雪山庄。全球的惠普员工，如果前往上述任何地方，只要事先预约，在一定的日期内就可以用极少的花费遍览绝世美景。

惠普公司之所以能够成为闻名全球的大企业，主要得益于它恒久的企业精神，即以人为本的管理理念。正是因为惠普公司恒久的凝聚力，员工们才能够自信乐观地对待公司的事业，并乐于为企业贡献自己的全部才华。离开之时，员工也会带着美好的记忆离开。

资料来源：佚名. 惠普："人本管理"的典范——用人本管理增强企业凝聚力［EB/OL］.（2019-11-20）［2022-11-04］. https://mp.weixin.qq.com/s/r25-hewzQ8vWfL4N4ScQYg. 引用时有改动。

📖 小结

1. 人本管理思想的产生和发展

20世纪初产生的科学管理理论是对经验管理的否定。科学管理理论体现了效率至上的管理理念。效率至上的科学管理并不是完美无缺的。20世纪20年代，乔治·梅奥提出了与科学管理理论不同的新观点——人际关系学说。与此相适应，产生了"以人为导向"的管理思想。这是管理史上第一次明确了人在管理中的重要地位。在之后形成的行为科学中，则始终把人放在管理工作的重要的乃至中心的位置上。1957年，美国麻省理工学院社会心理学家道格拉斯·麦格雷戈提出著名的X理论和Y理论。在Y理论的基础之上，美国管理心理学家约翰·莫尔斯和杰伊·洛希提出超Y理论。20世纪80年代以来，人本管理成为时代要求，明确提出了"以人为本"的管理理念，人本管理的管理理念最终确立，并逐渐成为理论界的共识。

2. 人本管理的含义及特征

人本管理是一种把"人"作为管理活动的核心和组织最重要的资源，把组织全体成员作为管理的主体，围绕着如何充分利用和开发组织的人力资源，服务于组织内外的利益相关者，从而同时实现组织目标和组织成员个人目标的管理理论和管理实践活动的总称。

人本管理的特征如下：①人本管理的核心是人，它把人置于组织中最重要的资源的地位；②人本管理的主体是企业的全体员工；③人本管理以满足企业全体人员的正当需求为出发点；④人本管理倡导"能本创新"的管理理念；⑤人本管理兼顾组织内外的利益相关者；⑥人本管理成功的标志是组织的目标与组织成员的个人目标都能得以实现。

3. 人本管理的内容

人本管理的内容如下：①关于人性的假设；②人本管理中的激励；③人际关系管理；④人力资本管理；⑤组织人力资源管理；⑥组织文化建设。

4. 人本管理的原则及方法

以人为本管理的基本原则是以人为本管理过程中应遵循的基本准则，它涉及以人为本管理的基本方式选择以及以人为本管理的核心与重点。人本管理的原则如下：①个性化发展原则；②引导性管理原则；③环境创设原则；④人与组织共同成长原则。

以人为本管理的基本方法主要有：①目标管理；②企业文化建设；③工作轮换、工作扩大化和工作丰富化；④沟通；⑤员工教育与培训；⑥权变领导。

自测题

一、名词解释

人本管理　经济人　社会人　自我实现人　复杂人

二、简答题

1. 人本管理的特征有哪些？
2. 人本管理的内容是什么？
3. 人本管理的原则是什么？
4. 人本管理的基本方法有哪些？

三、单项选择题

1. 20 世纪 20 年代进行的著名的"霍桑试验"的主持人是（　　）。

    A. 泰勒　　　　B. 梅奥　　　　C. 法约尔　　　D. 马克斯·韦伯

2. 泰勒的科学管理理论对人性的假设是（　　）。

    A. 经济人　　　B. 社会人　　　C. 自我实现人　D. 复杂人

3. X 理论和 Y 理论是由美国心理学家（　　）提出的。

    A. 马斯洛　　　B. 麦格雷戈　　C. 泰勒　　　　D. 德鲁克

4. 社会人的概念是由（　　）提出的。

    A. 马斯洛　　　B. 麦格雷戈　　C. 梅奥　　　　D. 西蒙

5. 双因素理论是由美国心理学家（　　）于 1959 年提出的。

    A. 赫兹伯格　　B. 马斯洛　　　C. 弗罗姆　　　D. 亚当斯

6.以下关于"梅奥"和"霍桑试验"关系论述正确的是（　　）。

　　A.梅奥在霍桑领导下进行了试验

　　B.梅奥在一个叫霍桑的工厂主持了试验

　　C.梅奥与霍桑一起主持了试验

　　D.梅奥在一个叫霍桑的城市主持了试验

7.人本管理理论的理论基础是（　　）。

　　A.工具人　　　　B.经济人　　　　C.社会人　　　　D.学习人

四、多项选择题

1.一般来说，人力资源管理的内容包括以下（　　）方面。

　　A.人力资源规划　　　　B.工作分析　　　　C.招聘与挑选

　　D.培训开发　　　　E.绩效考评

2.美国著名的心理学家和行为学家马斯洛于1943年首次把人的需要分为多个层次，具体包括（　　）。

　　A.生理的需要　　　　B.安全的需要　　　　C.友爱和归属的需要

　　D.尊重的需要　　　　E.自我实现的需要

3.归因论认为，一般人对过去成功或失败的归因可作出（　　）归因。

　　A.努力程度　　　　B.能力大小　　　　C.任务难度

　　D.机会运气　　　　E.时间关系

4.人本管理的原则主要有（　　）。

　　A.个性化发展原则　　　　B.引导性管理原则

　　C.环境创设原则　　　　D.人与组织共同成长原则

五、判断题（判断正误并说明理由）

1.期望理论是由美国心理学家赫兹伯格首先提出的。　　　　　　　　（　　）

2.归因理论认为，人们对过去的成功或失败主要归结于四个方面的因素：努力、能力、任务难度和机遇。　　　　　　　　　　　　　　　　　　（　　）

3.人本管理认为人是管理的核心因素。　　　　　　　　　　　　　　（　　）

4.超Y理论是由约翰·莫尔斯和杰伊·洛希提出的。　　　　　　　　（　　）

专题九自测题参考答案

专题十　组织文化

学习要求

1. 理解组织文化的含义、特征。
2. 掌握组织文化的结构与内容。
3. 掌握组织文化的功能。
4. 了解组织文化的类型。
5. 掌握组织文化建设的程序和方法。
6. 了解文化差异对组织行为影响的研究。
7. 掌握跨文化管理的领导技巧和方法。
8. 重点掌握以下概念：组织文化、主文化和亚文化、强文化和弱文化、跨文化管理。

学习重点和难点

1. 组织文化的含义、特征及功能。
2. 组织文化建设的程序和方法。
3. 跨文化管理的领导技巧和方法。

学习建议

1. 选择一个具体的组织文化的案例进行学习。
2. 重点学习跨文化管理。

　　组织文化是指一个组织在长期发展过程中，把组织成员结合在一起的行为方式、价值观念和道德规范的总和。组织文化是组织赖以生存和发展的精神支柱，是组织管理的最高层次。组织文化理论不仅是对传统管理模式的突破和超越，也是现代管理理论发展的必然趋势。

第一节　组织文化的含义、特征及功能

一、组织文化的含义和特征

（一）组织文化的含义

组织文化是 20 世纪 80 年代初在国际上出现的崭新理论，是对传统管理理论的发展与创新。20 世纪 80 年代初，当人们试图解释美国企业组织的绩效为何不如竞争对手，尤其是日本的企业时，产生了四本颇有影响的著作：特雷斯·迪尔（Terrence Deal）和阿伦·肯尼迪（Allan Kennedy）合著的《企业文化》、美国加利福尼亚大学美籍日裔教授威廉·大内的《Z 理论——美国企业怎样迎接日本企业的挑战》、美国著名咨询组织麦肯锡公司管理专家理查德·帕斯卡（Richard Pascale）和安东尼·阿索斯（Anthony Athos）的《日本企业管理艺术》、托马斯·彼得斯（Thomas Peters）和小罗伯特·沃特曼（Robert Waterman）的《寻求优势——美国最成功公司的经验》。这四部被人们誉为"当今管理人士必读的经典著作"对企业文化的理解各不相同。

特雷斯·迪尔和阿伦·肯尼迪合著的《企业文化》一书没有明确地给企业文化下定义，但从全书的内容不难看出作者们的理解：企业文化是由五个因素组成的系统，其中，价值观、英雄人物、习俗仪式和文化网络，是它的四个必要的因素，而企业环境则是形成企业文化唯一的而且又是最大的影响因素。

威廉·大内认为：一个公司的文化由其传统和风气所构成。此外，文化还包含一个公司的价值观，如进取性、守势、灵活性——确定激动、意见和行动模式的价值观。经理们从雇员们的事例中提炼出这种模式，并把它传达给后代的工人。

理查德·帕斯卡和安东尼·阿索斯援引著名美国管理学家彼得·德鲁克的观点认为：企业管理不仅是一门科学，还应是一种文化，即有它的价值观、信仰、工具和诺言的一种文化。

托马斯·彼得斯和小罗伯特·沃特曼的《寻求优势——美国最成功公司的经验》一书，把企业文化定义为：汲取传统文化之精华，结合当代先进的管理与策略，为企业职工构建一套明确的价值观念和行为规范，创造一个优良的环境、气氛，以帮助企业整体地、静悄悄地进行经营管理活动。

总之，关于组织文化的含义，有着多种不同的说法和意见。较为全面的一种解释是：组织文化是指组织成员的共有价值观、信念、行为准则及具有相应特色的行为方式、物质表现的总称。组织文化使组织独具特色，区别于其他组织。

（二）组织文化的特征

1. 实践性

每个组织的文化，都不是凭空产生或依靠空洞的说教就能够建立起来的，它只能在生产经营管理和生产经营的实践过程中有目的地培养而形成。同时，组织文化又反过来指导、影响生产实践。因此，离开了实践过程，企图靠提几个口号或短期的教育来建设组织文化是不可能的。

2. 独特性

每个组织都有自己的历史、类型、性质、规模、心理背景、人员素质等因素。这些内在因素各不相同，因此在组织经营管理的发展过程中必然会形成具有本组织特色的价值观、经营准则、经营作风、道德规范、发展目标等。在一定条件下，这种独特性越明显，其内聚力就越强。因此，在建设组织文化的过程中，一定要形成组织的个性特征。

3. 可塑性

组织文化的形成，虽然受到组织传统因素的影响，但也受到现实的管理环境和管理过程的影响。而且，只要充分发挥能动性、创造性，积极倡导新准则、精神、道德和作风，就能够对传统的精神因素择优汰劣，从而形成新的组织文化。

4. 综合性

组织文化包括价值观念、经营准则、道德规范、传统作风等精神因素。这些因素不是单纯地在组织内发挥作用，而是经过综合、系统的分析、加工，使其融合为一个有机的整体，形成整体的文化意识。

二、组织文化的功能

组织文化在组织的生产、经营、管理中产生着影响，但是任何事物都有两面性，组织文化也不例外，它对于组织有正向和负向的功能。组织文化的正向功能在于提高组织承诺，影响组织成员，有利于提高组织效能；与此同时，还存在绝不可忽视的潜在的负向功能。

（一）组织文化的正向功能

1. 组织文化的导向功能

组织文化的导向功能，是指组织文化能对组织整体和组织中每个成员的价值取向及行为取向起引导作用，使之符合组织所确定的目标。在激烈的竞争环境中，如果一个组织没有统一的目标，是很难在竞争中求得生存和发展的。组织文化之所以会有导向功能，是因为一个组织的文化一旦形成，就会建立起自身系统的价值和规范标准。当组织群体价值取向和行为取向与组织文化的系统标准产生悖逆现象时，组织文化将发挥导向作用。但这种导向是通过组织文化的塑造来引导员工的行为心理，使人们在潜移默化中接受共同的价值观念，自觉地把组织目标作为自己追求的目标。

2. 组织文化的约束功能

组织文化的约束功能，是指组织文化对每个组织员工的思想、心理和行为具有约束和规范的作用。组织文化的约束不是制度式的硬约束，而是一种软约束，这种软约束等于组织中弥漫的组织文化氛围、群体行为准则和道德规范。群体意识、社会舆论、共同的习俗和风尚等精神文化内容，造成强大的使个体行为从众化的群体心理压力和动力，使组织成员产生心理共鸣，继而产生行为的自我控制。

3. 组织文化的凝聚功能

组织文化的凝聚功能，是指当一种价值观被该组织员工共同认可之后，它就会成为一种黏合剂，从各个方面把其成员团结起来，从而产生一种巨大的向心力和凝聚力。组织文化是组织全体员工共同创造的群体意识，它所包含的价值观、组织精神、组织目标、道德规范、行为准则等内容，均寄托了组织成员的理想、希望和要求，关系到他们的命运和前途。组织成员由此产生了"认同感"，使他们感到个人的工作、学习、生活等任何事情都离不开组织这个集体，将组织视为自己的家园，认识到组织利益是大家共存共荣的根本利益，从而以组织的生存和发展为己任，愿意与组织同甘共苦。日本的全面质量管理的全员性可以说正是在这种条件下诞生并取得成功的。组织文化的凝聚功能还反映在组织文化的排外性上。对外排斥可以使个体凝聚在群体之中并形成命运共同体，日本组织的竞争力强与弱与此不无关系。

4. 组织文化的激励功能

组织文化的激励功能，是指组织文化具有使组织成员从内心产生一种高昂情绪和发奋进取精神的效应。组织文化强调以人为中心的管理方法。它对人的激励不是一种外在的推动而是一种内在的引导，它不是被动消极地满足人们对实现自身价值的心理需求，而是通过组织文化的塑造，使每个组织员工具有从内心深处愿意为组织拼搏的献身精神。

积极向上的组织精神及文化传统本身，就是职工自我激励的标尺，他们通过这一标尺对照自己的行为，找出差距，可以产生改进工作的驱动力。同时，组织和团体内共同的价值观、信念及行为准则又是一种强大的精神支柱，它能使人产生认同感、归属感及安全感，使组织成员能够相互激励。

5. 组织文化的辐射功能

组织文化的辐射功能，是指组织文化一旦形成较为固定的模式，它不仅会在组织内发挥作用，对本组织员工产生影响，也会通过各种渠道对社会产生影响。组织文化向社会辐射的渠道是很多的，但主要可分为利用各种宣传手段和个人交往两大类。一方面，组织文化的传播对树立组织在公众中的形象有帮助；另一方面，组织文化对社会文化的发展有很大的影响。

6. 组织文化的调适功能

组织文化的调适功能，是指组织文化可以帮助新进成员尽快适应组织，使自己的价值观和组织的价值观相匹配。组织文化能从根本上改变成员的旧有价值观念，使成员建立起新的价值观念，一旦组织文化所提倡的价值观和行为规范被成员接受和认同，成员就会自觉或不自觉地做出符合组织要求的行为选择。

（二）组织文化的负向功能

1. 变革的障碍

组织文化作为一种与制度相对的软约束，更加深入人心，极易形成思维定式。基于共同价值观的行为一致性对处于稳定环境的组织而言，很有价值。但当组织环境处于动态变化的情况下，根深蒂固的组织文化可能就不合时宜了，甚至可能成为一种束缚，阻碍组织适时进行主动变革，组织有可能难以应对变幻莫测的环境。当问题积累到一定程度，这种障碍可能会变成对组织的致命打击。

2. 多样化的障碍

由于种族、性别、道德观等差异的存在，新员工与组织中大多数成员不一样，这就产生了矛盾。管理人员希望新成员能够接受组织的核心价值观，否则，这些新成员就难以适应或难以被组织所接受。但是组织决策需要成员思维和方案的多样化，一个拥有强势文化的组织要求成员和组织的价值观一致，这就必然导致决策的单调性，抹杀了多样化带来的优势，在这一方面，组织文化成为组织多样化的障碍。

3. 兼并和收购的障碍

以前，企业在进行兼并或收购时，所考虑的关键因素是融资优势或产品协同性。近些年，除了考虑产品线的协同性和融资方面的因素外，企业还要考虑文化方面的兼容性。如果两个组织无法成功整合，那么组织内部将出现大量的冲突、矛盾乃至对抗。所以，在决定兼并和收购时，企业往往会分析双方文化的相容性，如果差异极大，为了降低风险则宁可放弃兼并和收购行为。

第二节　组织文化的层次和内容

一、组织文化的层次及其关系

（一）组织文化的三个层次

一般认为组织文化分三个部分，一是组织文化的物化部分，二是以制度形式出现的部分，三是组织文化的精神文化部分。组织文化的这些组成部分之间的关系不是并列的，而是具有层次性的，这些层次以一定的规律互相制约、互相影响，从而构成一个有机的整体。我国学者基本上持此观点。

1. 物质层

它是组织中凝聚着本组织精神文化的生产经营过程和产品的总和，还包括实体性的文化设施，如带有本组织文化色彩的生产环境、生产经营技巧、图书馆、俱乐部、公园等。物质层是组织文化最表层的部分，是人们可以直接感受到的，是从直观上把握不同组织文化的依据。

2. 制度层

制度层是具有本组织文化特色的各种规章制度、道德规范和职工行为准则的总和，包括厂规、厂纪、厂服、厂徽以及生产经营过程中的交往方式、行为准则等。制度层是组织文化的第二层，也称为中介层，它构成了各个组织在管理上的文化个性特征。

3. 精神层

精神层是本组织职工共同的意识活动，包括生产经营哲学、以人为本的价值观念、美学意识、管理思维方式等。它是组织文化的最深层结构，是组织文化的源泉。它是组织文化比较稳定的内核。

（二）组织文化三个层次之间的关系

精神层、制度层、物质层由外到内的分布就形成了组织文化的结构，这种结构不是静止的，它们之间存在着相互的联系和作用。

1. 精神层决定了制度层和物质层

精神层是组织文化中相对稳定的层次，它的形成是受社会、政治、经济、文化以及本组织的实际情况所影响的，如世界经济状况的影响、组织管理理论的影响等。精神层一经形成，就处于比较稳定的状态。精神层是组织文化的决定因素，有什么样的精神层就有什么样的物质层。举例来说，美国的埃克森公司的价值观是：高度尊重个人的创造性，绝对相信个人的责任感，同时，默认在做出一项重要决定前要达成一致。这就决定在制度层方面表现为随便的衣着和沟通方式，没有等级标志，相互之间激烈争论等。而另一家总部设在欧洲的麦迪公司，它的价值观是尊重资历、学识和经验，注重通过服务时间的长短、整体工作情况和个人的教育背景来评价职工，因此在制度层和物质层就表现为：一切都是规范化的、正式的，大楼中各办公室都有正式标志；大厅中的静默气氛；人们在大厅中见面时周全的礼节；专门的经理人员餐厅；在文件中使用正式的学术用语，以及注意计划、程序和正式的会议文件等。埃克森公司和麦迪公司精神层的不同使他们的制度层和物质层表现为完全不同的内容。

2. 制度层是精神层和物质层的中介

精神层直接影响制度层，并通过制度层影响物质层，因此，制度层是精神层和物质层的中介。基于领导者和职工的组织哲学、价值观念、道德规范等，使他们制定或形成一系列的规章制度、行为准则来实现他们的目的，来体现他们特有的精神层的内容。可见精神层对制度层的影响是最直接的。在推行或实施这些规章制度和行为准则的过程中，组织的领导和职工又会创造出一定的工作环境、文化设施等，从而形成独特的物质层。可见，精神层对物质层的影响一定是间接的。制度层的中介作用，使得许多卓越的组织家都非常重视制度层的建设，使它成为本组织的重要特色。

3. 物质层和制度层是精神层的体现

精神层虽然决定着物质层和制度层，但精神具有隐性特征，它隐藏在显性内容的后面，必须通过一定的表现形式来体现。就领导者和全体职工来说，他们的精神活动也必须付诸实践，因此，组织文化的物质层和制度层就是精神层的体现和实践。物质层和制度层以其外在的形式体现了组织文化的水平、规模和特色，体现了组织特有的组织哲学、价值观念、道德规范等方面的内容。因此，当我们看到一个组织的工作环境、文化设施、规章制度，就可以想象出该组织的文化精髓。组织文化的物质层和制度层除了体现精神层的作用以外，还能直接影响职工的工作情绪，直接促进组织哲学、价值观念、道德规范的进一步成熟和定型。所以，许多成功的组织都十分重视组织文化中物质层和制度层的建设，明确组织的特征和标志，完善组织制度的建设和规范的形成，从而以文化的手段激发职工的自觉性，实现组织的目标。

组织文化的物质层、制度层和精神层是密不可分的，它们相互影响、相互作用，共同构成组织文化的完整体系。其中，组织的精神层是最根本的，它决定着组织文化的其他两个方面。因此，我们在研究组织文化的时候，要紧紧抓住精神层的内容，只要抓住了精神层的内容，组织文化的其他内容就能顺理成章地揭示出来。这就是为什么许多人对组织文化的研究重点都放在组织哲学、价值观念、道德规范上的原因，也是为什么一些人把组织文化误解为就是组织精神的原因。

二、组织文化的内容

组织文化的内容主要包括两个部分，一是组织文化的显性内容，即管理的对象、管理的手段、管理的结果等；二是组织文化的隐性内容，即隐藏在管理手段背后的管理思想，包括组织的价值观、组织精神、道德规范等。这种认识同样认为组织文化的两个组成部分是相互作用的，有着层次之分。

（一）组织文化的显性内容

研究组织文化的内容要结合组织文化的实质和特征，从组织文化的"三层结构"来分析。组织文化的实质就是以人为本，以文化为手段，以激发职工的积极性为目的，它包括物质层、制度层和精神层三个层次。它们都是以文化的形式出现的。符合这些条件的都是组织文化的内容。

从组织文化的形式来看，其内容可以分为显性和隐性两大类。所谓显性内容就是指那些以精神的物化产品和精神行为为表现形式的，人通过直观的视听器官能感受到的、又符合组织文化实质的内容。它主要包括组织标志、工作环境、规章制度和经营管理行为这几个部分。

1. 组织标志

组织标志是指以标志性的外化形态，来表示本组织的组织文化特色，并且和其他组织明显地区别开来的内容，包括厂牌、厂服、厂徽、厂旗、厂歌、商标、组织的标志性建筑等。在许多先进的组织中，都有一整套的组织标志，这些组织标志的形成是为了明显而形象地概括组织文化的独特色彩，使人们能很快地找出本组织和其他组织的区别。因此，组织标志不是可有可无的，它有助于组织文化其他方面的建设，有助于组织形象的塑造，有助于激发职工的自豪感和责任感，使全体职工自觉地维护本组织的形象。因此现在许多组织都越来越重视组织标志的建设，组织标志已成为组织最表层但又不可缺少的重要组成部分。

2. 工作环境

工作环境是指职工在组织中办公、生产、休息的场所，包括办公楼、厂房、俱乐部、图书馆等。过去组织往往只重视职工在严格的规章制度下的生产经营活动，而忽视了工作环境对职工积极性的影响。当以人为本的组织哲学确立以后，工作环境就成了组织文化中的一项重要内容。一方面，良好的工作环境是组织领导爱护职工、保障职工权利的表现；另一方面，良好的工作环境能激发职工热爱组织、积极工作的自觉性。因此，以改善职工工作环境为主要内容的环境建设是组织文化的一个组成部分。

3.规章制度

并非组织中所有的规章制度都是组织文化的内容，只有那些激发职工积极性和自觉性的规章制度，才是组织文化的内容，其中最主要的就是民主管理制度。过去组织制定的往往是一些对职工的生产经营活动进行严格要求的规章制度，这些规章制度对职工虽然能起到约束作用，使职工按既定的要求进行生产经营活动，但是这些规章制度并不有利于职工积极性和自觉性的发挥，这仅仅是一种硬性的约束。组织文化的理论更侧重于软约束的作用，它要求在组织中建立起一套有利于领导和职工之间的沟通，有利于职工畅所欲言，鼓励职工发明创造的民主管理制度和其他有关制度。组织的这些规章制度是组织以人为本的组织哲学的直接体现，是使职工自觉维护组织利益的重要手段。

4.经营管理行为

同样，并非组织所有的管理行为都是组织文化的内容。我们知道，文化包括精神性的行为，而组织文化所包含的一部分内容就是在以人为本的经营管理哲学的指导下的领导行为，和以全体职工共同意志为基础的自觉的生产经营活动。例如，组织的思想政治工作、在生产中以"质量第一"为核心的生产活动、在销售中以"顾客至上"为宗旨的推销活动、组织内部以"建立良好的人际关系"为目标的公共关系活动等。这些行为都是组织哲学、价值观念、道德规范的具体实施和直接体现，也是这些精神活动取得成果的桥梁。再好的组织哲学或价值观念，如果不能有效地付诸实施，就无法被职工所接受，也就无法成为组织文化。组织文化总是在"观念—实践—观念"的过程中形成，脱离了实践活动，组织文化就成为"空中楼阁"，失去了实际作用。

组织文化的显性内容主要表现为以上四个方面，它们是组织文化的重要组成部分，但它们毕竟是精神的外化，还不是组织文化的根本内容，因此，我们必须进一步研究组织文化的隐性内容。

（二）组织文化的隐性内容

组织文化的隐性内容是组织文化的根本，是最重要的部分。它虽然隐藏在显性内容的背后，但它直接表现为精神活动，直接具有文化的特质，而且它在组织文化中起着决定性作用，因此，我们在研究组织文化的内容时，要牢牢抓住这些隐性内容，作为根本点和出发点。当然，我们要避免把组织文化的内容仅仅局限于隐性内容的片面认识。

组织文化的隐性内容大到包括组织哲学，企业使命、愿景、价值观，道德规范，组织精神几个方面。这些内容都是在组织长期的生产经营活动中形成的，存在于人们的观念中，成为一种精神文化，它们必须通过一定的方式表现出来。这些内容的整合性使它直接影响组织的生产经营管理活动，给组织带来高效率和高效益，使组织充满生机和活力。

1. 组织哲学

组织哲学和其他哲学一样，是组织理论化和系统化的世界观和方法论。它是一个组织全体职工所共有的对世界事物的一般看法，用它指导组织的生产、经营、管理等活动，处理人际关系等便成为方法论的原则，因此，组织哲学是对贯穿于组织各种活动的统一规律的认识。从一定意义上讲，组织哲学是组织最高层次的文化，它主导、制约着组织文化其他内容的发展方向。组织哲学不同，组织建设的发展也必然不同，它是组织人格化的基础，是组织的灵魂和中枢。从根本上说，组织哲学是对组织总体设计、总体信息选择的综合方法，是组织一切行为的逻辑起点。

从组织管理史角度来看，组织哲学已经经历了"以物为中心"到"以人为中心"的转变。泰勒是第一个提出建立组织哲学的人，他认为管理人员不应该是一个执鞭驱策别人的人，而应该提出一套新的管理哲学和方法。他的组织哲学着眼于工人操作的标准化，提出了做出标准和时间定额的概念和方法，确立了金钱刺激的原则。行为科学理论则使理性主义哲学开始向人本主义哲学转化，他们注重人或人的行为对组织行为的影响，注意主体在组织中的决定作用，形成了全面肯定人的需求、心理满足的"科学的人道主义"组织哲学。第二次世界大战以后，随着新技术的发明和新科学的建立，理性和科学的方法再次被管理界视为根本的方法。西方现代管理学派确立了实行系统化、定量化、自动化管理的组织哲学。进入 20 世纪 80 年代，组织文化理论使组织哲学再次发生一场变革，形成了我们今天要大力提倡的组织哲学，这就是以人为本、以文化的手段激发职工自觉性的人本主义哲学。

组织文化所宣扬的组织哲学是在总结管理史上正反两方面经验的基础上提出的，是组织管理向更高水平迈进的思想基础，也是组织家在生产、经营、管理活动中所追求的目标。

2. 企业使命、愿景、价值观

企业使命就是企业存在的理由，愿景就是企业长远发展的目标，价值观是企业的行事准则。

阿里巴巴的使命是让天下没有难做的生意。企业的使命一旦确定以后，一般使用的时间比较长，但也有一部分企业的使命，随着环境的变化，也在不断变化。像华为十年前的使命，是丰富人们的沟通与生活，现在的使命是希望构建万物互联的世界。过去华为丰富人们的沟通与生活，现在不但是丰富人与人之间的沟通，还要架构起物与物之间的沟通。随着环境的变化，华为的业务领域在不断拓展。任正非说，他要把信息的管道建得像太平洋一样宽。为什么？原来仅仅是人与人之间的沟通是不需要这么粗的管道的，但是现在人类社会已经进入物与物沟通、人与物沟通、人与人沟通的时代，所以信息量的剧增是一个很大的机会。如果现在仅局限于丰富人们的沟通与生活，华为就不会有现在的发展，这就是使命。

不同企业在不同时期的愿景是不一样的。例如，沃尔玛发源于美国阿肯色州，老板最初的愿景是要将其做成阿肯色州最赚钱的杂货店。因为当时刚开始营业，这个愿景已经非常具有挑战性，但是这个愿景放在现在肯定不适合。所以，等到其已经成为阿肯色州最大的杂货店后，老板又提出新的愿景：要成为超越西尔斯的企业。随着企业规模的不断扩大，等到之前的愿景实现以后，老板会用新的愿景去引领企业持续发展。愿景也会随着企业的发展而不断变化。

阿里巴巴的价值观是激情、拥抱变化，尤其是拥抱变化。这对于阿里巴巴这样的企业来讲，他没有历史的积累，也没有历史的抱负，只能在变化中找到机会，在变化中迎头赶上，这是他非常重要的成功秘籍。迪士尼的使命是创造快乐，所以他的价值观就要求有想象力，要热情。员工需要有那种"人来疯"的性格，见了人就高兴。

3.道德规范

"道德"在拉丁文中意为"风气""习俗"，在我国一般是指人的品质和人们的行为准则，而规范就是人们行为的依据或标准。道德规范可以理解为人们在品行方面的准则，而这种准则是自然形成的，它的实现也是靠人们的自觉行为，它的监督是靠舆论的力量。组织的道德规范是组织在长期的生产经营活动中形成的，人们自觉遵守的道德风气和习俗，包括是非的界限、善恶的标准和荣辱的观念等。道德规范是调节人们行为的一种手段，它是和组织的规章制度相对应的。它们的区别就在于规章制度是显性的，是硬性的管理，是靠约束力来保证实施的，而道德规范是隐性的，是软性的约束，是靠人们的自觉性来保证实施的。道德规范是通过影响职工的思想观念，确立明确的是非观念，从而形成职工的自觉行为，因此，组织道德规范的作用是不容忽视的。我们说道德规范是自然形成的，并不是说人不能影响或引导它。道德规范的形成主要取决于组织哲学和价值观念的作用，有什么样的组织哲学和价值观念，就会形成什么样的道德规范。因此许多成功的组织都通过树立优秀的组织哲学和价值观念来引导组织形成良好的道德规范。良好的组织道德规范有利于维护组织的经济秩序和安定和谐的人际关系，有利于提高职工的劳动积极性和劳动生产率。可见，道德规范也是组织文化的重要内容。良好的道德规范主要表现在：尊重知识、尊重人才、友好相处、自觉工作、与组织共命运等，其核心作用还是激发职工的自觉性。组织文化以组织的道德规范为重要内容，是区别于其他管理理论的一个主要表现。

4. 组织精神

组织精神是指组织群体的共同心理定式和价值取向。它是组织的组织哲学、价值观念、道德观念的综合体现和高度概括，反映了全体职工的共同的追求和共同的认识。组织精神是组织职工在长期的生产经营活动中，在组织哲学、价值观念和道德规范的影响下形成的。由于这些影响因素的不同，形成了各具特色的组织精神，如大庆的"铁人精神"，宁可少活20年，也要拿下大油田。鞍钢的"孟泰精神"、日立制作所的"和"字精神等。这些组织精神虽然千差万别，但其核心内容都是激发职工的工作热情，发挥自觉性，明确责任感。主要包括创业精神、奉献精神、主人翁精神、集体主义精神、创新精神、竞争精神、民主精神、服务精神等。这些组织精神都是对组织哲学、价值观念、道德规范的提炼和概括，并把它上升为一种精神。组织精神的这种概括性，使它具有巨大的鼓舞作用和强烈的凝聚力。一方面，它使职工更加明确组织的追求，建立起和组织一致的目标；另一方面，它又成为职工的精神支柱，激发职工的工作热情。组织精神的这种鼓舞作用是组织文化的其他内容难以实现的。因此，现在许多组织都注意把本组织的组织文化加以总结和概括，挖掘出其中最有代表性的内核，并把它升华为一种精神，从而激励全体职工为之奋斗。组织精神的形成是比较容易的，而要真正使每个职工以组织精神为精神支柱却不是一天两天就能实现的，这就需要领导者和全体职工的不懈努力。

以上就是组织文化的四个主要隐性内容。除此之外，组织文化的隐性内容还包括组织的美学意识、组织心理、组织的管理思维方式等内容，这些都是我们在进行更深入的研究中要加以注意的。

第三节　组织文化的类型

组织文化是在一定的社会文化背景下，在组织成长、变革、发展的长期实践中，在社会文化与组织文化的长期渗透与融汇之中形成的。因此，不同的社会文化背景、不同的组织文化类型，其组织文化呈现出不同的特点，显示出自身的活力。

根据不同的标准和不同的用途，理论界目前对组织文化有着不同的划分方法，其中，最常见的划分方法有以下几种：

一、按照组织文化的内在特征划分

按照组织文化的内在特征划分，可以将组织文化划分为学院型、俱乐部型、棒球队型、堡垒型。

（一）学院型

学院型组织为其成员提供大量的专门培训，并安排他们在特定的职能领域从事各种专业化工作。这样的组织就像一所学院，它并不排斥没有工作经验的大学毕业生，愿意为他们提供一个工作机会，使其在某一领域不断成长进步。美国的一些大型跨国公司，如 IBM 公司、宝洁公司都属于这种类型。

（二）俱乐部型

俱乐部型组织非常重视资历、年龄和经验，要求其成员具有极强的适应性和忠诚感。与学院型组织培养专业人才的倾向不同，俱乐部型组织善于培养全能型的管理人才。俱乐部型组织最典型的例子是日本的大公司，如松下电器、东芝公司等，它们一般采用年功序列制、工作轮换制，员工对企业忠心耿耿，对企业各部门的工作内容都很熟悉，公司也不随便裁员。

（三）棒球队型

与俱乐部型组织恰恰相反，在棒球队型组织中，资历、年龄和经验并不重要，工作绩效才是确定报酬的唯一标准。这种公司是冒险家和革新家的天堂。这种公司从各种年龄和有经验的人中寻求有才能的人。由于他们对工作出色的员工予以巨额奖酬和较大的自由度，员工一般都拼命工作。在会计、法律、投资银行、咨询公司、广告机构、软件开发、生物研究等领域，这种组织比较普遍。

（四）堡垒型

对于堡垒型组织来说，最重要的莫过于组织的生存问题。这种组织的成员具有较大的流动性，而安全保障不足。许多这类公司以前是学院型、俱乐部型或棒球队型组织，但在困难时期衰落了，现在尽力来保存自己尚未被销蚀的财产。堡垒型组织包括许多正在走下坡路的大型老企业。

研究发现，许多组织不能纯粹明晰地归于上述四种类型中，因为它们拥有混合型的组织文化，或者它们正处于转型之中。例如，研究发现，通用电气公司中的不同部门拥有迥然不同的组织文化；而苹果公司从棒球队型组织起家，现在成长为学院型组织了。

这四种不同的类型能够吸引不同个性的人。员工个性与组织文化匹配与否，影响着一个人在管理层级上升迁的高度和难易程度。例如，一位冒险家在棒球型组织中会很活跃，但在学院型组织中就无所作为了。

二、按照组织文化所涵盖的范围划分

按照组织文化所涵盖的范围来划分，可以将其划分为主文化和亚文化。

（一）主文化

主文化体现的是一种核心的价值观，它为组织大多数成员所认可。当我们说组织文化时，一般就是指组织的主文化。正是这种宏观角度的文化，使组织具有独特的个性。

（二）亚文化

亚文化是指大组织内部由于部门和地理位置的差异而导致同一个组织中的不同部门所拥有的个性"价值观"。例如，采购部可以拥有本部门成员共享的、独特的亚文化。它既包括主文化的核心价值观，又包括采购部成员独特的价值观。同样，如果组织的某个办公室或分部远离组织总部，它就可能表现出不同的个性特点。在这种情况下，组织的核心价值观仍占主流，但为适应本单位的特殊情况会有所调整。

如果组织没有主文化，而是有多种亚文化构成自己的组织文化，那么，组织文化作为独立变量的价值就大大减小了，因为在这种情况下，对于恰当与不恰当的成员行为就没有统一的解释。正是组织文化中"共同的价值观"，使组织文化成为引导、塑造人们行为的有力工具。但我们也不能忽视这样一个现实，即许多组织都拥有亚文化，它们也能影响员工的行为。

三、按照组织文化对其成员影响力的大小划分

按照组织文化对其成员影响力的大小来划分，可以将其划分为强文化和弱文化。

（一）强文化

强文化是指组织的核心价值观得到组织成员的广泛而深刻的认同。接受这种核心价值观的组织成员越多，他们对这种价值观的信仰越坚定，组织文化就越强。强文化在组织内部营造了一种强烈的行为控制氛围，使组织成员对组织的宗旨和立场有着高度一致的看法，按照规章制度行动，或者说无须规章制度也能清楚自己该做什么和怎么做。强文化能够使组织成员保持高度的一致性，大大降低了人员的流动率。相应地，组织文化越强，就会对员工的行为产生越大的影响，因为文化广泛且深入的共享在组织内部创造了一种很强的行为控制氛围。

强文化的一个特定效果是降低流动率。在强文化中，组织成员对于组织的立场有着高度一致的看法。这种目标的一致性加强了内聚力、忠诚感和组织承诺，而这些特征反过来又使员工离开组织的倾向降低。

（二）弱文化

弱文化是指组织的核心价值观未得到组织成员的普遍认可，弱文化对组织成员的影响力小得多。

四、按照文化与战略和环境之间的匹配划分

按照文化与战略和环境之间的匹配划分，可以把组织文化分为：适应型/企业家精神文化、使命型文化、小团体式文化、官僚制文化。

理查德·达夫特（Richard Daft）教授认为，组织的战略和外部环境对组织的文化影响很大。组织的文化应该体现出组织在其环境中有效运作所需要的一切。组织的文化与组织战略以及环境之间适宜的关系，能够提高组织的绩效。因此，他认为，依据文化与战略和环境之间的匹配，来进行组织文化的分类，是比较恰当的。他在其影响广泛的教材《组织理论与设计》（第六版）中，引用了一些学者如丹尼尔·丹尼森（Daniel Denison）等的组织文化分类模型，组织文化类型如图10-1所示。

（一）适应型/企业家型文化

适应型/企业家型文化强调通过灵活性和变革以适应顾客需求，战略重点集中于外部环境上。这种类型的公司并不只是快速地对环境变化做出反应，而是积极地创造变化。革新、创造性和风险行为被高度评价并得到奖励。

适应型/企业家型文化的一个例子是3M公司，该公司的价值观重视个人的首创精

神和企业家精神。所有的新雇员都要参加关于风险行为的课程，在课上他们被告知去追求并实现自己的理念，即使这意味着冒犯自己的上司。电子公司、化妆品公司可以采用这种类型的文化，因为它们都必须迅速地行动以满足顾客的需要。

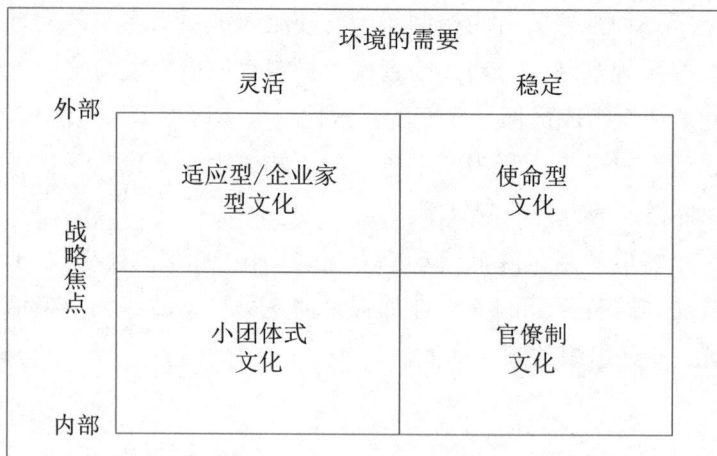

图 10-1　组织文化类型

（二）使命型文化

使命型文化集中关注组织目标的清晰、愿景、特定目标的达成。使命型文化的特征是着重于对组织目标的一种清晰认知和目标组的完成，诸如销售额增长、利润率或市场份额提高，以帮助组织达到目标。管理者通过建立愿景和传达一种组织的期望未来状态来塑造雇员行为。因为环境是稳定的，他们可以把愿景转换成可度量的目标，并且评价雇员达到这些设定目标的业绩。在某些情况下，使命型文化反映了一种高水平的竞争力和一种利润导向的方针确定模式。

（三）小团体式文化

小团体式文化主要强调组织成员的参与、共享和外部环境所传达的快速变化的期望。这种文化中最重要的价值观是关心员工。只有这样做，组织才可以适应竞争和不断改变的市场。时装业和零售业的公司可以运用这种文化类型，因为这种文化类型可以发挥雇员的创造力，以对市场做出反应。

（四）官僚制文化

官僚制文化以内向式的关注、一致性导向来应对稳定的环境。在这种文化中，个人参与度在某种程度上有所降低，但这被员工间高水平的一致性、简洁性、合作性所弥补。这种组织依赖高度整合性和高效率而获得成功。

　　图 10-1 所示的组织文化类型，把组织的文化与组织的形态结合在一起，并与环境的特性发生联系，较好地突出了组织文化的本质特性——组织文化的适应性。

　　组织文化还可从其他角度划分。例如，美国两位学者艾伦·迪尔和阿伦·肯尼迪，以美国企业组织为研究对象，从产业角度出发，对不同产业中的企业组织文化进行归类，把企业文化分成四种不同类型：硬汉、胆汁型文化，如建筑业、广告业等行业中的企业组织；努力工作、尽情玩乐型文化，如汽车销售等销售业中的企业组织；孤注一掷型文化，如石油开采业、航空业和电脑行业中的企业组织；按部就班型文化，如银行、电力等行业中的企业组织。日本学者河野丰弘教授以日本的企业组织为研究对象，在对大量日本企业组织文化进行调查的基础上，从企业组织的管理风格和灵活性的角度，把组织文化分为有活力的企业文化、追随独裁者且有活力的企业文化、官僚的企业文化、僵化的企业文化以及追随独裁者且僵化的企业文化。美籍日裔教授威廉·大内把美国企业的文化称为 A 型文化，而把日本企业的文化称为 J 型文化，又把美国少数几个企业（如 IBM 公司、宝洁公司等）自然发展起来的、与 J 型文化具有许多相似特点的企业文化称为 Z 型文化等。

第四节　组织文化建设

一、组织文化的形成机制

　　组织文化通常是在一定的生产经营环境中，为适应组织生存发展的需要，首先由少数人倡导和实践，经过较长时间的传播和规范管理而逐步形成的。

（一）组织的创始人

　　在一些组织中，强有力的创始人建立起来的价值观会持续被强化而成为一种稳定的不易改变的行为规范，并进一步升华成组织成员所共同认可的文化范畴，他带有连续性和继承性。微软公司的文化在很大程度上是公司创始人之一比尔·盖茨的形象反映。盖茨本人进取心很强，富有竞争精神，自制力很强。这些特点也正是人们用来描述他所领导的微软巨人的特点。公司创始人对公司文化作出无法估量影响的例子还有很多，如索尼公司的盛田昭夫、玛丽·凯化妆品公司的玛丽·凯（Mary Kay）、苹果计算机公司的史蒂夫·乔布斯（Steve Jobs）等。

（二）环境

存在决定意识，组织文化的核心价值观就是在组织求生存、求发展的环境中形成的。例如，计划经济环境下的国有企业的企业文化通常是保守、陈旧、不思进取的；而在市场经济条件下，企业为了生存和发展，其文化就必须改变。用户第一、顾客至上的经营观念，就是在商品经济出现买方市场，组织间激烈竞争的条件下形成的。作为社会有机体，组织要生存、要发展，但是客观条件又存在某些制约和困难，为了适应客观环境，就必然产生相应的价值观和行为模式。同时，也只有反映组织生存发展需要的文化，才能被多数员工所接受，才有强大的生命力。

（三）少数人的倡导与示范

文化是人们意识的能动产物，不是客观环境的消极反映。在客观上出现对某种文化需要往往交织在各种相互矛盾的利益之中，羁绊与根深蒂固的传统习俗之内，因而一开始总是只有少数人觉悟，他们提出反映客观需要的文化主张，倡导改变旧的观念及行为方式，成为组织文化的先驱者。正是由于少数领袖人物和先进分子的示范，启发和带动了组织的其他人，形成了组织新的文化模式。

（四）灌输

组织文化实质上是一个以新的思想观念及行为方式战胜旧的思想观念及行为方式的过程，因此，新的思想观念必须经过广泛宣传，反复灌输才能逐步被员工所接受。例如，日本经过几十年的宣传灌输，终于形成了组织员工乃至全民族的危机意识和拼命竞争的精神。

组织文化一般都要经历一个逐步完善、定型和深化的过程。一种新的思想观念需要不断实践，在长期实践中，通过吸收集体的智慧，不断补充、修正，逐步趋向明确和完善。文化的自然演进是相当缓慢的，因此，组织文化一般都是规范管理的结果。组织领导者一旦确认新文化的合理性和必要性，在宣传教育的同时，便应制定相应的行为规范和管理制度，在实践中不断强化，努力转变员工的思想观念及行为模式，建立起新的组织文化。

二、组织文化建设的主要环节

根据组织文化的形成机制及国内外的成功经验，在组织文化建设中应抓好以下主要环节。

（一）科学地确定组织文化的内容

在确定组织文化内容的过程中，应考虑以下几点：

1. 根据社会发展，结合未来目标确立文化模式

根据社会发展的趋势和文化的渐进性，结合国家、组织的未来目标和任务考虑文化模式。生产方式、生活方式的变化和进步，必然导致人们心理及行为模式的发展和变化。文化的渐进是一种客观规律，也是实现民族的、组织的新目标、新任务的必然要求。

2. 根据组织的外部客观环境和内部现实条件，形成组织的共性文化和个性文化

社会化大生产要求具有协作精神、严格的纪律和雷厉风行的作风；商品经济要求与用户搞好关系，保证产品和服务质量。这些都是不以民族和组织特点为转移的。但各组织在自然资源、经济基础、人员构成等方面存在差异，客观上会产生和要求不同的文化特点。例如，投资大、见效慢、风险性较大的组织，一般需要远见卓识、深思熟虑、严谨的态度和作风，而生产生活消费品的组织则要求具有灵活、机敏的作风。

3. 博采众长，借鉴吸收民族文化和其他组织的优秀文化

对源远流长的民族文化和现有的组织文化采取批判与继承的态度，应取其精华，去其糟粕，采取辩证分析的方法，不能简单地肯定或否定，尤其要善于发扬本组织的优良传统作风。

日本松下电器公司就十分注重荟萃世界优秀组织文化。它规定在国外的子公司有研究各国组织文化的使命，子公司领导人回国述职或参加培训，首先要报告所在国家和地区组织文化的特点。对于外来的组织文化，也不能简单地采取"拿来主义"，而应持认真鉴别、分析研究、有选择吸收的态度。要搞清楚哪些是优秀的，哪些是适用于自己的。同时，采用别人的长处、精华，还必须进行一番改造，才能适用于自己的组织。如20世纪50年代初，美国人向日本组织家传授产品质量管理的考评和测量技术，很快被改造成世界著名的全面质量管理小组活动。

4. 重视个性发展，建立具有个性的企业文化

一个组织的文化个性，是这个组织在文化上与其他组织不同的特性。它只为这个组织所有，只适用于这个组织，是这个组织生存、发展条件及其历史延续的反映。国内外的优秀组织，都是具有鲜明的文化个性的组织。同是美国文化区内的组织，惠普公司文化便表现出许多与众不同的地方。它倡导团体主义，主张建立轻松、信赖、和谐的人际关系。公司宗旨明确写着："组织成就乃系每位同仁共同努力之结果"。我国

企业自觉的文化建设刚刚开始，一般企业还不具备自己独特的文化风格，更需要重视组织文化个性的发展。首先要认清自己的特点，发挥本企业及其文化素质的某种优势，在自己的经验基础上发展本企业的文化个性。

5. 着眼企业发展战略，注重培育企业精神

组织文化要配合企业发展战略的需要，为促进企业发展服务。企业精神是组织文化的核心，是企业的精神支柱。企业精神的内容要与企业发展战略相适应。例如，40年来，株洲时代集团公司员工辛勤耕耘，铸就了"团结和谐，求实创新，拼搏奉献"的企业精神，正是有了这种精神，株洲时代集团公司事业的发展才有了强大的精神支柱和力量源泉。

（二）宣传倡导，贯彻落实

1. 广泛宣传，形成共识

大庆油田 1205 钻井队是"铁人"王进喜生前领导的钻井队，之后虽换过不少届领导班子，员工也不断更新，但由于坚持对工人进行艰苦创业传统的宣传，"铁人精神"一直得以保持并发扬光大。

2. 领导带头，身体力行

企业领导者是组织文化的龙头，企业领导者的模范行为是一种无声的号召，对员工起着重要的示范作用。因此，要塑造和维护企业的共同价值观，领导者本身应成为这种价值观的化身，并通过自己的行动向全体成员灌输企业的价值观。首先，领导者要注重对组织文化的总结塑造、宣传倡导。其次，领导者要做好表率，在每一项具体工作中都体现企业的价值观。

3. 完善制度，体制保证

组织文化是软硬结合的管理技巧。在建设组织文化时应"软硬"兼施，相辅相成。在培育企业职工整体价值观的同时，必须建立、健全、完善必要的规章制度，使员工既有价值观的导向，又有制度化的规范。同时，在建设组织文化时，企业要调整好内部的组织机构，建立和形成文化建设所要求的组织体系。

4. 树立榜样，典型引导

发挥榜样的作用是建设组织文化的一种重要而有效的方法。把那些最能体现价值观念的个人和集体树为典型，大张旗鼓地进行宣传、表彰，并根据客观形势的发展不断调整激励方法，有利于优秀组织文化的形成和发展。迪尔和肯尼迪在其合著的《公司文化》一书中，把英雄楷模人物作为组织文化五大构成要素之一，认为没有英雄人物的组织文化是不完备的文化，是难以传播和传递的文化。

5.加强培训，提高素质

一个企业的员工基本素质不高或缺乏良好的职业道德，就无法保证生产力的健康持续发展，组织文化建设也只能是纸上谈兵。加强培训，不断提高企业员工基本素质，是建设组织文化的基础保证。在日本松下电器公司，每一个走上工作岗位的年轻人都必须首先接受职业道德、经营思想、集体意识、自我修养的培训，进行言语、待人接物方面的礼节教育，考试合格后才能被录用。

（三）积极强化，持之以恒

企业员工的价值观、信条、口号、作风、习俗、礼仪等文化要素，是不断进行积极强化的产物。强化指的是人们的某种行为因受到一定刺激而获得继续或中断的过程。获得行为继续下去的结果的强化，叫作正强化或积极强化；使行为中断或中止的强化，叫作负强化或消极强化。积极强化的刺激使人们获得奖赏性情绪体验，而消极强化的刺激带给人们惩罚性情绪体验。趋乐避苦，趋利避害，是人类行为的基本法则，在建设组织文化时也应遵循这些法则，对员工行为给以积极强化。

组织文化建设应是企业的长期行为，靠短期突击不能奏效，而且是有害的。由组织的少数人创造、倡导的某种文化，传播到组织的每个团体，再由一个个团体传播给每一个人，使之在企业的每个角落里生根、开花、结果，这是一个长期的过程。改变组织文化的模式，不仅要长期积累新文化，而且要同旧文化的"惰性"作反复较量、长期斗争。学习、借鉴别的文化，不仅要经过鉴别，以决定取舍，而且要经过长时间的加工制作、消化领会，才能把它吸收进自己的文化里。因此，进行组织文化建设必须长期努力，持之以恒。

第五节　跨文化管理

一、跨文化管理的含义

跨文化管理，就是在保持本土优秀文化的基础上，兼收并蓄，博采众长，不断创新，自成一家。

跨文化管理并不是一个新的事物，西方国家早已开始了跨文化经营哲学的研究。它起源于古老的国际间的商贸往来。早在古代，古埃及人、腓尼基人、古希腊人就开始了海外贸易，并懂得了如何与不同文化背景下的人们做生意。到了文艺复兴时期，丹麦人、英国人以及其他一些欧洲国家的商人更是建立起了世界范围的商业企业集团。

跨文化管理真正作为一门科学，是在20世纪70年代后期的美国逐步形成和发展起来的。它研究的是在跨文化条件下如何克服异质文化的冲突，进行卓有成效的管理。兴起这一研究的直接原因是第二次世界大战后美国跨国公司进行跨国经营时的屡屡受挫。美国管理学界一直认为，是他们将管理理论进行了系统化的整理和总结。而许多案例也证明对异国文化差异的迟钝以及缺乏文化背景知识是导致美国跨国公司在新文化环境中失败的主要原因，因此，美国人也不得不去研究别国的管理经验，从文化差异的角度来探讨失败的原因，从而产生了跨文化这个研究领域。

随着科学技术的进步和世界经济的发展，企业国际化经营越来越普遍。企业的跨国经营是利用国际资源壮大经济实力的必由之路。

跨国经营企业面临的是一个存在诸多文化差异的经营环境，文化因素对企业运行来说，其影响力是全方位的、全系统、全过程的。在跨国经营企业内部，东道国文化和所在国文化相互交叉结合，东道国和所在国之间以及来自不同国家的经理、职员之间的文化传统差距越大，所需解决的问题也就越多。在跨文化管理中，跨文化沟通形成和谐的具有东道国特色的经营哲学是至关重要的。成功的跨国经营企业在这方面做出了有益的尝试。中国惠普公司探索了一种建立在东西方文化结合基础上的人本管理新模式，用他们的话来说，就是在中国文化和美国文化背景的相互交融中，不断提高外部适应性和内部和谐性。共同的长期战略、互利、相互信任和共同管理是跨国经营哲学的基础。

在新形势下，企业跨国经营已经成为中国经济发展的一个重要趋势，进行全球的投资以实现资源的有效配置，可以充分而有效地利用国际市场，参与国际竞争，提高国际竞争力。我国的海外企业与国外企业在不同文化层面上的相互渗透和融合的过程中，不但要通晓所在国国情、民情，不同地区、不同民族各不相同的风俗、文化习惯，还要在与不同文化背景的人打交道时，将上述跨国经营、跨文化经营的理念灵活地运用于企业运营、企业谈判、企业涉外交往的各个领域之中。

二、文化差异对组织行为影响的研究

（一）霍夫斯坦特跨文化研究模型

许多学者采用文化因素分析组织行为管理上的差异。比较著名的是荷兰的吉尔特·霍夫斯坦特（Geert Hofstede）。

荷兰文化协作研究所所长霍夫斯坦特对文化的研究做得最早，所开发的系统被接受和运用最广，因而影响也最大。早在1968年，他就开始在美国的大型企业IBM公司中进行这方面的调查研究。到1973年他已发出并收回来自72个国家和地区的工作人员的116 000份调查问卷。该问卷是对文化进行的综合性调查，涉及员工的基本价值观及信念，以及员工的收入、工作安全感、挑战性、自由、合作等工作特性，另外还问到管理风格等问题。霍夫斯坦特在所获数据基础上作了系统分析，出版了《文化的结局》一书。具体地指出了究竟是文化中的哪些方面对企业管理会产生重大的影响。从其调查数据的分析中，他提出了表现国家文化差异的四个关键因素：权力差距、不确定性规避、个人主义与集体主义、男性化与女性化。

1. 权力差距

权力差距（power distance）是指一个社会的成员期望权力被不平等分配的程度。在一个社会的组织中，权力的分配往往是不均等的。有的国家或地区，对权力差距的接受程度较高，可称为"高权力差距"的社会，这种社会接受不同权力等级之间的巨大差异，非常尊敬有权势者；有的国家或地区，对权力差距的接受程度较低，可称为"低权力差距"的社会，这种社会有意淡化不平等，员工并不害怕接近上司，也不敬畏上司。

2. 不确定性规避

不确定性规避（uncertainty-avoidance）是指一个社会依赖社会规范和程序来降低未来不可预见性的程度。高不确定性规避对模糊性感到担忧和焦虑。低不确定性规避对风险感到很适应，能够容忍不同的行为和意见。在高不确定性社会，人们对于不确定的、含糊的、前途未卜的情境，都会感到是一种威胁，总是试图加以规避。预防这一情况出现的方法有很多。例如，提供更高的职业稳定性，建立更多的正规条例，不容许出现越轨的思想和行为，追求绝对真实的东西。

3. 个人主义和集体主义

个人主义（individualism）是指一种结合松散的社会组织结构，在这一结构中，人们只关心自己，也只依靠个人的努力来为自己谋取利益。集体主义（collectivism）则指一种结合紧密的社会组织结构，人们期望集体来照料和保护他们，也会以对该群体保持绝对的忠诚作为报答。

4. 男性化与女性化

男性化（masculinity）是指自信武断、进取好胜、喜欢冒险。女性化（dimension）是指强调关系、为他人等考虑的价值观。

（二）四种文化因素对于管理的影响

霍夫斯坦特认为，以上四种文化指标或因素对于管理中的领导方式、组织结构和激励内容，会产生巨大的影响。

对领导方式影响最大的因素是"个人主义与集体主义"以及"接受权力差距的程度"。霍夫斯坦特认为：美国是个人主义最高的国家，因此美国的领导理论以被领导者追求个人利益为基点，然而美国的领导理论并不适用于第三世界各国，因为这些国家属于集体主义社会，职工关心群体，希望从群体中得到保障，并且愿意以对群体的忠诚为酬报。霍夫斯坦特还认为："接受权力差距的程度"直接影响到实现职工参与管理的情况。法国和比利时"接受权力差距的程度"很高，因此人民通常没有参与管理的要求，所以在企业中很少看到有工人参与管理的情况；美国接受权力差距的程度处于中间状态，因此企业中存在参与管理，但有一定的限度。

对组织结构影响最大的因素是"接受权力差距的程度"和"防止不确定性的程度"。这是因为组织的主要功能就是分配权力以及减少或防止经营中的不确定性。法国接受权力差距的程度较大，又迫切要求防止不确定性，因此倾向于金字塔式的传统层次结构。德国虽然有较强的防止不确定性的心理，但接受权力差距的程度较小，因此注重规章制度。美国、瑞士等接受权力差距的程度处于中间状态，因此在这类国家中，各种组织形式并存。

对企业激励内容影响最大的因素，是"个人主义与集体主义""防止不确定性的迫切程度"和"男性化与女性化"。美国等一些国家，是个人主义程度很高的国家，所以这些国家的激励方法多从个人出发，以个人的自我实现和个人获得尊严作为激励的主要内容。第三世界国家与日本，是集体主义程度较高的国家，激励就需要着眼于个人与集体的关系，过分奖励个人往往行不通。美国倾向于男性化，所以适于把承担风险、进取获胜作为激励的内容。日本和法国虽然也倾向男性化，但是防止不确定性的心理较强，因此分配一种无危险、很安全的工作岗位就成了激励因素。

三、跨文化管理的领导技巧和方法

（一）跨文化管理的领导技巧

1. 专业知识和管理技巧

管理人员应掌握专业知识并具备熟悉国内外环境的管理能力。促进国内企业提高竞争力，使其既能在国内的竞争环境中求生存，又能从国际环境收集信息，了解国外消费者需要和爱好，通过技术优势打进国际市场。

2. 文化敏感性和沟通技巧

为了提高文化敏感性，管理人员首先应掌握并耐心了解来自不同文化背景员工的社会文化观点、价值观、生活方式、沟通习惯、语言表达和认识方式。对于有些员工因认识引起误会或在工作中出现差错，管理人员应仔细寻找原因，耐心指导，以宽容的态度加强员工自信心，使其提高工作效率。

3. 正确认识文化差异对管理有利与不利之处

从过去一种文化、一种语言的组织行为管理，发展到今天多元化文化、多种语言的组织行为管理，管理人员当然会感觉有许多不便、不习惯之处。例如，彼此观点不明朗，增加了沟通上的复杂性和混乱性，集中意见困难，统一行动困难。这样，就不可能实施统一的人事管理和绩效考评标准。

文化差异实际上存在着许多对管理的有利之处。特别是在组织扩充业务时，能够收集多方面新建议和增加选择机会。洞悉国外社会、文化、经济环境有利于了解国际市场需求和更好地为外国顾客服务。因此，多元文化管理要增加创造性，提高灵活性和提高解决问题的技巧。

（二）文化差异管理的方法

1. 地方狭隘主义

地方狭隘主义具有一种信念：认为每个人都应该一致。如果组织具有这个信念，既不能认识不同文化员工的潜力，还要设法使每个人的态度、信仰和价值观均一致。因此这些组织又被称为单一文化观点。他们每个管理功能是为了生产均匀一致的意图，不可能赏识文化差异的好处或者了解文化差异对组织影响的积极性。这种类型的管理人所应用的组织哲学是"我们的做法就是唯一的做法"。

2. 种族中心主义

种族中心主义认为自己种族的文化和工作方法是优越的。种族中心主义的管理方法只是把文化差异看作根源。他们相信一切变革必须一面倒，由统治文化下的个体和群体建立一致的做法。

3. 文化融洽法

文化融洽法又称为文化协同作用法。它的哲学观点认为我们的方法和他们的方法客观上不相同，但是，彼此都不是天生比对方优越。唯一的管理方法是探讨它的好处和努力积极影响存在文化差异的组织成员。文化融洽法是跨文化管理最实用和有效的方法。

华为核心价值观

当下，华为的核心价值观就三句话："以客户为中心，以奋斗者为本，长期坚持艰苦奋斗。"之所以说"当下"，原因在于企业的核心价值观伴随着企业实践，是在不断演变的。

自 2010 年 1 月华为提出上述核心价值观之后，就引起国内外企业的广泛关注。

1. 以客户为中心

为什么要"以客户为中心"？

原因很简单。经营，对于任何组织来讲，都是组织目的的最大化。也就是说，经营的目的就是赚钱，这是由企业的功利性决定的。不能赚钱的企业是被异化了的企业，因为它违背了企业的本质特征。企业的效益并不是来自企业的内部，企业的产品与服务在未进入市场之前，仅仅存在理论上的效益，只有通过市场，实现从产品到商品的惊险一跳，并被客户所认可之后，企业才有可能实现效益。客户是企业生存之本，为客户服务是企业存在的唯一价值和理由，因为它是企业效益的源泉。不以客户为导向，不能为客户持续地创造价值，企业只能是个多余的存在，它终将失去存续的价值与理由。

如何实现"以客户为中心"？

当然需要企业员工的价值认同，将员工各自的价值观约束收敛，形成统一的核心价值观体系。将价值观变为核心价值观并不是一件容易的事，把核心价值观由"观"变为"言"与"行"，更困难。

在企业中，有许多个中心可以"以"。例如，以客户为中心、以领导为中心、以员工为中心、以股东为中心、以个人为中心、以部门为中心等。中心不同必然使企业的核心价值观失去了核心。

在企业中，还有许多的价值指向，从而形成不同的责任承担，需要企业为其负责，例如，为客户负责、为员工负责、为股东负责、为社会负责、为利益相关者负责、为政府负责、为祖国负责、为未来负责等。多个责任主体和责任导向的存在，必然使企业核心价值观陷入无所适从的混乱。

在企业中，还有多个满意度的存在，需要企业把握核心价值的衡量标准。例如，客户满意度、领导满意度、员工满意度、股东满意度、利益相关者满意度等，价值衡量的标准使得组织与员工的行为发生扭曲。

正是这多种矛盾与冲突，导致了企业文化的一个窘境：企业有多种价值观，各种价值观冲突、矛盾、交汇与融合，但没有形成核心价值观。借用《共产党宣言》开头来描述，企业文化像一个幽灵飘荡在企业的上空。

需要强调的是，"以客户为中心"不是单一地以某个客户为中心，不是完全无底线和无边界地屈从于客户的超越商业规则的需求。其一，任何企业都不是慈善机构，都是功利组织，为此，"以客户为中心"必须建立在对客户需求的准确理解和把握基础之上，必须基于共同遵循基本的商业规则的信用之上；其二，"以客户为中心"的企业必须坚守以生存为底线，只有企业持续发展才能达成"以客户为中心"的持续性和长期性；其三，衡量组织与员工是否"以客户为中心"的标准，必须是其持续提升经营绩效。

"以客户为中心"是华为的万有引力场，是华为"利出一孔"的唯一的"孔"，是华为价值创造的唯一目标。

2. 以奋斗者为本

华为为什么抛弃了流行的"以人为本"，而坚持"以奋斗者为本"？

奋斗者是人的一部分，但又不混同于一般的人，奋斗者是人里面一个特殊的群体，即高绩效者。以人为本，是无差别地关注普罗大众，它否定人在天赋、能力、经历、资历及价值创造能力等方面的差异，它是建立在人都是"天使"而无"魔鬼"一面的Y理论假设之上的，但在现实中，这一观点及其假设很难被验证。"以奋斗者为本"打破了各种人性假设的魔咒，是基于商业的本质提出的假设系统。

"以奋斗者为本"，字面上很简单，但现实中，人们对其或者存在着根深蒂固的误读，或者仅限于望文生义的浅显解读。

华为的"以奋斗者为本"所蕴含的基本内涵包括以下六个方面。

第一，"以奋斗者为本"提倡的是奋斗。

至于为什么要奋斗，已经不需要讲太多的大道理了：其一，奋斗是人类的普适价值观，也是任何组织的普适价值观；其二，有梦想的组织与个人必须奋斗，梦想是奋斗的动力来源；其三，奋斗是任何个人或组织改变不满意现状的唯一途径；其四，奋斗是个人改变生活方式和生活状态，体现个人价值，突破原生社会阶层地位的可靠途径；其五，奋斗是在竞争环境中，组织和个人不甘平庸，脱颖而出的有效途径；其六，奋斗能够实现组织与个人价值的统一，实现个人价值与组织价值的最大化和长期均衡。

第二，"以奋斗者为本"的目标是客户。

奋斗是一种价值观，更重要的是行为和行为结果，奋斗的直接导向是客户，奋斗的价值体现在客户。奋斗必须聚焦于客户价值，失去"以客户为中心"的奋斗，也就是失去了奋斗的价值和意义，或许成为无价值的付出。

第三，"以奋斗者为本"关注的是结果而不是过程。

奋斗的过程与奋斗的结果，都能够作为认定奋斗者的指标，但奋斗过程并不一定必然会产生奋斗的结果。作为功利组织的企业，更关注的是结果，换言之，评价奋斗者的直接指标是结果，过程只能作为参考指标或调整指标。"没有功劳也有苦劳"不是奋斗者的必要条件。

第四，"以奋斗者为本"强调的是群体奋斗。

奋斗者需要本人的绩效证明，但个人绩效最大化并不是奋斗者的唯一评价标准。除了个人绩效，还要强调对组织绩效、流程绩效和他人绩效的贡献，否则，将会出现追求个人绩效最大化而损害整体绩效的现象。

第五，"以奋斗者为本"是无差异的共同要求。

"以奋斗者为本"并不以部门或岗位的不同为前提，它是一种无差异的要求。也就是说，在企业中的某些部门或岗位可以奋斗，某些部门或岗位不适合奋斗。将军决战岂止在战场，奋斗不一定必须在研发部门科学攻关，也不一定是在营销前线经历枪林弹雨。只要持续地改进工作，不断地提升效率，长期地产生价值，就是奋斗，其主体就是奋斗者。

第六，"以奋斗者为本"必须给予奋斗者合理的回报。

获得合理的回报不是奋斗者的终极目的，但是"以奋斗者为本"的"本"，就在于不能让奋斗者吃亏，要给予高于非奋斗者的待遇，这是让更多的员工成为奋斗者的必要条件。这种回报既是对其以往奋斗的认可，有时也是对其未来奋斗的牵引与激励。否则，奋斗者就会因懈怠失去继续奋斗的动力与激情，奋斗者就会因更多的人退出奋斗者群体而被孤立。对于公司来讲，必须构建惩恶扬善的机制，回报与激励奋斗者，惩处与淘汰偷懒者，从而实现人力资源管理的正义，正义之师不可战胜。

"以奋斗者为本"，是华为的能量场，是华为"利出一孔"的根基，是实现价值评价与价值分配的核心导向。

3. 长期坚持艰苦奋斗

如果说"以奋斗者为本"是公司短期的政策层面的价值导向，那么，"长期坚持艰苦奋斗"则是公司长期的价值主张。分钱易，奋斗难，长期奋斗更难，甚至难于上青天，因为惰性是人性的固有组成部分。对于组织来讲，当在竞争格局中脱颖而出时，当实现了阶段战略目标时，往往伴随着组织的懈怠、傲慢与腐败；对于个人来讲，当其实现职业生涯的阶段目标，当职业生命周期进入下行阶段时，往往伴随着职业倦怠、安于现状、不思进取及贪图安逸。"长期坚持艰苦奋斗"就在于从核心价值观层面解决上述问题，使群体的奋斗成为常态，使奋斗的文化生生不息。

"以客户为中心"必然要求"长期坚持艰苦奋斗"。

从另外一个角度讲，"长期坚持艰苦奋斗"也是企业的本质、技术的进步和外部竞争的必然要求。

"长期坚持艰苦奋斗"是华为可持续的能量场，是华为构建可持续的"利出一孔"的根基，是华为长期构建充满活力的机制的核心。

资料来源：吴春波. 华为核心价值观［EB/OL］.（2017-04-26）［2022-11-10］. https://www.sohu.com/a/136478874_343325.引用时有改动。

📖 小结

1.组织文化的含义、特征及功能

组织文化是指组织成员的共有价值观、信念、行为准则及具有相应特色的行为方式、物质表现的总称。组织文化使组织独具特色，区别于其他组织。

组织文化的特征：①实践性；②独特性；③可塑性；④综合性。

组织文化的功能。组织文化的正向功能：①组织文化的导向功能；②组织文化的约束功能；③组织文化的凝聚功能；④组织文化的激励功能；⑤组织文化的辐射功能；⑥组织文化的调适功能。

组织文化的负向功能：①变革的障碍；②多样化的障碍；③兼并和收购的障碍。

2.组织文化的层次和内容

组织文化的层次：①物质层；②制度层；③精神层。

组织文化的内容包括两大类：

（1）组织文化的显性内容。所谓显性内容就是指那些以精神的物化产品和精神行为为表现形式的，人通过直观的视听器官能感受到的、又符合组织文化实质的内容。它主要包括组织标志、工作环境、规章制度和经营管理行为这几个部分。

（2）组织文化的隐性内容。组织文化的隐性内容是组织文化的根本，是最重要的部分。组织文化的隐性内容大到包括组织哲学，企业使命、愿景、价值观，道德规范，组织精神几个方面。

3.组织文化的类型

根据不同的标准和不同的用途，理论界目前对组织文化有着不同的划分方法，其中，最常见的划分方法有以下几种：

（1）按照组织文化的内在特征划分，可以将组织文化划分为学院型、俱乐部型、棒球队型、堡垒型。

（2）按照组织文化所涵盖的范围划分，可以将其划分为主文化和亚文化。

（3）按照组织文化对其成员影响力的大小划分，可以将其划分为强文化和弱文化。

（4）按照文化与战略和环境之间的匹配划分，可以将其划分为适应型 / 企业家型文化、使命型文化、小团体式文化、官僚制文化。

4. 组织文化建设

组织文化通常是在一定的生产经营环境中，为适应组织生存发展的需要，首先由少数人倡导和实践，经过较长时间的传播和规范管理而逐步形成的。组织文化通常是在一定的生产经营环境中，为适应组织生存发展的需要，首先由少数人倡导和实践，经过较长时间的传播和规范管理而逐步形成的：①组织的创始人；②环境；③少数人的倡导与示范；④灌输。

组织文化建设的主要环节。根据组织文化的形成机制及国内外的成功经验，在组织文化建设中应抓好以下主要环节：①科学地确定组织文化的内容；②宣传倡导，贯彻落实；③积极强化，持之以恒。

5. 跨文化管理

许多学者采用文化因素分析组织行为管理上的差异。比较著名的是荷兰的吉尔特·霍夫斯坦特。他提出了表现国家文化差异的四个关键因素：权力差距、不确定性规避、个人主义与集体主义、男性化与女性化。

跨文化管理的领导技巧：①专业知识和管理技巧；②文化敏感性和沟通技巧；③正确认识文化差异对管理有利与不利之处。

文化差异管理的方法：①地方狭隘主义；②种族中心主义；③文化融洽法。

自测题

一、名词解释

组织文化　主文化和亚文化　强文化　跨文化管理

二、简答题

1. 组织文化的含义及特征是什么？

2. 组织文化有哪些功能？

3. 组织文化的内容有哪些？

4. 组织文化可以划分为哪几个层次？

5. 组织文化的类型有哪些？

6. 组织文化建设的方法有哪些？

7. 跨文化管理的领导技巧和方法有哪些？

8. 霍夫斯坦特提出的表现国家文化差异的四个关键因素是什么？

9. 试描述你所在组织的组织文化。它对组织实现其目标起着促进还是阻碍作用？

10. 文化会妨碍组织的发展吗？请简单说明。

三、单项选择题

1. 当组织文化的核心价值观得到强烈而广泛的认同，在组织内部形成一种很强的行为控制范围，这种组织文化称为（　　　）。

    A. 强文化　　　　B. 弱文化　　　　　　C. 中强度文化　　　　D. 亚文化

2. 为组织成员提供大量的专门培训，并安排他们在特定的职能领域从事各种专业化工作的组织文化是（　　　）。

    A. 学院型　　　　B. 俱乐部型　　　　　C. 棒球队型　　　　　D. 堡垒型

3. 非常重视资历、年龄和经验，要求其成员具有极强的知识性和忠诚感的组织文化是（　　　）。

    A. 学院型　　　　B. 俱乐部型　　　　　C. 棒球队型　　　　　D. 堡垒型

4. 只有工作绩效才是确定报酬唯一标准的组织文化是（　　　）。

    A. 学院型　　　　B. 俱乐部型　　　　　C. 棒球队型　　　　　D. 堡垒型

5. 最重要的是组织的生存问题，成员具有较大的流动性的组织是（　　　）。

    A. 学院型　　　　B. 俱乐部型　　　　　C. 棒球队型　　　　　D. 堡垒型

6. 将组织文化划分为学院型、俱乐部型、棒球队型和堡垒型的标准是（　　　）。

    A. 依据文化与战略和环境之间的匹配

    B. 按照组织文化的内在特征

    C. 按照组织文化对其成员影响力的大小

    D. 按照组织文化所涵盖的范围

7. 根据文化与战略和环境之间的匹配情况，强调通过灵活性和变革以适应顾客需求，战略重点集中于外部环境上，属于以下哪种类型的文化？（　　　）

    A. 适应型/企业家型文化　　　　　　B. 使命型文化

    C. 小团体式文化　　　　　　　　　D. 官僚制文化

四、多项选择题

1. 组织文化的特征包括（　　　）。

    A. 实践性　　　B. 独特性　　　　　C. 可塑性

    D. 激励性　　　E. 综合性

2. 组织文化的正向功能包括（　　　）。

    A. 导向功能　　B. 约束功能　　　　C. 凝聚功能

    D. 激励功能　　E. 辐射功能

3. 按照组织文化对其成员影响力的大小可将组织文化划分为（　　　）。

    A. 主文化　　　　　B. 亚文化　　　　　C. 强文化　　　　　　　D. 弱文化

4. 下列选项中不属于精神层文化的是（　　　）。

    A. 厂容厂貌　　　　　　　B. 员工的精神风貌　　　　　C. 产品形象

    D. 规章制度　　　　　　　E. 沉淀于组织及员工心里的意识形态

5. 霍夫斯坦特提出了表现国家文化差异的关键因素包括（　　　）。

    A. 权力差距　　　　　　　B. 防止不确定性

    C. 个人主义与集体主义　　　D. 男性化与女性化

6. 企业文化是一个有机的整体，包括（　　　）这几个层面。

    A. 精神层　　　　　　　B. 制度层　　　　　　　C. 行为层

    D. 物资层　　　　　　　E. 核心层

7. 文化差异的管理方法包括（　　　）。

    A. 地方狭隘主义　　　　　B. 全球中心主义

    C. 种族中心主义　　　　　D. 文化融洽法

五、判断题（判断正误并说明理由）

1. 组织文化是组织区别于其他组织的关键特征。　　　　　　　　　（　　　）

2. 组织文化的核心是组织目标。　　　　　　　　　　　　　　　（　　　）

3. 与强文化相比较，弱文化组织更容易变革。　　　　　　　　　（　　　）

4. 组织文化和企业经营的成败有着密切的关系。　　　　　　　　（　　　）

5. 组织文化的设计中最重要、最困难的是企业理念体系的设计。　（　　　）

专题十自测题参考答案

专题十一 博弈论与企业竞争策略

学习目标

1. 掌握博弈、博弈论的含义。
2. 了解博弈的分类。
3. 掌握占优策略、占优策略均衡、纳什均衡的含义。
4. 掌握博弈论在企业经营决策中的应用。
5. 掌握阻止企业进入的策略行为。
6. 熟记下列概念：博弈论、占优策略、纳什均衡、静态博弈和动态博弈、重复博弈和序列博弈。

学习重点和难点

1. 博弈、博弈论、占优策略、纳什均衡、重复博弈、序列博弈的概念。
2. 用博弈论理论分析企业决策中的问题。
3. 阻止企业进入的策略。

学习建议

1. 重点学习博弈论在企业经营中的应用。
2. 选择一个具体企业的博弈的案例进行学习。

　　博弈论是经济学的一个分支，分析在所有决策者为理性假设下，每个决策者试图预测竞争对手的可能行为和反应时的最优决策制定问题。本专题首先介绍博弈论的基本概念、博弈论的产生和发展，然后介绍了博弈论中的重要概念——纳什均衡、重复博弈、序列博弈，以及在企业中的应用。最后讨论了有效阻止企业进入市场的策略行为。

第一节　博弈论的基本理论

一、博弈的含义、构成要素及分类

（一）博弈的含义

博弈是多个个体、团队或组织，面对一定的环境条件，在一定的规则约束下，依靠所掌握的信息，同时或先后，一次或多次，从各自允许选择的行为或策略中进行选择并加以实施，并从中各自取得相应结果或收益的过程。

（二）博弈的构成要素

1. 博弈的参加者

博弈的参加者是指独立决策、独立承担结果的个人或组织。只要在博弈中统一决策、统一行动、统一承担结果，不管一个组织有多大，哪怕是一个国家，甚至是由许多国家组成的联合国，都可作为博弈中的一个参加方。博弈规则面前博弈方之间平等，不因博弈方之间权利、地位的差异而改变。并且，博弈的规则确定以后，各参加方都是平等的，大家都必须严格按照规则办事。为统一起见，本专题将博弈中的每个独立参加方都称为一个博弈方。博弈方数量对博弈结果和分析有影响。

2. 博弈方可选择的全部策略或行为的集合

博弈方可选择的全部策略或行为的集合，即规定每个博弈方在进行决策时（同时或先后，一次或多次）可以选择的方法、做法或经济活动的水平、量值等。在不同的博弈中可供博弈方选择的策略或行为的数量也不相同，在同一博弈中，不同博弈方的可选策略或行为也常常不同，有时只有有限的几种，甚至只有一种，而有时又可能有许多种，甚至无限多种可选策略或行为。

3. 博弈的次序

博弈的次序是指博弈参加者做出策略选择的先后顺序。在现实中的各种决策活动中，当存在多个独立决策方进行决策时，有时候这些博弈方必须同时做出选择，因为这样才能保证公平合理，而很多时候各博弈方的决策又必须有先后之分，并且，在一些博弈中每个博弈方还要做不止一次的决策选择，这就免不了有一个次序问题。因此，规定一个博弈就必须规定其中的次序，不同的次序必然是不同的博弈，即使其他方面都相同。

4.博弈方的得益

博弈方的得益是指各博弈方做出策略选择后的所得和所失。我们对博弈结果的评判分析只能通过对数量大小的比较来进行，因此我们所研究的博弈的结果必须本身是至少可以量化为数量，结果无法量化为数量的决策问题不能放在博弈论中研究。我们把博弈中各种可能的结果的量化数值称为博弈中各博弈方在相应情况下的得益。规定一个博弈必须对得益做出规定。得益即收入、利润、损失、量化的效用、社会效用和经济福利等，可以是正值，也可以是负值。

（三）博弈的分类

1.单人博弈、双人博弈与多人博弈

根据参与博弈的博弈方数量的多少可将博弈分为：单人博弈、双人博弈与多人博弈。这里所说的"人"既可以是个人，也可以是经济社会组织。

（1）单人博弈。单人博弈是指只有一个博弈方的博弈。单人博弈不存在其他博弈方对单一博弈方的决策和行动的反映和反作用，因此，相对人数较多的博弈简单，单人博弈已经退化为一般的最优化问题。单人迷宫游戏可看作单人博弈。

（2）双人博弈。双人博弈是指有两个博弈方的博弈。双人博弈最常见，研究最多，是最基本和有用的博弈类型。例如，囚徒困境、猜硬币、齐威王田忌赛马等都是双人博弈。双人博弈有多种可能性，博弈方的利益方向可能一致，也可能不一致。

（3）多人博弈。多人博弈是指有多个博弈方的博弈。多人博弈可能存在"破坏者"，破坏者是指其策略选择对自身的利益并没有影响，却会对其他博弈方的利益产生很大的，有时甚至是决定性的影响。申办奥运会就是典型例子。

2.零和博弈、常和博弈与变和博弈

根据参与博弈的博弈方的得益多少可将博弈分为：零和博弈、常和博弈与变和博弈。

（1）零和博弈。零和博弈是指博弈方之间利益的总和为零。博弈方之间利益始终对立，一方的收益必定是另一方的损失。例如，各种赌胜博弈法律诉讼等。

（2）常和博弈。常和博弈是指博弈方之间利益的总和为常数。博弈方之间的利益是对立的且是竞争关系。例如，企业给员工分配固定数额的奖金、利润，遗产官司等。

（3）变和博弈。变和博弈是指零和博弈与常和博弈以外的所有博弈。合作利益存在，博弈效率问题的重要性。例如，囚徒困境、产量博弈、制式问题等。

3.静态博弈和动态博弈

根据博弈中的次序可将博弈分为静态博弈和动态博弈。

（1）静态博弈。静态博弈是指所有博弈方同时或可看作同时选择策略的博弈。在博弈中，为保证公平合理，常常要求各博弈方在博弈中同时进行决策选择、同时行动，或者虽然各博弈方做出决策的时间不一定完全一致，但至少在他们做出各自的选择之前不知道各博弈方的策略选择，在知道其他博弈方策略选择以后也不能改变自己的选择（看作同时选择）。项目竞标就是同时博弈，各方书写的竞标书，并不一定非要在同一个时刻完成。但你在写竞标书时，并不知道其他竞标对手竞标书的内容。

（2）动态博弈。动态博弈是指在博弈中，各博弈方有行动的先后顺序，且后行动者能够观察到先行动者所选择的行动的博弈。例如，下棋可看作动态博弈。经济活动中也有大量的动态博弈问题，如商业大战、商业谈判，讨价还价，容量有限的市场占领等。

4. 单次博弈和重复博弈

根据博弈的次数可将博弈分为单次博弈和重复博弈。

（1）单次博弈是指在特定的环境、规则下进行博弈，只进行一次。有些博弈只有一次，正所谓"机不可失，时不再来"。特别是一些重大的博弈，在关键时刻，往往就是一次性博弈。"人生能有几回搏"就是指重大关键时刻的博弈。对于这时要采取的策略，我们就要十分谨慎地考虑了。

（2）重复博弈是指同一个博弈在相同的环境、规则下反复多次执行的博弈问题。也有许多博弈是在博弈方之间反复进行的，是多次的重复博弈。当博弈有了重复机会时，采取的策略就要发生变化；而且，在事前知道最后一次的有限次重复博弈，以及事前不知道或没有最后一次的无限次重复博弈时，所采取的策略也会大不相同。

5. 合作性博弈和非合作性博弈

根据参与者能否形成约束性的协议，以便集体行动，博弈可分为合作性博弈和非合作性博弈。纳什等博弈论专家研究得更多的是非合作性博弈。

（1）合作性博弈。合作性博弈是指参与者从自己的利益出发与其他参与者谈判达成协议或形成联盟，其结果对联盟方均有利。

合作性博弈的例子有很多，如去4S店买一辆汽车。与代理人反复谈判，进行讨价还价。就价格、配置、售后服务、付款方式等进行一系列的谈判，其过程也是反复的较量，结果形成一个购销合同，随后这份合同的条款可以一一执行，对不能执行的违约条款也事前一一做了规定。这就是合作性博弈。合作开发一个新项目，参与者可以谈判，之后形成可执行的合同，同样是合作性博弈。

（2）非合作性博弈。非合作性博弈是指参与者在行动选择时无法达成约束性的协议。人们分工与交换的经济活动就是合作性博弈，而囚徒困境以及公共资源悲剧都是非合作性博弈。

并不是所有博弈都可以签订可执行的合同。两家企业通过广告战，争夺市场份额，双方都知道加大广告的投放量可以有利于获取更多的市场份额。但双方若都加大广告的投放量，结果又会发生怎样的变化？那么，你加大不加大广告的投放量呢？这就不能形成合同文本；达成的理解，也不能很好地执行；对违约方也不好处罚。这就是非合作性博弈。

纳什等博弈论专家研究得更多的是非合作性博弈。非合作性博弈最重要的是理解竞争对手的观点，并推断其对自己的行为会做出怎样的反应，这就需要进行换位思考，需要进行反复的换位思考。但实际上若要准确推断对手对自己行为的反应是困难的。

6. 完全信息博弈和不完全信息博弈

根据博弈方知识的拥有程度可将博弈分为完全信息博弈和不完全信息博弈。

（1）完全信息博弈。完全信息博弈是指参与者对所有参与者的策略空间及策略组合下的支付有"完全的了解"，即双方都知道对方的信息，双方也都知道对方知道的信息。显然，从严格意义上来说，完全信息博弈只能是理论意义上的博弈。由于完全信息博弈是讨论的基础，尽管在现实经济生活中通常都不存在，但经济博弈还是从完全信息博弈开始讨论的，在完全信息博弈中讨论的基本策略思路，在不完全信息博弈中都有重要的参考价值。

（2）不完全信息博弈。不完全信息博弈是指至少部分博弈方不完全了解其他博弈方得益的情况的博弈，也称为"不对称信息博弈"。

现实经济生活中的经济博弈，几乎都是不完全信息博弈。博弈方对其他所有或部分博弈方的特征、策略空间以及收益等信息了解得不够准确、不够完全。在这种情况下进行的博弈，就是不完全信息博弈。如果你知道对方，而对方却不知道你知道对方，这也是不完全信息博弈，是信息不对称的不完全信息博弈。这里强调的是信息了解得不够准确、不够完全，而不是完全不了解。若对对方完全不了解，那就不是博弈，是瞎撞，盲目决策。在信息不够准确、不够完全的前提下，我们就要努力来猜测对手可能采取的策略与行为，需要用到不确定性分析，数学手段就比较复杂。

二、博弈论（Game Theory）的含义

"博弈论"译自英文 Game Theory，其直译应为"游戏理论"。游戏的种类繁多，如下棋、打牌，田径、球类等各种体育比赛。我们如果仔细观察各种游戏就会发现，很多游戏都有这样的一个共同特点，在对局者体力和其他固有条件对结果的影响既定以后，策略选择的好坏对游戏的输赢起着举足轻重的作用。

博弈论，是指研究多个个体、团队或在特定条件制约下的对局中利用相关方的策

略，而实施对应策略的学科。就其本质而言，是研究人的决策问题。现实生活中，人们无时无刻都在做决策。博弈论的基本前提在于，决策策略选择的正确与否，是否最优，并不仅仅取决于自身的行动本身，更在于所处的情境。简而言之，我想要做什么，应该做什么，取决于在和谁打交道，他们在做什么，他们会做什么？

博弈论带给我们的最大价值，是一种处事和思考问题的方式。你如何制定你的决策，不是依靠教条，重要的是去认识自己的对手，理解对方的行动逻辑，要希望达到自己的目的，希望实现自身利益的最大化，就要学会从别人的角度来考虑问题，也就是我们经常所说的换位思考。一厢情愿可能处处碰壁。例如，领导要员工对自己死心塌地，首先就要想清楚人家想要什么，这样才能有的放矢地提供激励。

三、博弈论的产生及发展

博弈论的发展过程大体上可以分为以下五个阶段。

（一）萌芽阶段

凭借策略一决胜负的竞争性活动，自古就有，虽然并不像现代博弈论这样系统完备，但也一直备受人们的关注，并且不断得到发展和完善。最具代表性的就是我国古代的《孙子兵法》，它充分展示了我们祖先的智慧和对博弈理论发展的贡献；19 世纪30 年代安东尼·古诺（Antoine Cournot）对两寡头垄断竞争进行了较系统的研究；而后又有约瑟夫·伯特兰德（Joseph Bertrand）、艾奇沃德（Achiward）、海因里希·斯坦克尔伯格（Heinrich Stackelberg）等人对不完全竞争等问题进行了系统的研究，这些都可视为博弈论发展的萌芽。他们的研究为博弈论的创立奠定了坚实的基础。

（二）产生阶段

一般认为，1944 年约翰·冯·诺依曼（John von Neumann）和奥斯卡·摩根斯特恩（Oskar Morgensten）合著的《博弈论与经济行为》一书的问世，标志着博弈论科学体系的创立。《博弈论与经济行为》一书概括了经济主体的典型行为特征，提出了标准型、广义型与合作型等基本的博弈模型、解的概念和分析方法，奠定了博弈论与经济博弈论大厦的基石，构建了这门学科的理论框架。在此之后，博弈论这门新兴学科得到很多学者的关注和青睐，又一批博弈论的巨人相继出现，合作博弈论在 20 世纪 50 年代达到顶峰，同时非合作博弈论也开始创立。约翰·纳什（John Nash）在 1950 年和 1951年发表了两篇关于非合作博弈的重要文章，阿尔伯特·塔克（Albert Tucker）于 1950 年定义了"囚徒困境"。他们两人的研究成果基本上奠定了现代非合作博弈论的基石。

（三）发展阶段

随着博弈论的问世以及对其广泛而深入的研究，博弈论在体系方面日渐完备；与此同时，一部分学者过分注重博弈论本身的发展而忽视了与现实生活的事例相联系，所以在一段时间内博弈论的研究受到了冷落。直到 20 世纪 60 年代，又有一批学者在进一步发展博弈论的同时，注重其在经济领域的推广和应用，才使其摆脱窘境，再现辉煌。其中莱茵哈德·赛尔顿（Reinhard Selten）1965 年将纳什均衡概念引入了动态分析，提出了"精炼纳什均衡"概念；约翰·海萨尼（John Harsanyi）则把不完全信息引入博弈论的研究，提出了不完全信息博弈和贝叶斯均衡概念等。这些重大贡献，使博弈论的发展和完善在一些关键性环节上取得了突破。由于纳什、赛尔顿、海萨尼三人在博弈论与经济应用方面的突出贡献，使经济博弈论的发展进入了一个崭新、辉煌的时代，他们因此荣获了 1994 年的诺贝尔经济学奖。

（四）繁荣阶段

进入 20 世纪 80 年代后期以来，以纳什、赛尔顿、海萨尼三人因在博弈论与经济应用方面的突出贡献而荣获了 1994 年的诺贝尔经济学奖为标志，博弈论的发展进入了前所未有的繁荣时期。与此同时，戴维·克瑞普斯（David Kreps）、罗伯特·威尔逊（Robert Wilson）、保罗·米尔格罗姆（Paul Milgrom）和约翰·罗伯茨（John Roberts）对动态不完全信息博弈以及信誉问题的研究也取得了丰硕的成果，他们建立的博弈模型就是非常有名的"四人帮模型"。1996 年，威廉·维克里（William Wekery）和詹姆斯·莫里斯（James Morlis）再次因为对博弈论研究的突出成果而荣获诺贝尔经济学奖，这又一次大大鼓舞了经济理论与决策理论工作者，使世界上许多优秀的经济学家和数学家投身于博弈论的研究。种种迹象表明，博弈论正在把经济学的发展推向一个崭新的阶段。

（五）成熟阶段

众所周知，一项理论的诞生、发展、繁荣、成熟、衰退是伴随着社会需求的变化而不断变化的。理论研究如果脱离实际的应用，只被束之高阁，那它本身就会失去生命力。现代社会的发展，特别是信息科学技术的突飞猛进，使整个世界经济面临着新的机遇与挑战。知识经济的初见端倪，要求以博弈论为赌注。现代经济学理论和管理决策学理论进一步发展完善，并尽快应用于现代社会生活的各个领域。在当今世界经济活动中，博弈论的应用领域不断扩大，正有效地指导着我们进行经济活动和管理决策。应该说，进入 20 世纪 90 年代，博弈论正走向它的成熟阶段。

第二节　静态博弈与博弈均衡

一、静态博弈——囚徒的困境

静态博弈是指所有博弈方在一定规则的约束下，同时或可看作同时作出策略选择的博弈。

我们从博弈论中的一个经典案例来开始我们的讨论。

例 11-1　两个犯罪嫌疑人 A 和 B 因作案被逮捕，检察官将他们分别关押两处进行审讯。检察官对 A 说："我们实行的是'坦白从宽，抗拒从严'的政策，如果你们两个人都不坦白，你们都将被起诉判刑 1 年；如果你坦白了而他不坦白，那么你将只被判 0 年，他将被判 8 年；如果他坦白了而你不坦白，那么你判 8 年他判 0 年；如果你们两个都坦白，你们都将被从轻宣判。"当然，检察官对 B 说的话也是完全一样的。但实际上，如果两个人都坦白，却会因涉及更多的罪案而都被判刑 5 年。现在，对 A 和 B 来说，他们面临怎样的选择呢？

博弈论采用所谓的得益矩阵来描述这种博弈，它列出博弈者可能采取的各种策略，并估计出与每种策略的组合相对应的结果。囚徒 A 在上下之间做选择，坦白或者不坦白。囚徒 B 在左右之间做选择，坦白或者不坦白。有四个可能的策略组合：坦白 / 坦白，坦白 / 不坦白，不坦白 / 坦白，不坦白 / 不坦白。囚徒 A 和 B 的得益矩阵见表 11-1。在矩阵中的每对数值中，左边的数字是囚徒 A 的得益，右边的数字是囚徒 B 的得益。

表 11-1　囚徒 A 和 B 的得益矩阵

项目		囚徒 B	
		坦白	不坦白
囚徒 A	坦白	-5, -5	0, -8
	不坦白	-8, 0	-1, -1

本例是一种最简单的情况，即只有两个博弈方，每个博弈方都只有两种策略可供选择：坦白和不坦白。但各方的得益不仅取决于自己的策略选择，也取决于另一方的对应选择，该博弈共有四种可能的结果。在这些结果中，每个博弈方可能取得的最好得益是 0，最坏得益是 -8。两博弈方各自的唯一目标就是要实现自身的最大得益。那么他们该怎样选择策略？其结果又如何呢？

每个博弈方选择自己的策略时，虽然无法知道另一方的实际选择，但他不能忽视另一方的选择对他自己的得益的影响，因此他应该考虑到另一方有两种可能的选择，并分别考虑自己相应的最佳策略。对囚徒 A 来说，囚徒 B 有坦白和不坦白两种可能的选择，假设囚徒 B 选择的是不坦白，则对囚徒 A 来说，不坦白得益为 –1，坦白得益为 0，他应该选择坦白（注意，囚徒 A 是根据自身利益最大的原则行事，不会去关心一旦自己坦白，另一方不坦白，另一方会被重判 8 年徒刑的事实）；假设囚徒 B 选择的是坦白，则囚徒 A 不坦白得益为 –8，坦白得益为 –5，他还是该选择坦白。因此，在本博弈中，无论囚徒 B 采取何种策略，囚徒 A 的选择只有一种，即坦白，因为在另一方的两种可能选择的情况下，坦白给自己带来的得益都是较大的。同样的道理，囚徒 B 唯一的选择也是坦白。因此，该博弈的最终结果是两博弈方同选择坦白策略，同获得益 –5，即都被判 5 年徒刑。

在这样一个博弈中，最可能出现的是什么结局呢？显然是两人都坦白，即（坦白，坦白）的结局。有趣的是，A、B 两囚徒都企图寻求对自己最有利的结果，而得到的却是一个糟糕的结局，对双方都很不利，两人都坦白，结果分别被判 5 年，落得个两败俱伤的下场。如果他俩都不坦白，就只要各坐 1 年牢即可。但两人都不坦白的这种双赢的结局在双方不能互通信息的情况下很难达到。从囚徒的困境中我们可以获得一个启示：对于个体最优的策略，不一定导致总体最优的结果。

二、静态博弈——智猪博弈

智猪博弈是博弈论另外一个经典的博弈情境。

例 11-2 猪圈中有一大一小两只猪。食槽在猪圈一侧，而另一侧则有一个控制饲料供应的踏板，必须要踩踏板，才有食物出来，每踩一下踏板，将有十份饲料进槽，但是往返踏板与食槽需要消耗两份饲料所带来的热量。

每头猪需要选择是否要去踩踏板，如果小猪踩踏板，大猪先得到食物，大猪获得九份，小猪获得一份；如果大猪踩踏板，则小猪先得到食物，大猪获得六份，小猪获得四份。如果都去踩踏板，则同时得到食物，大猪可获得七份，小猪获得三份；如果都等待，则无食物。这个博弈最终的结果是什么呢？

我们还是用矩阵来表述这个博弈。大猪在上下之间做选择，踩踏板或者等待。小猪在左右之间做选择，踩踏板或者等待。有四个可能的策略组合，在每格中，左边的数字代表相应的策略组合之下大猪的回报，右边的数字是小猪的回报。得益矩阵如表 11-2 所示。

表 11-2　得益矩阵　　　　　　　　　　单位：份

项目		小猪	
		踩踏板	等待
大猪	踩踏板	7，3	6，4
	等待	9，1	0，0

我们先看，小猪应该怎么选。如果大猪去踩踏板，小猪有两种选择，踩踏板吃到3份，等待吃到4份，所以应该等待，它不费事，还先得到食物，兵不血刃吃到4份；如果大猪等待呢？小猪也有两种选择，踩踏板，花费了力气，等到跑回来，大猪已经吃了9份了，自己只吃到1份，还消耗了相当于两份饲料的热量，这是不是得不偿失？还不如自己也等待。

我们看到，无论大猪做什么，小猪都应该等待，这是它的占优策略。那么假定小猪一定会等待，大猪做什么？如果大猪也按兵不动，那就没得吃，如果大猪花点力气，虽然让小猪占了便宜，自己还是有得吃。所以智猪博弈有唯一的均衡结果，那就是大猪做贡献，小猪占便宜。

智猪博弈和囚徒困境有所不同。在囚徒困境中，人人都想占便宜，个体理性却带来了集体的损失。智猪博弈中，最终的结果是皆大欢喜，实现了效率。之所以会出现这样的结果，在于二者的存在根本不同。智猪博弈的参与人，有大有小，是非对称的，大小不同，激励和行为也就不同。现实生活中这样的例子也有很多，如欧佩克的减产博弈，穷人富人的修路问题等。

三、博弈均衡

（一）占优策略与占优策略均衡

1. 占优策略

占优策略是指这样一种策略，即不管对手采取什么策略，对参与者来说某个策略都是最优的选择。在囚徒的困境这个例子中，两个囚徒的占优策略都是坦白，在智猪博弈中小猪的占优策略是等待。

2. 占优策略均衡

在博弈论中，把对弈结局称为一种均衡状态，当这种结局出现的时候，所有的对局者都不想再改变他们所选择的策略。当对局者在所有策略中存在一个占优策略的时候，这个占优策略就是他们最优的策略。当对局者选择的都是占优策略的时候，这种均衡又叫作占优策略均衡。在囚徒的困境这个例子中，坦白是两个囚徒的占优策略，因此最容易出现的结局也就是两人都被判 5 年。其均衡也是占优策略均衡。

在市场竞争中，有许多情况与囚徒的困境是完全类似的，其中十分典型的是价格竞争的策略选择。

例 11-3　假设一个市场中仅有 A、B 两家企业，每家企业可采取的定价策略都是 10 元或 15 元，我们可用下面的得益矩阵来说明每种策略组合的结果。现在矩阵中每一对数字，前一数字表示企业 A 可获得的利润，后一数字表示企业 B 可获得的利润，单位为万元。价格竞争的策略选择如表 11-3 所示。

表 11-3　价格竞争的策略选择　　　　　　　　　　　单位：万元

项目		企业 B	
		10 元	15 元
企业 A	10 元	100，80	180，30
	15 元	50，170	150，120

无论对企业 A 还是企业 B 来说，低价的策略都是它们的占优策略。从表 11-3 所显示的情况来看，企业 A 的占优策略无疑就是定价 10 元的策略，因为无论企业 B 采取什么策略，企业 A 都能获取比定价 15 元更多的利润。如果企业 B 定价 10 元，企业 A 定价 10 元能够获利 100 万元，而定价 15 元只能获得 50 万元的利润；如果企业 B 定价 15 元，企业 A 定价 10 元可获利 180 万元，而定价 15 元却只能获利 150 万元。同样地，企业 B 的占优策略也是定价 10 元的策略。

因此，上述对局有一个最容易出现的结局，即（10 元，10 元），此时企业 A 获得利润 100 万元，企业 B 获得利润 80 万元。此结局是一种占优策略均衡。

但实际上，如果两家企业都采取低价竞争的策略，它们的利润状况都将远不如都采取高价策略的结局。但如果企业 A 和 B 能够充分了解这一矩阵所示的各种结果，并能采取一种相互合作的态度，那么，他们都采取定价 15 元的策略就都能获得更高的利润。这种两难境况与囚徒的困境是一样的。合作能够产生更高利润，但只要任何一方（企业 A）采取不合作的态度（定价 10 元），它就可能获得对它更有利的结果，而另一方（企业 B）则会受损（此时 A 盈利 180 万元，而 B 则仅获利 30 万元）。

以上的对局中各个对局者都存在一个占优策略，但在现实中大量存在着没有占优策略的情况，此时是否还存在对局的均衡状态呢？回答是肯定的。

（二）纳什均衡

1.纳什与纳什均衡

纳什均衡是以著名经济学家纳什的姓氏来命名。约翰·纳什（John Nash，1928 年

6 月 13 日—2015 年 5 月 23 日），提出纳什均衡的概念和均衡存在定理，是著名数学家、经济学家、《美丽心灵》电影的男主角原型，前麻省理工学院助教，后任普林斯顿大学数学系教授，主要研究博弈论、微分几何学和偏微分方程。由于他与另外两位数学家在非合作博弈的均衡分析理论方面做出了开创性的贡献，对博弈论和经济学产生了重大影响，而获得 1994 年诺贝尔经济学奖。

纳什均衡是这样一种状态，在对手的策略选定的条件下，各个对局者所选择的策略都是最好的。如囚徒困境中的两个对局者都选择坦白策略。

2. 纳什均衡的求解方法——画线法

划线法是通过在每一博弈方针对另一博弈方策略的最大可能得益下画线以求解博弈的方法。

对于有两个博弈方（A，B）的有限博弈，首先选定某一方（A）的某一个选择，对于另一方（B）的策略进行选择，从另一方（B）中找到最优的策略，在该策略下面划线，然后继续选定该方（A）的其他策略，重复上述步骤，直至 A 的策略用完；之后对于另一方（B），重复上述过程，对 A 的策略查找最优，完毕之后，如果一个策略的两个数字下方都有横线则为一个纳什均衡。仍以囚徒困境为例。

第一步，给定囚徒 A 选坦白，囚徒 B 要么选坦白，要么选不坦白，比较这两个选择的收益，坦白为 −5，不坦白为 −8，选择较大的那个，所以在 −5 下面画线。

第二步，给定囚徒 A 选不坦白，囚徒 B 要么选坦白，要么选不坦白，比较这两个选择的收益，坦白为 0，不坦白为 −1，选择较大的那个，所以在 0 下面画线。

第三步，给定囚徒 B 选坦白，囚徒 A 要么选坦白，要么选不坦白，比较这两个选择的收益，坦白为 −5，不坦白为 −8，选择较大的那个，所以在 −5 下面画线。

第四步，给定囚徒 B 选不坦白，囚徒 A 要么选坦白，要么选不坦白，比较这两个选择的收益，坦白为 0，不坦白为 −1，选择较大的那个，所以在 0 下面画线。

最后，最终结果就出来了，策略组合（坦白，坦白）下面的两个数字（−5，−5）都有划线，这一策略就是该博弈的解。囚徒困境的画线法如表 11-4 所示。

表 11-4　囚徒困境的画线法

项目		囚徒 B	
		坦白	不坦白
囚徒 A	坦白	−5, −5	0, −8
	不坦白	−8, 0	−1, −1

我们考察博弈论中另一个著名的例子，它被称为性别之战。

例 11-4 性别之战。一对恋人准备在周末晚上一起出去，男的喜欢看足球，但女的比较喜欢看时装表演。当然，两个人都不愿意分开活动。不同的选择给他们带来的满足由表 11-5 表示。

表 11-5 性别之战

项目		女	
		足球	时装表演
男	足球	2, 1	0, 0
	时装表演	0, 0	1, 2

从上述得益矩阵中可以看到，分开将使他们两人得不到任何满足，只要在一起，不管是看时装表演还是看足球，两人都会得到一定的满足。但足球将使男的得到更大满足，看时装表演则使女的得到更大满足。

在这样一个对局中，男的和女的都没有占优策略。实际上，他们的最优策略依赖于对方的选择，一旦对方选定了某一项活动，另一个人选择同样的活动就是最好的策略。因此，如果男的已经买好了足球的门票，女的当然就不再反对；反之，如果女的已经买好了时装表演票，男的也就会与她一起去看时装表演。

那么，在这个对局中是否存在均衡状态呢？容易看到，两人都去看时装表演（时装表演，时装表演）即是一种均衡状态。也就是说，在这种状态下，双方都不想再改变他们的策略。显然，完全类似地，（足球，足球）也是一种均衡状态。因此，在这个对局中，同时出现了两个均衡状态。

在性别之战这个例子中，存在两个均衡状态，这两个均衡状态都是纳什均衡。

在市场竞争中，同样存在与性别之战类似的情况。

例 11-5 公共标准的争夺。20 世纪 90 年代初，日本企业在高清晰度电视（high definition television，HDTV）的发展方面居于领先地位。高清晰度电视技术将极大地改善电视图像的质量，并将成为未来的互动式电视传播方式的基础。但高清晰度电视的发展面临一个重大的战略问题，即如何确定世界范围的技术标准？日本企业已经有了它们的标准，这种标准被称为 MUSE，而欧洲企业也在开发它们自己的技术标准。假定这两类企业的技术标准的策略选择将使它们得到如表 11-6 所示的高清晰度电视技术标准的争夺。

由上述得益矩阵可见，对日本企业来说，如果日本企业和欧洲企业都采用日本标准，它们获得最大得益；同样地，对欧洲企业来说，它们的最大得益也要求双方都采用欧洲标准。由此可见，协调对双方都非常重要，如果它们各自采用自己的标准，它们的得益都将远远低于采用同一种标准的情况。

表 11-6　高清晰度电视技术标准的争夺

项目		欧洲企业	
		日本标准	欧洲标准
日本企业	日本标准	100，50	30，20
	欧洲标准	0，0	60，90

在这一对局中，我们也可以找到两个纳什均衡点，即（日本标准，日本标准），或者（欧洲标准，欧洲标准）。也就是说，一旦一方选定了某种标准，另一方的最好策略就是采用与对方同样的技术标准。但问题是，双方对于采用何种技术标准的意见是完全对立的。或许我们会期望，两个纳什均衡中总有一个会成为最终的结局，但实际情况是，日本与欧洲至今未达成有关 HDTV 技术标准的协议，它们仍在各自发展自己的标准。

美国的态度使这一问题进一步复杂化。美国联邦通讯委员会决定，美国的 HDTV信号必须与美国现存的电视机相兼容。因此，美国企业也在发展它们自己的技术标准，而这一标准既不同于日本的技术标准，也不同于欧洲的技术标准。

世界上最终能否实行一个统一的高清晰度电视技术标准，还是像电视机和录像机那样同时存在几十个制式被不同的国家采用，我们将拭目以待。毕竟企业之间的竞争不同于恋人之间偏好的差异，纳什均衡不一定是最可能出现的结局。

（三）占优策略均衡与纳什均衡之间的关系

占优策略均衡一定是纳什均衡，是纳什均衡中的一种特殊情况，但纳什均衡不一定是占优策略均衡。

占优策略均衡：不管你选择什么策略，我所选择的是最好的；

　　　　　　　不管我选择什么策略，你所选择的是最好的。

纳什均衡：给定你的策略，我所选择的是最好的；

　　　　　　给定我的策略，你所选择的是最好的。

第三节　重复博弈与序列博弈

我们在上节中所分析的对局都是一次性的，都不再重复，因而可以说都是静态的。但在现实中，企业之间的竞争一般都将持续一个较长的时期，是一种动态博弈。动态博弈指各博弈方不是同时，而是先后、依次进行选择、行动，而且后选择、行动的博弈方在自己选择行动之前一般能看到此前其他博弈方的选择、行动的博弈。重复博弈与序列博弈都属于动态博弈。

一、重复博弈

（一）重复博弈的含义

重复博弈是指同一个博弈在相同的环境、规则下反复多次的执行的博弈问题。重复博弈又分为两种：无限次重复博弈和有限次重复博弈。无限次重复博弈是指同一个博弈被无限次重复多次。有限次重复博弈是指阶段博弈被重复有限次的博弈。

（二）无限次重复博弈的策略选择

1．"以牙还牙"策略

以牙还牙策略。这个策略其实就两条：首先（第一轮）选择合作；从第二轮开始，重复对手上一轮的选择，即上一轮对手选择合作，我就选择合作；上一轮对手背叛，我就选择背叛。就是中国古话说的，"人不犯我，我不犯人；人若犯我，我必犯人"。这一策略看上去简单粗暴，没有什么心机可言，其实非常高明。

我们就企业的价格竞争这一对局来分析重复博弈。假定企业 A 和企业 B 都可以采用两种价格策略：高价或低价。对局的结构如例 11-3 那样，类似于囚徒的困境。在重复博弈的情况下，容易想象，企业在选择策略的时候不仅需要考虑当前的对局，而且还需考虑当前选择的策略对于以后的对局将产生怎样的影响。在囚徒的困境中，虽然对两个囚徒来说，他们在一生中需要做出许多次选择的可能性并不大，但他们毕竟不仅要考虑这一次坦白的后果，而且还需考虑这一次坦白的话，下一次被逮捕时对方是否会进行报复？

有趣的是，经济学家对重复的囚徒困境进行研究，结果发现有一种最好的策略，这种策略十分简单，只要将一个原则贯穿始终，即"以牙还牙"。

美国密执安大学教授罗伯特·艾克赛罗（Robert Axelord）在一个实验中用令人信服的方法证明了这个论点。他要求几十名博弈论专家就囚徒的困境问题提出他们认为最能取胜的策略，然后在计算机上进行使这些策略相互竞争的"比赛"。每个策略在计算机上都要和其他各个策略进行比较，计算机记录下全部支付。取胜的策略，结果被证明是最简单的策略。这种策略被称为"以牙还牙"，实行起来就像名称一样。

在第一局中，你采取合作——不坦白的策略。在以后的每一局中，如果你的对手在上一局中采取背叛的策略，那么你也采取背叛的策略。如果你的对手在上一局中采取合作的策略，那么你也采取合作的策略。换句话说，你的对手在上一局选取什么策略，你在这一局就选取什么策略。针锋相对的策略的确非常令人满意，它能立即以对背叛施以惩罚。

在价格竞争中，这一策略意味着什么呢？在第一次对局中，企业应选择高价策略。然后，如果对方在第一次选择低价竞争，你就在第二次也削价竞争；如果对方在第一次选择高价，你也就维持高价策略。只要对方在某一次降价竞争，你就马上选择降价作为报复；反之，如果对方保持"合作"的态度，你也就一直合作下去。正所谓"善有善报，恶有恶报"，而且"无论善恶，立即得报"。可以说，这种策略既是毫不留情的，又是毫不记恨的。

2. "以牙还牙"策略的特点

（1）善良：它一开始选择合作，而且绝不会先背叛对方。

（2）报复：如果对方背叛，它会马上用背叛来反击，这就让对手不敢轻举妄动。

（3）宽容：如果对方再次合作，就既往不咎。

（4）清晰：它的行为模式是清晰的，简单明了，别人一看就懂，知道从它身上占不到便宜，只能选择合作。

"以牙还牙"策略每一轮最好的结果只是和对方打平，顾及的是大局，集体利益为上，长期利益为上。结果在复杂的多次多人重复博弈中，反而老实人获得了最终的胜利。

后来罗伯特·艾克赛罗就写了本书，叫《合作的进化》，现在已经是名著了。

3. "以牙还牙"策略的缺陷

"以牙还牙"实际上是一个很脆弱的策略。在计算机模拟中，这个策略很有效，但在现实中则未必，因为现实容易出差错。

设想下，如果某一轮，对手不小心操作失误，或者像现实中经常会遇到的可能是"无心之过"，结果你选择了"以牙还牙"。那，既然大家都知道"以牙还牙"是个好策略，对方继续"以牙还牙"。结果呢，就是陷入无限的报复……

明明只是选择了"以直报怨"，却因为现实中的差错或误解，导致了"冤冤相报何时了"。

所以博弈论专家们发明了一个在现实中更"宽容"一些的策略，可以称作"以牙还牙（改进版）"或者"宽容以牙还牙"，英文是"Tit for tat with forgiveness"。在这个策略里头，对方背叛一次，我继续合作；只有当对方连续背叛两次，我再报复。

值得指出的是，从理论上说，这一策略的获胜有一个十分重要的条件，即博弈是无限次重复的。也就是说，对局者都预期这一博弈将永远持续下去而不会停止。如果对局的次数是有限的话，上述结论将不再有效。

（三）有限次重复博弈

假定对局的次数为 N，不管多大，N 是有限的。我们从第 N 次即最后一次的对局开始分析。此时对企业 A 来说，如果它是有理性的话，它会作如下推理：企业 B 采取的是针锋相对的策略，但现在是最后一次对局，即使我采取低价竞争的策略，它也无法报复，因为已经没有下一次了。而且我还能从低价竞争中获取更大利润。因此，企业 A 将在第 N 次选择低价竞争的策略。

注意，在此对局中，两个对局者的地位是完全对称的。因此，在第 N 次对局中，企业 B 的推理应该与企业 A 是完全一致的。也就是说，企业 B 也将在最后一次对局中选择低价竞争的策略。不仅如此，企业 B 还会进一步推理：既然企业 A 在第 N 次一定选择低价策略，那么我在第 N-1 次选择高价的策略又有什么意义呢？我的合作态度是不能得到回报的。因此，企业 B 从第 N-1 次对局开始就将采取低价策略。

反过来，企业 A 也会作出同样的推理。进一步，类似的推理会发生在第 N-2 次、N-3 次……，一直到第一次。显然，在这种情况下，最终会出现的结局是，企业 A 和企业 B 都从一开始就采取低价竞争的策略。因此可以说，有限次的博弈与一次性的博弈在本质上没有什么不同，它们都将得到同样的结局，即（低价，低价）。

以上是理论分析的结果，在现实中，我们也确实可以看到类似的竞争。但问题是，竞争者是否都是在作出上述推理之后才采取了低价的策略，或是因为竞争者不够"理性"，不能看清重复博弈的结构？一般来说，除非已经陷入无法摆脱的困境，没有一个企业会明确地预期在什么时候结束它的经营。因此，所谓有限次的对局在实践中就很难具有明确的含义。换言之，上述推理在实践中是很难成立的，因为对局者并不清楚什么时候是第 N 次，也无法预期第 N 次将发生在未来的哪个时候。实际上，只要竞争的时间足够长，竞争的双方都将预期在未来还要进行很多次对局，那么，竞争的格局就可能近似于无限次重复的博弈，企业也就可能选择"以牙还牙"的策略，并导致相互合作的结局。

我国近年来在许多行业发生的价格战多少带有"恶性竞争"的意味。我国的许多企业在参与市场竞争的时候，往往只是一厢情愿地以为降价就能获得更大利润，完全不考虑竞争对手的反应，到头来企业都未从中获利。

二、序列博弈

不是所有的博弈参与者都是要同时行动的，也有大量的博弈参与者依次行动，参与者根据竞争对手的行动而后行动。轮流行动的博弈是次序博弈。次序博弈是典型的动态博弈。

（一）序列博弈的含义

对局者选择策略有时间先后的顺序，某些对局者可能率先采取行动。在上述讨论中，我们实际上还假定各个对局者是同时选择他们的策略的，但实践中大量存在的另一种情况是，对局者选择策略有时间先后的顺序，这种博弈被称为序列博弈。序列博弈也是一种动态博弈。

（二）先行者优势

在序列博弈中，先行者可能占据一定的有利地位，我们把它叫作先行者优势。在某些市场中，特别在涉及市场进入的竞争时，先行者优势对于企业的经营具有重要意义。

例 11-6 沃尔玛的成功之道。

沃尔玛公司（Wal-Mart）由美国零售业的传奇人物山姆·沃尔顿（Sam Walton）先生于 1962 年在阿肯色州成立。经过 60 多年的发展，沃尔玛公司已经成为美国最大的私人雇主和世界上最大的连锁零售企业。沃尔玛多年来在全球 500 强企业排名中位居榜首。2022 年 2 月 17 日，沃尔玛发布了其 2022 年财报。整个 2022 财年，沃尔玛总营收为 5 727.54 亿美元（约合 36 227 亿元人民币），同比增长 2.4%；营业利润 259.42 亿美元，同比增长 15.1%；归母净利润 136.73 亿美元（约合 865 亿元人民币），同比增长 1.2%。摊薄后每股收益为 4.87 美元，上年同期为 4.75 美元。调整后每股收益为 6.46 美元，上年同期为 5.48 美元。

目前，沃尔玛在全球开设了 6 600 多家商场，员工总数 180 多万人，分布在全球 14 个国家。每周光临沃尔玛的顾客 1.75 亿人次。

它在短短几十年中有如此迅猛的发展，不得不说是零售业的一个奇迹。

沃尔玛的成功有很多方面的因素，但其采取了成功的市场进入策略是其获得成功的重要因素之一。在沃尔玛创业之初，美国零售业市场已有了像凯玛特、吉布森等一批颇具规模的公司，但这些公司均把目标市场定位在大城市，如凯玛特公司不在 5 万人口以下的小镇设店，吉布森的开店标准也是在 1 万人口以上的地区。此时，迅速崛起的一批小城镇居民的购买力旺盛却苦于无处可购。沃尔玛的创业者山姆·沃尔顿在这方面有着独到的见解，敏锐地把握了这一机遇，把店开设在美国内陆各州 5 000 ～ 25 000 人的小镇上，为小镇居民提供各种需要的商品。他从美国西南部的小镇上开始他的实践，到 1970 年就开出了约 30 家"小镇上的折扣店"，并获得了巨大的成功。

到 20 世纪 70 年代中期，当其他连锁店的经营者认识到这一点时，沃尔玛已经大量占领了这样的市场。特别是对这样的小镇来说，开出一家连锁折扣店可以盈利，因为这家折扣店可以成为小镇市场上的垄断者；但如果开出两家来，市场容量就不够大，这两家折扣店就必然要亏损。因此，对小镇市场来说，连锁折扣店的竞争就面临一种市场进入的博弈。市场进入的博弈的得益矩阵如表 11-7 所示。

表 11-7 市场进入的博弈的得益矩阵 　　　　　　　　单位：万元

项目		企业 B（潜在进入者）	
		进入	不进入
企业 A（沃尔玛）	进入	−20，−20	50，0
	不进入	0，50	0，0

由表 11-7 可见，当企业面对这样一种博弈的时候，先行者优势就是企业成功的关键。一家企业一旦进入市场，第二家企业就只能选择不进入的策略，除非它抱有"拼个鱼死网破"这种非理性的经营观念。先进入市场，就成为这个市场上的垄断者，并可获取 50 万元的年利润；如果有第二家企业进入，那么两家都要亏损 20 万元。

（三）博弈的决策树分析

矩阵形式应用于博弈双方同时做出决策时，特别方便。对序列博弈的分析往往采用博弈的扩展形式——博弈树的形式来进行更方便。它由节点和分支组成：节点表示一方必须做出行动的选择点，而由节点引出的分支则代表了在此节点可能的选择，最后是它们的得益，得益的数字按决策的先后次序排列，中间用逗号分开。这种形式的好处在于，它明确地显示出对局者选择策略的顺序。

例 11-6 的博弈扩展形式如图 11-1 所示，该图表示的是企业 A 的选择，企业 B 的选择也是完全类似的。

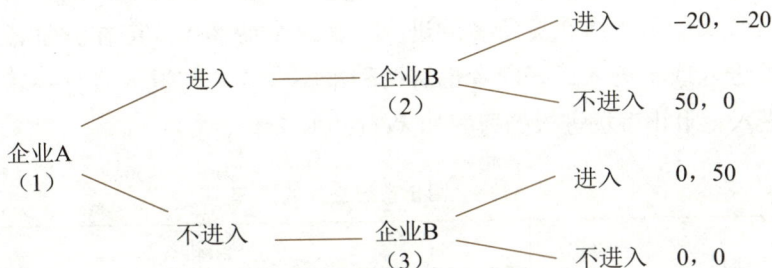

图 11-1 市场进入博弈的扩展形式（单位：万元）

博弈扩展形式的求解从右端开始。对企业 A 来说，当然应选择所有结局中最有利于自己的结局。但它将首先考察企业 B 在两种情况下的选择。企业 A 可以判断，在节点2，企业B会在比较两种结局之后选择不进入的策略；在节点3，企业B会选择进入的策略。然后企业A再比较这两种结局即（进入，不进入）和（不进入，进入），显然前者对企业A最有利，此时企业A将获利50万元，企业B则无任何利润。因此，企业A的最佳选择应是进入这个市场，而在此条件下，企业B的理性反应则是不进入。

第四节　阻止市场进入的几种策略

企业也可以通过对潜在竞争者的进入威慑，来维持自身的市场垄断力和利润。除了利用规模经济、专利、许可证等制造进入壁垒外，还可以利用价格手段，使潜在竞争者确信进入是无利可图，从而阻止其进入。

一、扩大生产能力策略

（一）阻止市场进入的威胁

威胁与承诺是博弈论中的一个重要论题，它可以用来分析市场竞争中的一种重要现象。我们再以市场进入的情形为例来分析这种现象，但这里的情形与例11-6有所不同。

"小镇上的折扣店"是市场进入中的一种较特殊的现象，在更一般的情况下，一个市场中不一定只能容纳一家企业。此时的市场进入的博弈具有略微不同的特性。

假定在一个市场中，已经有企业在经营，它是这个市场中的垄断者。现在有另一家企业作为潜在的竞争者，将试图进入这个市场。对垄断者来说，如果它想要保持其垄断地位，就会设法阻止潜在竞争者的进入。在这个博弈中，潜在竞争者有两种策略可以选择，即进入或不进入；垄断者也有两种策略，或者与进入者打一场商战，或者就默许它的进入。阻止市场进入的博弈如表11-8所示。

表11-8　阻止市场进入的博弈

单位：万元

项目		垄断者	
		商战	默许
潜在进入者	进入	−200，600	900，1 100
	不进入	0，3000	0，3000

注意在这个博弈中，策略的选择是有着确定的顺序的。首先要由潜在进入者做出进入市场或不进入市场的选择，然后再由垄断者来决定是默许它的进入还是与进入者进行一场商战。当然，关键是，潜在进入者在做出决策的时候必须要考虑垄断者的反应。

我们假定潜在进入者进入市场需要花费进入成本 200 万元。对进入者来说，如果选择进入市场的策略，那么，当垄断者默许的时候，它可以与垄断者分享市场，从而获取 900 万元的净利润；但如果垄断者选择商战的策略，垄断者利用其已在市场中的优势仍可获 600 万元的利润，而进入者不仅无法获利，因投入了进入成本 200 万元，反而要亏损，因为这是它无法收回的沉没成本。我们观察这个博弈的扩展形式来看潜在进入者将选择何种策略。阻止市场进入的扩展形式如图 11-2 所示。

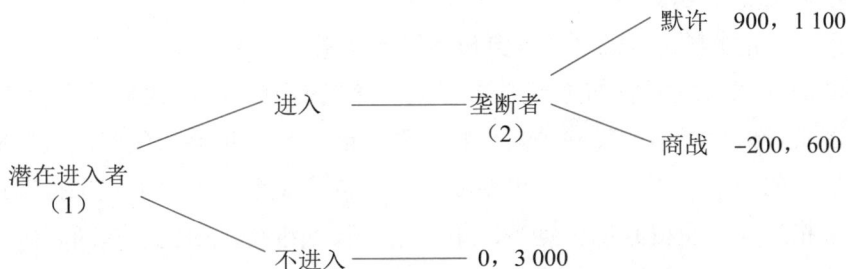

图 11-2　阻止市场进入的扩展形式（单位：万元）

当潜在进入者选择不进入市场的策略的时候，实际上只有一种结局，因此这里可能出现的结局只有三种。比较这三种结局，对潜在进入者来说，最有利的结局当然是（进入，默许）。但是进入者必须分析垄断者可能采取何种对策。如果进入者了解这个得益矩阵的话，它会发现，当它进入市场之后，垄断者在节点 2 可能采取的是默许的对策，因为此时垄断者的利润尽管将大幅度降低，但比起商战结局的 600 万元利润来说，默许可获得的利润更多，达 1 100 万元。因此，潜在进入者在节点 1 将选择进入的策略。这个博弈的最可能结局是（进入，默许）。注意，对垄断者来说，"默许"是一个占优策略，但对潜在进入者来说没有占优策略。因而这不是一个占优策略均衡，只是一个纳什均衡。

但对垄断者来说，这一结局不是它所愿意看到的。因此，垄断者的自然反应是试图阻止潜在进入者的进入。问题是，垄断者如何才能阻止市场进入？

一种可能的策略是，垄断者对潜在进入者进行威胁。垄断者可以通过某种信息渠道向潜在进入者传递信息："如果你进入市场，我将采取商战的策略。"但在面对如表 11-8 的得益矩阵的情况下，垄断者的威胁是不可信的。事实上，如果垄断者是理性的，潜在进入者也相信这一点的话，一旦进入发生，垄断者并不会选择商战的策略，而只会默许它的进入。因此，垄断者的这种声明并不能达到它阻止进入的目的，进入者仍然会进入市场。这种威胁被称为空头威胁。

（二）承诺与可信性

所谓承诺，是指对局者所采取的某种行动，这种行动使其威胁成为一种令人可信的威胁。那么，一种威胁在什么条件下会变得令人可信呢？一般是，只有当对局者在不实行这种威胁会遭受更大损失的时候。

与承诺行动相比，空头威胁无法有效阻止市场进入的主要原因是，它是不需要任何成本的。发表声明是容易的，仅仅宣称将要做什么或者标榜自己是说一不二的人也都缺乏实质性的含义。因此，只有当对局者采取了某种行动，而且这种行动需要较高的成本，才会使威胁变得可信。

我们仍用阻止市场进入的例子来分析承诺的效果。

垄断者的商战与垄断者的生产成本有关。商战的形式通常就是低价竞争，那么，如果垄断者实行低价竞争的商战策略，将需要垄断者具有足够的生产能力来应付市场上大幅度扩大的需求。事实上，如果垄断者仅仅依靠短期的加班加点来提高产量，其生产成本会相当高，使得其低价竞争的策略很难长期维持。因此，垄断者阻止进入的一种重要承诺就是通过投资来形成一部分剩余的生产能力。这部分生产能力在没有其他企业进入市场的时候是多余的，但在进入发生时则成为其低价竞争的有力武器。

当然，生产能力的扩大需要额外的投入，我们假定垄断者需要投资 3 万元来实行这个承诺。这一投资将改变博弈的得益矩阵，实行承诺后的阻止市场进入博弈如表 11-9 所示。

表 11-9　实行承诺后的阻止市场进入博弈　　　　单位：万元

项目		垄断者	
		商战	默许
潜在进入者	进入	-200, 600	900, 300
	不进入	0, 2 200	0, 2 200

容易看到，在实施了承诺行动之后，垄断者的占优策略不再是默许，而变成了商战。注意，如果潜在进入者不进入市场，或者潜在进入者进入市场而垄断者选择默许策略的时候，垄断者的多余生产能力不能得到利用，因此其利润都将减少 800 万元；但当垄断者采取商战策略的时候，生产能力得到充分利用，反而仍可获得 600 万元的利润。

我们可利用博弈的扩展形式再对此做出分析，如图 11-3 所示。

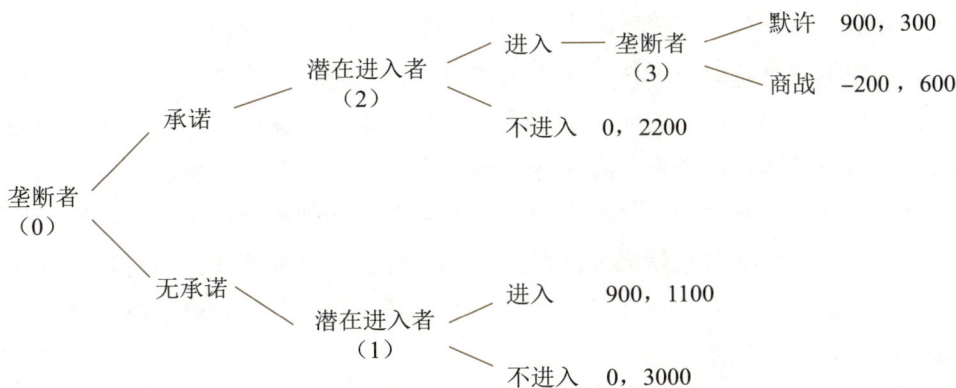

图 11-3　承诺对阻止市场进入的有效性（单位：万元）

在图 11-3 中，节点 1 之后就是图 11-2 所展示的扩展形式，我们简略地只展示潜在进入者两种选择的结局；节点 2 之后则是与表 11-9 对应的结果。现在的分析从节点 3 开始，此时垄断者在比较两种结局之后，应选择商战的策略。回到节点 2，潜在进入者将比较进入（进入，商战）与不进入这两种结局，当然零利润比亏损 200 万元要好，因此将选择不进入的策略。注意节点 1 的结局是（进入，默许），此时垄断者将获得利润 1 100 万元，而节点 2 现在的结局是不进入，垄断者将获得 2 200 万元的利润。显然，垄断者采取的承诺行动将有效阻止进入。而且，尽管垄断者投资了 800 万元，使利润减少，但与（进入，默许）的结局相比，付出这一代价是值得的。

承诺能够阻止市场进入的关键在于它是可信的。扩大投资需要花费较大的代价，但在某些情况下，只要承诺是可信的，其代价也可能相当小。例如，IBM 公司曾经做出过这样的承诺，即对一些刚刚推向市场的新型电脑宣布二三年以后的很低的价格。这看起来似乎不可思议，消费者知道二三年后的低价，许多人就会推迟购买，这将降低 IBM 的销量。但实际上，IBM 公司这样做是为了阻止其他计算机公司模仿它的产品。由于存在大量的仿造者，它们往往紧跟在 IBM 公司之后推出它们的仿造品，价格比 IBM 计算机还低 10% 到 30%。那么，当 IBM 公司做出如此承诺之后，对那些仿造者来说，仿造 IBM 的产品就变得无利可图，因为等它们仿造出这种产品并推向市场的时候，IBM 将很快或已经降低了售价，消费者就不会购买它们的产品。由于计算机技术发展的速度是如此之快，对 IBM 来说，做出这一承诺并不需要花费太大的成本，因为这种价格降低的趋势是必然的。

可信的承诺确实能够阻止市场的进入，但做出承诺的企业也确实因此而对自己的行为施加了较严格的限制。这种通过限制自己的行为来获得竞争优势的做法被称为企业的"策略性行动"。托马斯·斯科林（Thomas Schelling）给出了较明确的解释："一种策略性行动就是某人通过影响其他人对自己的行为的预期，来促使其他人选择对自己有利的策略，是某人通过限制自己的行为来限制其对局者的选择。"

总之，如果现有企业不能生产足够的产量以满足因低价格而引起的额外需求，对新进入者进行价格报复的威胁未必能够奏效，特别是在迅速成长的市场里，新的进入者可能通过为新的顾客服务而生存下来，现有企业因受现有生产限制而未能向这些顾客供应产品。现有企业为防止这种情况产生而采取的一种策略反应，就是进行投资扩大生产能力。一旦投资，它就成为沉没成本，现有企业就有条件以相对较低的成本来增加产量。剩余生产能力的存在是一个很强的信号，即现有企业对于新的进入者是能够采取降价的策略反应的。

投资于过剩的生产能力使现有企业的利润减少。因此，只有当管理部门认为因进行投资而引起的当前的利润损失要小于因新企业进入而引起的将来预期利润损失时，才进行这种投资。

威胁与承诺并不仅仅发生在市场进入与阻止市场进入的竞争中。我们在现实中还可以发现许多类似的例子。在现实经济生活中，我们可以看到许多产品都打着终生保修的口号，生产者做出终生保修的承诺。终生保修是要有成本的，其目的是使消费者相信，有承诺的产品比没有承诺产品的质量要高。质量低劣的产品会经常出问题，这将产生高昂的承诺成本。因此，只有产品的质量越好，企业才向消费者提供越严格的保证与承诺。用保证和承诺向消费者发出产品质量信号，从而达到提高价格、扩大销量的效果。

但是，表面的承诺不会受到消费者的认真对待，只有真正兑现承诺才能赢得信任。而建立信任的有效方法，是主动地承担不兑现承诺的惩罚。针对市场交易中存在的缺斤短两的现象，供给方主动承担缺一罚十的承诺就是一个案例。

二、"保证最低价格"的策略

在美国等国家中，当你到某些商店购买家电商品的时候，你会发现该商店的服务特别有吸引力，因为该商店推行所谓"保证最低价格"条款。该条款一般规定，顾客在本商店购买这种商品一个月内，如果在其他任何商店以更低的价格出售同样的商品，本店将退还差价，并补偿差额的 10%。例如，如果你在该商店花 5 000 元购买了一架尼康相机，一周后你在另一家商店发现那里只卖 4 500 元，那么你就可以向该商店交涉，并获得 550 元的退款。

对消费者来说，保证最低价格条款使你至少在一个月内不会因为商品降价而后悔购买，但这种条款无疑是企业之间竞争的一种手段。

我们假定推行保证最低价格条款的商店为商店 A，它的竞争者为商店 B。当商店 A 把尼康相机的价格定为 5 000 元并推行保证最低价格条款的时候，商店 B 应如何定价最为有利呢？如果商店 B 的定价高于 5 000 元，显然对其竞争不利，因为除非顾客不了解情况，否则他们都将到商店 A 去购买尼康相机；如果商店 B 的定价低于 5 000，它能否因此而争取到更多的顾客呢？不能，因为商店 A 已经有了保证最低价格的条款。这样，对商店 B 来说，它的最优的定价策略就是与商店 A 制定同样的价格。

反之，对商店 A 来说，如果它预期商店 B 将与其制定同样的价格的话，它应按照多高的利润水平来定价呢？考虑市场中只有这两家商店的简单情况，此时商店 A 可以将尼康相机的价格定在"卡特尔"的利润最大化水平上，即 5 000 元将是一个垄断价格。尽管两家商店没有达成任何协议，但商店 A 可以设想这两家商店构成一个假想中的"卡特尔"，并按垄断定价的法则来制定价格。由此可见，在这种情况下，保证最低价格的条款实际上是商店之间形成默契的有效手段。

保证最低价格条款是一种承诺，由于法律的限制，商店在向消费者公布了这一条款之后是不能不实行的，因此它是绝对可信的。这一承诺隐含着商店 A 向商店 B 发出的不要降价竞争的威胁，并使这种威胁产生其预期的效果。

三、限制进入定价策略

限制进入定价是指现有企业通过收取低于进入发生的价格的策略来防范进入。潜在进入者看到这一低价后，推测出进入后价格也会那么低甚至更低，因而进入该市场终将无利可图。

四、掠夺性定价策略

掠夺性定价是指将价格设定为低于成本，而期望由此产生的损失在新进入企业或者竞争对手被逐出市场后，掠夺企业能够行使市场权力时可能得到补偿。这也是一种价格报复策略。掠夺性定价与限制定价之间的差异在于，限制定价是针对那些尚未进入市场的企业，是想较长一段时间内维持低价来限制新企业的进入。而掠夺性定价则将矛头指向已经进入的企业或即将来临之际。

案例 11-1

管理的博弈：在变化中把握确定性

如果将企业管理比作一场需要漫长角力的棋局，那么对手可能是同行、机遇、时间，也可能是各种各样的不确定性。近几年，这种不确定性大大增加，那些辉煌一时的企业常常以令人意外的方式退出曾经驰骋的赛道。同样在不确定的环境下，也有幸存者，甚至还有逆风飞翔者。

这带给我们信心，同时也让我们好奇：在不确定的环境中，到底应该做些什么？我们应在诱惑与陷阱中探索，在机遇与挑战中前行，在风景与初心前坚守，在利益与情怀下抉择。每走一步，企业管理者都不得不以行动来回答：如何用更低的成本换取更高的效益，如何用更优质的投资赢得更丰厚的回报，如何以更少的亏损换取更好的局面，如何以更小的代价换来更大的发展，如何用更少的失败获得更多的成功……答案不是唯一的，也不是固定的，或许在下面的案例中能窥见一二。

一、能力与欲望的角逐

为什么很多企业会昙花一现？在今天这样一个信息丰富的社会，那些"才华横溢"的企业高层领导者站在企业链条的顶端，处在平台系统的核心，甚至还是整个生态系统的主导者，他们原本更能带领企业华丽转身，可他们的企业为什么还是销声匿迹了？

例1：优胜教育——根基不牢地动山摇

"我们一度以为，优胜教育离上市不远了。"这是优胜教育的创始人在其一手创办的优胜教育即将崩盘时发出的感慨。作为拥有1 000余个分校区的行业翘楚，他一直把其独创的"直盟"模式，作为优胜教育的独门秘籍。直盟模式，即分校区的加盟商只要出资建设校区，无须参与校区的日常经营与管理，校区的管理运营统一由优胜教育一方负责，双方共同承担风险。优胜教育承诺加盟满一年的加盟商可随时选择退出加盟，优胜教育会以110%的出资额回购校区。这虽然打消了加盟商的顾虑，但也为优胜教育后来的崩盘埋下了祸根。

只设投资门槛的加盟模式吸引了无数加盟商，但并不是所有加盟校区的经营水平和管理水平都达到了标准。校区经营情况的好坏很大程度上取决于管理人员素质的高低，一些加盟商对师资和管理队伍的要求标准一降再降，甚至会在没有配齐管理人员的情况下强行开课。

为了实现品牌规模的扩大，优胜教育的创始人逐渐放松对加盟商的管理，"直盟"模式逐渐走形。他并未建立一套有效的管理机制，也缺乏对加盟商的综合考核标准，资金实力是衡量加盟商的唯一硬指标，"个性化教育全国连锁机构第一品牌"的企业愿景渐渐沦为一纸空谈。

与此同时，优胜教育的业务还在向线上转移并大打价格战。有些一线业务人员甚至私自向客户许诺价格优惠，然后再向公司管理层寻求资金支持。许多原本财务结构就存在隐患的校区开始连续数月发不出工资，资金挤兑愈发严重，一边是讨薪罢课的老师，另一边是要求退费的家长。面对这种情况，优胜教育只能发出了那封著名的《一个近20年教育行业创业者的致歉信》，并向阿里、腾讯等头部企业请求援助。然而，"负责到底"的承诺显得那么苍白而无力。

优胜教育最终还是败在了发展和能力的角力中。创业初期，标准化的管理体系帮助优胜教育成长和发展；而在企业扩张期，基础管理薄弱这一短板逐渐显现，规模和影响力占据了管理者的全部视线。企业就像一棵树，根基牢固时能够稳步成长，而在枝干丰茂时，如果根基并没有变得更牢固，那么倒下也就成了自然而然的事情。

例2：ofo——管理薄弱致命打击

2021年7月26日，网上出现一份法院公开裁定书——某管理咨询有限公司与某供应链科技股份有限公司合同执行裁定书。法院对被执行人的财产等进行调查，未发现公司有财产可供执行，法院已对被执行人进行高消费限制。该管理咨询有限公司之所以受到关注，只因为它背后的关联公司，是曾经的共享单车行业龙头ofo。

2014年，5名北大硕士凭借"共享经济＋智能硬件"的概念在校园内创立了ofo品牌。2015年，ofo正式走上发展快车道。2016年，ofo完成5轮融资，融资总额超过2亿美元，同年开展海外运营。2018年，ofo完成E轮融资，逐步退出海外市场，专注于国内市场并与摩拜开始打价格补贴大战。2018年年末，公司陷入经营危机。2019年，垂死挣扎的ofo一边疲于应付给1 600万用户退回押金，一边向媒体声称公司并未破产，一切正常。

短短5年的时间，ofo从一个账面只剩400元、濒临破产的小公司一跃成为明星企业，而后又迅速衰败并消失在公众视野中。在不断扩张融资规模的过程中，ofo内部管理的问题让这个年轻的企业付出了惨痛的代价。ofo公司内部管理方式非常学生化，员工之间称兄道弟，处理公司业务时讲求兄弟义气，而非业务水平，公司规定朝令夕改，KPI考核沦为一纸空文。

初次创业就获得成功，这让只有学生会管理经验的企业管理者完全没有意识到完善的管理体系在经营企业中的重要作用。类似优胜教育、ofo的失败，都有一个共同点：光鲜的外表下是羸弱的身体——庞大的企业背后是薄弱的管理，正是这一致命伤让飞速成长的企业一败涂地。

当然，市场中也不乏一些幸存者甚至逆风飞翔者，它们成为不确定环境下不一样的风景。

例3：加加食品——聚焦管理迷途知返

怎么打开酱油？我们习以为常的打开瓶盖再拉开塑料拉环的开瓶方式，其实来自一个一些人不太熟知的品牌：加加酱油。20世纪90年代末期，湖南省宁乡市加加酱油厂的老板杨振发现，当时市面上旋盖式的酱油瓶使用起来非常不方便，他对瓶口的设计进行改进，在瓶盖内增加了塑料拉环。杨振后来生产出国内第一瓶拉环式开瓶的酱油。

加加酱油在创立初期的产品定位是高端酱油，产品价格是市面上普通酱油的2～3

倍，如此高的售价建立在成功的营销策略的基础上。在21世纪初期，加加酱油买下了中央电视台黄金时段两个月内的广告位。在那个电视媒体盛行的时代，加加酱油的营收一度进入行业前三，2012年成功在A股上市，成了当时的"中国酱油第一股"。

上市后的加加酱油将募集的款项用于拓展品牌业务线，发展优质茶籽油和优质酱油。然而，试图以量取胜的加加一心扩建，导致产能过剩，库存积压，多业务模式的尝试没带来好结果。同时，公司缺乏科学、专业的管理模式，单纯依靠家族式管理，在企业的重大发展节点缺乏科学的决策机制。加加酱油厂的老板在企业决策中掌握很大的话语权，其儿子和妻子的加入，也使公司的管理重心更加倾斜，管理费用连年上升，不同的声音在加加酱油的管理层中已经很难再听到。加加酱油对供应商的预付款项也呈现连年增长的态势，2020年，其被证监会实行风险警示，加加食品股票简称正式变为"ST加加"。

事实上，早在股票被"戴帽"前，加加就已意识到公司在企业管理方面存在的问题。2019年年底，痛定思痛的加加酱油管理层提出了回归主业、重新聚焦调味品的发展战略，同时着手解决内部管理问题，建立科学的决策机制和现代化的管理模式。公开财报显示，2019年，加加酱油营业收入为20亿元，同比增长超过14%，营业收入和增长幅度均创2012年上市以来的新高。业绩增长的同时，公司的毛利率和净利率也实现双回升，净资产收益率同比实现增长。2021年7月28日，在被实施风险警示处理一年后，加加食品成功"摘帽"，股票简称重新变回"加加食品"。

加加食品在发展过程中也曾误入一味扩大产能的歧途，幸运的是，公司管理层能够及时调整，然后从培植根基入手，扎扎实实地提升管理水平。尽管重回"中国酱油第一股"的路还很长，但能在变化的环境中脱胎换骨，必然会给加加食品带来巨大的信心。

例4：汾酒集团——苦练内功改革升级

2012年后，汾酒集团发现之前的经营策略和管理方式难以为继，于是将工作重点转向企业内部，苦练内功，将产品品质作为企业发展的根基。从2013年开始，汾酒集团加大对粮食基地的投资建设，严控上游原料品质，重新制定产品品质标准，与国际品质标准接轨，对于下游营销产业链进行拓展升级。在2015—2016年，汾酒集团重新实现营收增长，正式走上了改革之路。

改革的第一步，是经营上的充分放权。汾酒集团与下属公司签订目标责任书，下放多项决策权力。汾酒销售公司率先进行示范，建立组阁制管理，实现领导与员工的双向选择，许多一线业务人员得到重用。同时，汾酒集团还逐渐建立了完善的内部监管机制，通过将述职工作日常化，加强对基层工作的监督管理，实行优胜劣汰，对于考核排名靠前的单位和个人给予奖励，而对于考核排名靠末尾的单位和个人实行部门降格、负责人降职的惩罚。新的管理模式和薪酬激励方式彻底激发了员工的积极性，团队活力也得到释放。

伴随内部变革，汾酒集团还通过引进投资，进一步优化公司的股权结构，解决了一直以来管理体制僵化的问题。2018年2月3日，华润创业与汾酒集团签署股份转让协议，华润创业的控股子公司华创鑫睿正式成为汾酒集团第二大股东。双方约定，在5年内，华润创业不得转让股份，汾酒也不得再次出让股份，这意味着华润创业与汾酒将在5年内实现稳定而深入的全面合作。华润创业将通过先进的管理理念、多渠道的产业资源等与汾酒集团实现多方位协同，为汾酒集团的改革持续提供助力。

汾酒集团实现了连续3年营收增长，同比增幅均超过20%，净利润翻了一番，并在2018年提前完成计划需要3年才能完成的改革任务，2019年正式步入白酒行业中营收百亿的阵营。2019年年末，在3年改革任务接近尾声的时候，汾酒集团成功实现酒类资产整体上市，成功实现了混合所有制改革，成为山西省第一家，也是白酒行业中第一家整体上市的企业。

汾酒集团的表现无可辩驳地说明了管理的价值。虽然人们在讨论这种大型企业时，更多地聚焦于战略、市场、模式等，但毫无疑问，通过各种方式不断地夯实管理基础，也能使增长水到渠成。

二、管理的博弈：在风雨中夯实根基

回顾了上述4家企业或迅速闪耀后折戟沉沙，或摇摇欲坠而迷途知返的经历，审视了其在面临机遇与诱惑、危机与挑战时的博弈与抉择后，我们不难对开篇的问题有了一个初步的回答：在企业的经营和管理实践中，特别是在充满不确定性的市场环境中，苦练内功，夯实根基，不断提升企业的基础管理水平，对企业而言有着无论如何强调都不为过的重要性。

CB Insights通过分析101家创业公司失败的案例，总结出如下企业创业失败的主要原因（见图11-4）。

这个总结之所以值得注意，是因为它对失败更多地进行内部归因，即让创业企业从自己身上找原因。毕竟在同样的市场环境下，有些企业获得了成功。在不确定的市场环境下，决定一个企业失败或成功的主要因素是其内部是否夯实了足够坚实的基础。这么说，并不意味着全然否认外部条件的重要性，只是相较而言，企业自身的管理基础更重要。

对企业来说，根基不牢，地动山摇。打好基础的关键是企业经营者必须将目光从搜索外部机会转向真正的"反求诸己"。这件事说起来容易，做起来很难，因为很多企业经营者已经习惯于往外看，将搜索外部的发展机会视为优选行为，如何转"危"为"机"成了许多企业经营者愿意讨论的话题。例如，如果把危机比成雨，那么经济危机就是暴风雨，雨不大的时候，雨伞能够用来避雨；可如果是下暴风雨，打伞还能起到避雨的作用吗？尤其是，当风并非来自一个方向时，伞经常会被刮翻，甚至反而带来更大的麻烦。

图 11-4　创业公司失败原因

　　这种"危中找机"的想法相当普遍。过去几十年的管理实践一再表明，开放的、巨大的中国市场为企业发展提供了超出想象的空间，"总有机会"的观点深深烙在企业家的脑海中。可随着市场经济的发展，一些曾经存在的机会正在消失。外部机会，尤其是跨行业的机会所提供的更高的利润率容易使企业家迷失方向，使企业脱离原来的发展轨迹并盲目展开多元化。根据外部机会进行战略定位的行为注定会给发展中的企业带来问题。

　　一些企业管理者放眼世界、放眼未来，唯独没有脚踏实地地构建一个企业的根基，这是非常危险的。那么，什么是一个企业的根基？尽管现在企业在表现形式上与之前有所不同，例如从所谓的机械时代进入数字时代，工作状态也的确与之前不一样了，但是企业的根本属性并没有发生变化：以盈利为目的，生产产品或提供服务，满足市场的需要。

管理学中有这样一个比喻，即把企业看成一个黑盒子，投入人、财、物等，经过黑盒子的运转，就会有产品或服务等的产出。黑盒子的运行效率不仅决定了企业的竞争力，也决定了企业能否在市场上生存。影响黑盒子运行效率的关键就是内部管理。构筑坚固的管理根基，意味着企业管理者踏实地做好内部管理工作，保障任务顺利完成。这不需要什么聪明才智，不讨巧，不显眼，因而常常不受人重视，人们的目光更容易被一些"热门""高级"的概念吸引。

如果没有扎实的根基，外部的风光和绚烂就总是短暂的。谁能顶住风浪，不在于谁能发现风浪中的薄弱点，而在于谁的基础更扎实！

企业管理者只有向内看、强化自身，才能让企业获得应对外部不确定性的力量，从而让企业乘风破浪、健康前行。将战略思维重点从扫描外部机会转换到更多地思考内部问题上吧！正如美团创始人王兴曾说："真正的高手，都在苦练基本功。"目光往内，认真做好管理，这是一件确定、一定以及肯定的事。

资料来源：吕峰. 管理的博弈［M］. 北京：人民邮电出版社，2022. 引用时有修改。

📖 小结

1. 博弈的含义、构成要素及分类

博弈是多个个体、团队或组织，面对一定的环境条件，在一定的规则约束下，依靠所掌握的信息，同时或先后，一次或多次，从各自允许选择的行为或策略中进行选择并加以实施，并从中各自取得相应结果或收益的过程。

博弈的构成要素：①博弈的参加者；②博弈方可选择的全部策略或行为的集合；③博弈的次序；④博弈方的得益。

博弈的分类：①单人博弈、双人博弈与多人博弈；②零和博弈、常和博弈与变和博弈；③静态博弈和动态博弈；④单次博弈和重复博弈；⑤合作性博弈和非合作性博弈；⑥完全信息博弈和不完全信息博弈。

2. 静态博弈与博弈均衡

静态博弈指所有博弈方在一定规则的约束下，同时或可看作同时作出策略选择的博弈。

博弈均衡是博弈各方的对弈结局，当这种结局出现的时候，所有的对局者都不想再改变他们所选择的策略。

占优策略是指这样一种策略，即不管对手采取什么策略，对参与者来说某个策略都是最优的选择。当对局者选择的都是占优策略的时候，这种均衡又叫作占优策略均衡。

纳什均衡是这样一种状态，在对手的策略选定的条件下，各个对局者所选择的策略都是最好的。占优策略均衡一定是纳什均衡，是纳什均衡中的一种特殊情况，但纳什均衡不一定是占优策略均衡。

3. 重复博弈与序列博弈

重复博弈是指同一个博弈在相同的环境、规则下反复多次的执行的博弈问题。重复博弈又分为两种：无限次重复博弈和有限次重复博弈。无限次重复博弈是指同一个博弈被无限次重复多次。有限次重复博弈是指阶段博弈被重复有限次的博弈。

经济学家对重复的囚徒困境进行研究，结果发现有一种最好的策略，这种策略十分简单，只要将一个原则贯穿始终，即"以牙还牙"。"以牙还牙"策略每一轮最好的结果只是和对方打平，顾及的是大局，集体利益为上，长期利益为上。

序列博弈是指对局者选择策略有时间先后的顺序，某些对局者可能率先采取行动。序列博弈也是一种动态博弈。在序列博弈中，先行者可能占据一定的有利地位，我们把它叫作先行者优势。在某些市场中，特别在涉及市场进入的竞争时，先行者优势对于企业的经营具有重要意义。

4. 阻止市场进入的几种策略

威胁与承诺是博弈论中的一个重要论题，它可以用来分析市场竞争中的一种重要现象。

垄断者阻止潜在进入者进入市场：①扩大生产能力策略。垄断者为阻止潜在进入者进入市场，垄断者可能对潜在进入者进行威胁。但垄断者的这种威胁是否能达到阻止进入的目的，取决于其承诺。所谓承诺，是指对局者所采取的某种行动，这种行动使其威胁成为一种令人可信的威胁。那么，一种威胁在什么条件下会变得令人可信呢？一般是，只有当对局者在不实行这种威胁会遭受更大损失的时候。与承诺行动相比，空头威胁无法有效阻止市场进入的主要原因是，它是不需要任何成本的。发表声明是容易的，仅仅宣称将要做什么或者标榜自己是说一不二的人也都缺乏实质性的含义。因此，只有当对局者采取了某种行动，而且这种行动需要较高的成本，才会使威胁变得可信；②"保证最低价格"策略；③限制进入定价策略；④掠夺性定价策略。

自测题

一、名词解释

博弈　博弈均衡　占优策略　占优策略均衡　纳什均衡　重复博弈　序列博弈

二、简答题

1. 博弈的构成要素有哪些?

2. 说明纳什均衡与占优策略均衡之间的联系与区别。

3. 什么是重复博弈中的"以牙还牙"策略?

4. 举例说明先行者优势对于企业经营的重要意义。

5. 阻止市场进入的策略有哪些?

三、单项选择题

假设企业 A 和企业 B 的得益矩阵,如表 11-10 所示,每个企业必须要选择两个策略中的一个。

表 11-10　企业 A 和企业 B 的得益矩阵　　　　　　　　单位:万元

项目		企业 B	
		Ⅲ	Ⅳ
企业 A	Ⅰ	20, 50	−20, 20
	Ⅱ	40, −10	−10, 25

根据上图,回答下列 1 ~ 4 问题:

1. 哪一个策略是企业 A 的占优策略?(　　　)

　A. 策略Ⅰ　　　B. 策略Ⅱ　　　　C. 策略Ⅲ　　　D. 策略Ⅳ

　E. 以上策略中没有企业 A 的占优策略

2. 哪一个策略是企业 B 的占优策略?(　　　)

　A. 策略Ⅰ　　　B. 策略Ⅱ　　　　C. 策略Ⅲ　　　D. 策略Ⅳ

　E. 以上策略中没有企业 B 的占优策略

3. 哪种策略组合是占优均衡?(　　　)

　A. 20, 50　　B. −20, 20　　　C. 40, −10　　D. −10, 25

　E. 以上都不是

4. 哪种策略组合是纳什均衡?(　　　)

　A. 20, 50　　B. −20, 20　　　C. 40, −10　　D. −10, 25

　E. 以上都不是

5. 在博弈论中,占优战略存在于(　　　)。

　A. 无论其他博弈者采取什么策略,该博弈者的策略是最好的

　B. 其他博弈者的行为给定时,不存在更好的策略

　C. 为了使联合利润最大化,博弈者合作且协调其行为

D. 博弈者在进行有关价格的竞争性博弈

E. 博弈者的得益是相同的

四、判断题（判断正误并说明理由）

1. 占优策略均衡一定是纳什均衡，纳什均衡也一定是占优策略均衡。 （　　）

2. 对个体最优的策略，一定导致总体最优的结果。 （　　）

3. 纳什均衡是这样一种状态，在对手的策略选定的条件下，各个对局者所选择的策略都是最好的。 （　　）

五、分析题

1. 假设企业 A 和企业 B 都是彩电的制造商，它们都可以生产中档产品和高档产品，不同选择下企业的得益矩阵如下，生产彩电的博弈见表 11-11。

表 11-11　生产彩电的博弈　　　　　　　　　　单位：万元

项目		企业 B	
		中档	高档
企业 A	中档	400, 400	900, 700
	高档	700, 900	300, 300

（1）这两个企业有没有占优策略？

（2）该博弈有没有纳什均衡？

（3）如果假定企业 A 可以先行一步决定其产品，试用博弈的扩展形式来分析该博弈中的纳什均衡？

2. 假定两家企业 A 与 B 之间就做广告与不做广告展开博弈，广告的博弈的得益矩阵见表 11-12。

表 11-12　广告的博弈　　　　　　　　　　单位：万元

项目		企业 B	
		做广告	不做广告
企业 A	做广告	200, 200	400, 0
	不做广告	0, 400	300, 300

（1）这是不是一个"囚徒困境"？

（2）如果该对局只进行一次，其纳什均衡是什么？

3. 假定企业 A 和企业 B 的博弈得益情况见表 11-13。

表 11-13　企业 A 和企业 B 的博弈得益情况　　　　　　　　单位：万元

项目		企业 B	
		1	2
企业 A	1	100, 40	70, 50
	2	80, 90	60, 80

（1）如果企业 B 首先行动，画出相应的博弈扩展形式。

（2）该序列博弈的纳什均衡是什么？

4. 假定一个垄断者面临着潜在进入者的进入，它可能采取价格战的策略，也可能采取默许，即不进行价格战的策略，相应的得益矩阵，见表 11-14。

表 11-14　不进行价格战的策略　　　　　　　　单位：万元

项目		潜在进入者	
		价格战	默许
垄断者	价格战	-50, -5	-40, 0
	默许	90, 10	100, 0

（1）垄断者威胁潜在进入者，一旦后者进入市场，它将实行价格战，这一威胁是否可信？

（2）试为垄断者提出建议，它可采取哪些方法能使其威胁变得可信。

专题十一自测题参考答案

参考文献

［1］ 中国信息通信研究院．中国数字经济发展白皮书（2020）［R/OL］．（2021-04-01）［2022-11-14］．http://www.caict.ac.cn/kxyj/qwfb/bps/202104/P020210424737615413306.pdf．

［2］ 戚聿东，肖旭．数字经济时代的企业管理变革［J］．管理世界，2020（6）：135-152．

［3］ 汤潇．数字经济：影响未来的新技术、新模式、新产业［M］．北京：人民邮电出版社，2019．

［4］ 陈雪频．从信息化改造到数字化转型，企业行至何处？［EB/OL］．（2022-08-05）［2022-11-04］．https://mp.weixin.qq.com/s/jTyP_1WLZO-CLHMKmSFasQ．

［5］ 石秀峰．企业数字化转型：信息化与数字化之争［EB/OL］．（2022-06-13）［2022-11-04］．https://mp.weixin.qq.com/s/-EiWPZzXEgMI5yrax-XnSQ．

［6］ 张新红．所有能共享的都将被共享，数字经济将带来6大就业影响［EB/OL］．（2020-01-05）［2022-11-04］．https://www.sohu.com/a/364819201_343325．

［7］ 佚名．企业数字化转型的核心要素［EB/OL］．（2022-03-07）［2022-11-04］．https://mp.weixin.qq.com/s/s-cvCQlASEwes4l_a5KTwA．

［8］ 王健．白话数字化1：什么是数字化？［EB/OL］．（2021-03-30）［2022-11-04］．https://mp.weixin.qq.com/s/6mNdIyHGNSl9rizl4eu4iw．

［9］ 陈雪频．一本书读懂数字化转型［M］．北京：机械工业出版社，2020．

［10］ 刘继承．数字化转型2.0：数字经济时代传统企业的进化之路［M］．北京：机械工业出版社，2021．

［11］ 何伟，孙克，胡燕妮，等．中国数字经济政策全景图［M］．北京：人民邮电出版社，2022．

［12］ 郑妍．数字化转型的关键驱动要素研究［EB/OL］．（2022-05-07）［2022-11-04］．https://mp.weixin.qq.com/s/r2jZWgI2IH0lyq1tOjB1hw．

［13］ 水藏玺．业务流程再造［M］．5版．北京：中国经济出版社，2019．

［14］ 陈春花，朱丽，刘超，等．协同共生论：组织进化与实践创新［M］．北京：机械工业出版社，2021．

［15］ 圣吉．第五项修炼：学习型组织的艺术与实务［M］．郭进隆，译．上

海：上海三联书店，2003.

[16] 王建军，杨智恒. 管理思想史［M］. 成都：四川大学出版社，2007.

[17] 姚克勤，徐啸禄，乔平平. 电子商务概论［M］. 5版. 南京：南京大学出版社，2021.

[18] 白东蕊，岳云康. 电子商务概论：附微课［M］. 5版. 北京：人民邮电出版社，2022.

[19] 袁红清，李绍英. 电子商务：理论与实训［M］. 杭州：浙江大学出版社，2019.

[20] 李志刚. 知识管理原理、技术与应用［M］. 北京：电子工业出版社，2010.

[21] 王旭东，孙科柳. 企业文化落地：路径、方法与标杆实践［M］. 北京：电子工业出版社，2020.

[22] 王成荣. 企业文化管理［M］. 4版. 北京：中国人民大学出版社，2014.

[23] 杨月坤. 企业文化［M］. 北京：人民邮电出版社，2016.

[24] 谢识予. 经济博弈论［M］. 4版. 上海：复旦大学出版社，2017.

[25] 陈章武. 管理经济学［M］. 4版. 北京：清华大学出版社，2018.

[26] 阿克塞尔罗德. 合作的进化［M］. 吴坚忠，译. 上海：上海人民出版社，2016.

[27] 张维迎. 博弈论与信息经济学［M］. 上海：上海人民出版社，2004.

[28] 兰邦华. 人本管理：以人为本的管理艺术［M］. 广州：广东经济出版社，2000.

[29] 芮明杰，杜锦根. 人本管理［M］. 杭州：浙江人民出版社，1997.

[30] 佚名. 惠普："人本管理"的典范——用人本管理增强企业凝聚力. ［EB/OL］.（2019-11-20）[2022-11-04]. https://mp.weixin.qq.com/s/r25-hewzQ8vWfL4N4ScQYg.

[31] 颜光华，刘正周，等. 企业再造［M］. 上海：上海财经大学出版社，1998.

[32] 余菁. 企业再造：重组企业的业务流程［M］. 广州：广东经济出版社，2000.

[33] 佚名. "流程再造"理论的伟大与局限［EB/OL］.（2017-05-06）[2022-11-04]. https://mp.weixin.qq.com/s/FC43obgWu0zNpIuAllW3tA.

[34] 中国经济网. 福特和大众建立战略联盟 布局电动化、商用车等领域［EB/OL］.（2020-06-11）[2022-11-14]. https://baijiahao.baidu.com/s？id=16691584436484

88171&wfr=spider&for=pc.

［35］ 元气森林是如何变成网红的？［EB/OL］.（2020-08-07）［2022-11-04］. https://mp.weixin.qq.com/s/DivjwGRF2YgyBINM9Gu8yw.

［36］ 费敏 . 对标学习：华为的"学习型组织"是如何炼成的？［EB/OL］.（2016-08-08）［2022-11-04］. https://mp.weixin.qq.com/s/mcihjqE8-RuLkdx6HJrdPA.

［37］ 姜旺 . 酷特智能：从"制造"到"智造"的数字化转型之路［EB/OL］.（2020-04-15）［2022-11-04］. https://m.thepaper.cn/baijiahao_6981583.

［38］ 史占中 . 企业战略联盟［M］. 上海：上海财经大学出版社，2001.

［39］ 黄群慧，张艳丽 . 管理信息化：新世纪生产管理变革的主线［M］. 广州：广东经济出版社，2001.

［40］ 程国卿 . MRP Ⅱ /ERP 原理与应用［M］. 4 版 . 北京：清华大学出版社，2021.

［41］ 姚立新 . 电子商务透视［M］. 北京：经济管理出版社，1999.

［42］ 赵闯，陈劲，薛澜 . 用知识管理打造企业核心能力：从 C919 首飞成功看中国商飞的"双屏创新"［J］. 清华管理评论，2017（5）：35-39.

［43］ 何畔 . 战略联盟：现代企业的竞争模式［M］. 广州：广东经济出版社，2000.

［44］ 曾忠禄 . 公司战略联盟组织与运作［M］. 北京：中国发展出版社，1999.

［45］ 陈佳贵 . 现代企业管理理论与实践的新发展［M］. 北京：经济管理出版社，1998.

［46］ 王众托 . 企业信息化与管理变革［M］. 北京：中国人民大学出版社，2001.

［47］ 侯书森，孔淑红 . 企业供应链管理［M］. 北京：中国广播电视出版社，2002.

［48］ 杨振宇 . 电子商务知识与技术［M］. 北京：中国商业出版社，2000.

［49］ 黄京华，闻中 . 电子商务教程［M］. 北京：清华大学出版社，2010.

［50］ 宋俊骥，孔华 . 网络营销与策划实务［M］. 北京：人民邮电出版社，2018.

［51］ 网络信息中心 . 中国互联网络域名注册暂行管理办法［EB/OL］.（2019-03-04）［2022-11-14］. http://www.hncfs.edu.cn/wlxxzx/page.asp？ID=16634.

［52］ 王方华 . 知识管理论［M］. 太原：山西经济出版社，1999.

［53］ 孙涛 . 知识管理［M］. 北京：中华工商联合出版社，1999.

［54］ 吴春波 . 华为核心价值观的逻辑［EB/OL］.（2017-04-26）［2022-11-10］.

https://www.sohu.com/a/136478874_343325.

［55］ 祝晓东，周海涛．影响中国企业的十大管理模式［M］．北京：经济管理出版社，2006．

［56］ 薛求知．无国界经营［M］．上海：上海译文出版社，1997．

［57］ 刘少凤．知识管理：赋能商业决策的一站式工具［M］．曹飞，译．北京：中信出版社，2022．

［58］ 惠宁．20位影响世界的管理学家：经典管理思想与评论［M］．北京：中国经济出版社，2013．

［59］ 曹国钧．首席信息官思考：探究信息化、数字化和数字化转型关系与区别［EB/OL］．（2021-09-13）［2022-11-10］．https://m.toutiao.com/is/h8M152G/?=.

［60］ 吕峰．管理的博弈［M］．北京：人民邮电出版社，2022．

［61］ 佚名．上海迪士尼度假区与麦当劳中国达成数年战略联盟［EB/OL］．（2022-03-06）［2022-11-14］．https://baijiahao.baidu.com/s？id=1726353813224626996&wfr=spider&for=pc.